KB232543

New Normal 시대의

비즈니스와

Business + IT = High Value

IT의 융합

New Normal 시대의

비즈니스와

Business + IT = High Value

IT의 융합

정희연 지음

이담 Books

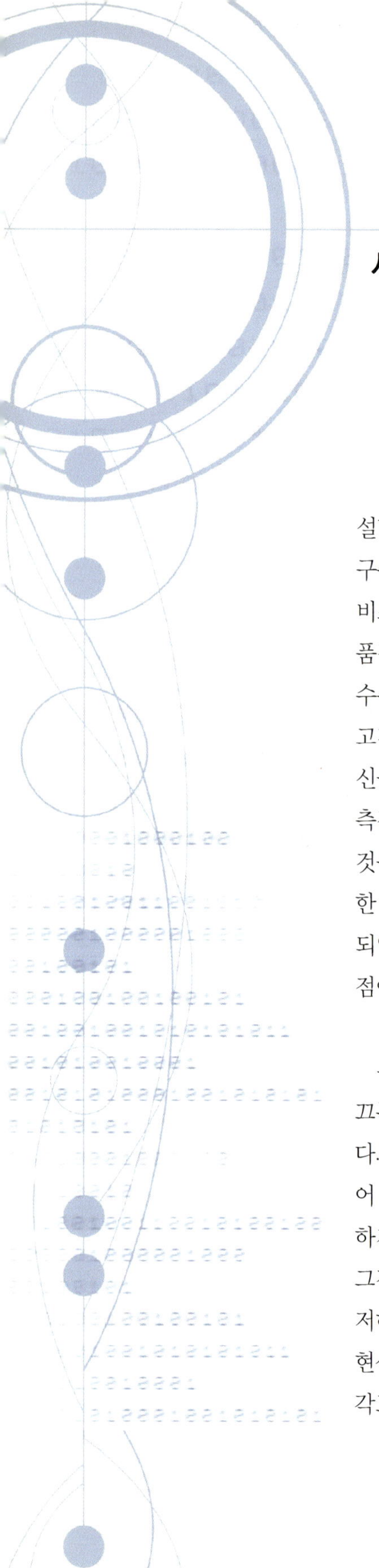

서문

필자는 1980년대 초부터 IT분야에서 25년 동안 개발자, ERP컨설턴트, e-비즈니스 컨설턴트로 활동하면서 다양한 IT솔루션의 구축을 경험하게 되었다. 현재는 현대/기아차 그룹사의 정보화 서비스를 제공하는 오토에버시스템즈㈜에서 전사 CMMI 기반의 품질체계 확립 및 프로세스 혁신 변화관리자로서 IT서비스 품질수준 향상을 위해 노력하고 있다. 이 과정에서 필자는 상당수의 고객 및 IT 전문가 그리고 일부 경영자들마저도 IT의 가치를 자신들의 업무편의를 위한 단순 데이터 처리용 또는 정량적 효과 측정이 어려운 비용사용 등의 저 부가가치로 인식하고 있다는 것을 발견하였다. 기업에서 IT투자와 IT의 활용 또한 초기 설정한 목표대로 실행되기 어려운 구조를 가지고 있다는 것도 알게 되었다. 때문에 IT가 고객의 요구에 부합되는 가치를 전달하는 점에서는 한계가 존재할 수밖에 없다는 것이 우리의 현실이다.

우리는 IT가 비즈니스 가치를 더하고 기업혁신과 성장을 이끄는 동인이 될 수 있다는 것을 여러 채널을 통해 이미 알고 있다. 하지만, 일부 기업들이 가지고 있는 IT에 대한 마인드, 심지어 IT전문가들 마저도 IT의 진정한 역할과 목적을 제대로 이해하지 못하는 경우를 볼 수 있다. 아무리 좋은 도구 또는 기술도 그것을 어떤 목적으로 도입하느냐에 따라 기대하는 결과치는 현저하게 달라질 수 있다. 그럼에도 불구하고 IT는 비용증가 및 현상유지로 인식하고 기업성장에 오히려 방해요인으로 보는 시각도 일부 존재하는 현실이 안타깝다.

본서의 출판 목적

필자가 본서를 집필하게 된 궁극적인 목적은 여기에 있다. 기업에서 IT투자에 대한 진정한 목적을 재조명해 보고 고객사인 기업과 IT 서비스 제공사인 전문가들에게 비즈니스와 IT가 대단히 밀접하게 연결되어 있다는 것을 알리고 싶었다. 또한 이들간의 상호작용 메커니즘을 명확히 이해하고 기업환경에 맞게 적용하였을 때 비로소 차별화된 경쟁력을 확보할 수 있는 전략적 도구로서 IT가 활용될 수 있다는 점을 전하고 싶었다. 본서는 제대로 된 IT의 역할을 제공하기 위해 다양한 기술과 비즈니스와의 접목에 필요한 핵심사항을 담았다. 때문에 비즈니스 성과향상을 위해 경영과 IT간의 융합 방안 및 전략적인 가이드라인 제시가 가능하다.

누가 독자층이 될 수 있나

본서의 주요 독자층은 경영과 IT의 융합을 심층적으로 고민하고 있는 전략 기획가, CIO, 해당솔루션 업무의 관리자 또는 프로세스 혁신도구로서 IT접목을 이해하고자 하는 경영층 등이 될 수 있다. 본서는 정보기술을 도입함으로써 기업경영에 새로운 변화를 기대하는 분들에게 도움을 드리려고 제작된 책이다. 다음 독자층은 IT 서비스를 제공하는 IT전문가와 대학에서 경영학, 경영과학을 전공하는 대학생들의 교재로 활용한다면 비즈니스와 IT간의 관계 및 그에 따른 경영성과를 이해하는 데 도움을 줄 것으로 기대된다. 기술사 시험을 준비하는 예비기술사에게는 IT분야의 전체 숲을 볼 수 있는 조감도를 제공하였기에 수험교재로도 손색이 없는 길잡이가 될 것이다.

IT 전문가로서 진화

필자는 프로젝트 현장에 갈 때마다 고객들에게 전하는 말이 있다. "프로젝트 성공과 실패는 고객의 성숙도 수준만큼 결과가 나타납니다. IT 도입의 효과는 비즈니스 목표와 연계되어 IT성과 목표가 설정되고 가시화되었을 때 비로소 비즈니스 프로세스와 IT 서비스 수준이 개선됩니다"라고 강조한다. 이와 같은 관점에서 IT가 도입되고 활용된다면, IT전문가, IT 기획가, CIO 및 경영진들은 IT성과를 조직에게 효과적으로 제공할 수 있을 것이다. 기업의 지속성장과 경쟁력확보를 위해서 IT 경영인은 전문기술과 정보서비스 제공자를 뛰어넘어 새로운 경영패러다임에 걸맞은 경영혁신을 이끌 수 있는 리더십과 그에 따른 역량을 갖추어야 할 때이다.

2010년 3월 3일

정희연 박사_ 오토에버시스템즈㈜

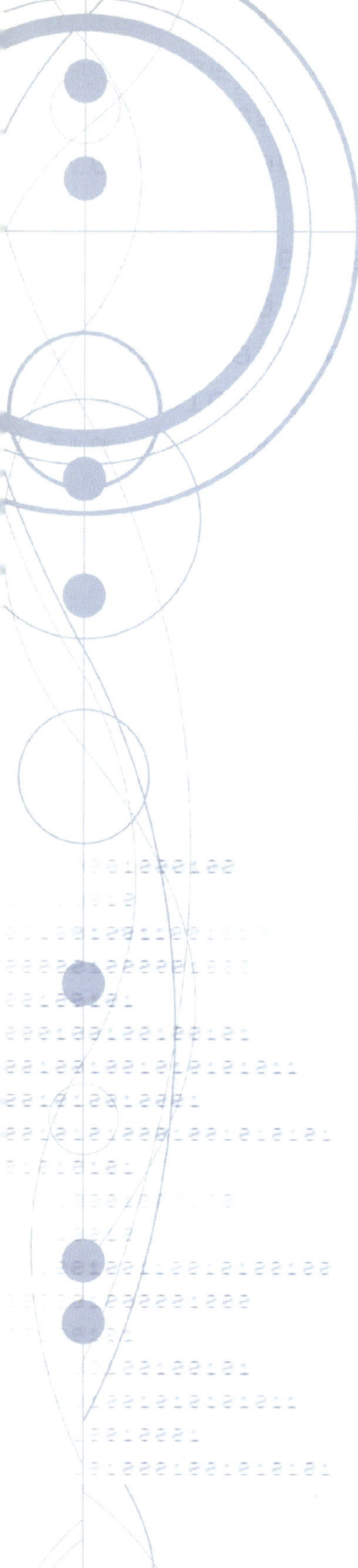

머리말

2008년 촉발된 글로벌 금융위기는 세계 경제 및 시장환경에 지각변동뿐만 아니라 자본주의 가치와 윤리의 위기였다. 이로 인해 많은 기업들이 위기경영과 새로운 경영패러다임을 맞이하고 있으며 공급망을 보다 효율적으로 구축하여 기업의 생산성 향상과 원가절감을 위해 과감한 프로세스 혁신을 시도하고 있다. 즉, 차별화된 경쟁력을 확보하기 위해서 단기적인 재무성과에 집착하기보다는 장기적 전략하에 조직의 근본적인 체질변화를 일으키고 있는 것이다. 이러한 경영환경 변화에 힘입어 정보기술(IT)과 IT 서비스의 중요성도 날로 커지고 있는 상황이다.

'기업의 존재 이유는 고객이고 기업의 생존목적은 시장창조에 있다'는 피터 드래커 교수 말처럼 고객을 만족시키려면 혁신이 필수로 수행되어야 하고 기업은 시장에 철저하게 초점을 맞춰야 한다. 그렇게 되기 위해서는 변화에 앞서 경쟁자보다 뛰어난 고객 및 시장 중심의 프로세스로 개선하고 지속적으로 발전, 변화하는 것이 필요하다. 또한 글로벌 사업 환경에 걸맞은 비즈니스 프로세스를 최적화하는 것이 기업 경쟁력의 핵심일 것이다. 기업들이 초혁신·초변화 시대에 어떻게 빠르게 변화하고 혁신할 것인가는 이제 생존과도 같은 과제이다. 초혁신·초변화 뉴노멀에 맞춰 더 빨리 변화가 요구되는 시점이다.

뉴노멀 시대의 위험에 관한 통찰력을 확보하기 위해서 IT는 이제 단순 기술차원에서 벗어나 비즈니스 목표달성을 위한 전략도구로서 진화하고 있다. 기업의 업무혁신과 위험에 관한 가시성을 확보하고 경영성과를 높이는 데 지원자 역할을 톡톡히 담당하고 있다는 셈이다. 만약 미래 경쟁력을 확보하기 위해 기업이 일하는 방법을 바꾸고 기술분야에 집중 투자한다고 할지라도 이를 지원할 수 있는 IT가 뒷받침되지 못한다면, 경영층이 냉철한 판단을 할 수 있는 핵심정보는 제공되지 못할 것이다.

이제 IT는 외부환경에 유연한 대응을 가능하게 하는 동인이며, 산업차원의 융 복합 체계와 지식창출 및 공유라는 목적을 바탕으로 과거의 효율 중심에서 가치창출 중심으로 변모하고 있다. 컴퓨터와 정보통신의 발전은 기업의 경영형태를 변화시키고 조직을 바꾸기도 하며 정보로 인한 새로운 가치를 창출하는 단계까지 발전하고 있다. 정보전략 없이는 기업전략은 허상이고 정보가 새로운 상품과 서비스를 개발 가능하게 하고 있다. 즉, IT와 정보전략은 기업의 중심축으로 미래는 IT와 경영전략을 하나로 묶어 함께 갈 수밖에 없으며 현재도 그러하다.

최근 IT분야에서 '융합'이라는 단어가 유명세를 타고 있는 이유도 여기에 있다. 일반적으로 융합의 뜻은 기술간의 융합을 의미하나 본서에서 말하고자 하는 융합은 기술 간의 융합뿐 아니라 경영과 IT 간의 밀접한 연결을 의미한다. 이처럼 IT가 경영과 융합되어 가치창출의 도구로 변신하려면 이를 제공하는 서비스 업체 또는 IT전문가는 사회경제, 조직원의 심리 그리고 종합예술 등이 적절하게 반영되어 특정분야의 기술과 지식이 결합된 IT서비스를 제공해야 할 것이다. 본서는 새로운 경영환경 변화를 기반으로 IT와 비즈니스 간의 연계의 중요성을 제시하고 그들 간의 융합방법을 소개하면서 경영변화에 IT가 어떻게 긍정적인 효과를 줄 것인가에 초점을 두었다. 이를 위해 고객의 역할 및 IT서비스 제공자의 역할 그리고 이와 관련된 필요 기술 등을 언급하고 있다. 다시 말해, IT가 비즈니스 전략과 연계되어 어떻게 경영성과를 달성할 수 있는지를 단계적으로 가이드한 책이다.

이와 같은 관점에서 본서는 다음과 같은 주요 특징을 제시하고 있다.
첫째, 제1장은 경영변화에 따른 IT의 역할 및 이해를 돕기 위해 경영과 IT의 뉴 패러다임을 언급하였으며, 각장은 글로벌 기업환경 구축에 필요한 주요한 경영관리 기법, 통합기술 및 솔루션 등을 제시하였다. 마지막 제7장에서는 제1장에서부터 제6장까지의 주제들을 효율적으로 지원하기 위해 IT 서비스통제 및 효율적인 운영방법 등을 제시하였다.

둘째, 각 장별 주제는 최근 기업에서 중요하게 다루고 있는 신경영기법, 새로운 솔루션, 최근 신기술 등으로 구성되었다. 각 장의 주제마다 핵심내용을 표현하기 위해 그림, 키워드 중심의 요약된 표 등을 제시함으로써 독자의 이해를 높이는 데 노력하였다.

셋째, 각 장에서는 '해당 기술이 왜 필요한지'를 비즈니스 관점에서 조명하였으며 국내외 기술도입 트렌드, 구축방안, 성공 요인 및 향후 발전방향 등의 순서로 주제를 구체화하였다. 또한 각 주제마다 현장사례, 최근 연구기관에서 조사한 데이터, 국내외 논문 및 주요자료 등을 제시하여 정보의 객관성을 확보하려고 노력하였다.

넷째, 본서가 타 도서와 차별화된 부분은 각 장이 시작되는 서두에 주제에 대한 요약설명과 해당 주제와 연관된 기술 및 경영기법들 간의 연관관계를 그림으로 표현한 점이다. 이를 통해, 경영과 IT의 융합을 한눈에 볼 수 있도록 하였다.

마지막으로 본서의 주제 중, 특히, 제3장의 경영혁신 영역, 제4장의 가치사슬 그리고 제5장의 기업통합 기술 영역은 필자가 다수 프로젝트에서 경험한 글로벌 기업 사례들을 접목하여 IT 도입에 있어 실사구시를 할 수 있는 현실적인 대안을 제시하였다.

기업에서 IT의 비중이 높아지면서, 고객은 갈수록 새로운 IT투자와 기존 시스템의 효율적인 운영에 관심을 보이고 있다. 본서는 이와 같은 측면에서 IT가 비즈니스에 어떤 성과를 제시할 수 있는지에 대해 실용적이고 논리적인 모범답을 주고 있다. 더불어 IT성과를 높이기 위한 구체적인 방법을 제시하고 있다. 대부분의 책은 경영변화 또는 특정 기술에 관한 내용을 소개하는 것이 일반적이다. 그러나 본서만큼 경영과 IT 간의 융합을 강조하고 이에 연관된 다양한 주제를 다루는 책은 찾기 어렵다.

아무리 좋은 기법, 좋은 사례집을 제시한다고 할지라도, 이것을 받아들이는 기업입장에서 성숙도가 떨어진다면, 초기 IT투자에 대한 기대효과는 낮아질 수밖에 없다. 조직의 성숙도는 경영진의 의지와 솔선수범에 따라 달라질 수 있다. 경영진의 철학이 조직의 문화와 프로세스를 변화시키고 혁신하게 만든다는 뜻이다. 비즈니스와 IT가 효과적으로 융합하려면 조직이 이를 수용할 수 있어야 하고 전조직원의 역량 수준이 지속적으로 업그레이드 되는 것이 선행되어야 한다. 더불어 IT 서비스를 제공하는 IT전문가 그룹은 단순 기술차원을 넘어 기업과 고객의 입장에서 IT투자와 서비스방법을 고민해야 할 것이다. 바로 이것이 융합이며, 기업과 고객 간의 협업이다. 협업을 이끌어내는 것이 기업이 직면한 가장 큰 과제이며, 또한 치열한 글로벌 경쟁하에서 경영혁신, 상품혁신, 기술혁신 등을 이끌어낼 수 있는 지름길이다.

추천사

변화에 소극적인 기업은 결코 바뀔 수 없다. 오늘의 성과에 만족하지 않고 생존과 지속적인 성장 및 발전을 위해 부단히 노력하는 기업에게만 미래가 있다. 이는 동서고금의 불변의 진리다. 기업의 경영자라면 누구나 알고 있는 사실이다. 하지만 이를 실행에 옮기는 것은 쉽지 않다. 경영자는 물론 기업 전체 조직과 구성원이 뜻을 모아야 실천이 가능한 일이기 때문이다.

변화의 궁극적인 목적은 비용을 절감하고, 생산성을 높여 경쟁력을 갖추고자 하는 것이다. 기업의 현재 역량을 정확히 진단하고, 문제점 개선과 업무 처리 및 의사결정 프로세스를 체계화할 때 변화의 기본 틀은 갖춰진다. 21세기가 과거와 다른 것은 오랜 기간과 다수의 성공기업을 통해 검증된 IT 인프라와 고품질 IT서비스가 기업의 변화를 유발할 수 있는 조력자로 존재한다는 점이다.

균형성과관리(BSC), 전략적 기업경영(SEM), 지식경영(KM), 비즈니스 프로세스관리(BPM), 비즈니스 프로세스 리엔지니어링(BPR), 프로세스 혁신(PI), 식스시그마 등이 바로 그것이다.

기업환경은 빠르게 변화한다. 시간이 갈수록, 세월이 흐를수록 그 변화의 속도는 한층 가속화될 뿐 아니라 강도 또한 거세져 '혁신'으로까지 표현된다. 이 같은 혁신의 시대를 사는 기업 경영자들은 이제 IT가 왜 필요한지 몸으로 느끼고 있다. 그러나 IT를 어떻게 적용하고 활용할 것인가에 대해서는 여전히 초보적인 수준을 면치 못하고 있다.

기업의 변화 및 혁신관리 전문가인 정희연 박사는 이 저서를 통해 IT를 어떻게 적용할 것인지에 대한 해답을 제시하고 있다. 기업의 비즈니스가 왜 IT와 융합되어야 하는지, 또 어떻게 융합하고 관리해야 성공할 수 있는지를 경험적 사례를 통해 소개하고 있다.

비즈니스 프로세스에 처음 IT를 적용코자 하는 기업의 경영자가 던지는 첫 번째 질문은 "정말로 IT를 도입하면 효과가 있느냐"하는 것이다. 이에 대한 대답은 'NO'다. 도입한 IT시스템 외에도 경영자의 지속적인 혁신의지, 효율적인 시스템 운용능력이 결부될 때야 비로소 'NO'가 'YES'로 바뀐다.

아는 만큼 보인다고 했다. 많은 기업이 성공적인 IT운용에 관한 방법론을 이 책에서 찾고 소화해 승승장구했으면 하는 바람이다.

2010년 5월
금기현 전자신문사 대표이사/정보처리학회장

추천사

지난 2010년 밴쿠버 동계 올림픽 때 세계를 깜짝 놀라게 한 금메달리스트 이승훈. 쇼트트랙에서 전향한 지 7개월만에 스피드 스케이팅에서 금메달, 은메달을 획득한 그의 비결은 무엇일까? 쇼트트랙의 기술과 스피드스케이팅 기술의 융합. 그 기술의 융합이 이 선수의 성실함과 결합해 놀라운 결과를 낳은 것이다. 이런 다른 분야 간의 접목을 컨버전스(Convergence)라고 말한다.

융합, 퓨전, 하이브리드, 크로스 오버 등으로 불리며 전세계에서 불고 있는 컨버전스 열풍. 이 책은 경영과 IT 간의 밀접한 연결을 이야기하고 있다. 경영과 IT의 새로운 패러다임에 대해서 소개할 뿐만 아니라 IT가 경영전략과 연결되어 어떤 새로운 가치를 창조할 수 있으며, 어떤 경영성과를 도출할 수 있는지 단계적으로 보여주고 있다. 특히, 저자는 25년 동안 현장에서 얻은 경험과 노하우를 바탕으로 독자들에게 실용적이고 논리적인 모범답안을 제시한다.

이 책은 경영과 IT의 융합을 고려하고 있는 기업의 경영층에게 실질적인 도움을 줄 수 있으며, 대학에서 경영학을 공부하는 학생들에게 추천할 교재로 부족함이 없다.

2010년 5월
전용욱_ 중앙대학교 부총장

〈비즈니스와 IT의 융합 ONE – MAP〉

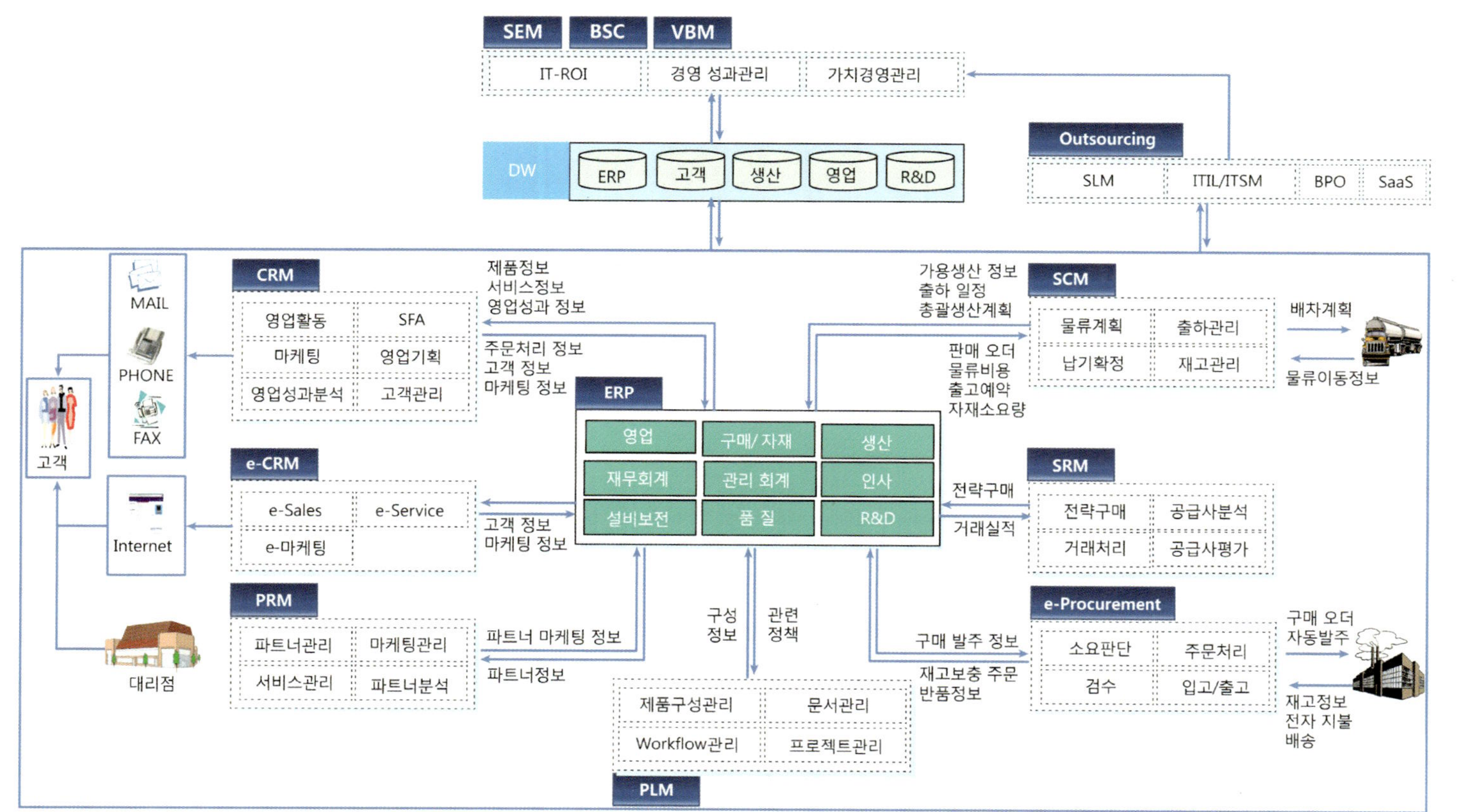

<Mind Map에 의한 본서 구성>

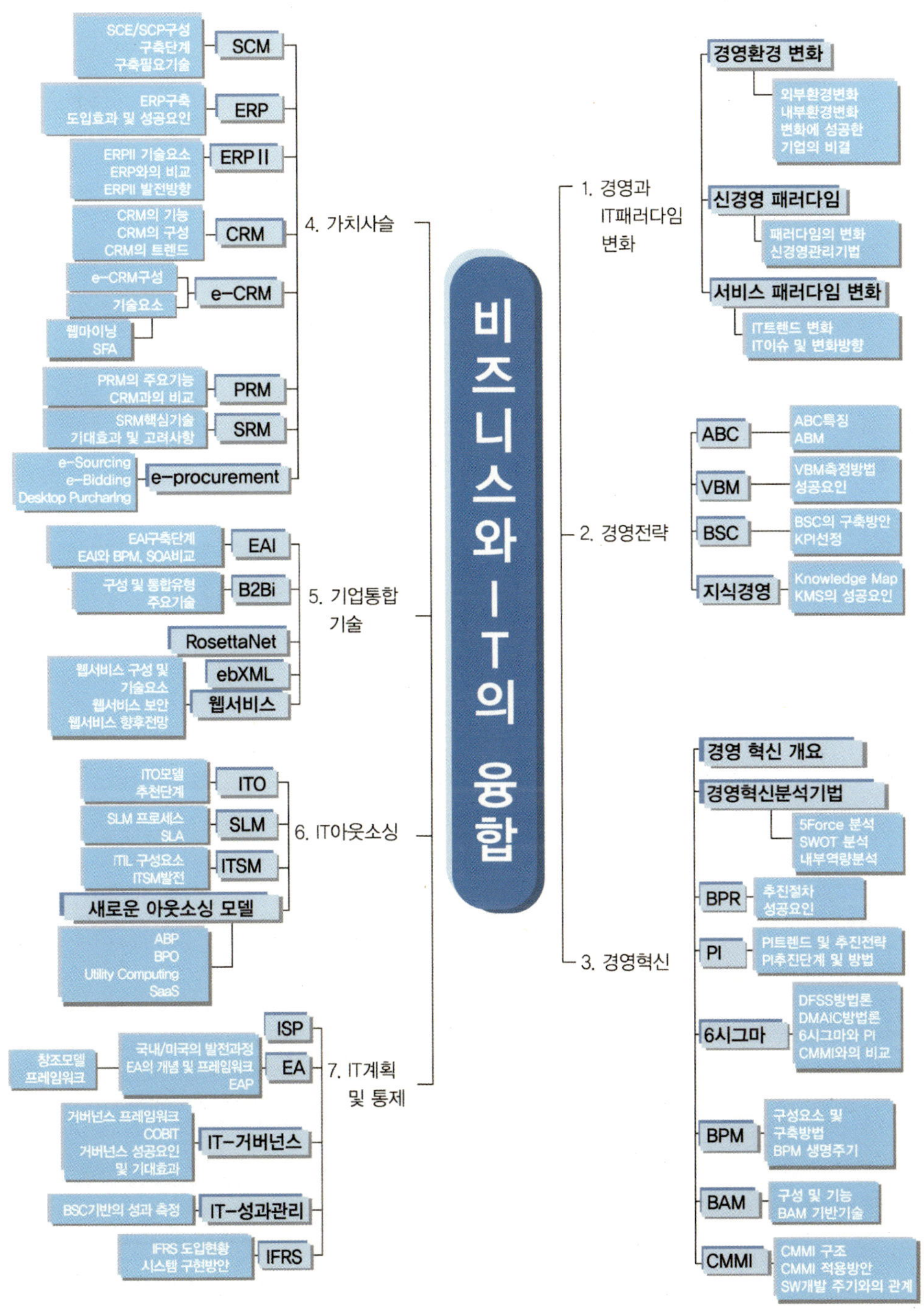

CONTENTS

CONTENTS

CHAPTER 03
IT 운영과 통제

TABLE/CONTENTS

TABLE/CONTENTS

TABLE/CONTENTS

IMAGES/CONTENTS

IMAGES/CONTENTS

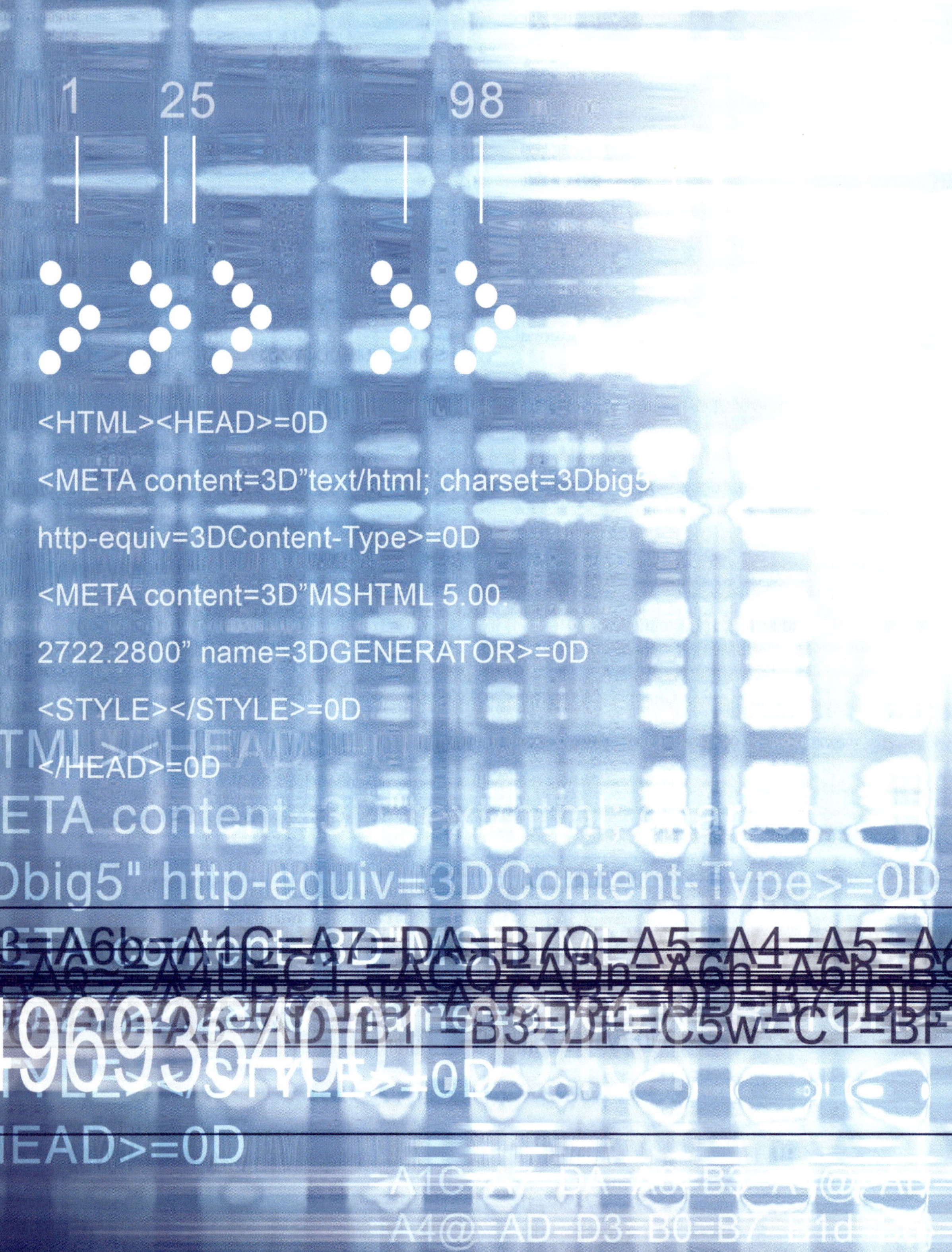
1   25   98
<HTML><HEAD>=0D
<META content=3D"text/html; charset=3Dbig5
http-equiv=3DContent-Type>=0D
<META content=3D"MSHTML 5.00.
2722.2800" name=3DGENERATOR>=0D
<STYLE></STYLE>=0D
</HEAD>=0D
49693640

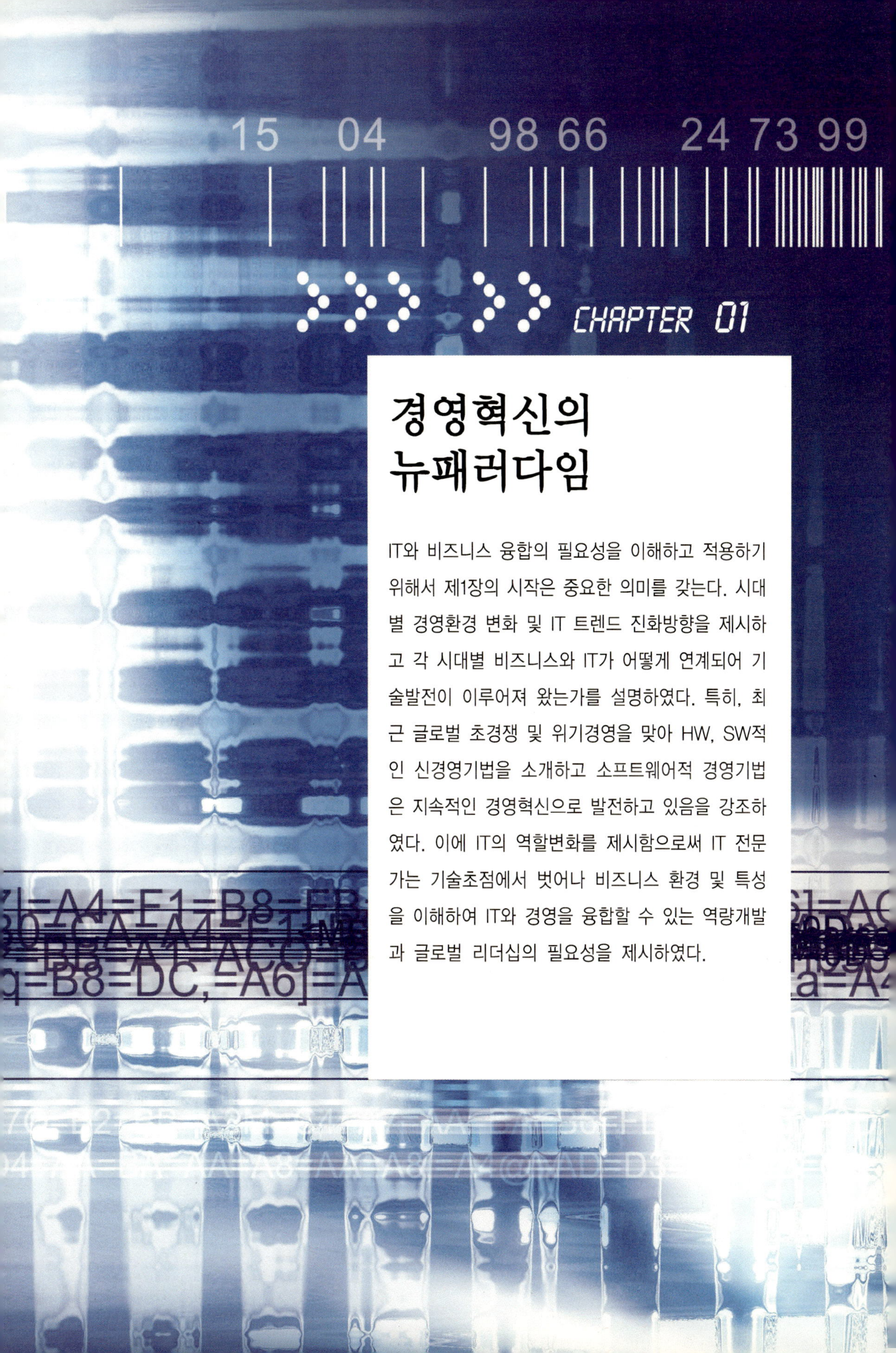

경영혁신의 뉴패러다임

IT와 비즈니스 융합의 필요성을 이해하고 적용하기 위해서 제1장의 시작은 중요한 의미를 갖는다. 시대별 경영환경 변화 및 IT 트렌드 진화방향을 제시하고 각 시대별 비즈니스와 IT가 어떻게 연계되어 기술발전이 이루어져 왔는가를 설명하였다. 특히, 최근 글로벌 초경쟁 및 위기경영을 맞아 HW, SW적인 신경영기법을 소개하고 소프트웨어적 경영기법은 지속적인 경영혁신으로 발전하고 있음을 강조하였다. 이에 IT의 역할변화를 제시함으로써 IT 전문가는 기술초점에서 벗어나 비즈니스 환경 및 특성을 이해하여 IT와 경영을 융합할 수 있는 역량개발과 글로벌 리더십의 필요성을 제시하였다.

[1장 요약]

[시대별 비즈니스와 IT변화]

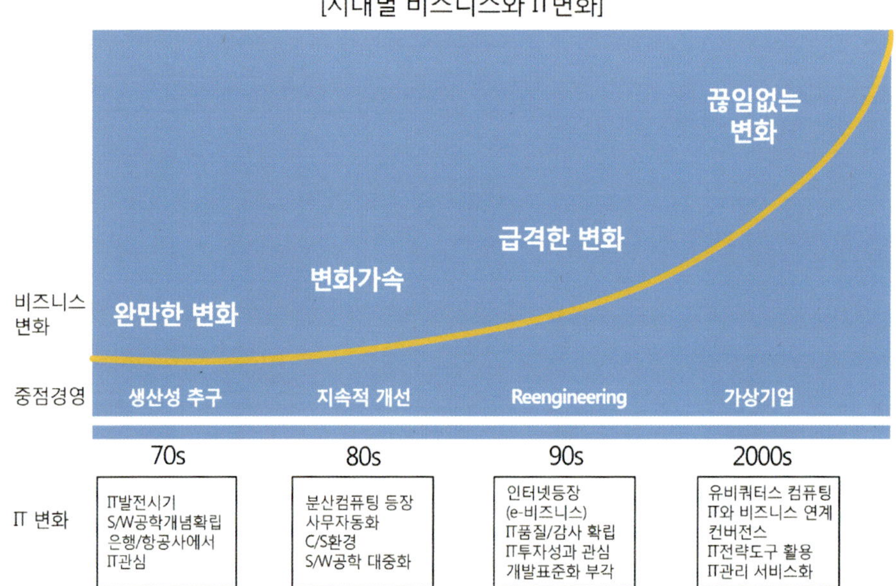

과거 70년, 80년대 시대의 비즈니스 변화주기는 7년~10년이었으며 주로 기술, 경제, 정책 등에 관심을 가지면서 세계시장은 발전하였다. 90년대 들어 세계가 글로벌화 되기 시작하면서 비즈니스 변화속도는 1년~2년 주기로 변모하였다. 특히, 이 시기는 기술, 경쟁, 가치사슬 영역에 초점을 두고 세계화가 시작된 시점이다. 이 시기의 IT변화속도는 비즈니스 속도에 따라 10년 또는 3년 주기의 완만한 진화를 하면서 새로운 시스템 구축, 신기술 도입이 이루어졌다. 즉, IT가 공학적인 관점에서 조명되기 시작한 시점이다.

그러나 90년대 후반 인터넷이 보급되고, 컴퓨터기술 발전이 가속화되면서 기업경영은 새로운 패러다임을 맞이하게 된다. 즉, 세계경쟁 구도는 더욱 심화되는 현상을 맞이하게 되었다. 이에 대응하기 위해 기업은 실시간 비즈니스 업무의 변화가 일어나고 디지털 신경영체제로 전환하는 노력을 아끼지 않았다. 이러한 변화의 목적은 기업의 비용절감 및 생산성 제고를 높혀 경쟁체제를 갖추고자 하는 데 있다. 또한 기업의 민첩성, 의사결정의 스피드, 업무처리의 가시성 등이 요구되면서 IT의 중요성이 부각되기 시작하였다.

90년대가 급격한 기업경영 및 시장환경의 변화시대를 맞이하였다면, 2000년대는 끊임없는 변화를 요구하는 기업혁신의 시대이다. 유비쿼터스 환경에서 가상기업이 출현하고, 이를 실시간으로 뒷받침해 줄 수 있는 IT인프라 및 고품질의 IT서비스가 요구된 것이다. 고객중심의 가치창출과 기업의 비즈니스 목표달성을 위해 IT는 이제 비즈니스 전략과 목표를 연계하는 비즈니스 파트너로 진화되고 있으며 비즈니스 가치제고 및 그린환경 조성의 핵심역할로 부각되고 있다.

기업경영 패러다임의 변화는 신경영을 출범시키면서 프로세스혁신, 기술혁신 그리고 조직문화 혁신 등의 결과를 만들었다. 더불어 IT 역시 역할의 변화를 가져왔다. IT는 기존의 기술 중심에서 벗어나 비즈니스와 연계된 IT투자 및 운영이 강조되고 있다. 기업의 지속적인 혁신과 체질 개선을 위해 IT는 계속적으로 신기술 및 품질향상을 위한 솔루션들을 시장에 선보이고 있다.

① 경영환경 변화

1.1 개요

기업 경영환경은 극도로 복잡해지면서 글로벌 초경쟁 환경의 시대를 맞이하고 있다. 오늘날 기업은 끊임없이, 더 빨리 새로운 경쟁우위를 지속시키기 위해 상시 위기에 직면하고 있으며 기업이 경쟁관계를 원하든 원하지 않든 관계없이 급변하는 경쟁환경 속에 놓이게 되었다. 이러한 변화는 기업 내부의 경영조건과 기업 외부의 다양한 환경요소가 가미되면서 기업의 현재와 미래를 더욱 예측하기 어렵게 만들고 있다. 새로운 경영 패러다임의 시대적인 당위성에 따라 기업은 첨단 혁신 기법 도입과 이를 지원해 줄 수 있는 정보화 추진을 시도하고 있다. 이와 같이 경쟁 환경이 도래된 주된 원인은 크게 3가지 관점에서 엿볼 수 있다.

첫째, 경쟁의 경계가 무너지는 무경계 경쟁세계화가 가속화 됨

둘째, 정보의 혁명과 지식기반을 통한 새로운 가치의 지속적 창출

셋째, 다양한 제품, 빠른 서비스, 최고의 품질을 원하는 고객욕구의 다양성

이제 기업은 상시 위기경영 체제하에서 새로운 변화를 시도하는 자세가 필요하며 고객확보 및 유지를 위해 제품개발 또는 서비스는 고객중심으로 변화되어야 한다. 즉, 고객가치를 제공할 수 있는 프로세스 설계자, 이를 지원할 수 있는 시스템 구축, 임직원의 마인드변화 그리고 조직제도 및 문화 등의 변화가 고객중심의 변화범위에 포함될 것이다.

1.2 기업환경 변화

기업환경이란 특정 기업을 둘러싼 제 환경요인과 상황 또는 조건으로 정의할 수 있다. 기업의 내·외부에 있어서 기업 경영활동에 영향을 미치는 요인이다. 기업환경과 기업의 관계는 상호 유기체로서 존재하며 기업이 존속·성장하려면 환경에 적응해 가야 한다.

90년대의 기업경영은 효율성 향상에 초점을 두었다. 비용절감과 생산성 향상을 위해 기업 내부의 부문단위 중심으로 프로세스를 개선하고 비용의 효율적 사용을 도모하고자 투자와 성과관리에 관심을 갖기 시작한다. 그러나 2000년에 이르러 초경쟁, 무경계 시대를 맞이하면서 기업활동은 기존 기업 내부의 관리방식에서 벗어나 고객가치 창출중심으로 전환된다. 고객관계 개선을 통해 기업은 기존 고객유지 및 신규 고객확보에 주력하고, 토털 서비스 레벨을 높이기 위해 고객이 원하는 납기와 다양한 부가가치를 제공할 수 있는 비즈니스 수익모델을 제시하고 있다. 즉, 가치사슬상의 고객과 파트너사 간의 협력관계 정립을 위해 상호 윈-윈 전략 모드로 경영활동은 전환되고 있는 것이다.

- 글로벌화/글로벌 경쟁의 심화
- 고객만족과 운영에 대한 비용 효율화에 대한 과제 증가
- 불확실성의 증가로 인한 위험관리의 필요성 증가
- 가치사슬의 붕괴와 재구성으로 인한 기업 내·외부 간 협업 필요성 증가

그렇다면, 무엇이 변화의 주체인가? 바로 시장, 고객 그리고 기술 등이 변화의 주체가 될 수 있다. 시장은 글로벌화 되고 경제환경은 급격히 변모하고 있다. 고객은 과거보다 더욱더 다양한 요구와 고객맞춤의 제품과 서비스를 제공받기를 원한다. 기술은 1~2년 주기가 아닌 상시 기술혁신 모드로 변화되고 있으며 경영전략 도구로 역할변화를 하고 있는 셈이다.

[표 1-1]은 4개 관점의 대표적인 환경변화 내용을 제시한 것이다.

[표 1-1] 관점에 따른 경영환경 변화의 4요소

구분	환경 변화 내용
전략적 관점	고객 만족경영과 주주가치 극대화를 위한 가치경영 도입
프로세스 관점	- 개별 재무제표에서 연결회계 중시 - 기업의 투명성 요구 - Real Time 수익성 관리 능력 - 글로벌한 공급사슬 계획
IT 관점	- 표준화된 데이터 구조 - ERP에 의한 시스템 통합 - 글로벌한 e-Biz 수행 정도
조직 관점	- 지속적이고 정확한 성과측정 - 프로세스형 조직과 Shared Service화

1.3 외부환경 변화

>>> 1.3.1 세계경제 트렌드

2006년 맥킨지가 전망한 2015년 세계경제 트렌드 분석에 의하면, 조직운용의 효율성을 높이기 위해 정교한 경영지원이 더욱 빠르게 전개되고 글로벌 기업 리더들은 수학적 알고리즘에 의한 의사결정을 통해 불확실한 외부의 환경변화와 위협에 대응한다고 언급하였다. 이를 다시 해석해보면 다음과 같이 정리할 수 있다.

- 아시아 경제의 성장: 아시아와 유럽경제 규모가 거의 같아짐
- 공공부문 투자확대: 노령화에 의한 생산성 압박이 커짐
- 저임금 개발국의 성장: 신흥시장서 고급인력 증가
- 단순업무 수요감소, 복잡업무 증가
- 지식소비 패턴의 변화: 컨설턴트 인재가 각광을 받음
- 에너지 확보의 어려움: 석유에너지 상시 부족사태
- 글로벌 기업의 확대와 M&A 증가
- 경영자 IT의존도 증가: 경영, 예술에서 과학으로 전환
- 제2차 세계대전 이후 최대 글로벌 금융위기

삼성경제연구소인 국내 연구기관에 의하면, 주요 세계경제 키워드는 서브프라임 증가로 리스크 증가, 다극화 및 신사업기회 확대를 들 수 있다. 미국의 정치, 경제가 시험대에 올라 당분간 이와 같은 현상은 지속된다고 언급하였다. 서브프라임이 지속되면서 금융위기가 증가되고, 환경문제가 대두되면서 소비자 파워가 그 여느 때보다 커짐에 따라 새로운 사업기회의 창출을 예견하고 있다. 소비자 파워의 증가는 사회적, 학력, 연령 등에 구애받지 않고 의견과 감정을 효과적으로 피력할 수 있는 온라인을 창구로 개인의 힘이 집단화, 공식화되고 있다는 뜻이다.

>>> 1.3.2 세계경제의 시사점

세계경제 변화는 기업운영의 효율성 향상과 미래를 예측할 수 있는 경영체계의 필요성을 보여주고 있다. 기업 간 경쟁심화는 글로벌 통합화와 대형화를 요구하고 글로벌 스탠다드에 부합되는 새로운 경영환경을 필요로 한다. 이에 따라 기업들은 국제회계기준 기반의 회계 투명성 확보, 디지털 시대의 스피드 경영실현 및 기업 내·외부 통합을 통한 수확체증의 법칙 등을 중점적으로 추진하고 있다.

최근 스피드 경영은 그 어느 때보다 중요하다. 이를 뒷받침할 수 있는 대표적인 영역이 바로 인재확보와 신기술 확보이다. 특히 기술 및 인재확보는 기업으로 하여금 보다 빠른 경쟁력과 신성장 동력을 찾기 위한 수단으로 인식되고 있다. 이의 대표적인 수단으로 M&A를 들 수 있다. 국내 글로벌 기업들도 내수시장 한계를 극복하려는 돌파구로서 글로벌 M&A를 기업생존의 수단으로 받아들이고 있는 상황이다.

기업합병 M&A는 신기술 및 인력구조 체계를 새롭게 갖추면서 세계무대에서 경쟁할 수 있는 하나의 대안이 될 수 있다. 기업합병은 기업규모 경제를 통해 시장점유율을 제고하고, 규모경제에 따른 비용절감 효과를 얻을 수 있는 장점이 있다. 따라서 글로벌시장에서 경쟁력과 스피드 경영체계를 마련하는 데 좋은 대안이 될 수 있다.

[표 1-2] 글로벌 기업의 주요 활동

구분	글로벌 기업의 주요 활동
2008년	글로벌 기업경영은 성장만이 생존을 담보할 수 있다는 방침하에 시장지배력을 강화 - 글로벌 M&A가 증가 - IT업계의 투자 경쟁 가열 - 기업 사업개편 가속화 - 하드웨어 경영에서 소프트웨어로 전환 - 서브프라임 사태로 명암이 교차
2009년	글로벌 기업경영은 힘의 이동과 성장변화에 초점 세계경제 침체 속에서 새로운 성장 모멘텀 발굴 - 이머징 마케팅 공략 본격화 - 글로벌 금융산업 판도 변화 - 성역 없는 사업 구조조정 가속화 - CEO 역할과 평가 간의 딜레마 가속 - 그린 경제 시대 대비

1.4 내부환경 변화

>>> 1.4.1 국내경제 여건

미국으로부터 시작한 글로벌 금융위기는 국내 금융시장으로 파급되면서 국내경제 역시 내수 기업의 채산성 악화, 중소기업 자금사정 어려움 및 외환위기 재발 가능성 등이 염려되고 있다. 최근 한국경제는 성장잠재력의 약화현상이 나타나고 있으며 성장이 멈춘 상태라고 일부에서는 언급하고 있다. 이에 대표적인 현상을 금융위기 영향 측면, 성장 잠재력 측면과, 사회의 양극화 측면에서 살펴보자.

첫째, 글로벌 금융위기가 실물경제에 미치는 영향으로는 경제성장률 하락을 들 수 있다. 2009년 마이너스 성장에서 최근 점진적인 회복세로 돌아서면서 2010년에는 4%~5%의 성장회복세를 예측하고 있다. 내수부진, 부동산 시장 침체 및 미분양 그리고 금융기관 부실 등의 현상이 나타나고 있으며 달러 약세로 인해 수출둔화, 무역수지 적자, 수출타격 등에도 영향을 미치고 있다. 결국 글로벌 금융위기는 소비, 투자, 수출 둔화를 초래하여 고용불안과 성장악화를 초래하고 있다고 볼 수 있다.

둘째, 성장 잠재력 측면에서는 저출산, 고령화에 따라 장기적 지속발전 가능성에 대한 우려가 대두되면서 경제활동 인구의 급격한 감소로 인해 성장률이 지속적으로 감소하고 있는 추세이다. 설비투자 영역에서도 2001년 이후 지속적으로 침체가 가속되고 있으며 특히, 비제조업 설비투자 비중의 감소세와 대기업 중심의 투자패턴이 지속되고 있는 상황이다. 서비스 산업영역에서도 양적인 성장은 지속되나 저생산 구조를 탈피하지 못하고 있는 것이 우리의 현실이다.

셋째, 양극화 관점에서 외환위기 이후 기업규모 간, 산업부문 간, 소득계층 간 양극화 현상이 심화되고 소득 불평등이 악화되는 현상은 지속되고 있다. 이는 신성장 동력 및 제2의 장기성장 전략의 필요성을 말해주는 것이다. 반면, 인도, 중국 기업들은 글로벌시장을 확대하고, M&A를 통해 세계 유수기업을 사들이는 상황이며, 첨단기술과 외국시장을 한꺼번에 확보하여 미국 및 한국의 주력 수출시장에서 점유율이 증가하고 있다. 그러나 이것으로 인해 글로벌 환경에서 우리의 시장점유율은 하락하고 있으며 미국, 일본 등 선진국과의 기술격차는 좁혀지지 않고 있다.

이와 같은 한국경제 상황을 살펴볼 때 다음과 같은 경제현황을 요약할 수 있다.

- 글로벌 유통성 축소로 수출침체 우려
- 경기둔화, 고용불안, 고유가 지속, 불안정 노사관계
- 환율하락, 선진시장 위축, 신흥시장 경쟁심화(인도, 중국시장)
- 미국 경기침체로 국내경기 침체 악순환 우려
- 제품시장 확보 경쟁 치열, 해외저가 공세 위협
- 수요산업 위축, 세계적 공급과잉

>>> 1.4.2 한국경제의 시사점

최근 한국경제 현황은 기업 내부에 적잖은 부담감을 주는 것이 현실이다. 경쟁사의 대형화에 뒤져 협상력 약화, 수익성 악화, 브랜드 가치 하락, 중국 추격에 따른 원가경쟁력 하락 등이 지속될 우려가 크며 이로 인해 인건비성 비용 증가, 원화절상 등으로 원가경쟁력 또한 부정적인 전망으로 해석되고 있다. 2009년 하반기에 들어 조금씩 소비심리가 풀리고 있다지만, 불안한 고용과 저조한 수출 약세로 인해 새로운 성장동력이 요구되는 시점이다.

1.5 변화 속의 세계기업

급변하는 경영환경 속에 기존 세계 유수기업들은 현재 어떤 위치에 있는지를 알아보고 변화에 성공한 기업들은 어떻게 위기관리를 실천해 오고 있는지를 살펴보자.

>>> 1.5.1 변화에 실패한 기업들

GM은 고유가 시대를 대비하지 않은 채 당장 수요가 많은 기존 차량을 파는 데만 급급하였다. 때문에 신차개발을 소홀히 하였을 뿐만 아니라, 장기적으로 전기차가 최상의 무공해 차량이라는 것을 애써 무시하려 하였다. 때문에 경쟁에서 밀려 하이브리드 자동차 시장을 일본업계에 고스란히 내주고 말았다.

[표 1-3] 주요글로벌 기업의 실패 원인

회사	실패 유형	실패 내용
GM	자만	- 세계 최고의 자동차 회사로 목표이윤을 달성하지 못해 주가와 회사채 가격이 급격히 하락. - 신용등급이 정크본드 수준으로 떨어짐.(Financial Times, 2005년 3월 17일자 1면 톱기사)
소니	경쟁업체 간과	세계 최고 전자업체임. 97년 외환위기에 허덕이던 한국의 삼성을 눈여겨보지 않았음. 그러나 10년도 채 안 된 지금 삼성시가 총액은 소니의 2배임.(New York Times, 2005년 3월 10일자)소니의 주요 실패 원인은 1990년 이후 획기적 상품이 없고 기업철학부재, 기술과 관계 없는 넥타이부대 증가
포드	우선순위 오류 품질과 고객보호 등한시	2008년까지 6개 공장을 폐쇄하고 2012년까지 북미 8개 공장 추가 폐쇄, 저비용공장 신설을 모색하고 있음. 또한 도요타방식을 도입, 장기계약을 통해 비용 절감을 시도함. 리콜비용이 사고처리 비용의 3배이자 리콜 포기함.
롯데리아	내부 시스템 결함	- 기업의 수익성이 떨어지자 그 원인을 찾는 데 시장 전체의 문제를 보지 못하고 제품 개발에서만 위기의 해결방법을 찾음. - 한국인의 입맛에 맞는 햄버거 개발에만 매진, 햄버거의 본질을 잊음으로써 소비자로부터 맛없는 햄버거라는 인식을 줌.

변화에 실패한 대부분의 기업들은 적시에 변화의 근본 원인을 직감하지 못한 공통점을 가지고 있다. 즉, 고객수준과 요구의 증가, 정보사용의 극대화, 제품의 복잡성 증가, 스피드혁명 그리고 글로벌 경쟁심화의 가속화 등이 비즈니스 환경변화를 초래하고 있다는 사실을 간과한 것이다. 잘나가던 GM과 소니의 사례도 외부환경

에 둔갑해져서 스스로 환경변화에 적응하지 못한 것이다.

>>> 1.5.2 변화에 성공한 기업

글로벌 경쟁의 심화 속에서 세계 최고의 기업은 얼마나 그 자리를 유지하기 위해 노력하고 있는가? 대부분 성공한 기업의 공통점은 첫째로 고객요구에 적절한 대응과 제품의 품질확보에 있다. 대표적인 기업으로 애플, 삼성전자, 월마트 기업을 통해 그들의 노력을 살펴보자.

(1) 애플사

매킨토시를 출시하여 한때 성공한 벤처기업으로 등장했던 애플은 1980년대 쇠락의 길을 걷기 시작하면서 마이크로소프트와 인텔과의 경쟁에 어려움에 처하게 되었다. 그러나 1997년 스티브 잡스의 출현으로 과감한 R&D 투자와 신제품 개발로 위기를 극복한다. 위기극복의 방법으로 비용절감보다는 경영혁신이라는 세가지 혁신을 강조하면서 아이팟(iPod), 아이폰(iPhone) 등의 혁신제품을 출시하여 세계시장을 선도하고 있다.

애플의 혁신 비결은 어디에 있는 것일까? 바로 개방형 혁신, 사용자 혁신, 그리고 실패의 혁신에서 찾을 수 있다. 과거 애플은 기술집착 및 자만심으로 실패한 점을 인식하고 외부기술을 적극적으로 수용하여 아이폰과 아이팟을 개발한 것이다. 둘째, 사용자 중심 혁신이란 사용자 니즈를 중심으로 제품을 설계, 개발한 점이다. 이때 "단순하고 사용하기 편리해야" 한다는 디자인의 원칙을 준수하여 사용자의 편리성을 향상시켰다. 셋째, 실패의 혁신은 과거 매킨토시의 'LISA' 실패를 발판으로 도약한 점이다.

스티브 잡스는 임직원들에게 혁신의 중요성과 업무에 대한 열정을 반복적으로 강조하고 있다. '생각을 다르게 하고 제품을 통해 다름을 실현하라'고 요구하며 아이디어 실현을 강조한 점이 잡스의 차별화된 리더십이다. 애플은 과거의 패러다임에 매몰되지 않고 끊임없이 시도하고 도전하는 혁신역량이 새로운 성장동력이 되어 지금의 애플사로 올려놓았다. 여기에는 스티브 잡스의 위기극복의 리더십과 고객중심의 마케팅이 애플 성공을 견인한 것이다.

(2) 삼성전자

삼성전자는 2009년 창립 40주년을 맞았다. 글로벌 일류 품질의 시작을 선언했던 1993년 '신경영'은 삼성이 글로벌 기업으로 변화하는데 토대가 되었다. 신경영의 초점은 세기말적 변화를 앞두고 경쟁력을 갖추지 못하면 초일류기업과의 경쟁에서 생존할 수 없다는 것을 강조하면서 고품질로 세계를 석권한다는 것이다.

2006년 이건희 회장은 요코하마 전시회에서 '세계 TV업계를 리드할 수 있는 글로벌 리더십을 키워야 한다. 그러기 위해서는 지금보다 연구개발 투자를 더 많이 하고 인재를 더 뽑고 키워야 한다'고 강조하였다. 2010년 삼성전자는 모든 제품에서 세계 1위를 목표로 하고 있다. 21세기에는 디자인, 마케팅, R&D 등이 융합되어 지금까지 세상에 없었던 새로운 상품과 기술 등의 창조적인 상품을 만들어야 한다고 강조하고 있다.

지금까지 삼성은 위기의 객관적 존재 여부와 이와 무관하게 위기의식을 북돋아 왔다. 이건희 회장의 글로벌 리더십은 대규모 투자, 과감한 조직개편, 인력혁신 그리고 미래를 대비한 선택과 집중 전략을 추구해 왔다. 이제 삼성은 '창조경영'[1)을 통해 명실상부 세계기업으로 도약하는 시점을 맞고 있는 것이다.

[표 1-4] 시대별 삼성전자의 주요변화

연도	주요 변화 내용
1993년	-신경영 선포, 개혁을 위한 사장단 인사발탁
1996년	-스피드경영 선언, 사장급 해외배치, 신경영채자 배포
1999년	-신경영 3기 선포, 신월드베스트선언, 핵심인력수시 채용
2003년	-천재급 인재 등용, 항시 위기의식 재무장
2007년	-창조경영, M&A를 통한 성장동력(원천기술/인력) 확보 시도

(3) 월마트

월마트는 IT를 이용하여 "더 작은 것부터 더 많은 것을 수행하라"는 슬로건하에 인프라를 구축하여 규모의 시장성장 한계를 극복하고 있다. 대표적인 주요전략을 살펴보면 기업문화 창달에 기여할 수 있는 정보의 공유, 사내의 횡적 통신체제를

---

1) 창조경영: 개인의 자기 실현 욕구와 창발, 공감, 공명을 바탕으로 하여, 그것들이 적절한 조합에 의해 기업으로서 창조성을 충분히 개화하기 위한 시도임.(일본의 노무라 종합연구소)

완비하고 IT를 이용한 유통정보활용, 단품관리, 신기술을 우선 도입하여 적시/적량/적소에 공급하는 시스템을 구축한 점을 들 수 있다. 또한 글로벌 공급망 확보와 물류 효율화를 위해 2008년도부터 모든 공급사는 RFID 부착을 의무화하여 실행 중이다.

[표 1-5] 월마트의 주요변화

연도	주요 변화 내용
목표	- 고객제일/고객만족주의, 고객사고 중심의 철학
철학	- 자만과 교만 탈피, 일일 저비용 운영 추구
혁신 내용	- Every Day Low price 판매, 공급사와 협업체계 구축
마케팅	- 지속적인 업태개발, 외곽도심공격, 대량매입/대량판매

(4) IT 분야의 M&A 사례

2009년도 사상 최악의 금융위기를 이겨낸 글로벌 IT업계는 구조조정이 거세게 불고 있다. IT관련 분야와의 합병을 시도하고 있는 IT업계의 지각변동은 IT서비스 수준 향상과 시장에서 파워게임에 선제공격을 갖기 위함이다.

해외의 경우, 미국의 최대 컴퓨터 네크워크 장비업체인 시스코시스템는 무선네트워크 장비업체 스타렌트 네트웍스를 29억 달러에 인수할 계획이며, 델 컴퓨터 역시 약 4조 5,000억 원을 투자하여 IT서비스기업 페로시스템을 인수하였다. 오라클의 래리 엘리슨 CEO도 썬 마이크로시스템즈를 74억 달러에 인수하여 "더 이상 하드웨어만으로 시장에서 승리할 수 없다"고 선언한 바 있다.

국내의 경우, 미국 IT기업의 합병에 영향을 받아 LG텔레콤, 데이콤, 파워콤 등 LG 통신 삼사가 2010년 1월 통합법인을 출범하고 IT서비스 기업인 삼성 SDS도 삼성 네트워크 기업과 합병을 선언하였다. 포스데이타 역시 포스콘과 합병을 추진 하면서 수익성이 떨어지는 사업을 과감히 정리하면서 신성장동력 발굴에 적극 나서고 있다.

1.6 변화에 성공한 기업의 비결

>>> 1.6.1 위기관리 필요성

위기란 조직이 이전에 경험하지 못한 상태를 말하며 위기로 인해 조직이 물적, 정신적 영향을 심하게 받게 되었을 때 존재의 위태로움을 말한다. 위기관리란 위험관리를 포함하는 포괄적인 개념으로 사전 위기로부터 부정적인 결과를 예방 또는 최소화함으로써 위기의 피해로부터 보호하는 것을 말한다.

왜 위기관리 필요성이 강조되고 있는 것일까? 급변하는 시장환경과 기업의 내·외부 여건에 기업이 조화롭게 적응하지 못한다면, 기업은 도태되거나 생존까지 위협을 받게 된다. 최근 도요타 자동차 리콜 사태로 볼 수 있다. 품질경영의 모범기업으로 보였던 도요타가 고객의 불만과 요구에 방만한 태도를 보인 결과가 최근 도요타 사태로 나타난 것이다. 고객의 요구와 시장변화에 능동적인 대처가 부족하다면, 그에 따른 댓가는 상상을 초월할 만큼 부정적인 결과로 나타나고 있다. 따라서 기업은 사회, 경제, 환경적 위기에 사전 대처할 수 있는 준비가 필요하며 정신무장이 요구되는 시점이다.

>>> 1.6.2 위기발생원인 및 대처방안

위기는 어디서 발생되는 것일까? 대부분 위기는 불법경영 또는 시장, 기술변화에 따른 대응력 부재에서 일어나고 있다. 예를 들어 IT분야에서는 보안 취약성으로 인해 바이러스 침입으로 정보시스템을 정지하거나 생산라인이 스톱되는 현상을 말하며, 시스템 작동오류로 인해 잘못된 결과가 초래되었을 때의 현상을 들 수 있다. 불법경영 측면에서는 불공정 거래, 하도급법 위반, 분식회계, 특허권도용 등으로 기업이 파산 또는 금융위기로 세계시장 교란 등의 결과를 야기시키는 것을 말한다.

위기관리와 위험관리의 차이점은 무엇인가?

위기관리란 장래에 발생할 수 있는 위기를 사전에 가정하고 유효한 대책을 강구하여 필요시 대응하는 행동을 말하며 반면, 위험관리란 위험의 확인, 측정 및 통계를 통하여 최소의 비용으로 위험의 부정적인 영향을 최소화하는 것을 의미한다. 위기관리의 핵심은 혁신과 신기술 확보에 있다. 이와 같은 사항을 구비하기 위해서는 기술융합을 통한 새로운 비즈니스 모델개발, 기술영역 투자확대 및 M&A 등을 들 수 있다.

변화에 성공한 기업은 위기관리를 통해 발상의 전환을 시도해 왔다. 이들 기업들이 지속적인 성장과 경쟁우위를 가질 수 있는 비결은 고객가치에 초점을 두고 이를 이행할 수 있는 전략을 수립한 점이며 보다 구체적이고 정량적인 관리와 그에 따른 실행을 해온 점이다. 글로벌 기업환경은 기업으로 하여금 더 빨리, 더 높은 경쟁우위로 진입할 것을 요구하고 있다. 경영패러다임의 근본적인 전환을 요구하는 것이다. 그러므로 기업은 상시 생존위기에 직면하고 있음을 인식하고 특정부서가 아닌 전임직원이 외부, 내부의 위기환경을 공유하고 이를 함께 타개하여 나가는 기업문화와 협업활동이 필요하다.

>>> 1.6.3 위기관리를 위한 사고의 전환

(1) 위기감 조성

위기의식을 변화의 모멘텀으로 삼는 것은 중요한 일이다. 그 이유는 위기를 극복하기 위한 방안으로 대안을 세우고 문제를 해결하여 기업을 이전수준으로 회복시킬 수 있기 때문이다. 무엇보다 중요한 것은 위기의 근원을 알고 이에 대한 문제를 근본적으로 해결하며 이를 통해 보다 나은 기업이 될 수 있도록 하는 데 있다.

- 언제나 실패할 수 있다는 '위기의식'을 변화의 모멘텀으로 전환
- 글로벌 기업으로 창업가의 도전정신을 되살림
- 글로벌 사업환경에 맞도록 경영방식 및 문화를 혁신해야 함

변화가 성공하려면 구성원의 동기 부여를 통한 적극적인 협력이 필요하다. 때문에 성공적 변화를 위한 여러 단계를 거쳐야 하며, 그 출발점은 '위기감 조성'이어야 한다고 Harvard Business School의 John Kotter 교수는 말하고 있다.

[그림 1-1] 변화를 위한 단계

(2) 변화수용을 위한 능력 배양

왜 어떤 기업은 변화에 성공하고 어떤 기업들은 변화에 실패하는가? 본 질문에 대한 답은 조직의 변화에 대한 수용능력에 의해 결정된다고 볼 수 있다. 위기관리를 위한 사고전환 역시 기업문화로 정착되려면 이를 받아들이려는 조직원들의 역량 및 수용능력이 중요하다. 즉, 조직이 추구하고자 하는 목표에 맞도록 조직 내 상호작용하는 양과 질이 좋아져야 변화에 성공할 수 있다. 바로 이것이 '변화의 수용능력'이라고 일컫는다.

변화의 수용능력을 키우려면, 먼저 변화에 대한 경영자의 의지가 전제되어야 하며 조직원들이 변화의 목적을 분명히 이해하고 변화에 따른 성과를 측정하는 노력이 필요하다. 즉, 조직 상·하 간의 통제범위를 좁히고 조직원의 원활한 상호작용을 통해 달성할 수 있다는 뜻이다. 따라서 경영진은 어떻게 변화의 수용능력을 키울 것인가에 초점을 두고 스폰서로서 새로운 변화와 혁신문화를 리딩해야 할 것이다.

2.1 기업업무의 변화

1980년대 비즈니스 변화속도는 5~10년 주기였다. 이 무렵 기업경영은 생산성 향상, 품질확보 및 비용 절감 등을 위한 부서 중심, 부문 중심의 업무최적화에 노력을 기울인다. 기업은 기능 중심, 기업 내 부문의 최적화에 초점을 둔 것이다. 반면, IT의 변화속도는 비즈니스 속도에 맞추어 3~8년 주기의 변화를 겪는 시대였다. 따라서 한 번 구축된 시스템은 5년 또는 10년의 세월이 흘러도 변경이 빈번하지 않은 평온한 세상 속에 기업은 존재하였던 시기이다.

90년대 이후 세계적으로 경기호황과 세계화의 흐름에 따라 기업들은 세계시장을 무대로 사업을 확장하기 시작한다. 특히, 90년대 들어서 세계화에 따른 경쟁이 치열해지면서 글로벌 기업들은 소프트웨어적인 혁신보다는 하드웨어적인 혁신을 단행하게 되며 이에 대표적인 하드웨어적인 경영혁신은 리스트럭처링과 다운사이징을 들 수 있다. 일부 기업에서는 조직 내부 프로세스 효율화를 위해 원가절감 및 의사결정과정 개선 등을 위한 프로세스 혁신(BPR)을 추진하는 경우도 있었다. 이 시기의 기업은 프로세스를 기반으로 기업전체 최적화에 초점을 둔 시기였다.

2000년대 이르러 개방화, 인터넷 비즈니스시대 확대, 국제화의 급속한 진전, 기업간 흡수 및 합병, 소비자 요구의 고급화 그리고 경쟁기준의 격화 등이 가속화되면서 기존 경영방식으로는 기업이 생존하는 것이 불가능하게 되었다. 고객이 원하는 제품과 서비스를 저가로 적시에 정확한 곳에 배송하기 위해서는 고객지향 가치사슬의 혁신이 필요하게 된 것이다. 다시 말해 고객과 공급사와의 협업관계 개선을 통해 끊임없는 위기관리, 변화관리 및 경영혁신 등의 새로운 패러다임 전환을 맞게 된 것이다. 이와 같은 시대적 변화에 따라, 글로벌 공급체인 중심의 고객지향 프로세스 개선, 고객요구 기반의 신상품개발 등 변화가 시작되었다.

[표 1-6] 시대별 비즈니스와 IT변화

구분	변화주기	IT 측면	비즈니스 측면
1970, 1980년대	84개월	기술, 경쟁, 경제, 정책, 리더십	기능 중심 기업 내 부문최적화
1990년대	12~18개월	기술, 경쟁, 경제, Value Chain, Globalization	프로세스 중심 기업 내/전체 최적화
2000년대	실시간	디지털기술혁신, 경쟁, 객체화, Value Chain, Globalization	공급체인 중심 기업 간 Win-Win전략

2008년 SERI에서 발표한 해외 10대 트렌드를 살펴보면, 세계경제는 지속적인 변화를 시도한다는 공통점을 발견할 수 있다. 이는 글로벌 경쟁이 더욱 심화되고 있음을 의미한 것으로 기업이 이와 같은 변화에 능동적으로 대응하기 위해서는 글로벌 경쟁력을 우선적으로 확보해야 하며 경영환경 트렌드 변화에 맞는 기업의 구조적 환경과 프로세스를 구축해야 한다고 하였다. 즉, 고객중심의 사업구조, 비용구조, 조직구조 그리고 업무프로세스 구조가 개혁되었을 때 비로소 고객이 체감하는 가치창출이 가능하다.

2.2 경영패러다임의 변화

경영패러다임이란 기업 경영에 있어 기존의 제도와 틀을 과감히 바꾸어 시대상황에 맞는 경영형태를 적용하는 것을 말한다. 예나 지금이나 기업이 효율적이고 효과적으로 운영되어야 한다는 기본원칙에는 변함이 없다. 이런 관점에서 볼 때, 기업 경영관리의 시작은 1990년 초 테일러의 과학적 관리 기법에서부터 출발한다고 볼 수 있다. 이후 SQC(Statistic Quality Control), TQM(Total Quality Management), BPR(Business Process Re-engineering) 등 다양한 경영기술과 기법들이 소개되었다. 최근 경영기법은 더욱 다양해지고 있다. 이에 기업의 경영관리 포인트도 현장 또는 부문 중심의 혁신을 시도한 과거의 경영관리 방식과는 다른 관점에서 운영되고 있다.

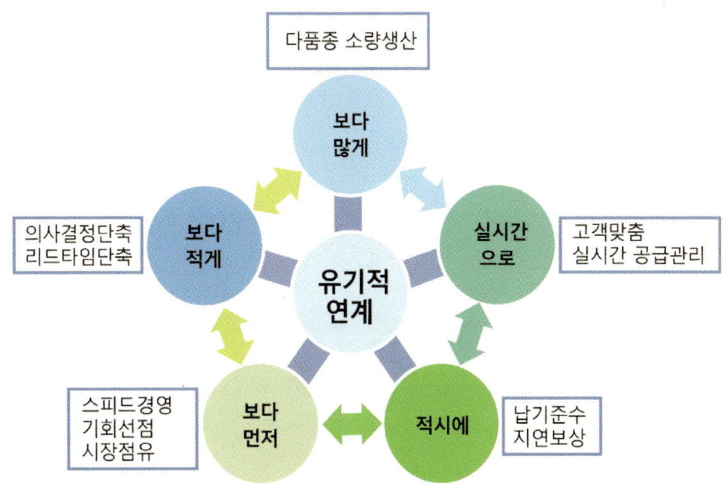

즉, 협력 중심 경영, 핵심전략 중심 경영, 동반관계 중심 경영, 가치중심 경영, IT기반경영 및 신속한 의사결정 중심으로 관리 기법들이 진화되고 있는 것이다. 이와 같은 경영기법이 성공하려면 고객과 주주가치 실현을 위해 공급망가치 사슬에서 파트너 간의 협업체제가 이루어져야 한다. 기업 간 비즈니스 가시성을 통해 고객이 원하는 제품과 서비스를 지원하는 데 있어 무엇이 문제인가를 실시간으로 확인하고, 개선하며, 외부의 환경변화에 신속히 의사결정을 내릴 수 있는 기업경영 관리 체계가 갖추어져야 한다.

2.3 신경영 관리 기법

외부의 급격한 환경변화는 조직구조, 전략, 조직문화, 경영관리 기법 그리고 정보기술 등의 분야에서 동시 다발적인 변화를 일으키고 있다. 현재 기업은 이에 해당하는 새로운 경영기법을 채택하거나 또는 조직 내부의 체질개선에 주력하고 있는 상황이다.

>>> 2.3.1 신경영관리 기법이란?

신경영기법은 외부환경 변화에 기업이 능동적으로 대응할 수 있는 새로운 경영관리 방법이다. 이 방법은 두 가지 관점으로 구분할 수 있다. 하나는 하드웨어적인 접근과 다른 하나는 소프트웨어적인 접근이다. 하드웨어적인 접근방식에는 미래 기반사업 중심의 사업 포트폴리오를 재구축하고 민첩하면서도 벽이 없는 경영조직을 만드는 것이며 소프트웨어적인 접근은 경영전반의 프로세스 혁신, 기업문화 재구축 및 가치창조를 통해 경영 혁신을 이루는 것을 의미한다.

최근 대부분 국가들은 국경이 사라진 글로벌 경쟁력을 갖추기를 원한다. 따라서 지속적인 기업경쟁력 확보를 위해 하드웨어적인 접근보다는 소프트웨어적인 경영관리 기법을 채택하고 있다. 대표적인 경영관리 기법으로는 수평적 경영이 가능한 프로세스혁신, 6시그마, 가치창조경영, 품질경영 등을 들 수 있다. 위와 같은 경영관리 기법은 고객의 니즈를 고객가치로 전환시키는 과정에 중점을 두는 것이 특징이다. 상시 위기에 직면해 있는 기업으로서는 하드웨어 및 소프트웨어 경영관리기법을 상황에 따라 적절하게 혼용하여 사용하는 것이 바람직하다.

[표 1-7] 하드웨어와 소프트웨어적 경영관리 비교

구분	하드웨어 경영관리	소프트웨어 경영관리
목표	단기적인 불황극복	장기적인 성장강화
특징	한계사업 매각 고용조정	제품, 프로세스 품질혁신 기업 내부체질 및 역량강화

>>> 2.3.2 경영관리 기법의 유형

경영혁신 운동은 100년 이상의 역사를 가지고 발전해왔다. 시대별 경영환경 및 경제상황에 따라 경영혁신 기법도 진화되어 온 것이다. 20세기 초 미국에서 테일러의 과학적 방법에서 출발한 경영혁신은 일본에서 구체적인 철학과 방법론을 통해 발전하게 된다. 그 대표적인 것이 일본의 품질경영 운동인 TQM(Total Quality Management)이다. 또한, 80년대 일본은 전자와 자동차를 중심으로 미국시장을 석

권하면서 세계기업으로 진출하게 되고 이에 미국은 일본의 도전을 극복하기 위한 방안으로 BPR을 제창하면서 프로세스 혁신으로 발전하게 된다. 한편, 1989년 웰치는 구조조정 과정을 통해 와해된 조직 문화를 재구축하고 워크아웃이라는 관료적인 문화혁신을 단행하여 글로벌 기업의 선두에 서게 된다.

반면, 여기서 눈여겨볼 것은 바로 시대에 따라 혁신기법이 다르다는 점과 2가지 유형의 혁신기법이 진화되고 있다는 사실이다. 하나는 하드웨어적 혁신기법이며, 다른 하나는 소프트웨어적 혁신기법이다. 하드웨어적 혁신기법은 기능 및 사업부 차원이 아닌 전사차원의 경영혁신 방법으로 비용절감을 통한 효율성에 초점을 둔다. 예를 들어 조직 통폐합, 기존 사업 철수, 구조조정 등을 들 수 있다. 소프트웨어적 혁신기법은 하드웨어적인 외적인 부분보다 경영 효율성을 극대화시켜 기업성과에 기여하는데 중점을 두고 있다. 조직간, 구성원간 정보공유 및 공감대 형성을 중요시 여기며 전 직원의 자발적 참여를 유도한다. 대표적인 기법으로는 최근에 적용되고 있는 6시그마, 프로세스 혁신, IT영역에서는 CMMI 도입 등을 들 수 있다.

[표 1-8]은 경영관리 기법 유형에 따라 해당기법을 나열하고 주요 특징을 설명하였다.

S는 소프트웨어적 혁신기법에 해당하며, H는 하드웨어적 기법에 해당된다.

[표 1-8] 경영혁신 유형별 비교

구분	유형	경영관리 기법 이해
H	리스트럭처링	- 기업 내 기구 및 조직 통폐합, 대량감원, 자산정리, 최고경영자 교체 등 다양한 활동 - 기업생존 및 성장을 위해 비전기반의 사업구조 재조정 - 미래 사업구조를 통한 비전 구체화 제시
H	다운사이징	- 조직의 효율성을 향상하기 위해 의도적으로 인력, 부서 등의 규모를 축소시키는 기법 - 조직구조의 단순화, 중간관리부분의 축소 등으로 조직재설계경영
S	벤치마킹	- 제품 중심, 경쟁적 벤치마킹에서 전략적 벤치마킹으로 발전 - 해당기업 및 산업분야에서 탁월한 조직 대상의 벤치마킹 후 그 기업과 GAP을 비교하여 우수 회사들의 뛰어난 업무프로세스를 배우는 경영활동 - 계획 → 자료수집 → 분석단계 → 실행단계 과정을 통해 결과를 평가하고 피드백하는 연속적인 경영활동임.
S	고객만족 경영	- 고객유형: 내부고객, 중간고객(가치전달고객), 최종고객(가치사용 고객) - 고객요구와 기대에 부응한 제품과 서비스의 재구매를 유도하여 고객가치획득, 비용 절감, 수익 극대화 유도
S	스피드 경영	- 내·외적 변화에 능동적이고 신속, 유연한 조직체계 구성 - 타이밍에 초점을 둔 시장선점, 신성장동력 확보, 경쟁우위획득

구분	유형	경영관리 기법 이해
S	지식경영	- 축적된 지식을 효율적으로 관리, 활용할 수 있는 체제 - 이를 통해 부가가치를 창출할 수 있는 경영
S	수평적 경영 (프로세스 혁신)	- 수직적 조직 편의를 위해 수평적 프로세스를 관리 - 고객가치에 영향을 주는 부서이기주의, 의사소통 단절, 비효율적 업무 등을 제거하는 혁신활동 - 기능 단위 업무수행에서 프로세스 중심의 조직을 구성하여 조직원의 참여를 통해 고객만족, 주주가치 극대화 추구
S	6시그마	- 통계적 관리 기법을 사용하여 공정관리를 체계화함 - 문제 발생의 근본원인을 분석 및 개선함으로써 효율화, 작업생산성, 품질확보 및 고객만족을 관리함
S	부가가치 경영	- 기업 가치, 주주가치 극대화를 목표로 현금흐름에 의한 가치 증대 - 핵심 가치요인을 찾아내고 조직문화로 흡수시키는 경영

H: 하드웨어적 기법, S: 소프트웨어적 기법.
[참조]: 김세중. 경영학 원론. 무역경영사. 2007.

위에서 언급한 경영혁신 기법의 특성을 고려해 볼 때, 바람직한 추진방향은 무엇보다 기업전략과 기업능력에 맞는 명확한 목표 선정과 이를 임직원 모두가 공감해야 한다. 더불어 최고경영자의 글로벌 리더십, 경영혁신 추진조직 구축, 필요시 외부 컨설턴트 활용 및 새로운 혁신기법의 영향도를 최소화할 수 있는 변화 관리가 요구된다.

2.4 경영패러다임 변화에 따른 대응

>>> 2.4.1 경영패러다임 변화의 필요성

국내 내수침제가 장기화되고 경영 여건이 개선될 기미를 보이지 않자 대부분의 기업은 소극적인 투자에 지속적인 관심을 보이고 있다. 소극적인 투자는 사회적, 경제적인 문제를 낳게 되며 그 결과 고용불안이라는 순환구조를 만들고 있다. 또한 고물가 현상은 가계의 부실, 소비위축 등의 어려움을 가중시키고 있다. 이로 인해 기업들은 그 어느 때보다 어려움을 겪고 있는 실정이다.

외부의 경영환경 변화가 심화되고 경기불황이 지속화 되고 있는 요즘 상황에서 초일류 기업 건설과 유지를 지속하려면 새로운 경영패러다임의 전환이 요구된다. 새로운 경영패러다임의 초점은 주주 및 고객가치 극대화와 기업가치 실현에 중점을 두고 있다. 이와 같은 패러다임은 환경변화에 대한 전략기회 발견, 경영환경의 생존수단, 지속적 적극적 경쟁력 확보, 그리고 한계상황에서의 능동적 돌파구 마련 이라는 목적을 만족시켰을 때 가능하다.

〉〉〉 2.4.2 프로세스 중심의 패러다임 전환

최근 경영패러다임의 방향은 기업 내·외부 프로세스 혁신을 통해 고객과 주주가 치 향상에 목표를 두고 있다. 여기서 말하는 프로세스란 우리가 수행하는 업무활동의 집합을 의미하는 것으로 "하나 이상의 입력물을 투입하여 고객에게 가치 있는 출력물을 산출하는 활동들의 집합체"이다. 프로세스는 기업에서 발생되고 있는 활동들이 연결되어 하나의 생산물을 만들어 내는 과정으로 표현할 수 있다.

프로세스는 최초의 정보 발생으로부터 고객에게 산출물이 만들어질 때까지 입력물과 출력물의 관계를 반복하면서 조직 사이를 통과하는 특징을 포함한다. 전통적인 기업 경영방식은 기능 중심의 업무 효율화에 중점을 두었기 때문에 더 이상 고객에게 진정한 가치를 주는 것에는 한계가 존재하였다. 오늘날 프로세스 중심의 경영혁신의 배경은 바로 여기에 있다. 대부분 기업은 프로세스 상에서 생산성 및 품질향상 그리고 비용절감을 확보하는 것을 원한다.

그렇다면 프로세스 중심의 경영환경 전환을 위해서는 어떻게 접근해야 하는가? 수평적 프로세스 관리와 수요자 중심의 프로세스 관리라는 2가지 중점관리가 필요하다.

첫째, 수평적 프로세스란 상황에 따라 필요시 즉각적인 Cross Functional 조직체계를 갖추어 신속하게 업무처리가 될 수 있는 민첩한 조직구성을 의미한다. 주요 과제, 주요 업무 수행을 위해 별도의 조직을 구성하는 것보다는 가상조직, TF(Task Force)성격의 조직을 임시로 구성하거나 부서 간의 신속한 협업체제를 갖추어 대응하는 것을 말한다.

둘째, 수요자 중심의 프로세스를 구비하는 것이다. 서비스의 품질과 속도, 납기 약속 그리고 고객만족을 획기적으로 향상시키기 위해서는 공급자 위주의 프로세스를 수요자 중심의 프로세스로 재설계 또는 혁신하는 것이 필요하다. 즉, 시장중심, 고객중심의 프로세스로 전환하여 그들의 요구에 맞는 서비스를 제공하는 것이다.

과거의 기업은 사업부문, 즉, 수직적 프로세스 혁신을 통해 비용절감에 초점을

[표 1-9] 수평적 프로세스와 수직적 프로세스 비교

구분	프로세스관점	접근방법	목표	기대효과
전사관점 (2000년대)	수평프로세스	리드타임 단축	효과성 초점 스피드 창출	경쟁우위
부문관점 (1990년대)	수직프로세스	비용 절감, 원가 절감	효율성 초점 input 감소	체질강화

두었지만 e-비즈니스 환경 이후, 기업은 전사적 관점에서 프로세스 혁신을 추진하고 있다. 따라서 기업이 변화에 유연한 대응체제 인프라를 마련하고 지속적인 프로세스개선을 위해서는 수평적 프로세스와, 수직적 중심의 프로세스를 조화롭게 구성하여 조직이 원하는 목표를 달성하도록 노력해야 할 것이다.

>>> 2.4.3 경영혁신의 대상

기업 혁신의 대상은 사업구조, 프로세스, 정보기술, 조직과 문화(조직역량) 등 4가지로 구분된다. 먼저 혁신과정에서 IT(정보기술)는 경영혁신의 Enabler로서 역할을 주도할 뿐 아니라 기업 생존 및 경영차원의 전략적인 무기로 사용된다. 또한 과거의 낡은 규칙들을 개선하고 새로운 업무방식을 창조하는 기반기술을 제공한다.

즉, IT는 조직원이 조직의 전략과 목표달성을 위해 원칙과 표준에 입각한 업무수행을 제대로 하는가를 적절히 모니터링하고 목표치에 벗어난 경우 사전, 사후 통제를 단행할 수 있도록 지원한다. 적절한 통제는 일의 능률을 높여 고객의 서비스 수준을 향상시키고 그들에게 가치를 줄 수 있는 좋은 수단이 될수 있다. 또한 조직/문화의 혁신은 조직원의 일하는 방식의 변화와 역량에 영향을 미친다. 때문에 조직역량 강화는 기업의 핵심 공유가치를 실현하는 기초가 된다.

[그림 1-3] 혁신대상 및 조직역량 요소

혁신대상	조직역량 요소
• 사업구조 : 성장을 위한 전략경영 • 프로세스 : PI에 의한 혁신 • 정보시스템 : PI기반 혁신 • 조직역량 : 6시그마를 통한 혁신	• 구성원 개인역량 : 리더십, 업무스킬 • 제도 : 조직구조, 평가보상 체계 • 조직문화 : 생각, 행동 • 조직역량 : 6시그마를 통한 혁신

IT 솔루션을 한마디로 정의하면 '기업의 문제점을 발견하고 이를 해결하기 위해 제품과 서비스를 효과적으로 결합하여 기업의 실질적인 성과를 향상시키는 것'이라고 말할 수 있다. IT 솔루션의 궁극적인 목표는 기업의 최종적인 성과 향상에 있다. 여기서 성과란 비용절감, 수익증대, 리스크 관리 등을 의미한다. 이를 위해 최근 IT 서비스는 새로운 패러다임을 맞고 있다.

기존의 IT 서비스는 비용절감, 프로세스 개선, 고객요구 대응 중심이었다. 버전업된 IT 서비스는 수익창출을 선도하는 IT 서비스로서 제품 및 서비스 차별화 그리고 고객의 요구를 적극적으로 리드하는 방향으로 전환되고 있다. 이에 대표적으로 적용되는 기술은 임베디드 SW융합 기반의 제품과 서비스가 될 것이다. 글로벌 경쟁 심화와 차별화된 경쟁력을 확보하기 위해서는 이와 같은 변화의 방향은 지속적으로 증가할 것으로 예상된다.

3.1 시대별 IT의 진화

시대별 비즈니스 환경변화에 따라 IT는 경영의 효율성과 효과성을 향상시키는 도구로서 기업 내부에 포지셔닝하고 있다. 시대별 IT 트렌드를 살펴보면 다음과 같다.

1950년대 이후 정보기술은 비즈니스 환경변화에 따라 지속적인 발전을 거듭해왔다. 1990년대에 들어 IT는 더욱 과학적이고 체계화적으로 발전을 거듭하여 왔으며, 우리기업들은 고객관계 정립을 통해 수익창출을 시도하였다. 또한 업무 효율화를 통해 생산성 향상과 원가절감에 많은 노력을 기울였다. 이 시점 IT 영역에서는 IT 투자에 대한 성과관리 필요성이 대두되기 시작한다. 특히, 금융권에서 IT 지원서비스의 역할이 두드러지면서 IT프로세스 감사/감독체제 및 정보자산 보호 등에 많은 관심을 가지게 되었으며, 정보시스템의 신뢰성과 안정성을 보장할 수 있는 기반환경을 요구하게 되었다.

2000년대에는 고객서비스 중심의 IT 지원 역할이 대두되면서 비즈니스와 IT 간의 융합의 중요성은 더욱 강조되기 시작한다. 2000년을 기점으로 경영환경이 급변하면서 IT 투자는 기술자체에 초점에서 벗어나 기업 경영전략과 연계되어 추진되고 있으며 정보기술의 발전과 기업경영은 상호 밀접한 연관선상에서 발전하고 있다. 2000년대 들어서 정보기술의 급격한 발전과 고객의 차별화된 서비스 요구는 기업으로 하여금 프로세스 혁신을 단행하게 하고 이를 뒷받침할 수 있는 정보기술 도입에 과감한 투자를 유도하였다. 상당수의 기업은 IT 없이 비즈니스 변화에 대응하는 데 한계가 있음을 인식하게 되었고, 정보기술의 중요성을 그 어느 때보다 절실히 깨닫게 되었다. 이 시기는 IT 혁명이 기업경영의 패러다임을 변화시켰다고 볼 수 있다.

2000년 중반 이후 우리는 컨버전스 시대에 살고 있다. 커버전스란 통합 또는 융합의 뜻이다. IT와 서로 다른 기기와의 융합을 통해 서비스 가치를 창출하는 것을 말한다. 자칫 오해하면, 커버전스가 하드웨어적인 통합으로 오인할 수 있는데 이것은 인간중심의 융합이다. 앞으로 산업차원의 융합은 가속화될 것이며 지식창출과 공유는 계속될 것이다.

[표 1-10] 시대별 비즈니스 환경 변화에 따른 **IT** 발전과정

연도	1970년대	1980년대	1990년대	2000년대
IT 인식	-IT 발전시기 -배치처리에서 온라인 -시스템과 DB 대중화 -경영자의 IT 시각 변화	-분산컴퓨팅 환경 등장 -사무자동화 -생산성 향상 -개인용 컴퓨터 혁명 -클라이언트 서버환경 -전략경영으로부터 IT 공학적 연결	-분산환경 확장 -인터넷등장/발전 -IT 품질 향상 -개발표준화 -IT 성과 관심증가	-유비쿼터스환경 -IT를 비즈니스처럼 관리 -IT 서비스화

IT 관리 이슈	-시스템관리 기반 확립
	-SW 공학개념 확립
	-전략도구로서 IT인식
		-시스템관련 영역 확장
		  네트워크 관리 공식화
		-SW공학 대중화
			-표준 중요성
			-IT 투자성과 관심
			-IT 감독, 투명관리
			  (COBIT 등장)
			-IT정보자산 보호
				-IT 전체 통합화(EA)
				-IT 전략도구로 변화
				-IT 관리 신뢰성 보장
				  (IT 거버넌스 등장)

비즈 니스 화두	-전략적 경쟁우위 확보 대두	-비즈니스에 IT 광범위 활용 -사용자 중심의 업무 처리	-비용 절감 -생산성 제고 경쟁 -다운사이징 요구	-고객 중심의 가치창출 -민첩성 및 가시성 -프로세스 효율성 -조직 역량 강화 -조직 체질 개선

따라서 IT는 기업경쟁력 강화를 위해 가치사슬 상에서 생산성 향상과 비용절감 및 환경대응의 효율성을 향상시키는 서비스로 제공이 되어야 한다. 즉, IT서비스 가치창출, 운영효율성 거버넌스와 컴플라이언스 등의 서비스 향상을 통해 수익창출 선도주자가 되어야 할 것이다.

3.2 최근 정보화 동향

>>> 3.2.1 기업의 정보화 방향

글로벌 경영환경 변화로 인해 기업은 그 어느 때보다 내부 효율성을 위해 비즈니스의 통합성과 협업을 강조하고 있다. IT의 표준화와 통합성이 전제되는 이유도 여기에 있다. 즉, 상호운영성과 글로벌 환경의 구성원 간의 연결성을 확보하여 기업 내·외부 시스템 간의 유연성을 유지하기 위해서이다. 기업 내의 다양한 시스템, 솔루션들 간의 상호운영성과 연결성을 토대로 기업 내부시스템을 최적화하고 기업 외부, 파트너, 고객 간의 업무확장 및 상호효과성을 극대화하려고 한다. 오늘날 기업의 정보화 전략방향도 단순한 정보처리 및 저장이 아닌 비즈니스의 가시성과 민첩성을 증가시키고 정보흐름을 향상시켜 경영전략 및 혁신수행에 필요한 전략적인 도구로서 존재하며 비즈니스 파트너가 되어 수익창출의 한 부분으로 역할전환을 시도하고 있다.

최근 IT 투자 및 IT 서비스는 대기업의 대규모 투자보다는 기존 정보화 수준을 고도화하는 방향으로 변화되고 있다. 특히 HW투자보다는 SW투자에 집중되고 있다. 또한 중소기업 정보화 투자증가로 인해 해당기업의 정보화 수준이 일부 개선되는 것도 IT의 필요성과 중요성이 증가하고 있음을 시사한다.

요즘 대부분의 기업은 IT 자원의 이용률을 극대화시키고 저전력 기술로서 에너지 사용량을 절감하는 등 비용절감 및 친환경 IT기술에 대한 수요와 관심이 증가되고 있다. 따라서 기업의 정보화투자는 그린 IT, 클라우드 컴퓨팅2) 등 컴퓨터자원의 효율적 활용에 초점을 맞추고 있으며 IT 서비스를 사용한 만큼 지불하는 유틸리티 컴퓨팅 개념이 확대되면서 아웃소싱에 대한 수요도 점차 커지고 있다.

>>> 3.2.2 IT 트렌드

21세기의 경영패러다임 변화를 지원하는 IT의 핵심기술은 IT 서비스, 운영관리, 보안, 가상화, 자동화, 전원 및 Cooling 등 6가지로 구분할 수 있다. 6대 핵심기술은 비즈니스 효율성을 제공하는 측면으로 기술발전이 진행되고 있으며, 비즈니스의 속도와 유연성 및 가시성을 제시하는 방향으로 전개되고 있다.

[표 1-11] IT 핵심기술

핵심기술	내용
IT 서비스	- 기술 표준을 기반으로 한 확장성이 우수한 서버/IT 서비스 제공
운영관리	- 다양한 운영체제의 단일화된 인프라 관리
보안	- 적극적인 Best Practice 제공 및 Built-in 제공
가상화	- IT 자원의 Pooling과 공유를 통해 사용률을 최적화
자동화	- 비즈니스 요구변화를 만족하도록 동적으로 IT 자원을 재배치
전원 및 COOLING	- 에너지 효율적인 컴퓨팅 환경 제공

또한 2010년대까지 IT의 효과적인 통제와 서비스 자체에 대한 경쟁력이 중요하게 대두될 것으로 예상된다. 비즈니스 관점에서는 IT를 통제하기 위한 거버넌스 도입이 증가할 것이며, 고객관점에서는 신속한 서비스 제공을 위해 IT서비스 조직의 자체 역량이 강화될 것이다. 더불어 플랫폼을 뛰어넘는 SOA 중심의 비즈니스 서비스 통합을 통하여 이를 효율적으로 지원할 것이다.

>>> 3.2.3 정보기술의 역할

이제 IT를 제대로 활용하지 못한 기업은 시장경쟁에서 승리하기 어려운 시대가

---

2) 클라우드 컴퓨팅: IT 서비스에 있어서 사용자가 필요로 하는 서버, 스토리지, 애플리케이션, SW플랫폼 등의 IT자원을 구매하여 소유하지 않고 필요할 때 인터넷을 통해 서비스 형태(as a service)로 이용하는 방식.

되었다. 정보기술이 경영혁신이라는 관점에서 영향력을 행사하기 시작한 1990년대 이후의 일이다. 그 이유는 IT가 외부환경 변화와 기업성과 향상, 조직의 업무, 기술 및 인력 등을 조정, 연계하고 통합하는 기반 기술이자 도구로 활동되기 때문이다.

최근 기업에서는 IT 서비스 관리, 경영혁신 기법 자원을 위해 정보시스템과 새로운 기술들이 비즈니스와 통합되어 도입되고 있다. 외부환경의 민첩성, 가시성, 투명성 및 국제표준 수용 등에 대응하기 위해서는 IT는 기업경영의 필수도구가 되고 있는 것이다. 'IT가 21세기 세계를 지배한다'(김광희 저)라는 책에서도 주장하듯이 정보기술은 개인, 기업, 국가의 운명을 좌우하게 될 것이다.

[표 1-12] 관점별 IT 트렌드

구분	IT 트렌드
비즈니스관점 IT 거버넌스	- 기업활동에서 위험예방과 비즈니스 경쟁력 향상 목적으로 적용 - 경영전략과 연계한 IT 전략 수행활동 - IT 거버넌스를 통해 효과적인 리스크 관리/IT 투자체계 수립 - 통제의 목적과 비즈니스 가치 창출에 최대한 활용
IT 조직의 서비스 레벨 향상	- IT 서비스가 고객지원 프로세스로 전환 - 유지보수 효율화 - 정보시스템 요원 역량강화를 위한 교육, 훈련 - IT 조직의 독립법인화(수익센터로 전환)
고객/지식 중심 업무혁신 변화	- CRM/DW시스템의 전략적 도입 및 운용 - 공유문화 및 지식경영 핵심업무(프로세스)능력 시스템화 - 상품 중심에서 고객 중심으로 비즈니스와 IT가 이동 - 그룹웨어 발전 → KMS을 중심으로 EP(Enterprise Portal)체계전환 → 　서비스 중심으로 이동
SOA서비스 중심 아키텍처 구축	- 미래의 정보기술 아키텍처 방향 수립 - 빠른 비즈니스 변화에 대응할 수 있는 서비스 아키텍처 구축 - 비즈니스, 서비스, 프로세스 중심의 아키텍처 구축 - 지속적인 서비스와 환경을 구축하는 표준화된 모델환경 요구

3.3 최근 IT 이슈 및 개선방향

〉〉〉 3.3.1 IT 이슈

국내경기 침체와 기업투자가 세계 금융위기로 인해 전반적으로 주춤하고 있지만,

한국IDC 보고에 의하면, 2006년 국내 기업의 IT투자는 전체 투자율에 5.1%로 나타났으며 2009년 금융위기로 공격적인 투자가 이루어지고 있지 않다. 그러나 미국의 경우, IT 투자는 2010년에 4%, 2011년에 10% 가량 증가할 것이라 전망하고 있다. 이는 IT가 경쟁력 향상에 중추적인 역할을 담당하고 있음을 입증한 것이며 이러한 추세는 당분간 지속될 전망이다.

그러나 IT가 비즈니스 Enabler 또는 Transformer로서 기업들에게 재인식이 되고 있음에도 불구하고 IT 투자는 여전히 기대만큼 비즈니스 가치실현을 제공하지 못하고 있는 실정이다. IT 투자의 대표적인 이슈는 다음과 같다.

- 하드웨어, 인건비 등 고정비 위주의 경직된 비용구조
- 운영비의 지속적인 증가로 신규투자 제한(전체운영비 50% 이상 육박)
- IT 투자와 비즈니스 성과 간의 연계입증 어려움
- 저가 중심의 제품구매 및 개발로 인해 품질확보 미흡, 투자효과 미흡

>>> 3.3.2 IT의 개선방향

이제 IT는 단순한 기술관점에서 벗어나 비즈니스와 연계된 기업성장 관점에서 기여해야 한다. IT에 종사하는 그룹과 기업 경영자들은 어떻게 하면 IT가 핵심업무 프로세스를 개선하고 차별화된 내부핵심 역량을 유지하면서 비즈니스 가치 극대화에 이바지할 수 있을 것인가를 고민할 때이다. 즉, 고객 지향적이고 비즈니스 가치에 충실할 수 있는 현장 중심의 IT 관리체계 실현이 필요한 시점이다. 아래 그림에서 제시된 바와 같이 외부 IT 역량 통합, IT 비용구조 최적화, 비즈니스 기여 확대 및 차별적 영역집중 등 네 가지 측면에서 IT의 전략적인 변화가 요구되고 있다.

[그림 1-4] IT의 문제점과 개선방향

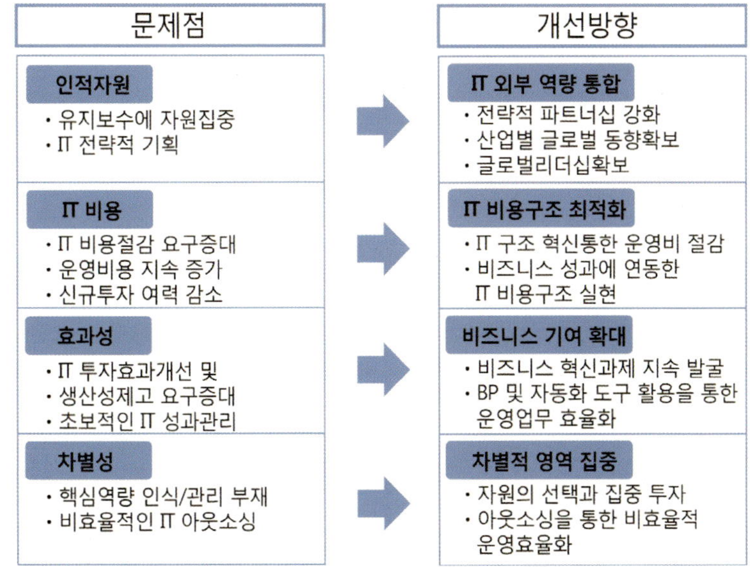

>>> 3.3.3 우리의 변화방향

최근 경영 패러다임 변화는 IT역할의 변화를 주도한 셈이다. 즉 IT 서비스를 제공받는 고객은 IT 원천기술뿐만 아니라 산업에 대한 이해와 비즈니스 혁신 역량을 갖춘 전문가가 IT 서비스를 제공하기를 원하고 있다. 즉,

- 현재의 IT 서비스 환경은 비즈니스와 IT의 전략적 연계를 요구하고
- IT 전문가는 이사회와 경영진을 위한 가이드라인과 리더십을 제공해야 하며
- 다양한 기술영역을 융합하여 비즈니스 기회 창출과 기업 효율화를 위한 신선한 아이디어를 제공해야 한다.

위와 같은 서비스가 제공되려면 IT 분야의 전문가들은 아래 같은 IT 자원을 확보할 수 있는 요건을 갖출 필요가 있다. IT 전문가는 먼저 엔지니어로서 해당 분야에 전문기술을 확보해야 하고 기업의 비즈니스 흐름을 이해해야 한다. 또한 해당 기술이 경영효율화를 지원하기 위해 IT를 효과적으로 적용할 수 있는 방안을 포함하는 가이드를 제시할 수 있는 역량을 키워야 한다. 그래야만 경영층 및 관련

부서의 책임자들을 설득할 수 있을 것이다.

전문가로서 고객과 원활한 의사소통을 위해 해당 기술만을 고집하는 것에서 벗어나 고객 요구사항과 관련된 기술들이 무엇이고 왜 그런 기술들이 필요한가를 정확하게 이해할 때 비로소 고객과 제대로 된 의사소통이 가능할 것이다. 전문가는 더 이상 하나의 나무만을 보고 단편적인 기술을 제공하는 습관에서 벗어나 기술과 비즈니스를 융합하여 기업 전체의 정보화 조감도를 볼 수 있는 즉, 숲을 볼 수 있는 역량을 키워야겠다.

[그림 1-5] IT 자원의 요건

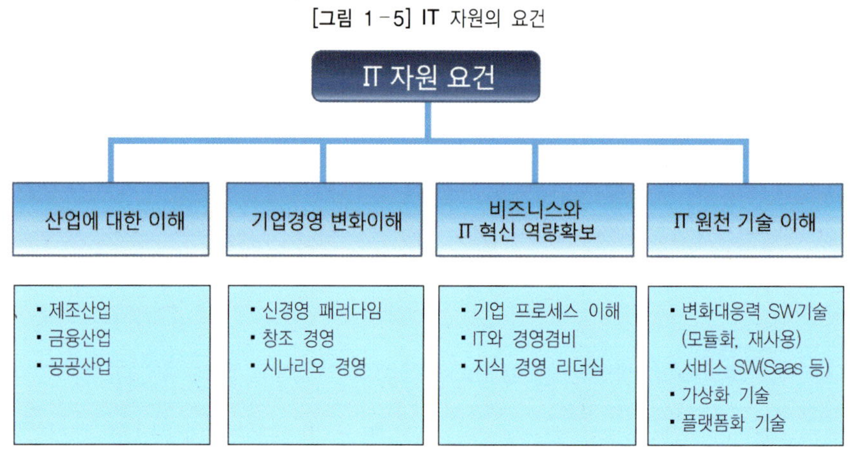

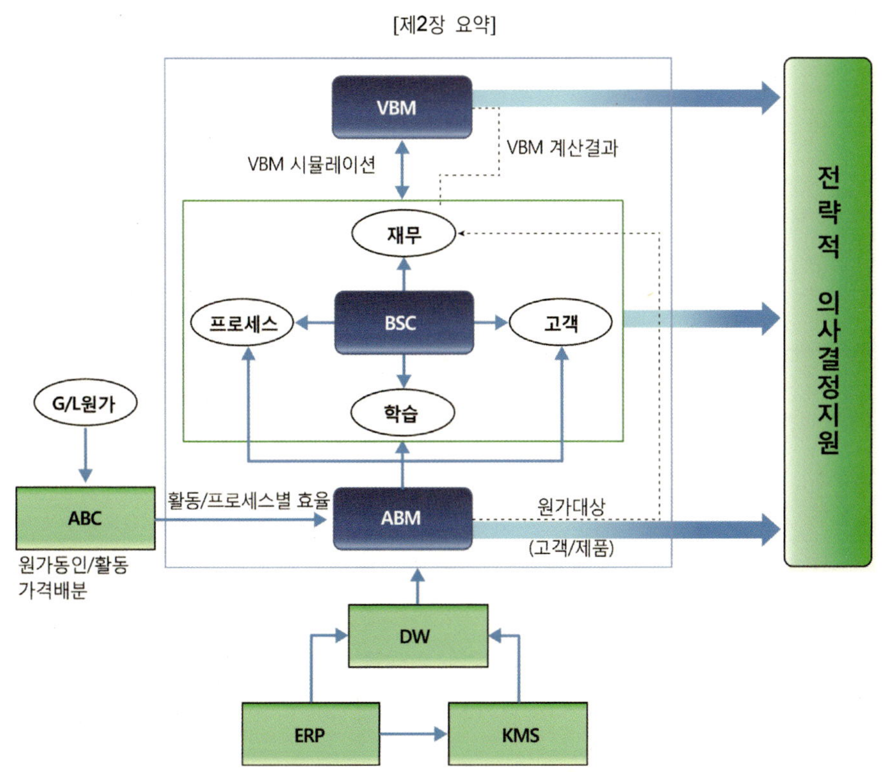

세계가 글로벌화되고 무한 경쟁 속에 진입하면서 기업환경은 그 어느 때보다 불확실성이 높아지고 있다. 기업경영의 위험 요인은 갈수록 증가하고 있으며 급변하는 경영환경은 기업들로 하여금 신속하고 정확한 전략적인 의사결정을 요구하고 있다. 이에 전략적인 의사결정 지원도구로서 IT의 새로운 기능과 역할을 원하고 있다. 제2장은 이를 뒷받침하고 있는 총체적인 개념으로 전략적 기업경영시스템, 즉 Strategic Enterprise Management를 소개한다.

전략적 기업 경영체계를 갖추기 위해서는 조직의 전반적인 환경적인 요인을 분석하고 이를 바탕으로 조직을 재설계하며, 프로세스와 기업전략을 연계하는 것이 중요하다. 전략과 기업경영과 연결하여 회사비전과 목표를 효과적으로 달성할 수 있는 체계가 필요하다는 의미다. 이에 SEM은 기업전략 수립뿐 아니라 전략실행력을 강화하는 데 필수적인 경영관리방법이다.

최근 들어 전략적 기업경영은 비즈니스 상황을 효과적으로 해결할 수 있는 성과 향상 및 가치 중심 경영에 초점을 두고 있다. 더불어 수익성 극대화를 위해 원가의 활동을 새롭게 이해하고 원가절감 및 프로세스 개선을 통해 가격경쟁력을 확보하기 위한 경쟁무기로 활용하고 있다.

따라서 본 장에서는 ABC(Activity Based Costing)를 이용해 원가절감 및 프로세스 개선이 어떻게 이루어지는가를 살펴보고, ABM(Activity Based Management)을 통해 고객가치, 기업가치를 극대화하는 경영관리 방식을 이해하려고 한다. 또한 조직의 역량을 전략 목표달성에 집중시켜 전사적 통합성과 측정을 가능하게 할 수 있는 BSC(Balanced Score Card)의 역할 및 궁극적인 목표, ABM이 BSC의 네 가지 관점과 연계되는 접점을 살펴보려 한다. 그 결과, 미래 기업의 가치를 대변하는 가치경영(VBM) 실현을 전략적 기업경영 관점에서 리뷰해 보고자 한다.

1.1 ABC 필요성

제품의 생산이 자동화되면서 고정설비에 대한 투자가 늘어나고 제품원가 중 제조 간접원가의 비중이 과거보다 훨씬 증가하고 있다. 기업 입장에서는 급변하는 제조 환경에서 증가하고 있는 간접비용을 효율적으로 관리할 필요성과 기업의 중·장기적 전략 수립에 필요한 정확한 제품원가 산출과 이에 관련된 정보의 요구가 날로 증가한 셈이다. 따라서 기존의 전통적 원가구조만으로는 기업에서 생산되는 제품에 대한 정확한 비용 산정이 힘들게 된 것이다. 기업은 직접비용만을 계산하던 전통적 방식 외에 간접비를 포함한 새로운 원가계산 방법을 필요로 하게 되었다.

[그림 2-1] 새로운 원가체계의 필요성

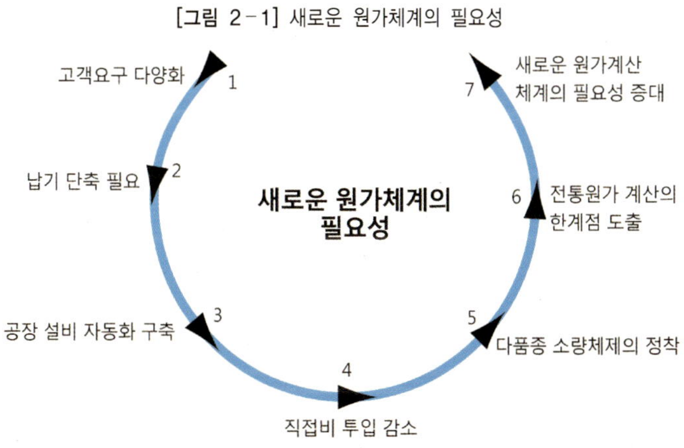

이와 같은 제조현장의 변화에 따라 GE는 1963년 간접원가 통제를 위한 정보탐색기법으로 고안된 '활동원가분석'을 사용하기 시작하였다. 1970년대와 1980년대에는 가격 결정과 제품배합결정에 이용될 제품원가정보의 질을 향상시키기 위해 Bain &

Company, BCG(Boston Consulting Group), HP(Hewlett – Packard) 등에서 '활동원가 분석'을 발전시켰고 Cooper와 Kaplan이 ABC를 정립하였다. 1990년대에는 경영의사 결정과 원가관리에 대한 활동기준 접근법으로 Raffish와 Turney 등이 CAM – I를 중심으로 ABM을 제시하였다.

전통적 원가계산 방식과는 달리 ABC(Activity Based Costing)는 자원을 사용하는 활동에 자원비용을 배부하고, 이 활동을 사용하는 제품 및 고객과 같은 활동 동인을 중심으로 비용을 배분하는 원가계산 방법이다.

ABC는 정확성, 의사결정, 고객가치, 그리고 수익성 측면에서 네 가지를 추구한다.

- 인과관계를 기초로 원가추적이 가능하며 제품원가 정확도를 높여 줌
- 원가절감을 유도하며 각 활동에 대한 프로세스 개선을 유도할 수 있는 합리적인 의사결정을 지원함
- 품질, 서비스, 납기, 신뢰감, 고객만족 등의 고객가치를 증진함
- 고객가치 증진을 통한 기업의 수익성 개선

1.2 ABC 원가계산 방식

활동이란 '조직 내 수행되고 있는 일'로 정의할 수 있다. 이것은 프로세스 하위개념으로 수직적 조직에서 말하는 기능(Function)과 달리 수평적 조직을 강조하기 때문에 프로세스 중심의 조직을 이해할 필요가 있다. 활동기준 원가는 소위 전통적 원가계산에 비해 보다 활동 간 인과관계를 강조하는 개념이다. ABC에서 활동의 의미를 올바르게 이해하기 위해서는 "경영관리 상 원가는 단지 발생하는 것이 아니라 원인에 의해 야기된다."는 사실을 이해하는 것이 중요하다. 활동은 원가에 해당하는 자원을 소비하고 제품은 활동을 소비한다는 관점에서 볼 때, 자원을 소비하는 활동을 분석하고 그 원인을 줄이는 조치를 취함으로써 지속적인 원가절감이 가능하게 된다. ABC 계산방법은 다음과 같이 다섯 단계로 구성된다.

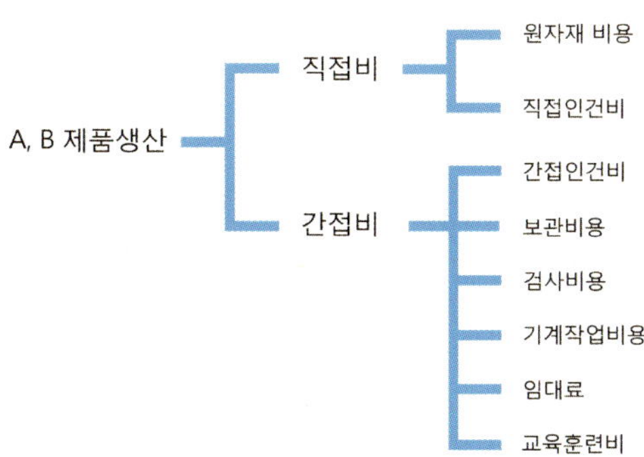

[그림 2-2] 제품생산을 위한 직접비와 간접비 구분

(1) 활동분석: 제품을 생산해 내기 위한 활동 분석

(2) 활동중심점 설정 및 자원원가 활동별 집계: 활동별 자원원가의 산정

(3) 활동 원가동인 선택: 각 활동을 대표할 수 있는 인자 선택

(4) 활동별 제조 간접원가 배부율 계산: 원가동인 수에 따른 배부율 산정

(5) 제조 간접원가 배부: 제품 간접원가 배부

예를 들어 A라는 기업에서 물품을 생산한다고 가정하면 [그림 2-2]와 같이 직접비와 간접비로 구분될 수 있다.

ABC는 간접비에 해당하는 부분을 물품별 원가에 반영하여 계산한다. 기업은 활동분석을 수행하여 A와 B 제품을 생산하기 위하여 발생되는 간접비에 대한 Activity를 세분화 할 수 있다. 아래 표는 보관, 품질검사, 기계작업, 임대, 교육훈련으로 분석한 사례이다. 분석된 각 활동별로 지출된 원가와 동인수를 파악하니 [표 2-1]과 같이 조사되었다.

[표 2-1] 활동별 원가동인과 원가 분석

활동	원가	원가동인	원가동인 수	
			제품 A	제품 B
보관	2,000,000	부품 수	100	150
품질검사	3,000,000	검사 횟수	2,300	3,500
기계작업	15,000,000	기계 시간	5,000	6,500
임대료	1,500,000	부피	1,300	500
교육훈련비	1,000,000	인원	8	25

위의 자료를 가지고 보관에 대한 '활동별 제조 간접원가 배부율계산'은 아래와 같이 계산할 수 있다. 나머지 항목도 동일방식으로 계산하면 된다.

제품 A에 대한 보관원가 배부율: (100)/(100 + 150) = 40%

제품 B에 대한 보관원가 배부율: (150)/(100 + 150) = 60%

마지막으로 '제조 간접원가 배부'를 위해서는 각 활동별로 산정된 '제조 간접원가 배부율'을 활동원가에 곱한 뒤 각 활동별 금액을 더해 주면 된다. 즉 제품 A에 대한 간접비용을 산정하기 위해서는 아래와 같이 계산한다.

제품 A의 간접비

= (보관에 대한 A간접비) + (품질검사에 대한 A간접비) + (기계작업에 대한 A간접비) + (임대료에 대한 A간접비) + (교육훈련에 대한 A간접비)

= 2,000,000*(100/250) + 3,000,000*(2,300/5,800) + 15,000,000*(5,000/11,500) + 1,500,000*(1,300/1,800) + 1,000,000*(8/33) = 9,837,152

이 외에도 간접비의 활동원인은 경비, 감가상각비 등이 있을 수 있다.

1.3 ABC와 전통적 원가계산 비교

기술의 발전과 자동화 등으로 인해 간접비는 더욱 증가되는 추세이다. 증가하고 있는 간접비를 전통적인 원가배분 방식으로 계산할 경우, 적시에 정확한 원가계산이 어렵다. 모든 원가를 직접 귀속시키는 것이 쉽지 않기 때문이다. 아래 표에서 비교 분석한 바와 같이 전통적 원가계산법은 원가유발에 따른 간접비 배분방식을 채택한다. 반면, ABC는 활동 중심의 원가를 제품에 할당시키는 방식을 취하고 있다. 따라서 제품별, 서비스별, 프로세스별, 활동별, 고객별, 프로젝트별 등 진정한 원가를 계산하여 수익성을 측정, 분석할 수 있으며 제품의 원가계산을 필요시점에 정확하게 계산할 수 있는 장점이 있다.

[표 2-2] 전통적인 원가 시스템과 **ABC** 시스템 간의 차이

구분	전통적 원가계산	ABC
특징	- 제품이나 서비스가 원가를 유발 - 생산량에 비례한 간접비의 배분	- 자원을 소비하는 활동이 원가 유발 - 자원을 소비하는 활동에 기초하여 활동원가를 제품으로 할당
원가 분석수준	- 제품, 부서	- 제품원가계산, 부서별 성과평가
활용도수준	- 제품, 부서, 프로세스, 유통경로, 고객	- 제품원가계산, 부서별 성과 평가, PI(프로세스혁신), 고객 수익성 관리

[참조]: 이동길·안병문 외. e-비즈니스와 확장형 ERP. MIT 경영과 정보기술. 2000.

[표 2-2]에서 제시한 바와 같이, 전통적 원가계산은 직접노동시간, 기계시간 등과 같은 정량적인 사용기준에 의해 이루어졌다. 반면, ABC는 작업준비, 직접노동시간, 자재관리 등 다양한 활동을 유발시키는 근본원인을 대상으로 한다. 따라서 정확한 원가정보를 통해 신속한 의사결정이 가능하고 프로세스상의 문제점을 지속적으로 개선할 수 있다.

1.4 ABM(Activity Based Management)

ABM은 ABC 원가정보를 이용하여 전략적 의사결정을 지원하는 강력한 경영활동 방법이다. ABM이 추구하는 궁극적인 목표는 ABC의 목표와 동일하며 품질, 서비스, 납기, 신뢰감, 저비용, 그리고 고객만족 등과 관련한 고객의 가치증진 및 이익개선에 초점을 둔다. 따라서 ABM은 고객에 대한 가치평가, 수익성분석 그리고 전사적 원가관리 업무 등을 지원할 수 있으며 ABC를 이용하여 전략적 의사결정을 제공하는 경영방식이다. 때문에 ABM의 경영활동은 ABC환경이 갖추어졌을 경우에 가능하다.

[표 2-3] ABC와 ABM 관계 비교

구분	ABC	ABM
개념	방법론	경영론
목표	활동, 프로세스, 제품, 서비스의 원가를 밝히는 것	내부운영 효율성 향상을 목적으로 프로세스 개선 수행
의사결정 유형	전략적 의사결정 지원	내부운영적 의사결정 지원
의사결정 사항	활동원가에 따른 가격 결정 고객정책 수립/수익성 분석 영업전략 수립	내부업무 개선유도 원가절감 기회파악

ABM을 지원하려면 IT 측면에서는 확장성, 통합성, 그리고 유연성 등이 요구된다. 따라서 다음과 같은 시스템적인 기능이 제공되어야 한다.

- 대용량 처리가 가능한 데이터 처리 능력
- ABC 결과를 BSC 등과 같은 분석시스템과 통합할 수 있는 시스템
- 활동체계, 원가구성체계 등의 변화에 따른 시뮬레이션 기능 제공
- 타 시스템과의 유연성 필요

또한 ABM을 구축하기 위해 시스템에 필요한 기초정보, 즉 마스터데이터는 다음과 같다.

- 총계정원장: 비목별 원가계산 자료
- 활동분석: 조직원이 반복적으로 수행하는 활동내역
- 원가동인: 활동들을 일으키며 정량적으로 측정가능한 것
- 원가집적대상: 활동들을 소모하는 대상(고객, 제품, 프로세스 등)

가트너에서는 "ABC 시스템을 활용하여 ABM을 운영하면 전통적 원가 시스템을 사용하는 경우보다 최소 3배의 평균 이익률을 달성"한다고 하였다. 이것은 ABC를 통해 전략적 의사결정, 정확한 제품원가 계산, 고객 수익성관리 및 내부 프로세스 개선 등의 효과가 가능하기 때문이다. 따라서 ABC를 통해 ABM을 실행할 경우, 다음과 같은 경영성과를 얻을 수 있다.

- 코스트 유발 요인이 체계적으로 관리되어 비부가가치 활동 제거가 가능
- 조직의 효율적인 운영 및 인력배치가 용이
- 원가절감 기회 파악이 용이

2.1 VBM의 개념

과거의 기업가치는 돈, 자재, 설비 등과 같은 유형자산에 의해 결정되었다. IMF
이후 상당수의 기업들은 외형 위주의 기업가치 평가에서 재무구조 개선 및 경쟁력
강화를 위해 기업가치를 극대화하는 가치경영으로 관리의 방향을 전환하고 있다.
가치기준에 따라 경영관리와 성과평가를 실시하는 가치 중심의 경영기법을 적용하
게 된 것이다.

즉 VBM은 기업전략을 비롯한 기업의 모든 의사결정을 부가가치 기준에 따라
결정하고 공정한 성과평가 및 성과보상의 연계강화를 위해 경영효율성을 제고함으
로써 기업가치를 극대화하려는 새로운 경영시스템이다. 이와 같은 변화의 근본배경
은 정확한 성과측정과 올바른 가치평가를 위해 기업의 현금흐름을 기반으로 미래
의 기업가치의 중요성이 커졌기 때문이다.

[표 2-4] 이익 경영과 가치 경영 비교

구분	이익 경영관리	가치 경영관리(현재/미래)
특징	기업경영의 양적 측면을 강조하여 매출 및 이익을 중시하는 체제	기업경영의 질적 측면을 강조하여 기업의 가치를 중시하는 체제
목표	영업이익 중심, 매출강조(외형강조)	기업가치 중심, 지식 중시
고려요소	자본비용(기회비용) 및 현금흐름의 불확실성을 고려하지 않음	기회비용 고려, 가치기반 회계 손익계산서, 재무제표, 현금흐름표 고려

VBM(가치중심경영, Value-Based Management)은 장기적인 관점에서 기업가치
제고를 목표로 하여 제반 경영 활동들을 계획, 실행 및 통제하는 경영사상이다. 여
기서 기업가치란 주주(Shareholder), 고객(Customer), 그리고 조직원(Employee) 등 3그
룹을 포함하는 가치를 지칭한다. 주주(Shareholder)가치는 전체 자본시장에서 주주가

투자한 금액 대비 투자회수율에 대한 가치를 의미하며, 고객(customer) 가치는 상업적 시장에서 고객이 지불한 비용에 대한 품질 및 만족도 등과 같은 가치와 기업의 수익성을 의미한다. 마지막으로 직원(employee)의 가치란 노동시장에서 보상(compensation)과 자기성취(self-fulfillment)를 의미하며 조직구성원의 업무만족도와 보상체계가 조직원의 가치에 포함된다. 다음은 VBM의 4가지 주요 특징을 정리하였다.

(1) 장기적이고 포괄적인 지표의 사용

기업의 목표를 주가 극대화, 기업가치 극대화 등에 둠으로써 회계적인 이익관리의 단순성에서 벗어나 더욱 장기적이고 포괄적인 지표를 근거로 설정한다. 이를 통해 경영자는 가치 창조자로서 해당 연도의 순익이나 매출 수익과 같은 단기적인 목표보다는 장기적인 성과에 관심을 가질 수 있다.

(2) 자본에 대한 지속 유지

자본 공급자들은 그들이 투자하는 자금에 대한 위험에 상응하여 충분한 보상을 받고 있는가를 평가할 수 있다. 기업은 보유하고 있는 자본을 기업 내에 지속적으로 보유함으로써 앞으로도 존속할 수 있는 기반을 마련하기 위해 VBM을 적용한다.

(3) 위험 측정가능

최악의 경우를 산정하여 현금 흐름과 사업가치를 분석, 검토할 수 있다면 언제, 어느 정도의 현금이 부족할 가능성이 있는가에 대한 위험을 정확히 파악할 수 있다.

(4) 사업부/조직에 적용가능

최근의 팀제나 TA(Turn Around), 사업부제, CU(Cultural Unit) 등 새로운 조직체에 적용되어 최고경영자뿐만 아니라 사업부장도 사업의 경영자로서 투자에 대한 장래의 현금흐름을 극대화하는 습관을 가질 수 있다.

2.2 VBM의 측정 기법

VBM은 할인모형법(discount method), 상대가치평가법(relative valuation method), 조건부청구권(contingent claim) 등 세 가지 측정기법을 이용하여 기업가치를 평가할 수 있다.

[표 2-5] VBM의 주요 측정방법

구분	설명
할인모형법	미래배당이나 미래현금흐름의 현재가치를 평가함으로써 가치를 평가하고자 하는 방법
상대가치평가법	다른 경쟁기업, 산업평균, 기업이 정상적으로 달성할 수 있는 변수의 수준을 정의하고 그것과의 비교를 통해 기업의 상대적 가치를 평가하는 방법
조건부청구권을 이용한 가치평가법	가치평가모형을 이용하여 기업가치나 주주가치를 평가하는 방법

각각의 VBM측정 방법은 장단점을 가지고 있으나 현재 가장 신뢰를 얻고 있는 방법은 할인모형법 중에서도 현금흐름할인모형(Discounted Cash Flow, DCF법)이다. DCF법 개념은 기업가치 평가방법 중 PER(Price Earning Ratio, 주가수익률), PBR(Price Book-value Ratio, 주가순자산비율)과 함께 가장 많이 언급되는 용어이다. 이론적으로 가장 이상적인 평가방법으로 현금흐름이란 "기업의 가치는 그 기업이 일정 기간 동안 창출하는 현금의 총합"이며 현금흐름할인율이란 기업이 창출하는 현금흐름에 할인율의 개념을 직용시킨 것이다. 기업의 현금합을 정확히 예측한다는 것은 쉬운 일이 아니다. 따라서 현금흐름 예측이 가능한 통신, 유틸리티 산업 등에 주로 적용되고 있다.

현금흐름할인법으로는 주주잉여현금흐름(FCFE: free cash flow to equity) 할인모형과 기업잉여 현금흐름(FCFF: Free Cash Flow for The Firm) 할인모형을 사용할 수 있다. FCFE모형은 주주에게 귀속되는 자기자본가치를 산정하기 위해서 주주에게 귀속되는 현금흐름을 자기자본에 대한 적절한 자본비용으로 할인하여 가치를 평가하는 방법이다. 그러나 이 방식은 주주가치만을 대상으로 하므로 기업 전체의 가치를 창출하는 요소에 대한 정보를 제공하는 데 미흡하다. 또한 자금조달상의 변화가 기업가치에 미치는 영향을 파악하기 위해서 세심한 조정이 요구되므로 FCFF 할인에 의한 가치평가가 좀 더 유용한 가치평가 모형으로 평가되고 있다.

최근에는 경제적 부가가치(Economic Value Added: EVA)에 의한 가치평가가 중요한 방법으로 적용되고 있다. EVA는 1980년대 스턴 스튜어트사에 의해 개발된 지표로 기업이 자본을 사업에 투자해서 해당 연도에 실질적으로 가치창출한 금액이 얼마인지를 나타내는 척도이다. 그것은 기업 본연의 영업활동으로부터 창출된 순가치의 증가분으로 기업의 가치와 주주가치를 가장 잘 반영하고 있기 때문에 오늘날 기업가치를 평가하는 데 중요한 지표로 널리 사용되고 있다.

EVA 계산은 아래와 같은 방법으로 산정될 수 있다.

[방식 1] EVA = 세후영업이익 - 자본비용

[방식 2] EVA = 투하자산 * (세후영업이익/투하자산 - 자본비용/투하자산)

* 세후영업이익: 조달한 자본을 운용함으로써 발생하는 투자수익

* 자본비용: 조달한 자본의 대가로 지불해야 하는 이자 및 주주 기대수익

2.3 VBM 성공 요인

기업가치를 제고하기 위해서는 먼저 기업의 전략 차원에서 유망 사업 진출, 부진 사업 철수, 자원의 최적배분, 및 사업 구조조정 등이 필요하며, 매출증대 및 마진 향상 등의 업무 개선이 수반되어야 한다. 또한 적정 재무구조 및 자본 비용 재무구조 최적화도 필수적으로 필요로 한다. 기업가치 제고를 성공적으로 구축하기 위해서는 아래와 같은 5개 요인이 전제되어야 한다.

(1) 주주가치 창출에 대한 경영진의 확고한 의지 표명

(2) 가치경영 도입에 따른 변화에 대한 사용자그룹별 강도 높은 교육시행

(3) 가치 창조경영과 연결된 성과 보상 프로그램 도입

(4) 구성원 스스로 주주가치 실현을 위한 권한위임 및 책임경영 체제 구축

(5) 전사에 걸쳐 광범위한 개혁 프로그램의 도입

VBM은 경영을 지원하는 측정제도이므로 활용수준이 곧 효과가 될 수 있다. 따라서 VBM은 최고경영자뿐 아니라 임직원 모두 경영의 한 책임자로 활동하여 사업부, 실, 팀, 개인별 책임경영체계가 이루어지고 그 결과 성과보상과 연계되었을 때 기업가치 창조경영이 실현될 수 있을 것이다.

③ 균형성과관리(BSC)

3.1 BSC의 개념

과거 대부분의 기업들은 전략적인 프로세스에 대한 인식없이 기존 프로세스의 개선만을 추진해 왔으며 재무적 성과지표만으로 미래 가치를 평가하다 보니 효과적인 성과평가가 미흡했다. 미래 성과를 예측하려면, 재무 성과 지표뿐만 아니라, 고객, 내부 프로세스 및 학습 등 비재무적인 요소들에 대한 사전적 측정기준이 도출되고 분석 또한 이루어져야 한다.

고객 중심의 브랜드와 인적 자원 등 무형 자산의 중요성이 커짐에 따라, 미래 현금 흐름에 대한 예측이 점점 더 어려워지고 있는 실정이다. 따라서 기업들은 외부의 경쟁환경과 내부의 제한된 자원하에 회사의 지속적인 성장 기반을 필요로 하고 있다. 또한 핵심 역량 강화 및 전략적 실행력을 높이는 노력도 요구되고 있다. 따라서, 이를 지원할 수 있는 성과관리 방법론으로써 새로운 성과관리 도구인 BSC의 등장은 필수적이라고 볼 수 있다.

[표 2-6] 기존성과관리 시스템과 BSC의 차이점

기존 성과관리 시스템	BSC
- 재무적 업적 중심(통제 중심) - 재무제표만으로는 미래가치 측정 불가	- 네 가지 관점으로 전략구현(비전 및 전략 달성 중심)
- 경영관리 프로세스 한계점 - 기업의 전략목표와는 실질적인 관계가 없음	- 경제적 가치를 창조하고 조직에 전략적으로 도움이 되는 요인에 집중함
- 대부분의 프로세스 개선활동과 기업전략 간의 연계미흡	- 핵심성과지표 집합

BSC(Balanced Score Card)는 캐플런(Robert S. Kaplan)과 노턴(David P. Norton)에 의해 처음 제안되었다. 이들은 '균형성과표 즉 성과개선을 가져오는 측정시스템'에서 기업의 전략적 목표를 일련의 성과측정 지표로 전환시킬 수 있는 종합적인 도구로서 균형성과표(BSC)를 다음과 같이 제시하였다.

(1) BSC는 재무와 비재무, 단기와 장기, 내부와 외부 관점의 성과지표를 고려함으로써, 조직의 장단기 경영성과를 균형되게 관리할 수 있다.

(2) 여기서 균형(Balanced)의 의미는 Leading, Lagging Indicator 두 가지로 대별되는데 Leading Indicator는 장기목표, 성과지향, 전략적 측정지표 및 외부측정지표(고객, 주주)와 관련된 지표이며 Lagging Indicator는 단기목표, 결과지향, 그리고 내부 측정지표(프로세스, 학습조직)와 관련된 지표를 의미한다.

3.2 BSC의 구성

BSC는 재무적인 관점, 고객, 내부프로세스 및 학습조직 등 네 가지 균형 잡힌 관점에 의해 조직이 가져야 하는 전체적인 성과를 측정할 수 있는 개념이다. 네 가지 관점은 상호 밀접한 관계를 맺고 있으며 결국 하단 조직의 학습과 성장이 기초가 되었을 때 비로소 상단의 재무성과를 향상시킬 수 있는 구조로 구성되어 있다. 즉,

- 기업의 비전은 재무관점의 성과를 통해 달성되며
- 재무관점의 성과는 고객관점의 성과를 통해 달성된다.
- 고객관점의 성과는 내부 프로세스 관점의 성과를 통해 이루어지며
- 프로세스 관점의 성과는 학습과 성장관점의 성과를 통해 달성된다.

다시 말해 개인의 역량 향상은 내부프로세스 효율화를 가져올 뿐만 아니라 고객만족도 향상과 더불어 기업의 수익 극대화를 가능하게 만들 수 있다. 따라서 BSC는 비전, 전략, 관점 및 핵심성과 지표들을 기반으로 기업성과를 효율적으로 관리하고 객관적이고 계량화된 기준을 제시함으로써 각 조직의 성과를 보다 투명하게 관리할 수 있는 효과가 있다.

[그림 2-3] **BSC**의 네 가지 관점 구성

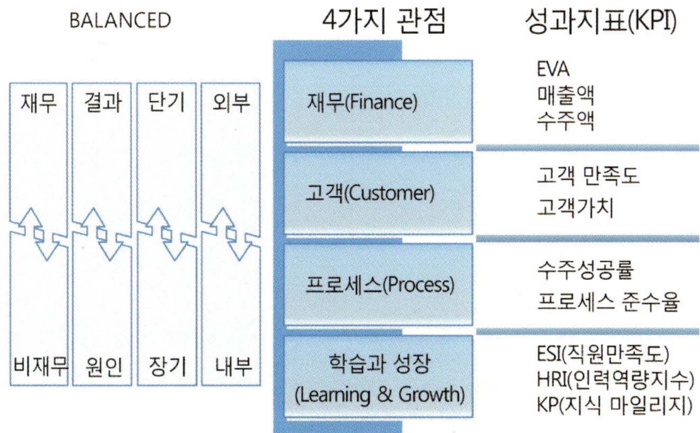

3.3 BSC의 구축

>>> 3.3.1 BSC 구축 과정

BSC구현은 네 단계로 구분된다. 먼저 해당 기업에 맞는 비전과 전략을 확인하고 이를 성공적으로 이행할 수 있는 요인을 분석한다. 조직별로 이를 달성하기 위한 성공 요인 및 KPI를 설정하고 이와 같은 기준이 담긴 시스템 설계를 수행한다. 그리고 이들 지표와 관련된 데이터를 취합하여 목표대비 실적에 따른 성과분석이 가능한 시스템을 구축한 후 BSC체계를 완성한다.

[표 2-7] **BSC** 구축의 네 단계

구축 단계	주요 활동
1. 비전 및 전략 확인	- 전사 비전체계 확립 및 리뷰 - 조직별 전략리뷰 및 성공 요인 확인
2. 성공요인 확인	- 성공요소 도출 및 요소 간의 인과관계 도출 - 전략과 성공 요인 확인 워크숍
3. KPI설계	- 현행성과지표 검토 - 우선대상 KPI 설정 - BSC 구축을 위한 지표상세 설계 및 분석
4. 시스템 구축	- 시스템 설계 및 구축, 테스트, 이행

BSC 구축의 첫 번째 단계는 기업의 전략이 무엇인가를 확인하고 모호한 비전을 올바로 수정하는 단계이다. 두 번째 단계는 전략달성의 가장 중요한 요소가 무엇인가를 확인하는 단계이며 전략 실행의 성공요소를 도출하는 단계이다. 세 번째 단계는 전략 달성과 직결되는 KPI도출 과정을 거쳐 KPI평가를 위해 구체적으로 필요한 KPI를 정의하는 것이다. 마지막으로 확정한 KPI가 목표대로 가고 있는지의 여부를 모니터링한다.

성공적인 구축을 위해 BSC의 실행단계 전 과정이 모두 중요하지만 특히, 성과평가를 위해 측정지표를 도출하는 것은 매우 중요한 작업이다. 기업의 성과지표는 정량적 지표와 정성적 지표로 분류할 수 있다. 수치로 계량화할 수 있는 것은 정량적인 지표로 관리하고 수치화될 수 없는 것은 정성적인 지표로 관리한다. 정량적 지표를 산출할 경우 품질, 생산성, 비용, 시간 및 서비스 개선 등을 목표로 범주화할 수 있다. 정량적 지표는 아래의 다섯 단계 과정으로 설계된다.

- BSC 관점에 해당되는 측정대상을 도출
- 해당 지표를 수치화하여 계산식을 정의
- KPI계산에 필요한 정보수집
- 현재(As – Is) KPI값 확인
- 미래(To – Be)의 목표설정

일반적으로 측정지표를 선정할 때 기본원칙은 George T. Doran의 SMART 기법을 권유하곤 한다. SMART 기법은 1981년 George T. Doran이 "There's S.M.A.R.T. Way to Write Management Goals and Objective"라는 제목의 글에서 처음 제시하였는데 S(Specific), M(Measurable), A(Assignable), R(Realistic), T(Time-related)의 이니셜을 측정지표 설계원칙으로 삼았다.

- S(Specific): 목표는 명확해야 함
- M(Measurable): 모든 것은 정량화되고 측정되어야 함
- A(Assignable): 목표를 완수하기 위한 적정한 책임자를 선정함
- R(Realistic): 도달할 수 있는 현실적인 목표를 설정해야 함
- T(Time-related): 모든 작업과 목표는 시간을 염두에 두고 수립되고 실행되어야 함

지금까지 정량적 지표의 설계과정과 설계원칙에 대해 설명하였다.

그렇다면 정성적 지표는 언제 사용할 수 있는가?

정성적 지표는 평가자의 주관적인 평가를 기본적으로 인정하는 평가방법으로, 정량적으로 성과평가가 어렵거나 측정이 곤란할 경우, 흔히 무형적 기대효과를 산출할 경우 사용된다. 정성적 지표는 성과지표를 시기적인 측면에서 초기, 중간, 장기로 나누어 고려하는 경우 장기적인 측면을 고려하여 적절한 평가가 필요할 경우 사용한다. 예를 들어 정량적 지표 산정이 어려운 고객만족도와 같은 지표를 활용할 경우 서비스 프로세스 및 질적 수준을 개선하는 데 활용할 수 있다.

정성적 지표 사용 시 고려사항은 고객만족도와 같이 설문이 필요할 경우 지표의 기준 및 만족도 결과가 성과과제 및 업무와 직접적인 연관이 있어야 하며 통계수치 즉, 비율, 등급 또는 개선도 등과 같이 요약된 결과가 제시되면 보다 효과적일 수 있다. 모든 지표가 숫자로만 정의할 수 없기 때문에 정성적 지표와 정량적 지표를 상황에 따라 조합하여 균형 잡힌 성과관리를 할 필요가 있다.

〉〉〉 3.3.2 KPI 선정

BSC의 핵심은 '무엇을 측정할 것인가?'의 문제이다. 조직의 전략 달성 여부는 기업단위, 부문단위 그리고 개인단위로 어떤 핵심성과 지표를 선정하는가에 달려 있다. 즉 구성원 모두가 하나의 목표를 지향하도록 유도하는 지표가 선정되어야 한다. 그렇게 되기 위해서는 우선 KPI는 적을수록 좋다. 또한 사업의 성공 요인들과 연계되고 과거·현재·미래를 한눈에 볼 수 있는 지표라면 더욱 효과적이다.

바람직한 KPI를 선정하고 이를 성공적으로 적용하기 위해서는 아래 사항들을 고려해야 한다.

- 현재 사용하고 있는 성과지표 중 전략과제를 잘 반영하는 지표를 선정
- 선진 기업 또는 경쟁사의 KPI를 참고
- 해당 조직 성과를 높이기 위해 각 프로세스별 또는 조직단위의 KPI를 도출하여 그 기준에 따라 해당 조직원들의 KPI를 설정
- KPI 필터링 기준을 수립하여 실행가능하고 신뢰할 수 있는 지표 기준 수립

- 성과에 따른 책임 부여 및 보상체계 수립
- 연중 특정 시점별 KPI조정 필요

최근 SEM연구회가 실시한 설문조사에 따르면, BSC 프로젝트 종료 후 나타나는 문제점으로는 '성과지표 합의의 어려움', '지표 등 주관적 의사결정', '도입 목적의 불명확', 'CEO 참여의지 부족' 등이 지적되고 있다. 컨설팅 업체의 한 전문가는 "BSC는 구축 후에도 끊임없는 변화관리와 다른 혁신활동과의 결합을 통해 전략실행 메커니즘으로 자리매김해야 한다"고 주장하고 있다.

따라서 성공적인 BSC을 구현하려면, 위에서 언급한 바와 같이 기업의 활동과 지표 간의 연계성을 고려하고 기업의 비전과 전략적 목표가 달성할 수 있는 지표설정 및 지속적인 변화 관리뿐 아니라 아래의 사항들이 전제되어야 할 것이다.

- 회사의 목표(성공) 및 개선 목표와의 연계
- BSC대상 조직레벨 정의 및 전략목표를 위한 상호활동 간의 연계성 고려
- 현업 적극적 참여를 통한 실행가능한 지표 설정
- Top – Down(CSF설정), Bottom – Up 접근(조직원 행동전략과 관계지표) 연계

즉, 회사의 목표를 조직원들에게 내려주고 조직원들의 참여를 통해 회사의 목표가 현장에서 실행 가능하도록 탑다운, 바텀업 접근이 요구된다.

3.4 BSC 구축효과

BSC가 추구하는 목표는 기업성과 관리를 새로운 시각에서 재설계하고 기업의 전략을 효과적으로 달성하는 데 있다. BSC의 구축에 따른 효과는 네 가지 유형으로 구분된다.

(1) 전략경영 지원

사업전략과 경영진의 업무활동을 KPI를 통해 적극 연계하여 전략을 효과적으로

달성하도록 한다.

(2) 전략적 의사소통 원활

합리적인 조직차원의 지표를 제공하여 목표에 대한 일치감을 형성하며 전략에 대한 조직 간 의사소통을 실현한다.

(3) 일관된 목표형성 및 드라이브 가능

지원부문의 조직 내 역할이 명확해지고 가시적이고 객관성 있는 목표 설정이 가능하다.

(4) 합리적인 성과체계실현 및 동기부여

공정한 지표에 의한 합리적인 성과평가 체제를 구축하기 때문에 업무향상의 동기를 유발한다.

이상과 같이 BSC 구현은 기업의 전략달성을 촉진하고 균형 잡힌 성과평가를 가능하게 할 뿐 아니라 경영자, 조직원 개개인 모두에게 책임경영을 유도하여 기업의 전략과 목표달성을 가능하게 한다. 더불어 정보가치를 구체화함으로써 기업의 가치근원이 되는 정보를 외부관계자와 공유할 수 있도록 도와준다.

4.1 SEM의 개념

요즘 기업들은 고객만족을 통한 주주가치 극대화를 지향하며 전략 툴을 활용한 고부가가치 의사결정, 균형잡힌 성과측정 및 보상체계를 운영하고 있다. 이러한 새로운 경영관리방식은 인터넷 기반의 정보기술 발전과 지식경영체계가 뒷받침되었기 때문에 가능하다. 그러나 과거의 전통적인 기업경영 체제에서는 새로운 경영방식으로 기업변화를 실행하기에는 어려운 한계점을 가지고 있다.

기업의 경영전략 역시 매출액을 늘리는 외형적 확대에서 벗어나 고객 및 기업가치를 극대화하는 방향으로 전환해 가고 있다. 즉 기업 목표달성을 위해 주변환경과 경쟁자들에 대한 신속한 상황판단의 중요성이 날로 커지고 있으며 이를 위해 시스템의 분석적 정보를 바탕으로 경영의 방향성을 제시할 수 있는 체계가 수립되고 운영되어야만 환경 변화에 대한 적응력을 확보할 수 있다.

그러나 상당수의 기업들은 잘못된 경영전략 수립 및 실행 등으로 실패를 경험하였다. 포춘지에 따르면, 효과적으로 수립된 전략 중 성공적으로 경영전략이 실행된 것은 10%에 불과하다는 설문조사 결과가 나왔다. 이 설문조사를 통해 알 수 있듯이, 실패 원인의 약 70%가 잘못된 전략이 아닌, 잘못된 실행에 있었다고 한다. 300여 명의 투자분석가를 대상으로 한 조사결과, 기업의 경영진을 평가할 경우, 가장 중요하게 고려해야 할 요소는 그들의 전략적 실행력으로 나타났다.

최근 경영환경 변화로 인해 기업은 전략계획과 운영업무 간의 연계성을 필요로 하고 있으며 전략적 정보부재를 뒷받침해 줄 수 있는 신속한 의사결정 및 전략 수립을 지원할 도구의 필요성을 인지하고 있다. 이를 해결할 수 있는 대표적인 도구가 바로 SEM이다. SEM(Strategic Enterprise Management)은 회사의 비전과 전략 목표를 기업의 전체 기능에 걸쳐 효율적으로 커뮤니케이션하고, 초기에 설정한 계획이 이행과정에서 체계적으로 관리되고 있는지 여부를 모니터링하여 경영자로 하여금 적절한 의사결정이 가능하도록 도움을 준다. 뿐만 아니라 기업활동 실행여부와 그 내용을 피드백하는 도구로서 사용된다.

SEM의 핵심은 기업목표 달성을 위해 주변 환경과 경쟁자를 분석하여 전략적인 의사결정을 하는 데 있으며 의사결정 부분에 중점을 두기 때문에 재무성과 및 비재무성과를 동시에 포함하고 있다. 이와 같은 경영관리 기법에는 ABM, BSC, VBM 등이 있다. 아래 표는 시대별 기업의 경영관리 전략을 지원하는 시스템을 제시한 내용이다. [표 2-8]을 통해 경영환경 변화에 따라 정보시스템 변화 과정을 이해할 수 있다.

[표 2-8] 시대별 기업의 전략정보시스템 변천과정

시스템	주요 내용
MIS (1970년대)	- Management Information System(기업경영 시스템) - 경영정보시스템으로 기업의 업무를 처리함
DSS (1980년대)	- Decision Support Systems(의사결정지원 시스템) - 경영자의 비정형적 의사결정을 지원하기 위한 대화식시스템(1978년, 킨과 스콧모튼)
EIS (1990년대)	- Executive Information System(경영정보 시스템) - 최고경영자가 요구하는 핵심정보를 얻기 위해 내·외부자원으로부터 정보를 통합하는 시스템 - MIS와 DSS 특성을 포함 - 적시, 신뢰성 있는 정보제공에 한계점 드러남. 유지보수 어려움(GUI)
SIS (1990년대 중반)	- Strategic Information Systems(전략정보 시스템) - 기업의 전략을 정보시스템에 담아 관리하는 시스템
SEM (2000년대)	- 전사적 전략적 시스템 - 운영계 시스템의 주요정보를 정보계로 담아 전략적 의사결정을 지원하는 시스템

4.2 SEM의 구성요소

SEM 시스템은 정보계와 운영계 시스템으로 구성된다. 정보계는 운영계 시스템으로부터 의사결정에 필요한 데이터를 가져와 전략적 의사결정이 가능하게 하는 역할을 담당하며, 운영계는 비즈니스 업무가 처리되어 데이터가 저장되는 시스템이다. 운영계의 대표 시스템으로서는 각종 Legacy System, ERP 또는 타 기관과 연동

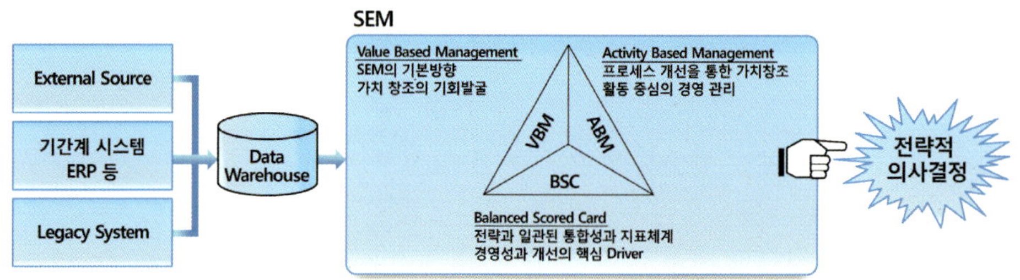

[그림 2-4] SEM의 구성요소

되고 있는 외부시스템 등이 포함될 수 있다. 현재와 같은 대변환기를 맞이하고 있는 기업환경에서 전략적 기업경영을 수행하기 위해서는 기업의 운영시스템과 전략시스템이 완벽하게 통합되고, 전문적인 분석 툴과 정보 인프라의 지원이 뒷받침되어야 한다.

[그림 2-4]에서 제시된 SEM(전략적 기업경영) 개념도를 구체적으로 설명하면, SEM은 기존시스템과 ERP 등의 실적정보를 데이터 웨어하우스를 통해 실시간으로 보여 주는 기능을 제공한다. 경영진은 SEM을 통해 기업가치를 체계적으로 분석, 평가하여 고객수익성 관리 및 가격 결정 등의 전략적 의사결정을 내릴 수 있다. 의사결정의 효과적 지원을 위하여 SEM은 크게 세 가지 기능으로 구성된다. 첫째, 전략목표설정 및 성과관리를 지원하는 BSC, 둘째, 활동에 근거한 원가분석을 통해 원가절감 및 주주가치 증대에 기여하는 ABM, 셋째, 자산가치 평가를 위하여 지표관리를 통해 기업 고객의 가치창출을 제공하는 VBM이다. 이들 세 가지 요소들이 통합 관리된다면, 전략적 기업경영이 가능해질 것이다.

4.3 SEM의 구축

전략적 기업경영은 프로세스와 시스템 구축이 통합구축 운영되어야 가능하다. 먼저 프로세스 측면에서 SEM이 정립되려면, 기업의 전략설정을 시작으로 성과목표설정, 성과 사전예측, 성과실적 모니터링, 성과 분석 및 개선, 성과보상 그리고 이해관

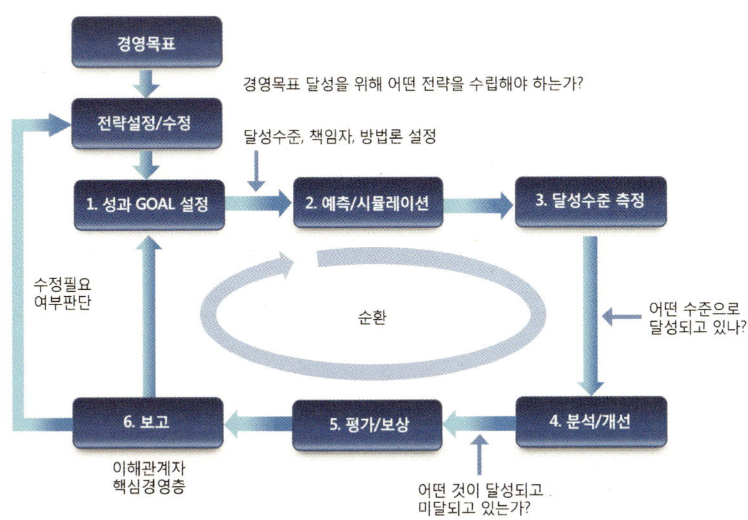

계자들에게 성과보고 등 6단계 프로세스가 구성되어야 한다. 일반적으로 성과관리가 제대로 이루어지려면 계획-실행-확인-개선 등의 순으로 진행되어야 하는데 이것을 PDCA(Plan-Do-Check-Act) 기법이라고 부르며 SEM 프로세스도 이와 같은 과정을 통해 관리되고 운영된다.

시스템 측면에서 기업의 의사결정을 지원할 수 있는 SEM 시스템이 구축되려면, 기업의 운영시스템과 전략시스템이 완벽하게 통합되어야 한다. 이때, OLAP 또는 데이터마이닝과 같은 전문적인 분석 툴 및 정보 인프라의 지원 등이 필요하다. 의사결정에 필요한 주요정보들은 운영계를 통해 수집되며 정보계인 전략적 시스템을 통해 제공되는데 이것은 새로운 데이터를 모으는 과정이 아닌 기업 내에 축적되어 있는 데이터를 기반으로 의사결정을 지원할 수 있는 핵심 데이터를 뽑아내는 과정이다.

SEM 시스템은 다섯 단계 접근을 통해 완성된다. 먼저, 기업 내외 환경을 분석하기 위해 ABC, ABM으로부터 정보를 수집하고, 활동동인 분석을 수행하며 기업의 전략과 연계되는 지표를 수립한다. 또한 기업가치 관점에서 접근하기 위해 VBM의 기법을 활용한다. 마지막으로 네 가지 관점별로 BSC를 생성하고 각 영역을 측정할 수 있는 지표를 VBM을 이용하여 반복적으로 생성, 시뮬레이션하여 안정된 SEM 시스템을 구축한다.

[표 2-9] SEM의 구축 단계

SEM 구축 단계	주요 내용
내·외부 정보 수집	- ERP와 외부시스템에서 데이터 정보 수집, 통합
KPI 설정	- 다양한 내·외부 정보로부터 핵심실적 지표 값을 결정
BSC 생성	- KPI를 물류, 재무 등 Value Chain에 연계하여 재무, 고객, 프로세스, 조직학습 등 기업 전체 관점에서 균형 있는 BSC를 생성
시뮬레이션	- BSC를 근거로 대체 업무 시나리오를 시뮬레이션하고 잠재적인 의사결정이 KPI에 어떤 영향을 미칠 것인지 예측해 봄
전략적 의사결정	- 시뮬레이션 결과에 따라 이해당사자의 가치를 증진할 수 있는 탁월한 의사결정

4.4 SEM 기대효과

SEM은 가치 중심 경영계획과 전략적인 성과관리, 책임경영을 통해 다음과 같은 기대효과를 얻을 수 있다. 기업은 기업가치 극대화 및 스피드 경영체제를 구축하여 외부환경과 고객 변화에 유연한 대응을 할 수 있으며 기업경영자는 SEM을 활용하여 기업 내·외적 환경 변화에 적합한 기업의 전략을 수립하고 이를 수정함으로써 지속적으로 가치를 창출해 나갈 수 있다.

[표 2-10]은 SEM 구축을 통해 얻을 수 있는 효과를 다섯 가지 유형별로 설명한 것이다.

[표 2-10] SEM의 구축 효과

SEM 구축 단계	주요 내용
비전/전략 공유 및 의사소통 체계	- 비전/전략에 대한 전사적 공유 - 의사소통 체계 확립 - 경영관리체계와의 연계성 강화
가치 중심의 경영계획 수립	- 신속한 가치 중심의 경영계획 수립 체계 확립 - 합리적인 목표 설정 방안 설계 - 혁신과제 및 경영계획 평가
전략과 연계된 성과지표 도출	- 전략 방향에 부합한 사업운영 능력 제고 - 피드백 프로세스와의 연계를 통한 지속적 개선
조직 간 지표 정렬	- 부문 최적화가 아닌 전사 최적화 - 일관된 전략의 실행 체제 구축
수시이행 점검을 통한 변화관리	- 전사 차원의 종합적인 경영 성과관리 - 성과평가결과에 대한 효율적인 피드백 지원 - 분석적 지표에 의한 효과적인 의사결정 지원

⑤ 지식경영(KM)

5.1 지식경영의 이해

20세기 이후 기업가치는 재무관점의 유형자산에서 브랜드, 핵심 역량과 기술 및 지식 등을 포함하는 무형자산으로 중요성이 전환되었다. 성공하는 기업은 여러 업무 분야에 걸쳐 얻을 수 있는 특화된 지식을 가지고 있으며 이를 핵심 자산으로 정의하고 있다. 심화되는 글로벌 경쟁환경 속에서의 조직의 생존을 위한 대안으로 지식경영을 통한 경쟁력 창출이 부각되는 것도 이와 같은 이유 때문이다. 따라서 지식경영은 지식을 활용하여 구성원의 역량을 강화하고 업무 효율화 및 지적 자산화를 통해 기업의 경쟁력을 확보하는 경영혁신 과정으로 볼 수 있다.

그렇다면 데이터, 정보 그리고 지식은 어떤 개념으로 가치를 제공할까? 기업마다 사업영역은 다르지만, 생산, 유통, 판매, 마케팅 등 다양한 분야에서 많은 데이터가 생성되고, 이는 정보시스템을 통해 획득되고 저장된다. 이것을 흔히 데이터라고 말하며 이 경우에 데이터는 큰 의미를 제공하지 못한다. 업무가 처리되고 있는 결과에 불과하다.

그러나 수집된 데이터는 기업 내부 조직을 위해 가공되거나 의미 있는 정보로 만들어지며 정보는 다시 분석과정을 통해 의미 있는 새로운 지식으로 변환될 수 있다. 지식은 데이터→정보→지식의 변환과정을 통해 결정적으로 비즈니스 의사결정에 기여하고 고객과, 기업에게 기대 이상의 가치를 제공하는 역할을 담당한다고 볼 수 있다.

[표 2-11] 데이터, 정보, 지식 개념 비교

구분	데이터	정보	지식
특징	- 단편적 사고 - 수동적, 정적 - 지식 기본 자료	- 종합적 사고(원인/결과) - 능동적(생각, 가공, 판단) - 사고와 경험에 의한 것 - 의사결정 후 행동에 의한 가치창출	- 다양한 정보를 통해 의미 있는 의사 결정용 정보 제공 - 고객 또는 기업을 위한 가치창출을 목적으로 함

[참조]: 매일경제 프로젝트팀. 지식혁명보고서. 매일경제신문사. 1998.

지식은 형식의 유무에 따라 암묵지와 형식지 등 두 가지 형태로 구분된다. 지식
관리의 핵심은 기업 내부에 산재된 무형의 암묵지를 어떻게 유형의 형식지로 전환
시킬 것인가에 있다. 궁극적으로 기업은 지속적인 성장을 위한 핵심역량 강화와
변화를 선도하는 지식근로자 양성으로 미래가치를 향상시키기를 원한다. 이를 위해
전사의 비정형정보를 체계적으로 관리하고, 적기에 이와 같은 정보를 제공하여 지
식정보의 효용성을 높여야 한다. 즉 기업에 모인 지식을 획득, 공유, 활용함으로써
기업의 미래 가치를 증대할 수 있기 때문이다.

[표 2-12] 지식의 형식 비교

구분	데이터
암묵적 지식	- Tacit Knowledge - 개인, 조직에 형식을 갖추지 못하고 존재하는 지식 형태 - 주관적이고 내재적이어서 상대방에게 전달할 수 없는 무형 지식 - 개인의 경험, 개인의 노하우, 아이디어 등
형식적 지식	- Explicit Knowledge - 서술하기 쉽고 객관적이고 논리적인 지식을 말함 - 외부로 표출될 수 있고 보관, 관리가능한 지식임 - 매뉴얼, 문서, 파일 등

5.2 지식경영 구축 과정

효과적으로 지식경영을 구축하기 위해서는 먼저 현재의 지식공유, 획득, 활용에
따른 문제점과 그 원인을 분석한 이후, 이런 문제점들을 올바르게 해결할 수 있도
록 전사관점에서 추진할 경우 그 기대효과가 크다. 전사관점에서 추진한다는 것은
조직의 프로세스, 제도 및 문화의 변화를 필요로 하고 더불어 조직원의 마인드 변
화까지 요구한다는 의미이다. 따라서 지식경영체제를 구현하기 위해서는 크게 프로
젝트 준비, 현황분석, KM 모델설계, 구축, 및 활용 등 다섯 단계로 추진된다.

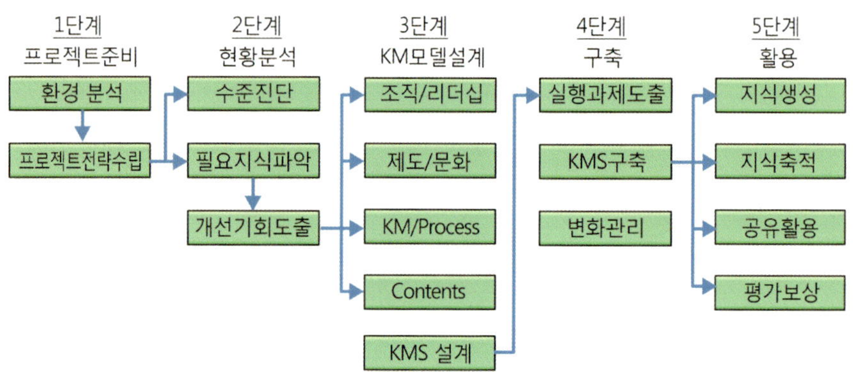

[그림 2-6] 지식경영 구축 및 활용절차

  먼저 1단계는 프로젝트 준비 과정으로 지식경영의 필요성과 이를 추진하기 위한 기업 내·외부의 환경적인 요인을 분석한다. 또한 기업의 전략목표에 부합되는 지식경영의 목표를 설정하고 이를 토대로 컨설팅 방향을 수립하여 프로젝트를 준비하는 단계이다. 환경 분석 및 현황분석 단계에서 기업 내의 문제점 및 개선기회를 도출할 경우, 대부분의 기업은 지식 경영을 도입하기 전 형식지와 암묵지와 같은 지식이 기업 내 편재되어 있거나 산발적인 지식관리체계로 인해 효과적인 지식경영을 이행하기 어렵다. [표 2-13]은 기업 내부에서 발생하고 있고 지식경영 관점에서의 일반적인 문제점과 그에 따른 원인을 정리한 내용이다. 이를 개선하기 위한 주요 추진과제는 전사 차원에서 선정 및 실행되어야 하며 분야별 활동과 COP활성화가 전제되어야 한다. 또한 이들의 정보를 담을 수 있는 KMS(Knowledge Management Systems), 즉 지식경영시스템이 필요하다.

[표 2-13] 지식경영상의 주요 문제점

문제점	원인	개선 기회
산발적 지식관리체계	- 지식경영 전담조직 부재 - 전사 지식 DB 산재	- 전사적 지식 경영활동 전개 - 전사차원 프로세스설계 - 분야별 지식경영활동 강화 - 비정형데이터 통합분류 - 지식공동체(CoP) 활동 - 지식경영시스템(KMS) 구축
편재된 지식 창출 활동	- 분야별 추진방안 상이 - 지식 창출 제도 미비 - 지식 창출 평가 미약	
지식축적 및 공유 체계 미흡	- 지식 공유 문화 미조성 - 지식 규정화 취약	
정보관리 시스템의 분산	- 지식평가 제도/기준 부재 - 현 정보시스템 한계	

2단계 현황분석에서는 현행 지식경영 수준분석 단계로서 필요한 지식수준과 '현재 지식수준'의 차이를 분석한 후, 그 격차를 극복하기 위한 효과적인 지식 확보방안을 마련할 수 있도록 개선기회를 도출하고 이를 해결하기 위한 과제를 설정한다. 지식경영 수준이 제대로 분석되어야 KM의 모델 설계 및 실행 계획이 기업환경에 맞도록 추진될 수 있다.

3단계 KM모델설계에서는 KM To-Be 모델수립 단계로 추진과제를 해결하기 위해 전사관점에서 지식경영 프로세스를 수립하고 이를 실행할 수 있는 지식경영시스템을 설계한다. 이 단계에서는 핵심 지식을 확보하고 제공하는 데 책임을 가진 지식 창출 그룹이 필수적으로 필요하다.

4단계 구축 단계는 KMS라는 지식경영시스템이 구축되는 단계로 향후 운영을 위한 지식지도 및 지식경영 프로세스를 공유하고 지식경영조직을 통한 효과적인 변화관리방안을 수립한다. 다시 말해 1, 2, 3단계의 결과물이 4단계에서 시스템으로 반영되어 구현되며 현장에서 사용하기 전, 사용자들의 이해와 공감대를 형성하기 위해 변화관리 활동 계획을 수립하는 과정이다.

5단계 활용단계는 지식경영 프로세스를 정립하는 단계로서 지식수집, 축적, 공유, 평가 및 보상 등 네 가지로 구성된다. 지식축적과 활용을 통해 지식경영이 정착될 수 있으며 초기 설정한 지식경영 프로세스 기준에 따라 우수 지식제공자, 활용을 통해 조직역량과 성과를 제공한 조직원들을 보상함으로써 지식활동을 지속적으로 유지할 수 있는 체계를 마련하는 단계이다. 지식의 생명주기상 각 단계에서 이루어지는 세부활동은 다음과 같다.

[표 2-14] 지식경영 프로세스 정립 네 단계

주요 단계	주요 task
지식 생성	업무매뉴얼 작성, 인맥정보 수집, 업계 자료 수집, 외부 자료 취합, 지식이력서 작성, 업무 전문가 등록, CoP활동, 지식활동 독려, 기존지식 Update
지식 축적	지식 등록, 지식별 접근 권한 설정, 지식요약 정보 입력, 지식 마일리지 부여, 등록지식 필터링, 등록 지식의 체계적 관리
공유 활동	업무 관련자료 검색, 업무 전문가 검색, 지식 이력서 검색, 인맥 정보 검색, 사용자 조회, 자료 메일 전송, 메신저 활용, 타 시스템 연계
평가 보상	등록지식 평가, 조회지식 평가, 마일리지 평가, 우수지식 선정, 개인 및 부서 포상

궁극적으로 [표 2-14]에서 제시한 네 단계 지식경영 프로세스가 정립되었을 때 비로소 '지식경영'이 정착화될 수 있으며 기업 내부의 지식 효용성을 높일 수 있다.

5.3 지식맵(Knowledge Map)

지식맵(Knowledge Map)이란 지식경영시스템(KMS) 안에 다양한 지식을 사용하도록 용이하게 지식을 분석, 분류한 지식체계이다. 지식경영이 성공하기 위해서는 사용자가 원하는 정보를 쉽게 사용할 수 있는 지식 검색 체계가 마련되어야 한다. 지식맵은 지식경영의 핵심으로서 지식관리 내용(Contents) 설계도이다. 이것은 사용자가 쉽게 지식을 구분할 수 있고 사용할 수 있도록 도와준다.

지식 MAP의 종류는 개념적, 프로세스, 역할 MAP 등 세 가지로 구분할 수 있다.

[표 2-15] 지식 **MAP**의 세 가지 종류

구분	설명
개념적 지식맵	특정주제, 개념을 주심으로 구성된 맵으로 형식지 형태로 구성되며 지식 간에 관계를 나타내도록 설계한 맵 (예) 웹 사이트 네비게이션 등
프로세스 지식맵	서술적 지식을 활동 순서로 구성한 맵 (예) 방법론, 문제진단, 제조, 운영
역할 지식맵	지식과 전문가의 관계를 표현한 맵으로 직원들의 기술관리, 특정 프로젝트 역량파악, Best Practice공유, 사이버커뮤니티 관리 등이 이에 해당함

지식맵을 설계하기 위해서는 계층상관 관계분석, 지식추출 및 분류, 프로파일 작성, 그리고 지식링크 작성 등 네가지 순서로 진행된다. 이를 위한 지식 MAP설계 과정과 내용은 [표 2-16]과 같다. 이렇게 설계된 지식 MAP은 지식경영시스템(KMS) 구축 시 중요한 설계도로 사용되기 때문에 명확한 지식정의가 이루어지도록 만들어져야 한다.

[표 2-16] 지식 MAP의 설계 과정

지식맵 설계 순서	주요 작업 내용
지식정의, 관계분석	프로세스 정의, 상관관계분석 후 계층적 구성
지식추출 분류	형식지 지식, 암묵지 지식 추출
지식 프로파일 작성	지식출처, 이전단계/이후단계지식, 측정, 이용용도, 전문가, 지식요약 조사
지식 링크 작성	지식 간 상호관계 파악, 지식 간 링크작성, 링크 간 링크작성 등

지식맵은 지식을 유형별로 분류하여 지식을 이용하는 사용자가 보다 편리한 접근과 효율적으로 활용할 수 있도록 구성된다. [표 2-17]에서 제시한 지식유형별 분류는 지식관리 프로세스와 지식관련 평가 보상에서 기초자료로 사용된다. [표 2-17]은 지식맵 설계를 위해 업무, 기술에 따른 외부지식과 업무 수행별 지식유형을 분류한 샘플이다.

[표 2-17] 지식 MAP Sample

지식맵	지식 유형 분류		
업무군별	산업동향	관련사정보	기업일반정보 경영관리/재무정보 설비정보 제품정보
		일반동향정보	마케팅정보 외부기관 발표자료 뉴스/보도자료
	업무지식	매뉴얼/표준문서	업무지침/기준/규정 기술표준, 작업표준 매뉴얼/설명서 방법론
		노하우	업무노하우/경험 성공실패 사례

5.4 지식경영 시스템(KMS: Knowledge Management System)

지식경영 시스템(KMS)은 지식경영이 가능하도록 드라이브하는 도구 또는 시스템이다. 기존의 지식경영 시스템은 검색엔진과 커뮤니티 기능을 결합한 단순한 형태가 대부분이었다. 때문에 지식 축적의 고비용, 저효율 및 자율적인 지식 축적인 아닌 개별 사용자에 의한 지식 축적은 미흡한 경우가 많았다. ERP 시스템, DSS, DW 등과 같은 시스템과 밀접하게 연계되지 못하고 기업 내의 포탈시스템과 연동되지 못하였다. 지식이 주요 업무수행에 필요한 의사결정에 직접적인 도움을 주기보다는 단순한 지식 창고에 불과한 경우가 대부분이었다.

진정한 KMS는 구축된 지식 데이터베이스로부터 '의미 있는 의사결정 규칙(decision rules)'을 추출할 수 있어야 한다. 지식경영시스템(Knowledge Management System)은 ERP, SCM, CRM, MES, PDM, PLM, SEM 등 기업 내 관련 시스템 및 각종 지식 DB뿐 아니라 외부기관 또는 경쟁사 관련 정보도 기업의 EP(Enterprise Portal)로 연계되었을 때 지식창출이 보다 용이할 수 있다. 즉 기업 내·외부의 주요지식을 KMS에 저장, 공유할 수 있는 체계가 갖추어졌을 때 비로소 지식순환을 위한 프로세스는 극대화될 수 있다는 뜻이다.

KMS는 [그림 2-7]과 같은 프레임워크로 구성된다.

KMS는 지식경영 전략, 콘텐츠, 프로세스, 조직 및 제도 등을 포괄적으로 지원하는 시스템이다. 따라서 기존 아키텍처와의 연계, 보안요소를 반영할 필요성이 있다. 그리고 사용자 입장에서 통합된 정보가 제공되는 EP환경을 필요로 한다. 먼저 기업 내의 데이터를 효과적으로 활용하려면 전자문서 시스템(EDMS), 디지털 라이브러리, 기업Repository, 비정형 데이터 등의 정보를 담을 수 있는 저장소가 필요하다. 때문

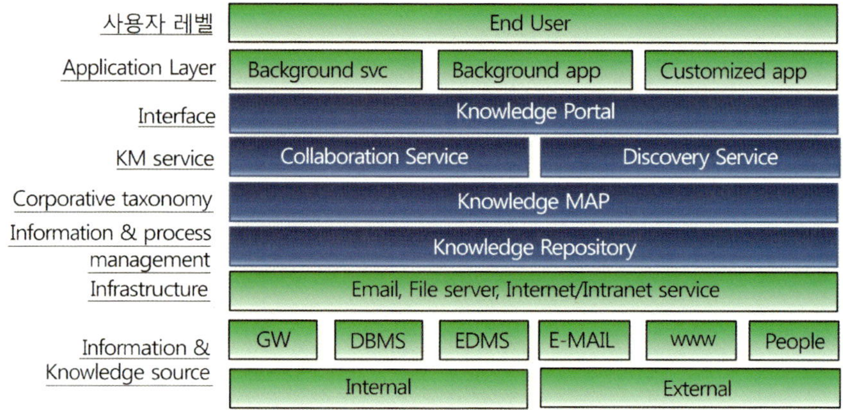

[그림 2-7] KMS 프레임워크

에 Knowledge Repository가 정교하게 구축되어야 한다. 검색/인덱싱, 대용량기술, 비정형 데이터 지원을 위한 Information & Knowledge Source, Infrastructure, Information & Process Management 계층은 Repository에 기업의 데이터를 효과적으로 저장하는 역할을 담당한다.

저장된 지식을 사용자들에게 차별화하여 제공하기 위해서는 기존의 인덱스 이용 검색뿐 아니라 지식맵에 근거한 텍스트검색, 자연어 검색, 유사어 검색, 디렉터리 검색 등이 지원되어야 한다. 또한 Discovery Service계층에서는 기존의 데이터와 새로운 의미정보를 추출하는 데이터 마이닝이 제공되고 최종적으로 포탈을 이용하였을 때 사용자들에게 활동효과를 극대화시킬 수 있을 것이다.

5.5 지식경영의 성공 요인

지식경영이 성공적으로 운영되기 위해서는 전사관점에서 조직별, 직책별 역할을 정의하고 전사적으로 지식경영을 주관할 수 있는 '지식경영팀'의 신설이 요구된다. 그러나 담당자 한 사람이 또는 정보시스템 부서에서 운영·관리하는 경우가 종종 발생하고 있다. 이와 같은 경우, 전사관점에서 지식경영이 활발하게 진행되지 못할 뿐 아니라 구축한 지식경영 시스템 역시 사장되는 경우도 있다.

지식경영은 기업입장에서는 프로세스 혁신, 문화의 변화이기 때문에 KM지원조직과 실행조직을 구분하여 역할을 담당하고 [그림 2-8]과 같이 상호협조관계를 통해 지식경영이 정착될 수 있도록 해야 한다. 다음은 지식경영이 정착되기 위해 필요한 조직별 역할을 정리한 것이다.

- KM 지원 조직: 지식관리의 효과적인 실행을 위한 지원 역할 수행
- KM 실행 조직: 지식관리 Leader 역할과 실천자의 역할 수행
- KM 후원 그룹: KM 실행 조직에 대한 변화관리의 후원과 지원/실행조직 간 조정역할 수행
- 전문가 그룹: 자원활동그룹으로 KM 콘텐츠의 품질 향상 활동 수행

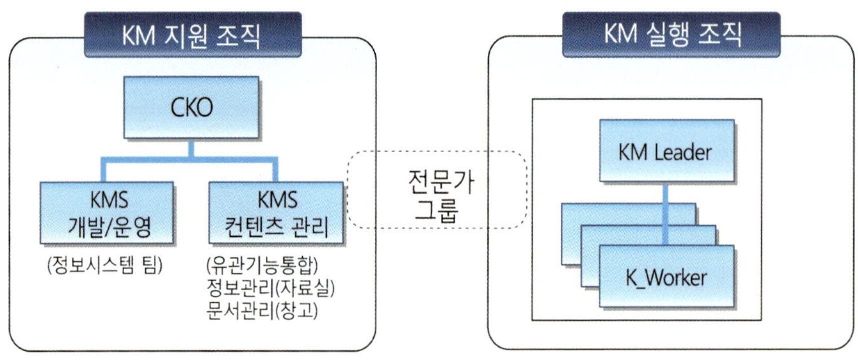

[그림 2-8] KM의 운영을 위한 필요 조직

* CKO : Chief Knowledge Officer(최고지식경영사)

전문가그룹(Community of Practice: COP)은 KM의 지원조직과 실행조직을 하나로 묶는 가상의 조직이다. 즉 지식공동체 활동은 역량에 근거한 전문가 및 유사한 과제를 수행하는 사람들의 모임으로 회사 지정분야와 일반 관심분야로 구분되어 지식의 창출, 공유 및 축적, 활용을 확산하는 활동을 담당한다. 주로 연구회, 스터디 그룹 등으로 운영된다.

그러나 COP 활동을 보다 활성화하려면 업무와 직결될 수 있는 핵심역량 및 지식 확보가 필요하다. 때문에 COP 활동은 공식적 또는 비공식적 차원으로 구분하여 추진하면 보다 효과적으로 운영될 수 있다. 또한 직원들에게 사이버스페이스를 제공하고, COP 활동에 대한 평가 및 보상방안을 마련하여 관련 활동들을 적극적으로 지원해야 한다. COP 활동을 통해 직원들은 지식 중심의 인적 네트워크를 구성할 수 있게 되고, 서로 협업하고 학습하는 문화를 자발적으로 조성할 수 있다.

지식경영은 새로운 기업문화를 조성하는 경영혁신이다. 지식경영혁신이 제대로 정착화되기 위해서는 프로세스, 시스템, 제도가 통합운영 되어야 한다. 지식을 수집, 저장, 활용하는 프로세스가 정립되고 전사관점에서 프로세스 변화가 수반되어야 한다. 또한 이를 뒷받침할 수 있는 조직원의 의식변화가 필수적이다. 두 번째 이와 같은 프로세스가 담길 수 있고 모니터를 정할 수 있는 시스템이 필요하다. 아무리 프로세스와 시스템이 존재하여도 조직문화와 제도가 바뀌지 않으면 빠른 시간 내 지식경영체계는 정착화되기 어렵다.

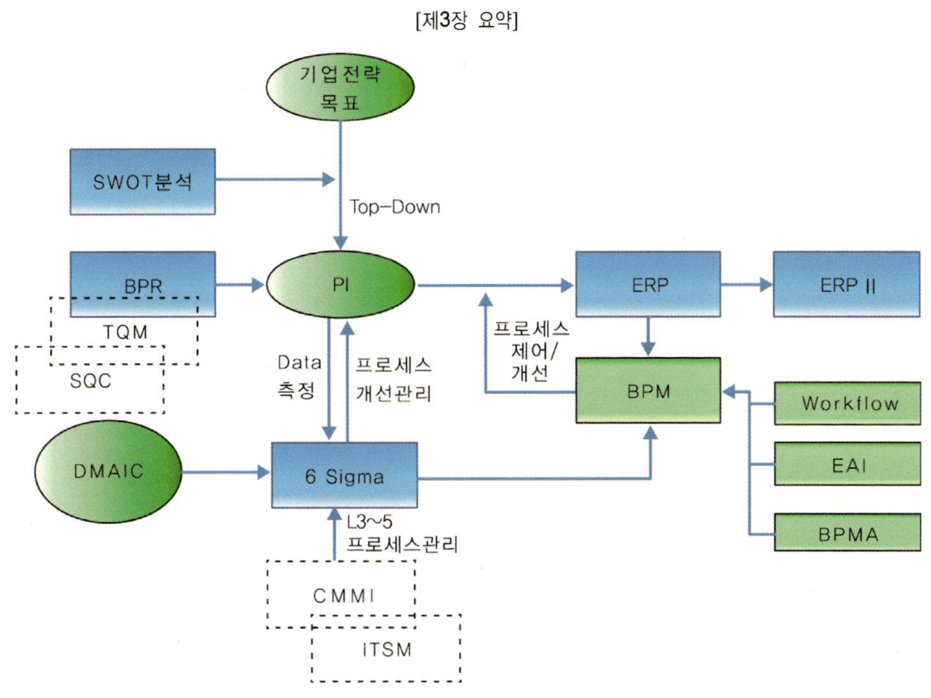

경영혁신의 역사는 1990년대 테일러의 과학적 관리 기법에서 출발하였다. 1950년대 일본에서의 TQM 활동은 품질 향상과 원가절감에 초점을 두었으며 1987년 통계적 기법을 활용한 6시그마는 미국 모토로라에서 시작하여 전 세계로 보급되었다. 1990년 세계가 글로벌화되는 시점, 미국의 마이클 해머가 제창한 BPR은 그 이전 제조 현장 중심의 Bottom-Up 방식의 경영혁신 활동에서 Top-Down 방식의 급진적 프로세스 재설계를 모토로 전 세계로 확산되었다.

2000년 들어 경영혁신은 조직/문화, 프로세스, 시스템 등이 비즈니스 전략 및 목표와 연계 또는 통합되어 기업 경쟁력 강화라는 PI(Process Innovation)로 전환되기 시작하였다. 대기업을 중심으로 추진되어 온 PI는 전 세계적으로 파급효과를 보이기 시작하였으며 과학적 프로세스 개선에 초점을 둔 6시그마 활동과 병행으로 추진되면서 데이터를 근간으로 한 문제의 프로세스를 정확하게 개선하는 기업들의 사례가 증가하고 있다. 또한 6시그마는 IT분야 및 일반서비스 분야 등에서도 도입이 늘어나고 있다. 특히, IT분야에서 대표적으로 적용되고 있는 영역은 CMMI와 ITSM과 연계되어 프로세스개선 활동이 전개되고 있다.

최근의 경영혁신은 전사적으로 추진되고 있으며 과학적으로 관리할 수 있도록 측정기법을 사용하여 프로세스 개선을 지속적으로 실천하고 있다. 이와 같은 혁신기법들을 이용하여 기업의 경영혁신이 추진되기 위해서는 먼저 기업의 전략과 목표수립이 선행되어야 한다. 이를 위해 내·외부환경 분석을 통해 미래로 나가야 할 기업의 비전과 전략을 재조명하고 이를 근간으로 PI 또는 6시그마, CMMI, ITSM 등을 기업에 적용할 경우 효과적이다.

본 장에서는 경영혁신에 필요한 기업의 전략적 방향 수립의 기초정보를 제공하는 경영분석기법으로 SWOT 분석을 다루면서 기업전략 수립의 적합성과 유효성을 제공하는 BPR, PI, 6시그마 및 프로세스 개선, 즉 경영기법 도구인 BPM에 대해 살펴보려고 한다. 또한, IT 분야의 경영혁신 모델인 CMMI를 프로세스 혁신관점에서 조명해 보려고 한다.

① 경영혁신 개요

1.1 경영혁신 역사

경영혁신이란 '급격한 환경변화에 적극적이고 능동적으로 대체하고 경쟁력 강화를 목적으로 전사차원의 체질 개선전략'으로 정의할 수 있다. 변화와 도전의 시대는 경영혁신 기법을 적기에 적용하여 신경영 패러다임으로 기업혁신 방향을 수립하는 것이 매우 중요하다. 세계화, 개방화로 경쟁이 심화되고 고객의 초변화가 기업경영의 방식을 변화시킨 것이다.

선진기업들은 오래전부터 불황을 극복하고 경쟁사보다 우위의 경쟁력을 확보하기 위한 자구책으로 경영혁신을 추진해 왔으며 국내기업 역시 2000년대를 전후하여 경영혁신을 지속적으로 추진해 오고 있다. 경영혁신의 목적은 기업이 글로벌 경쟁에서 보다 나은 경쟁우위를 확보는 것이다. 요즘 경영혁신의 특징은 과거의 부문단위, 사업부 단위에서 벗어나 전사적으로 진행되고 있으며 기업들이 사활을 가지고 추진하는 것이 특징이다.

대부분 기업들은 최고경영자의 적극적인 지원과 리더십하에 일시적인 이벤트 중심의 경영혁신이 아닌 지속적으로 프로세스와 제도 또는 기업문화를 개선하려는 경영혁신을 시도하고 있다. 경영혁신의 목표는 주주가치와 고객가치 극대화에 있으며 이를 위해 기업이 무엇을, 어떻게 변해야 하는가에 초점을 두고 있다. 이를 효과적으로 지원하기 위해 정보기술과 변화관리가 필수요소로서 적용되는 것도 과거와는 큰 차이점이다. 따라서 경영혁신 성공은 통합적인 정보시스템 구축과 조직원의 마인드 변화가 분리될 수 없는 불가분의 관계임을 인지할 수 있다.

경영혁신의 역사를 살펴보면, 1990년 초 테일러가 제창한 과학적 관리 기법을 출발점으로 시작하여 제조현장을 중심으로 현재까지 다양한 혁신기법들로 진화되어 왔다. 이와 같은 혁신기법은 제조현장에서 시작된 SQC 혁신기법에서부터 90년대 붐을 이룬 BPR(Business Process Reengineering), 2000년 전·후 제조현장 및 전산업에서 추진을 시도하고 있는 6시그마가 대표적이며 6시그마는 최근 서비스, 산업간접 부문에까지 확대, 발전하고 있는 추세이다. 이러한 혁신기법들이 가지고 있는 궁극적인 목표는 제품의 품질확보를 통해 고객가치 실현 및 고객만족을 증진하려는 데 있다. [표 3-1]은 기업혁신 기법들 중 대표적인 종류들의 특징을 제시한 것이다.

[표 3-1] 경영혁신기법 특징 비교

구분	SQC[3]	TQM[4]	BPR	6시그마
업종	제조업(생산)	제조업(생산)	제조/서비스업	생산＋사무＋개발
도구/방법론	통계기법	통계기법/설비보전	프로세스분석/정보기술	다양한 기법 체계화된 로드맵
추진주체	품질부서	현장종업원	외부컨설턴트	내부전문가
추진방식	Bottom-Up	Bottom-Up	Bottom-Up＋Top-Down	Top-Down 중심

[출처]: 이팔훈 외 3인, "경영혁신, 불황탈출의 엔진", 삼성경제연구소, 2004, 제461호.

1.2 경영전략 발전과정

경영전략이란 기업의 경영목적을 달성하기 위한 포괄적인 수단으로 기업의 외부 및 내부의 환경변화에 대응하여 경영활동을 계획적으로 적응시키기 위한 의사결정법칙이다. 전략의 의미는 미래지향적, 고객중심적, 경쟁중심적이라고 말할 수 있다. 즉 효율적인 방법으로 경쟁자에 비해 해당 기업의 경쟁우위를 상승시키는 노력이 바로 전략이다. 경영전략의 발전과정을 시대별로 살펴보면, 60년대 하버드경영대학원 교수진에 의해 전략에 대한 학문적 접근이 이루어지면서 시작된다. 80년대 장기전략이 쇠퇴하면서 Michael Porter 교수 중심의 산업구조분석 방법이 대두되었으며 『Competitive Strategy』이란 책에서 산업구조분석 방법이 제시되었다.

60년대 등장한 SWOT 분석은 막연한 외부환경의 기회와 위협을 산업구조 분석을 통해 기업의 외부환경을 분석할 수 있는 틀을 제공하였다는 점에서 의의가 있

---

3) SQC(Statistical Quality Control): 생산기능에 국한된 통계적 품질관리.
4) TQM(Total Quality Management): 고객만족을 위한 생산공정 프로세스 개선.

다. 그 이후 SWOT 분석은 산업의 경쟁구조 분석 및 산업의 매력도를 파악할 수 있는 도구로 자리를 잡는다. 그러나 90년대 이후 기업의 경쟁우위 원천은 포터의 산업 내 기업경쟁 우위보다는 기업의 핵심역량으로 전환된다.

즉 기업의 경쟁우위를 얻기 위해서는 외부의 환경뿐 아니라 내부의 역량을 고려한 상호 조합된 경영전략이 요구된 것이다. 성공적인 경쟁전략은 경쟁사 전략, 목표 및 특성 등을 통해 경쟁기업의 행동을 예측할 수 있어야 하고 기업 내부의 강점을 강화하면서 약점을 보완하는 상호작용이 수반되었을 때 경영전략이 정의되고 실행될 수 있다. 다음은 시대별 경영전략의 주요 특징 및 기법을 비교 분석한 표이다.

[표 3-2] 경영전략의 시대적 변화

기간	1950년대~1970년대 초	1970년대 후반~1980년대 중반	1980년대 후반~1990년대 초
주요주제	장기전략 계획	산업구조 및 경쟁분석	경쟁우위의 창출 및 유지
주요개념/ 기법	재무적 투자계획 시장 예측/점유율 분석, SWOT 분석	산업구조 분석과 산업 내 포지셔닝	기업 내 경쟁우위를 창출하는 요인 분석, 동태적 분석
조직상의 특성	재무관리가 중시 종합기획실 설립	수익 낮은 사업탈퇴 전망 좋은 사업으로 진입	인적자원관리 전략적 제휴를 통한 핵심인력배양, BPR에 의한 비용감소
대표적 학자	Ansoff Andrews	Porter	Hammer Prahalad

2000년대 정보화 사회에서의 경영전략이 과거의 목표나 수단을 확정해 두는 전략에서, 변화하는 시장 니즈와 기술·경쟁자 동향에 즉각적으로 반영하는 체제로 변화하고 있다. 계획을 수립하는 과정에 경영환경이 수시로 바뀌고 있기 때문에 과거와 같이 과거의 실적을 바탕으로 미래의 계획을 만드는 것은 무의미한 시대에 놓이게 된 것이다. 또한 5년 또는 10년 장기경영계획 및 전략은 급변하는 요즘 시대는 무용지물이 되는 경향이 많다.

예컨대, 장기전략을 세울 필요가 있다면, 정기적으로 실행계획을 수정 보완하는 연동계획(Rolling Plan)을 도입해야 하고 분기별, 점검과 수정이 반복 사이클을 밟는 것이 필요하다. 따라서 간단하고 명료한 경영방침을 중심으로 전략을 수립하고, 경영환경의 변화에 따라 즉각적으로 대응할 수 있는 전략을 구사하는 것이 치열한 시장경쟁에 기업이 생존할 수 있는 접근방법이 될 것이다.

이에 반해 IT 전략은 기업의 경영전략을 실현하기 위해 IT 자원을 활용하여 조직의 발전방향을 제시하는 것이다. 즉 조직의 비전 및 목표달성을 위해 경영 전략과 통합되어 이루어져야 함을 의미한다. 그러므로 IT 전략 수립 이전에 기업의 경영전략이 수립되어야 하고 비즈니스 목표와 일치된 IT 전략이 수반되었을 때, IT 도입과 적용관점에서 ROI(Return On Investment) 효과를 극대화할 수 있다.

2.1 경영환경 분석

경영환경 분석은 크게 외부환경 분석과 내부환경 분석으로 구분한다. 외부환경 분석은 거시환경인 일반환경 분석과 경쟁환경 분석으로 구분되며, 내부환경 분석은 기업 내부의 역량 분석과 이해관계자 분석으로 분류할 수 있다. 외부환경 분석은 정치, 경제, 사회 및 문화 등의 시대적인 요인을 포함하며 산업경쟁 구도분석 등을 수행한다.

[그림 3-1]은 경영환경 분석에 필요한 입력물과 산출물 그리고 분석절차를 제시하고 있다. 더불어 경영환경 분석에서 사용되는 주요 분석기법들의 종류를 포함하고 있다. 즉 경영환경 분석에 필요한 전제 조건의 입력물은 해당 기업의 비전, 개개인 또는 주요 직급별 인터뷰 자료와 정치, 사회, 경제 등과 관련 된 문헌정보가 되며, 경영환경 분석을 통해 일반환경 분석서, SWOT 분석서 및 성공 요인(CSF) 등의 주요 결과물을 도출할 수 있다. 이와 같은 결과물은 경영전략을 수립하기 위한 입력 정보로 활용된다.

[그림 3-1] 경영환경 분석 Frame

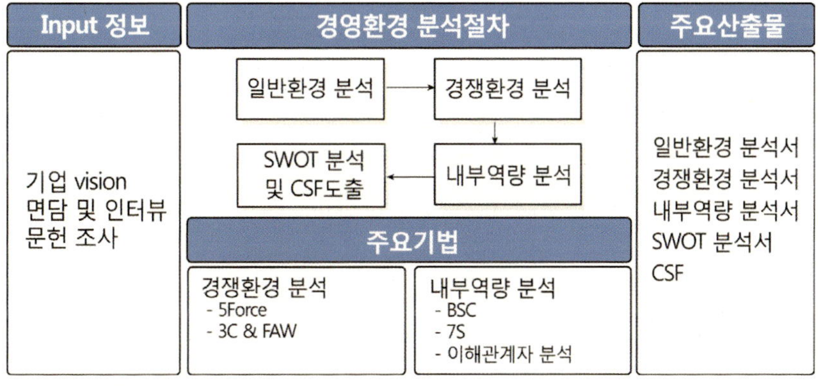

* 3C : Customer, Competitor, Company
* FAW : Forces At Work

최근의 경영전략 분석기법은 주로 ISP, PI 또는 기업의 마케팅전략 수립 등에서
활용된다. 경영전략 분석기법은 자사의 현 위치를 파악하고 치열한 환경에서 경쟁
우위 및 운영의 효율성을 갖기 위해서 필요하다. 따라서 좋은 경영전략을 수립하
려면 먼저 조직의 목표 및 비전이 분명해야 하고 내·외부에 대한 기업분석이 철저히
수반되어야 한다. 또한 기업의 경영전략에는 경쟁방법과 경쟁분석 방법론 등이 제시되
면서 실행과 연계될 수 있어야 한다. 경영환경 분석과정의 각 단계별 주요목적, 수행
절차, 수행결과물, 그리고 각 단계분석에 필요한 기법은 [표 3-3]과 같다.

[표 3-3] 경영환경 분석의 유형별 요약

구분	일반환경 분석	경쟁환경 분석	내부역량 분석	SWOT 분석
목적	외부환경을 분석하여 경영에 영향을 주는 주요 환경 요소를 도출함	대외환경 변화에 따른 기업의 경쟁환경 요소를 도출함	경쟁우위를 달성하기 위한 내부역량 요소를 도출함	핵심성공 요소(CSF)를 도출함
입력물	면담, 인터뷰, 문헌정보	정치·경제·사회 등	경쟁환경 분석서	기업의 Vision
수행 절차	- 경영에 영향을 주는 외부환경을 파악함 - 정치, 경제 등 주요 요소별 파급효과를 도출함	- 외부환경 변화에 따른 변화 내용을 기술하고, 경영전략 및 경쟁전략 우위 달성방향을 설정하여 시사점을 정리함	- 기업이 보유한 내부 자원과 능력을 평가하여 기업의 강점과 약점을 파악함 - 현재의 문제점, 요구사항을 분석, 정리함	- 기업의 외부/내부역량 분석 결과를 중심으로 SWOT 분석 수행하여 CSF 도출 - 도출된 SWOT 분석과 CSF 결과의 연관 분석 수행
산출물	일반환경 분석서	경쟁환경 분석서	내부역량 분석서	SWOT 분석서 CSF 결과서
분석 기법	- Delphi 기법(전문가 집단의 전문기술)	- 5Forces - 3C & FAW기법	- BSC 기법 - 가치사슬 분석 - 7s 기법 - 다이아몬드 기법 - 이해관계자 분석	- CSF 기법 - SWOT 분석기법

2.2 일반환경 분석

거시환경 분석의 핵심은 정치, 사회, 경제, 기술, 인구통계적 요소에 대한 현시점의
환경 변화 및 요구를 기반으로 분석하여 기업의 기회 요인과 위협 요인을 도출하는
데 있다. 일반환경 분석은 컨설팅 프로젝트의 특성상 시간과 정보의 제약이 존재하기

때문에 체계적인 분석이 어렵다는 단점이 있다. 따라서 기업의 의사결정과 경영성과에 중대한 영향을 미치는 요인을 선별하여 집중적인 분석을 수행할 필요가 있다.

일반환경 분석은 경영환경 분석의 첫 단계로서 외부환경 요인 중 기업활동에 가장 영향력을 미치는 주요 요인 및 동향 등을 분석하는 과정이다. 이 분석의 목적은 기업을 둘러싼 거시환경과 제반 환경으로부터 기업이 당면한 문제요인과 예상 시나리오를 발견하고 이에 대한 적절한 대응 방안을 수립하며 기업활동 영향 동인 분석 및 현재와 미래 관점에서 기회와 위협 요인에 어떻게 작용하는가를 분석하는 데 중점을 둔다.

기업은 당면한 문제해결을 위해 우선적으로 정치, 사회, 경제 등 전반에 걸쳐 기업활동에 영향을 주는 요인을 분석하고 그에 따른 시사점을 정리하여 기업에게 실질적으로 영향을 미치는 위협 요인 및 기회 요인을 도출해야 한다. 때문에 일반환경 분석 결과물은 위협과 기회 요인에 대한 기업의 대응방안까지를 포함한다.

일반환경 분석에는 주로 전문가 집단의 기술을 사용하는 델파이기법을 활용한다. 델파이기법은 전문가의 의견 일치를 얻기 위해 1948년 Rand 연구소에서 개발한 분석방법으로 특정한 주제에 대하여 숙지된 판단을 체계적으로 유도하고 대조하는 방법이라고 정의할 수 있다. 델파이기법은 경영활동에 영향을 미치는 외부요인 중 정치, 경제, 사회, 문화 및 기술 등에 관한 분석을 실시할 경우 주로 사용된다. 델파이기법의 특징은 다음과 같다.

(1) 전문가에게 분석의 내용을 제공함.

(2) 전문가는 각자 분석을 실시함(단, 전문가의 의견교환은 불가함).

(3) 조정자는 전문가의 의견을 요약, 배포함. 필요시 아주 다른 분석의 경우 익명으로 질문을 받게 됨.

(4) 전문가에 의한 다른 수행 과정을 필요한 만큼 반복하며, 이 과정에서는 어떠한 논의도 허용되지 않음.

델파이 기법은 분석과정에서 그룹 회의에 대한 부작용을 피할 수 있는 장점을 가지고 있다. 이 기법은 PEST(Policy, Economic, Social, Technology) 기법을 통해 다섯 단계로 전개된다. PEST 분석기법은 거시환경 분석기법으로서 단지 PEST를 파악하는 것만이 아니라, 그 항목이 산업에 어떤 영향을 미치는지 파악하는 분석이다.

(1) 전문기관 및 기존 실적 등을 통해 일반환경 요인별 주요자료를 수집

(2) 첫 번째 자료를 근거로 키워드 중심의 자료를 분석 수행

(3) 자료를 자사 업무에 영향을 미치는 중요도를 고려하여 종합정리

(4) 분석결과를 종합하여 중요도의 우선순위를 고려해 기업 및 위협의 구체적인
    분석 실시

(5) 당사에 불확실성이 높고 영향도가 높은 PEST Fact별 기회와 위협 요인을 선별

2.3 산업구조 분석

산업구조 분석은 경쟁환경 분석이라고도 말한다. 이것은 사업부 수준의 전략과
기업수준의 전략을 수립하는 데 매우 중요한 역할을 담당한다. 산업구조 분석은
산업의 경쟁강도와 수익성 및 산업의 구조적 매력도를 결정하는 다섯 가지 경쟁요
인을 분석하는 방법으로 특정기업의 사업환경을 이해하고자 하는 데 그 목적이 있
다. 이것을 5Force라고 부른다.

5Force는 하버드 경영대학원의 Michael Porter에 의해 도입되었으며 다섯 가지 경
쟁적인 세력에 의해 산업 수익률이 결정된다는 이론이다. 즉 경쟁 정도, 잠재적 진
입자, 구매자의 협상력, 공급자 협상력 및 대체품의 매력도를 분석하여 외부 경쟁자
또는 산업경쟁 강도에 따른 위협 요인과 기회 요인을 분석하는 기법이다. 5Force는
각각의 5개 요인별로 세부요인을 검토하고 현재 위협과 미래의 위협으로 구분하여
그 위협상태를 일반적으로 3등급인 상, 중, 하로 구분하거나 또는 5등급으로 표시하
여 전체 등급의 평균을 기록하여 산업구조를 분석하는 경영환경 분석기법이다.

그렇다면 산업구조 분석의 필요성은 어디에 있는가? 산업구조분석은 아래의 목
적을 달성하기 위해 실시된다.

(1) 다섯 가지 경쟁요인들이 상호작용하면서 발생하는 경쟁원인과 경쟁강도를 파
    악함.

(2) 기업이 고려해야 할 주요 경쟁요인을 도출함.

(3) 산업 이윤잠재력, 미래 산업환경을 예측함.

(4) 진입에 따른 산업구조의 매력도를 파악함. 즉 산업의 변화요인을 살펴보면서
사전 위협을 예측함.

>>> 2.3.1 5Force의 구성

5Force는 산업 내 경쟁을 분석하기 위해서 잠재적 침입자의 위협, 구매자의 교섭
력, 대체품의 위협, 공급자의 교섭력 등의 다섯 가지 뷰로 구성된다. [그림 3 - 2]
를 통해 각각의 뷰에 대한 특징을 살펴보면 다음과 같다.

(1) 산업 내의 경쟁

산업 내의 경쟁관계는 그 산업에서의 경쟁 양상과 전체 수익률을 결정하는 중요
한 요인이다. 한 산업 내의 기업들은 상호의존 관계에 놓여 있다. 산업 내 경쟁의
결정적인 요인은 비용구조 및 장단기 목표의 유사성이 내포한 경쟁기업의 다양성,
제품 차별화, 원가구성, 산업 내 규모, 철수장벽 등이다. 예를 들어 경쟁사의 수가
많거나 규모, 영향력이 비슷한 경쟁사가 많을 경우, 경쟁이 더욱 심해진다.

(2) 잠재적 침입자의 위협

잠재적 진입자의 위협이 클수록 그 산업의 매력도 떨어진다고 할 수 있다. 예를

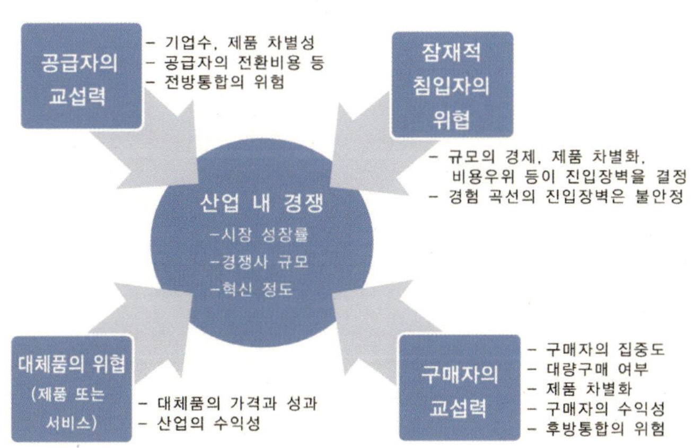

[그림 3 - 2] 5Force 구성

[출처]: Michael E · Porter, Competitive Strategy(1990).

들어 규모의 경제가 이루어져 있다면, 신규 진입자로서는 비슷한 수준의 비용구조를 가지고 경쟁하는 데 부담이 있으며 제품 차별화가 이루어져 있는 산업에 새로 진입하기 위해서는 기존 경쟁자에 대한 소비자 충성도(customer loyalty)를 극복할 수 있도록 많은 투자를 해야 한다.

(3) 구매자의 교섭력

구매자의 교섭력을 결정하는 두 가지 요인은 구매자의 가격민감도와 구매자와 공급자의 교섭력이다. 먼저 구매자 가격민감도 교섭력은 구매자가 제품에 대한 가격정보가 많을수록 구매자 교섭력이 높으나 산업입장에서는 위협 요인이 될 수 있다. 구매자와 공급자 간의 교섭력은 공급자 전환비용이 낮을 경우, 즉 공급자 교체 시 싼 가격이 요구된다면 교섭력이 높아 위협 요인이 될 수 있다. 따라서 구매자 집단의 힘이 강해질수록 산업에는 위협요소로 작용한다.

(4) 공급자의 협상력

시장에서 공급자 제품의 가격이 높거나, 이익이 높을 경우, 구매자 교섭력이 높아 산업의 매력도가 떨어진다. 또한 소수의 공급자가 다수의 구매자와 거래할 경우, 공급자 전환비용이 높을 경우, 공급자 교섭력은 높아진다. 한 기업이 가격을 내릴 때 경쟁기업이 이에 대응하여 가격을 경쟁적으로 내린다면, 두 기업 간에 가격 차이가 없어지기 때문에 소비자만 수혜를 받게 되며 산업에는 위협 요인으로 작용할 수 있다.

(5) 대체재 교섭력

대체재 교섭력이란 소비자의 욕구를 다른 제품과 같이 채워 줄 수 있는 제품을 말한다. 대체재 교섭력은 산업구조 분석에 있어서 중요한 비중을 차지한다. 즉 대체품은 잠재적인 가격상한선에 영향을 주며 반면, 대체품의 가격이 기존 제품보다 낮거나 효능이 좋을 경우, 교섭력이 높다. 교섭력이 높을 경우, 대체품은 성공할 가능성이 높기 때문에 강력한 경쟁기업이 될 수 있다.

>>> 2.3.2 5Force의 분석과정

5Forces는 경쟁자 정의, 경쟁요인에 대한 자료조사, 시사점 도출, 경쟁우위 전략

도출 등 네 단계로 구성된다. 본서에서는 5개의 경쟁요인의 세부요인을 검토하여 평가방법을 3등급으로 분류한 후, 하나를 선택한다. 즉 상, 중, 하 평가결과를 기록하고 각 경쟁요인의 세부요인별 평균점수를 산출하여 5개 경쟁요인별 분석내용을 종합 정리한다. 이때 최종적으로 외부 경영환경 요인에 대한 위협 수준을 사전에 예측할 수 있다.

[5Force 분석결과 시트 샘플]

분석요소	분석내용	현재 위협 수준	미래 위협 수준
규모경제	시설투자가 큼	상	중
제품 차별화	R&D 장기소요	상	상
……	……	중	하
평 균		상	중

　80년대 등장한 5Force 분석기법은 기업의 수익률을 결정하는 기법으로서 그 당시 시대적 상황에는 산업의 경쟁구도를 분석하는데 적합하였다. 5가지 요소들의 강약점에 의해 산업 내 잠재적 이윤의 수준이 결정된다. 산업분석기법을 이용하면 전반적 산업의 경쟁강도 파악이 가능해지며 특히, 산업 내 어느 부분에서 경쟁이 일어나는지를 파악할 수 있다.

　그러나 포터의 분석방법의 한계점은 기업전략과 산업구조가 상호작용하면서 변화하고 있음을 고려하지 못한 점이다. 이것은 정태적 분석이 주는 한계라 볼 수 있다.

[그림 3-3] 5Force의 분석과정

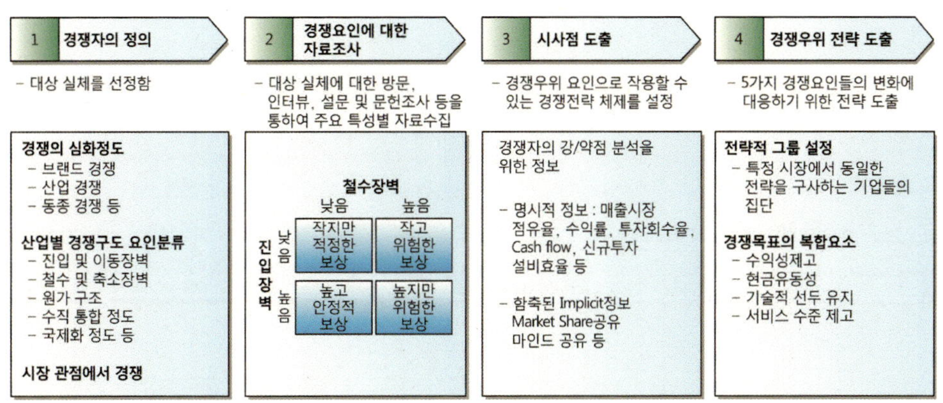

즉 현상 및 현실 지향적인 측면을 고려하지 못한 점이 아쉽다. 오늘날 경쟁과 산업 구조는 고정된 것이 아니라 동태적으로 변한다. 따라서 5Force 분석기법은 기업 간 경쟁전략을 위한 구체적인 의사결정 방법을 제시하지 못한 한계점이 존재한다.

[표 3-4] 5Force의 장점과 단점

장점	단점
- 미래산업에 대한 예측가능 - 산업구조를 변경시키는 전략	- 변화에 대한 명시적 고려 미흡 - 기업 간의 구체적인 경쟁전략을 묘사하지 못함

2.4 내부역량 분석기법

내부역량 분석의 목적은 기업이 보유한 내부자원과 능력을 평가하여 기업의 강점과 약점을 파악하고 강점을 활용하거나 새로운 자원과 능력의 개발, 축적을 통해 강점을 강화함으로써 경쟁우위를 지속시키는 데 있다.

외부환경 분석과 내부역량 분석의 차이점을 살펴보면, 외부환경 분석은 거시환경, 시장환경을 통해 기업에 직·간접적인 기회 및 위협 요인을 찾아 대응안을 마련하지만 내부역량 분석은 기업 내부의 자원과 역량의 강점 및 단점을 분석한 후, 외부환경 분석을 통해 도출된 사업기회와 위협에 대처하기 위한 기업의 구성요소별 강점과 약점을 분석하여 강점을 극대화하고 약점을 보완하는 대응방안을 모색하는 차이점이 있다.

기업의 내부역량 분석은 현재 보유한 자원을 통해 기업이 추구하는 비전 및 전략을 달성하는데 필요한 장점과 약점을 분석하는 데 있다. 내부역량 분석방법으로 크게 다섯 가지 종류가 적용되는데 각 분석방법의 특징은 다음과 같다.

첫째, BSC분석은 기업전략에 대한 이해를 증진하기 위한 기법이다. 이 방법은 재무, 고객, 프로세스 및 역량·학습이라는 네 가지 지표 간의 인과관계를 통해 전략을 구체화하여 조직 구성원이 기업의 전략을 이해하는 데 도움을 준다.

둘째, Value Chain 분석은 어떤 회사의 업무를 기술적, 경제적 측면으로 구분하여 이들의 가치 활동을 분석하는 기법으로 시장경쟁과 환경 분석에 필요한 정보기술의 역할을 담고 있다.

셋째, Business System Diamond 분석은 장기, 단기목표, 내·외부 관점의 성과지표를 고려함으로써 기업 내부의 환경 및 문제점을 파악하고 이를 토대로 전략 및 대응책을 제시하는 기법이다. 이 분석기법은 비즈니스 프로세스(Business Process), 관리 및 평가체계(Management & Measurement System), 조직/업무구조(Job & Structure), 기업문화(Value & Beliefs)로 구성된다.

넷째, 이해 관계자 분석은 기업 및 조직이 취하는 각종 전략, 의사결정, 그리고 외부의 환경 변화가 주요 이해관계자들에게 미치는 영향을 분석하는 데 활용된다.

다섯째, 7'S 분석은 아래에서 상세히 제시하려 한다.

[표 3-5] 내부역량 분석 기법의 종류

내부역량 분석기법	주요 내용
BSC 분석	지표균형, 전략연계, 의사소통도구
Value Chain 분석	부가가치 사업활동을 분석한(경영우위 영역) 후 핵심역량이 어디에 있는지를 분석
Business system diamond 분석	프로세스, 조직, 기업문화, 관리체계 구성별 문제점 도출 전략/대응책 수립
이해관계자 분석	기업의 전략, 의사결정의 영향도 분석
7'S 분석	7가지 경영요소에 대한 내부조직 분석

7'S 분석기법은 토마스 피터스(Thimas J. Peters)가 그의 저서에서 초우량 기업의 조건을 통해 제시된 이론으로서 전략이란 조직의 차원에서 접근해야 한다는 이론이다. 7'S 기법은 기업 경영의 내·외적 요소가 담긴 총체적인 전략적 사고이며 기업의 전략 수립, 실행 및 평가를 수행하는 데 있어 일곱 가지 경영요소를 기업 전체 관점에서 바라보는 분석기법이다. 7'S 기법이 제시하고 있는 시사점은 기업경영에 있어 전략적 사고 즉, 외적, 내적 요소를 포함하는 총체적 사고이며 기업의 전략 수립, 실행, 평가에 있어 일곱 가지 경영요소에 대해 전체적 시각으로 사고해야 한다는 점을 담고 있다.

7'S는 하드웨어적인 성격과 소프트웨어적인 성격이 포함된 7개의 내부경영요소로 구성된다. 하드웨어적인 요소는 구조(structure), 전략(strategy), 시스템(system) 구

성요소를 포함하고 있으며 소프트웨어적인 요소는 스킬(skill), 스타일(style), 스태프(staff), 그리고 가치공유(shared value)를 담고 있다. 기업이 당면한 문제점을 효율적, 효과적으로 대응하기 위해서는 7'S의 하드웨어적인 경영요소와 소프트웨어적인 경영요소가 상호조화를 이루었을 때 내부역량을 분석하는 효과가 극대화될 수 있다.

[표 3-6] 7'S의 구성요소

7'S	주요 내용
구조	기업의 전략을 수행해 나가기 위한 조직의 형태 또는 구조, 과업 수행과 보고 및 권한 체계임
전략	기업의 외적 환경, 소비자, 경쟁자들의 변화에 대응하기 위한 실행조치로서 자원들을 효과적으로 배분하는 활동임
시스템	경영진의 회사에 대한 운영상태, 소비자, 경쟁사에 대한 상세한 정보를 의미함. 즉 프로세스, 업무 흐름, 경영관리 제도와 절차, 그리고 전산정보활용에 대한 절차임
스타일	경영자가 시간과 노력을 투입하여 조직을 이끌어 나가는 방식으로 기업문화가 이에 속함
직원	인적 자원으로 교육, 임금, 동기부여, 도덕성 태도 등의 무형 요소임
기술	회사가 보유하고 있는 특별한 능력 및 재능을 의미함 조직 내, 조직 간의 연관성이 조직의 경제력으로 승화된 조직 전체의 능력
상위목표 (공유가치)	조직의 핵심부문으로 조직 내 계층의 혁신 최고경영자가 회사 전체의 미래 조직 방향에 대해 제시한 포괄적인 목표

내부역량 분석을 위해서는 네 단계로 접근할 수 있다. 먼저 어떤 기법을 적용하여 내부역량을 분석할 것인가를 결정하는 기법선정 단계이다. 즉 일곱 가지 경영요소가 담긴 7'S 분석기법을 사용할 수 있다. 7'S 분석기법은 임직원 인터뷰, 회사의 내부자료 취합 그리고 일부 현장 방문 등을 통해 내부 상황을 파악할 수 있는 정성적 자료를 수집하고 분석하는 일련의 과정을 거친다. 각 단계는 내부역량 분석기법 사전 검토, 기법선정과 연관된 분석요소 문제점 도출, 각 분석요소별 영향도 분석 및 마지막으로 7'S 요인 분석결과에 대한 시사점 도출과 대응방안을 수립한다.

7'S에서 만들어진 최종 산출물은 SWOT 분석과정에서 기업의 강점과 약점을 분석하는 데 활용된다. 7'S 분석결과는 7개 경영요소별 기업이 필요한 핵심역량을 중심으로 현재 보유하고 있는 기업 내부역량과 관련된 일곱 가지 관점의 강점과 약점을 사실대로 묘사한다. 그중 자사에 가장 영향을 미치는 요인을 선별하여 다음과 같이 분석결과를 완성한다.

구분	장점	단점
조직구조	- 세계 1위로서의 효율성	-
전략	- 최고 생산성 유지 - 덤핑방지 →제값 받기 - 대형 거래선 유지 통한 OEM 체계	- 미래 대응 Solution 발전 전략 - 미흡(CRM, ESM 등)
기술력	- 개발/공정기술 Global No1 - 공장 자동화	- 내수 기반 취약 - 설비 해외 의존도 심화
Rule	- 해외 SCM, ERP운영 - Global 통합 Network - 지속적 혁신 의지	- 판매, 생산 연계 부족 - 기준정보 활용 미흡 - 품질관리 미비
인력	- 최고 인력 자체 양성 - 혁신 전문 인력 양성	- 시스템 프로세스 동시이해 인력부족 - 품질 전문가 부족
문화	- 강력한 Top의 Leadership - 애사심이 강함	- 질보다 양을 우선시 - 고객만족 활용 미흡
Value	- 기업정신	- KMS활용 저하

2.5 SWOT 분석

SWOT(Strength, Weakness, Opportunity, Threat) 분석은 기업의 환경 분석을 통해 기업이 직면한 외부의 기회(Opportunity)와 위협(Threat) 요인을 기업 내부의 강점(Strength) 및 약점(Weakness) 요인과 매핑하여 기업의 전략적 상황을 제시하고 이를 토대로 기업 내·외부에서 발생하는 긍정적이고 위협적인 내용을 분석하는 경영환경 분석기법 중 하나이다. 이 기법은 시장 경쟁상황 및 기업 내부역량 분석 결과를 토대로 기업이 나아가야 할 전략과 방향을 제시하는 데 유용하게 사용된다.

즉 내·외부환경을 통해 기회 요인, 위협 요인을 평가하고, 내부분석을 통해 기업 경영활동에서 강점과 약점을 파악하며, 기업의 전체 상황 등을 평가하기 위해 활용된다. SWOT 분석은 기업의 외부환경과 내부환경 중 기업활동에 영향을 미치는 중요한 요인을 바탕으로 체계적이고 효과적인 전략을 수립하도록 객관적인 정보를 제공하는 분석도구로서 기업 상황분석을 전략적으로 접근하는 데 중요한 역할을 담당한다고 볼 수 있다.

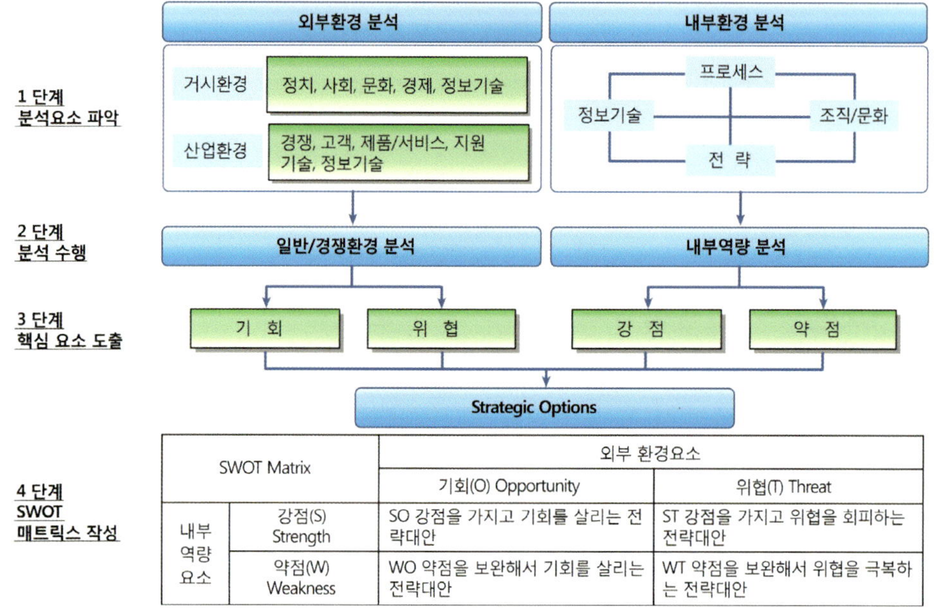

[그림 3-5] SWOT 분석절차

SWOT Matrix		외부 환경요소	
		기회(O) Opportunity	위협(T) Threat
내부 역량 요소	강점(S) Strength	SO 강점을 가지고 기회를 살리는 전략대안	ST 강점을 가지고 위협을 회피하는 전략대안
	약점(W) Weakness	WO 약점을 보완해서 기회를 살리는 전략대안	WT 약점을 보완해서 위협을 극복하는 전략대안

SWOT 분석 과정은 내·외부환경 분석을 사업부문별로 실시하여 각각의 위협 요인, 기회 요인 기업 내부의 장, 단점을 정리한 후 각 부문의 SO, ST, WO, WT 등 네 가지 뷰관점에서 전략을 도출하여 다음 SWOT 분석을 완성하는 절차로 진행된다. 이것을 SWOT 매트릭스라고 부른다. [그림 3-5]에서는 SWOT 분석을 위해 Input 되는 1~3단계와 그에 따른 주요 활동 그리고 마지막 4단계에서 위의 각 단계에서 도출된 결과물을 바탕으로 SWOT 매트릭스를 작성하는 과정을 보여주고 있다.

SWOT이 가지고 있는 네 가지 구성전략은 아래와 같다.

첫째, SO(Strength & Opportunity) 전략은 강점을 가진 상태에서 기회를 살리는 대안이다. 즉 기회 요인의 적극적 수용을 통해 강점을 강화하고 기회 이익을 얻기 위해 강점을 이용할 수 있는 전략을 수립한다.

둘째, ST(Strength & Threat) 전략이다. 장점을 살리고 위협을 회피하여 장점을 극대화시키는 전략이다. 경쟁사가 신제품을 출시하여 위협적인 상황이 발생하면 자사의 강점인 기술, 재무 등을 극대화하여 대체하는 전략이다.

셋째, WO(Weakness & Opportunity) 전략은 약점을 지속적으로 보완해 가면서 기회를 살리는 전략이다.

마지막으로, WT(Weakness & Threat) 전략은 약점을 보완하여 위협을 적극적으로 극복하는 전략이다. 예를 들어 회사를 축소하거나 또는 청산까지를 고려할 수 있다. 이와 같이 분석된 SWOT 분석 결과는 PI, ISP, BPR 등 기업전략의 적합성, 완결성, 지속성 및 전략상의 변화 또는 핵심성공 요인에 대한 유효성을 진단할 경우에 사용된다. 즉 SWOT 분석을 통해 현재의 경영환경을 분석하고 미래의 환경변화 추세를 예측하여 사업의 기회·위협 여부를 판단할 수 있기 때문에 미래 경영전략 수립을 가능하게 한다.

③ 비즈니스 프로세스 리엔지니어링(BPR)

1980~90년대 일본이 전 세계의 경제 강대국으로 급부상하면서 상대적으로 미국의 경쟁력은 점차 악화되는 위기감을 맞이하였다. 이 무렵 미국 기업들은 세계화의 흐름과 가속화되는 경쟁 속에서 살아남기 위한 자구책으로 '프로세스 혁신'을 제창하기 시작하는데 이것이 마이클해머(1990)가 하버드비즈니스 리뷰지에서 언급한 비즈니스 리엔지니어링(Business Reengineering)이다.

그 당시 미국의 기업들은 과거의 부문단위, 기능단위 및 업무 중심에서 고객 중심으로 업무전환을 과감히 이행하였으며 더불어 업무의 효율화, 생산성증대, 나아가서는 급진적인 프로세스 개선을 통해 기업의 경쟁력 창출을 시도한 것이다. 이때부터 BPR(Business Process Reengineering) 경영혁신 운동이 전개된 것이다. BPR은 주로 비용, 품질, 서비스 및 속도향상 등의 비즈니스 영역에 초점을 두었으며 이를 통해 결과적으로 기업의 핵심요소를 극적으로 향상시키는 데 주력하였다.

3.1 BPR의 추진절차

해머가 BPR에서 새삼스럽게 강조하는 핵심어는 프로세스이다. 대부분 조직원들은 자기가 맡고 있는 과업(task)에 관심이 있지만, 전체프로세스를 파악하지 못하고 있다. 프로세스가 잘못 구성된 상태에서 아무리 개인의 과업이 잘 수행될지라도 잘못된 프로세스에 대한 해결안을 찾기 어렵다. 80년대 과업중심으로 잘 운영되어 왔던 경영체제를 프로세스 중심으로 변화시키려는 이유는 바로 '소비자시대'로 전환되는 기업환경 변화 때문이다.

BPR은 대상 프로세스 선정, 문제점과 해결을 위한 요구사항 분석, To-Be 프로세스 설계 등 세 단계로 구성된다. 즉 현재 프로세스를 분석하여 개선대상을 선정하고 이에 대한 문제점과 개선사항을 파악하여 새로운 프로세스를 설계하는 과정이다.

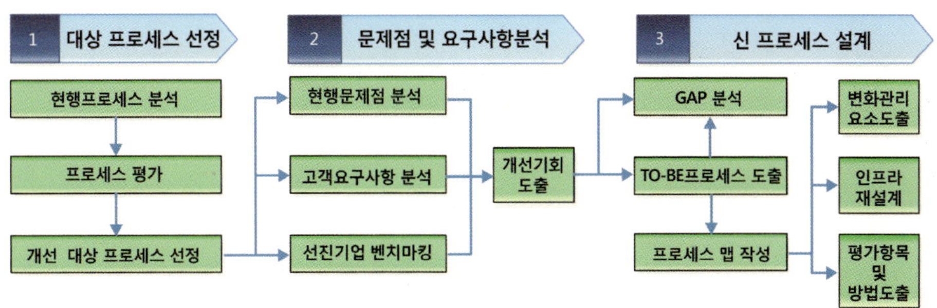

선진기업 벤치마킹은 기업의 현재 프로세스와 갭을 분석하고 미래의 프로세스의 방향을 수립하기 위해 선행되어야 한다. [그림 3-6]에서 BPR 추진 결과를 도식화하였다.

1단계에서는 경영비전과 프로세스 목적을 설정하고 개선할 주요 프로세스를 선정한다. 2단계에서는 현재 문제점과 개선기준을 설정하고 선진사례를 공유한다. 3단계에서는 새로운 프로세스를 정의하고 이를 지원할 조직 측면을 고려하고 정보기술을 파악한다.

3.2 BPR의 한계점 및 성공 요인

>>> 3.2.1 BPR의 한계점

1990년대 초부터 시작한 BPR은 기업에 새로운 혁신바람으로 다가왔다. 그러나 추진성과가 저조하고 BPR을 수행한 기업들로부터 회의적인 반응이 일어나면서 BPR의 효과에 의문이 제기되는 사례가 많았다. 비록 프로세스 모델링이라는 측면에서 BPR은 힘을 받았으나, 새롭게 설계한 업무프로세스를 구현하는 IT실행 및 변화의 관점에서는 한계에 봉착한 것이다. 그렇다면 무엇이 BPR 추진을 어렵게 만들고 저조한 성과의 원인을 제공하였을까?

- BPR 추진 관련하여 실증적이고 검증된 이론체계와 관리지침의 부족
- BPR 추진 기업들이 급격한 변화수용을 할 수 있을 만큼 성숙수준이 높지 않음
- BPR 추진을 프로세스 모델링 설계에만 관심을 둠
- 개혁한 프로세스를 실행할 수 있는 도구로서 정보시스템이 제대로 구축되지 못함

국내 기업들 역시 BPR의 새로운 혁신을 시도하였으나 아래와 같은 문제점으로 대부분 기대 이상의 성과를 거두지 못하였다.

- 총체적 기업 내부 진단보다는 외국기업들이 이용하고 있는 방법을 무분별하게 채택함
- 기업의 수많은 문제를 우선 순위화하지 못함
- 기업 전체 관점의 문제점이 오픈되지 않아 전사적인 일체감이 떨어짐
- 실현가능성 있는 대안제시가 부족함
- 새로운 변화에 대한 저항과 무관심

>>> 3.2.2 BPR의 성공 요인

대부분 기업들은 새로운 제도 또는 솔루션을 도입할 경우, 도입에 따른 부정적인 결과에 관심이 많다. 그들은 새로운 변화에 대한 겉모습만 이해하기 때문에 실제 새로운 부분을 적극적으로 해부하기를 거부한다. 새로운 제도 또는 신시스템 도입은 우리 실정에 맞지 않는다는 편견을 가지고 있기 때문에 투자대비 효과는 오히려 도입 초기보다 마이너스로 나타나는 결과를 초래하는 경향이 있다.

BPR 역시 급진적인 변화를 요구하는 시도였다. 충분한 검토와 각오 없이 어설프게 도입하다가 대부분 실패하는 사례가 많았다. BPR 주요성공에 관련한 국외 대표적인 연구논문은 Hammer(1990), Davenport(1990), Stewart(1994) 등을 들 수 있으며 이들 연구에서 제시한 주요 성공 요인의 공통점은 아래와 같다.

- 최고 경영자의 적극적 개입
- 전사적인 공감대 형성
- 프로세스 재설계의 폭과 깊이 확정

- 고객을 위한 리엔지니어링으로 방향 설정
- 정보기술과 미래 프로세스와의 연계
- 기업특성에 맞는 변화관리
- 효율적인 프로젝트 관리

성공 요인이 구체적이지 못하고 다소 추상적인 부분이 있으나 조직의 제도 또는 프로세스의 변화를 성공적으로 정착시키기 위해서는 좀 더 과학적이고 전략적인 접근이 필요하다. 즉 최고경영자 중심의 추진과 현장 사용자가 직접 참여하는 적극성 그리고 새로운 프로세스를 지원하는 정보시스템 구축 등이 상호 조화를 이루어 추진되어야 하며 조직문화의 변화가 지속적인 개선을 가능하게 한다.

특히 Davenport(1993)는 대상프로세스 선정, 프로세스 혁신팀 구성, 전략적 방향의 제공 및 프로세스 재설계를 BPR 성공의 대안으로 선정하였다. Hammer & Partt(1993)은 총체적인 목표설정, 혁신목표, 범위, 우선순위 결정, 혁신 실행팀의 리더와 구성원 선발, 변화를 후원, 장애물제거 및 조직 내 의사소통 제도설치 등을 성공 요인으로 제시하였다. 결국, 전 임직원이 변화에 공감하고 함께 동참할 수 있는 프로그램이 가동되었을 때 BPR을 추진하는 궁극적인 목적을 달성할 수 있다.

3.3 BPR 도입 트렌드

기업의 규모가 커질수록, 시장 경쟁이 급변할수록 기업은 위험에 봉착하기 쉽다. 선두자리를 달리는 기업일수록 그 자리를 지키기 위한 방법은 끊임없는 개선과 변화이며 이것이 바로 혁신이다. 최근의 경영혁신은 BPR에서 PI로 전환되고 있다. PI는 BPR의 한계점을 보다 개선하여 체계적인 PI 방법론을 기반으로 혁신활동을 추진해왔다. 제품판매가 중심이었던 과거에는 제조기업 중심 즉, 생산현장 중심의 프로세스 혁신을 시도하였으나 최근의 프로세스 혁신은 서비스산업, 비 제조분야 및 공공부문 등을 불문하고 경쟁력 확보를 위해 경영혁신이 확산되는 추세이다.

특히 일반 서비스 분야에서는 고객의 기대와 제공된 서비스의 실제결과에 대한 차이를 기준으로 프로세스 개선을 시도하고 있다. 이러한 서비스 기댓값의 기준은 Parasuraman & Zeithaml의 서비스 품질모형에서 제시한 서비스 품질기준이다.

<u>서비스 품질기준＝고객의 기대 − 서비스에 대한 실제 경험</u>

또한 의료분야에서까지 6시그마를 활용한 프로세스 혁신을 추진하는 사례가 나타나고 있다. 비록 눈에 보이지 않는 프로세스일지라도 활동결과의 데이터를 수집하고 이를 계량화하여 분석하는 노력을 꾸준히 한다면 프로세스 개선은 가능할 것이다. 이와 같은 변화는 서비스분야에서 프로세스 혁신이 어렵다고 하는 고정관념을 탈피하는 데 좋은 사례가 되고 있다.

4.1 PI(Process Innovation) 개요

>>> 4.1.1 PI 진화

PI는 95년 미국의 Devenport가 제시한 BPR이 진보된 개념으로 프로세스, 조직/문화, 정보기술 등이 삼위일체된 프로세스 혁신 방법이다. 국내에서는 1996년 삼성 SDI의 PI 추진을 시작으로 대기업 중심의 PI가 추진되었다. 이들 기업의 경영혁신 성과가 알려지면서 최근에는 중견기업을 중심으로 PI가 ERP 구축과 함께 추진되는 사례가 증가하고 있다.

[그림 3-7]은 기업의 경영혁신 기법을 시대별로 제시한 내용이다. 1990년대는 테일러의 과학적 관리 기법을 통해 작업의 생산성을 도모하였으나 1950년대는 일본의 품질관리가 제품생산에 주요 화두가 되었다. BPR은 1990년 제조업체의 원가절감, 품질 향상에 관심을 가지면서 근본적인 프로세스 재설계를 통해 경영혁신의 효과를

[그림 3-7] 기업의 경영혁신 진화

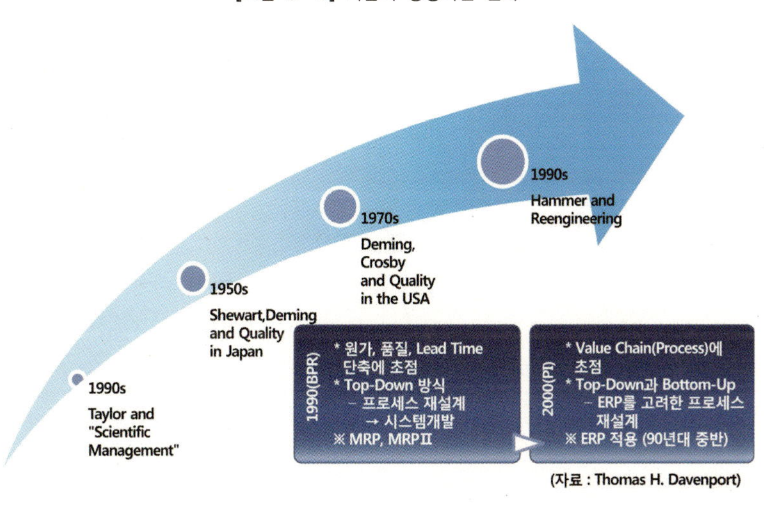

거두려고 하였다. 그러나 접근방법에 있어 부문적인 혁신이 이루어졌을 뿐 아니라 현장을 고려하지 못한 급진적 프로세스 혁신으로 기대한 효가를 얻지 못하였다. 2000년대를 전후하여 도입되고 있는 PI기법은 ERP 구축과 병행하여 추진되면서 성공사례가 증가하기 시작한다.

>>> 4.1.2 PI 특징

과거의 기업경영 혁신은 부문 중심으로 추진되어 왔다. 즉 사업부, 단위조직 중심의 혁신활동으로 진행됨에 따라 전사관점에서 혁신적인 변화를 시도하는 것은 쉬운 일이 아니었다. 다시 말해, 기업들은 단순히 기업 내부의 프로세스 효율화에 초점을 두고 비용 절감 및 생산성 향상에 중점을 두었다.

그러나 2000년을 전후하여 부문 및 단위조직 중심의 프로세스 혁신은 빠른 경영환경변화에 대응하기 어려운 한계에 봉착하게 된다. 시장환경이 신속한 의사결정과 유연한 업무수행을 요구하였기 때문이다. 따라서 기업은 과거의 수직적인 프로세스 중심의 기업활동을 뛰어넘어 수평적인 프로세스 중심으로 업무활동이 전환될 수밖에 없다. 수평적 프로세스 수행의 의미는 프로세스가 물 흐르듯 흘러간다는 뜻이다. 즉, 프로세스가 처리되려면 여러 부서 간의 장벽에 부딪히게 되고 그 장벽으로 인해 업무처리 속도가 늦어질 수밖에 없다. 이를 제거하는 방법은 부서 간의 벽을 허물고 CrossFunction하게 조직을 운영하는 것이다. 요즘 많은 기업들이 전사관점에서 PI를 실시하는 것도 이러한 이유 때문이다. 즉 효율성과 효과성이 조화가 이루어질 때 진정한 경영혁신과 고객가치 극대화 및 기업가치 실현이 가능하기 때문이다.

>>> 4.1.3 PI 의미

PI란 21세기 초일류 기업을 달성하기 위해 (1) 일하는 방법(프로세스) (2) 정보시스템 (3) 조직 등을 총체적으로 개혁하는 것으로, 현재의 업무처리 방식과 정보 및 물류를 고객지향으로 바꿈으로써, 경쟁우위의 변화대응력을 조기에 확보하는 경영혁신 기법이다. PI(Process Innovation)는 프로세스의 개선을 말하는 것이 아니라 프로세스의 혁신을 의미하며, 조직 및 문화의 변화를 모두 포괄하는 개념으로 Top - Down 접근방식과 백지 철학을 기본으로 한다.

최근 상당수 기업들은 기업가치 실현을 위해 PI를 실시하고 있으며 치열한 경쟁 속에서 살아남기 위해 프로세스를 단순화, 표준화 및 통합화함으로써 내부적인 측면에서는 운영의 효율화를 추구하며 외부적인 측면에서는 주주가치와 기업가치 극대화를 목표로 PI를 추진하고 있다.

4.2 PI 추진 전략

>>> 4.2.1 PI 추진 3요소

PI 추진의 3요소는 프로세스, 정보기술, 그리고 조직이다. 이들 3요소는 비전 및 전략을 달성하는 수단으로 서로 삼위일체가 되어 정의되고 설계되며 구현된다. 기업의 문화, 조직의 구조를 다루는 PI는 프로세스, 기술, 조직의 3요소가 조화를 이루었을 때 즉, 삼위일체가 되었을 때 비로소 성공가능성이 크다.

PI는 기업 내부에서 수행하고 있는 업무활동부터 단순화, 표준화하는 작업이 요구되며 업무영역별 프로세스 정의가 필요하다. 정의된 프로세스가 물 흐르듯이 기업 내·외부에서 자동으로 흐를 수 있는 체계, 즉 시스템화가 되어야 한다. 시스템화란 말하지 않아도 기업 내부의 프로세스 실행이 내재화되는 것으로 모든 조직원은 업무수행을 위해 기본원칙과 절차를 준수하고 그 결과는 시스템으로 모니터링되는 것을 의미한다. 이를 위해서 상당수 기업들은 ERP를 PI 성공 수단으로 도입하고 있으며, 기업 내부에서 제도적으로 일하는 방식에 대한 기준과 원칙을 마련하여 전사관점의 거버넌스를 수립할 수 있다.

PI 3요소는 [그림 3 - 8]과 같으며 궁극적으로 비즈니스 통합이 실현되었을 때, 기업혁신이라는 목표달성이 가능해질 수 있다.

[그림 3-8] PI 삼위일체

>>> 4.2.2 PI 추진 전략

PI 프로젝트가 성공적으로 추진되기 위해서는 조직의 특성 또는 산업의 특성을 고려한 추진전략을 수립해야 한다. 본 장에서는 네 가지 추진전략을 제시하고자 한다.

[표 3-7] PI 추진전략

추진전략	전략 내용
(1) 혁신을 통해 달성할 수 있는 명확한 가치 및 실천적 Plan 제시	- 기업의 핵심과제를 선택 후 To-Be 설계, KPI 달성을 위한 프로세스 설계
(2) 실질적 Value를 도출할 수 있는 최적의 방법론	- 프로세스 중심의 정보기술, 조직, 문화, 제도를 개선할 수 있는 방법론
(3) 선진 사례 연구 활용 및 최강의 프로젝트 팀 구성 및 운영	- 동종 업계의 선진 사례 연구를 통한 프로젝트 Quality 향상 - 우수 컨설턴트 투입/현업 참여
(4) 변화관리를 통한 Sponsorship 확보	- 순차적 확산 방법(Cascading Approach - 없애고, 버리고, 바꾼다)

위의 전략들이 성공적으로 추진되기 위해서는 조직의 Top-Down 접근이 필요하다. 그 이유는 대부분의 조직원들은 새로운 변화에 대해 불편함을 느끼며 저항하는 것이 일반적이기 때문이다. 따라서 변화의 필요성을 상위그룹부터 인식하고 현장 조직원들까지 공감할 수 있는 접근방법이 필요하다. To-Be 프로세스에 대한 성과를 가시화하려면 사업부별 주요 프로세스 성과관리지표, 즉 KPI(Key Performance Indicator)를 설정하여 추진하는 것이 효과적이다. 즉 경영층의 강력한 스폰서십과 현장 참여가 병

행으로 추진될 필요가 있다. 또한 간과하지 말아야 할 것은 프로세스별 오너십 확보가 요구된다는 것이다. 프로세스별 오너십이 확립되면 해당 프로세스는 목표대로 개선되고 기업 내부에 정착화될 수 있기 때문이다.

4.3 PI 추진 단계

PI 추진 단계는 마스터플랜수립, PI 실행, 그리고 PI 실행 후 지속적인 개선을 통한 안정화의 세 단계로 이루어진다.

(1) 전략설정과 전략 구체화를 위한 마스터플랜 수립 단계

마스터플랜 단계는 ISP 추진과정과 유사하다. 현 기업 내부의 프로세스, 시스템, 조직체계 등의 현상분석을 실시하여 문제점을 도출하고 개선기회를 발굴한다. 개선기회 항목 중 가장 중요도와 우선순위가 높은 항목을 중심으로 혁신과제를 도출하고 과제에 대한 정량적인 성과관리를 위해, 전사적 지표 또는 과제별 KPI(Key Performance Indicator)를 설정한다. 다음 작업으로 마스터플랜 실행계획을 구체적으로 수립한 후, 조직원의 공감대 형성을 통해 기업의 전략과 목표달성을 위해 PI 추진의 필요성을 전임직원들에게 강조한다. 이때 마스터플랜 실행계획에는 PI 추진으로 영향을 미치는 프로세스 변화, 시스템 변화 및 조직변화 등이 포함되어 상위수준의 설계안이 제시되어야 한다.

(2) PI 실행단계

실행단계는 혁신과제가 달성될 수 있도록 상세 To-Be 프로세스를 설계하고 이를 ERP 시스템에 적용한 이후 사용자에게 오픈하는 과정으로 구성된다. 1단계에서 생성된 산출물과 실행계획에 따라 ERP 또는 기타 솔루션 등을 도입하고 To-Be 설계서를 기준으로 ERP 시스템에서 제공하는 표준프로세스와 매핑한 후, 이들 간의 갭 발생 영역을 도출한다. 갭의 유형은 프로세스, 조직설계 그리고 시스템 추가 개발 등으로 구분할 수 있다. 갭은 PI완성 때까지 지속적으로 관리되어야 하며 이에 대한 상세설계를 구체적으로 수행한다. 다음 과정으로 Legacy와 Interface 개발영

역, 데이터 이행 이후 시스템 테스트 그리고 운영 테스트가 실시되며 한편 현장에서는 사용자 교육이 이루어진다.

(3) PI 안정화 단계

안정화 단계는 2단계에서 구축한 시스템을 컷오버하는 단계로 새롭게 정의한 To - Be 프로세스와 신시스템 등이 빠른 안정화를 이루기 위해 현장 중심의 반복적인 교육을 실시해야 한다. 1, 2단계 시점에서는 현장의 사용자는 PI 추진에 무관심하곤 한다. 안정화 단계에서는 PI기반의 ERP 시스템을 사용해야 업무가 처리되기 때문에 시스템 및 새롭게 설계된 프로세스 교육이 반복적으로 이루어질 필요가 있다. 시스템 가동효율화를 위해 변경, 장애관리 및 운영관리에 심혈을 기울이는 단계이다. 또한, 1단계에서 설정한 핵심과제 및 성과지표에 대한 정량적 성과관리를 위해 목표 대비 실적을 모니터링할 수 있는 시스템, 즉 Dash Board를 설치하여 임직원들이 프로세스 준수 및 과제수행 결과를 공유하고 개선할 수 있도록 제반환경을 구축한다.

4.4 PI 추진방법

>>> 4.4.1 혁신과제 선정 방법

기업의 비전 및 목표달성에 걸림돌이 되고 있는 문제점을 개선하고 해결하려면 이를 드라이브할 수 있는 동인이 필요하다. 흔히 핵심과제 선정을 통해 PI를 추진하는 것도 이러한 이유 때문이다. 혁신과제 선정은 PI추진 1단계의 주요작업 중 하나이다. 과제선정 목적은 전사적 문제점들을 중점과제로 설정하여 To - Be 설계 및 구현 등의 기본방향으로 설정하는 데 있다. 혁신과제 선정과정은 경영층 중심의 Top - down 방식과 현장 실무자가 참여하는 Bottom - up 방식을 병행으로 취하며 이 과정에서 도출된 문제점을 그룹핑하여 개선기회 후보 군을 찾아낸다.

일반적으로 Top - Down 방식은 임원 워크숍 등을 통한 To - Be 방향 설정 및

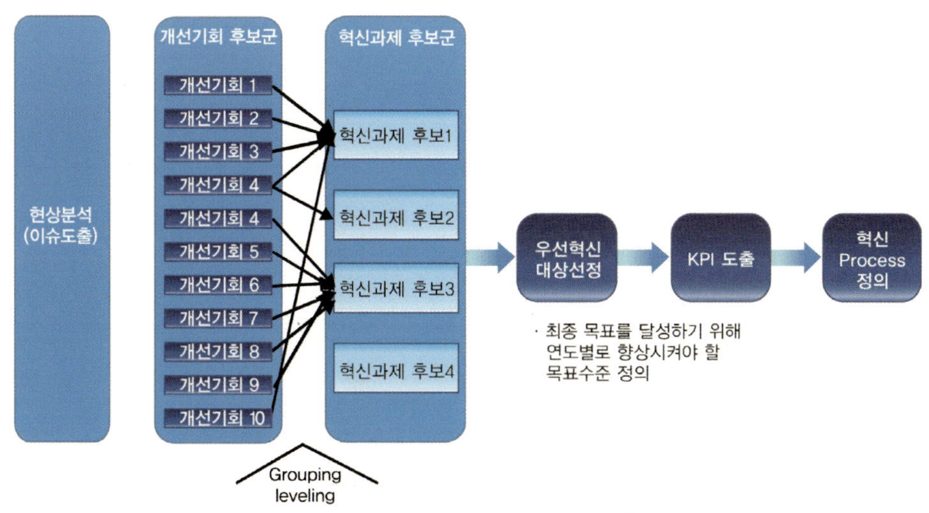

개선기회를 도출하는 것을 의미하며 Bottom-Up 방식은 실무자들의 As-Is 분석을 통해 이슈·개선기회를 도출하는 것을 말한다. 이 과정에서 개선기회 후보군을 선정하고 혁신과제 후보를 선별한다. 즉 혁신과제 후보군 중 우선대상 혁신과제를 선정하고, 각 과제별 목표달성의 기준을 수립하기 위해 KPI를 정의한다. 이때 각 과제별 정의된 프로세스는 변화관리의 중점 대상이 된다는 것을 기억하자.

[그림 3-9]는 혁신과제선정 과정을 각 현상분석에서부터 혁신대상 프로세스 정의작업까지를 표현한 그림이다.

PI 추진방법은 Top-Down 방식과 현행 업무와 시스템에 대한 분석으로부터 개선항목을 도출하는 Bottom-Up 방식의 균형 잡힌 접근으로 진행되었을 때 진정한 참여와 개선이 이루어질 수 있다. Top-Down 방식은 경영층에서 기업이 나아갈 방향을 확정하며 Bottom-Up 방식은 사용자 중심, 현장관점에서 개선사항을 정의하는 데 중점포인트를 둔다. 두 가지 방식이 혼합되었을 때 전사적인 공감대 형성이 용이해지는 것을 볼 수 있다. 과제설정 이후, 합리적인 실행을 위해서는 과제유형에 따라 구현의 용이성과 기대효과를 고려하여 우선순위를 선정하고 추진하는 것이 바람직하다.

〉〉〉 4.4.2 핵심프로세스 선정

기업경영은 세 가지 프로세스 유형으로 구성된다. 세 가지 유형의 프로세스는 기업 성장을 위해 매우 중요한 역할을 담당하는데 핵심프로세스, 지원프로세스, 인프라 프로세스가 여기에 해당된다. 일반적으로 PI설계 단계에서는 핵심프로세스가 가장 중요한 프로세스이다. 그 이유는 핵심프로세스는 기업에게 수익을 창출하게 하며, 고객에게 가치를 제공하는 일련의 작업들이 수행되기 때문이다. 핵심프로세스는 조직의 메가프로세스에 해당되며, 성공 요인과 연계하여 이를 달성하기 위한 관점과 파급효과를 고려하여 결정한다. 또한 핵심프로세스 선정시에는 전략적 요소, 고객에게 가장 큰 영향을 미치는 프로세스는 무엇이며 그리고 자원을 많이 사용하는 프로세스는 어떤 것들이 있는가에 집중해야 한다.

예를 들어 제조산업에서는 판매, 마케팅 영역의 프로세스가 핵심프로세스가 될 수 있으며 IT 산업에서는 프로젝트와 관련된 프로세스가 메가프로세스가 될 수 있다. 그러나 지원프로세스가 핵심프로세스를 제대로 뒷받침해 주지 못할 경우, 핵심프로세스가 지향하려는 기대효과를 달성하는 것은 어렵다. 따라서 일반적으로 PI를

[그림 3-10] 핵심 프로세스 대상 및 선정

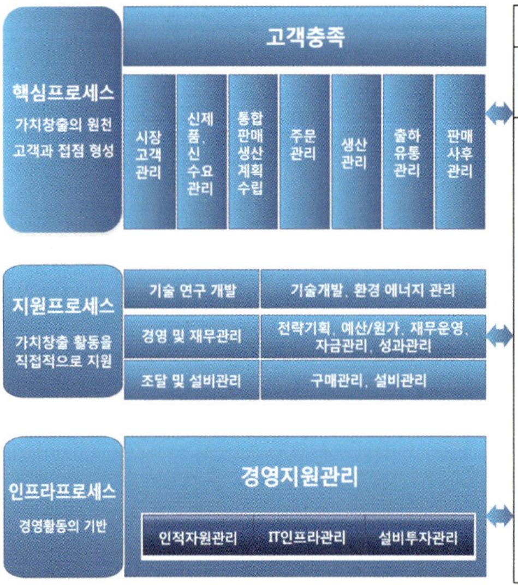

Process Level			고객지향적판매/생산/구매연동체제구축	고객관계관리체계확립	원/부자재관리프로세스고도화	물류프로세스최적화	통합설비관리프로세스구축	상품관리프로세스정립	전사통합경영계획체계구축
Level1	Level2	Level3							
영업	계획관리	연간판매계획관리						●	●
		월간실행계획관리						●	●
		계획대비실적관리						●	●
	영업기준정보관리	고객정보관리							
		단가정보관리							
		운영항목관리							
	여신관리	담보관리	●					●	●
		여신운영관리	●					●	●
		부실채권관리							●
	수주관리	수요예측관리							
		상품관리	●	●	●			●	
		주문관리	●	●	●	●			
		견적관리							
		계약관리							
	출하관리	출하관리	●	●		●		●	
		배선관리	●	●	●	●		●	
		출하(배선)진행정보	●	●		●		●	

추진할 경우, 지원프로세스를 포함하여 혁신을 추진하는 사례가 많다. 그 이유는 리딩프로세스인 핵심프로세스를 후선에서 적시에 정확히 지원하는 프로세스가 존재할 경우, 비로소 핵심프로세스의 가치창출이 가능하기 때문이다. [그림 3 - 10]은 세 가지 유형의 프로세스를 제시하였으며 그중 핵심프로세스 선정방법을 제시하였다.

〉〉〉 4.4.3 KPI 설정과 ERP 간의 관계

기업에서 PI를 추진할 때, 혁신대상의 프로세스를 선정, 설계하는 것도 중요하나 이를 정량적으로 관리하며 전사 차원에서 경영성과와 연계하여 과제를 측정하는 것도 매우 중요하다. KPI는 경영혁신의 목적 및 목표달성을 관리하는 데 중요한 요인이며 프로세스를 지속적으로 모니터링하고 목표치 대비 부족분에 대해 개선하는 성과관리 지표이다.

KPI 설정과정은 [표 3 - 8]과 같이 네 단계로 구분할 수 있다. 1단계는 선진기업에서 관리하는 KPI 목표치를 정의하고 As - Is 지표를 참조한다. 이 과정에서 만들어진 KPI 풀은 목표치를 설정하는 기준이 된다. 2단계는 프로세스별로 KPI를 정의하는 단계이다. 즉 프로세스별 성과측정 기준을 KPI로 정의하여 3단계에서 작업할 과제별 KPI를 설정하도록 지원하는 것이다. 3단계는 혁신과제별 KPI를 설정하는 과정으로 과제에 대한 성과관리를 구체적으로 수행할 수 있다. 마지막 단계는 경영전략과 관련된 KPI를 설정하는 과정으로 1, 2, 3단계에서 분류한 KPI를 기초로 하여 장기적으로 관리해야 할 전사관점의 KPI를 설정한다.

[표 3-8] KPI 설정단계

단계	구분	KPI 분류	설명
4단계	경영전략 KPI로 정의	경영전략 KPI	전사 KPI로서 장기적으로 관리되어야 함
3단계	프로젝트 KPI	경영혁신 KPI (과제별 KPI)	프로젝트 추진팀에서 중점 관리할 만한 중요한 지표로서 혁신 KPI에 표시됨
2단계	프로세스별 KPI 제시	프로세스별 KPI List	Process상에 위치한 KPI로서 고려할 만한 지표들
1단계	기존관리지표	KPI pool(Best Practice, 기존지표 등)	

[그림 3-11] PI 과제와 ERP KPI 간의 관계

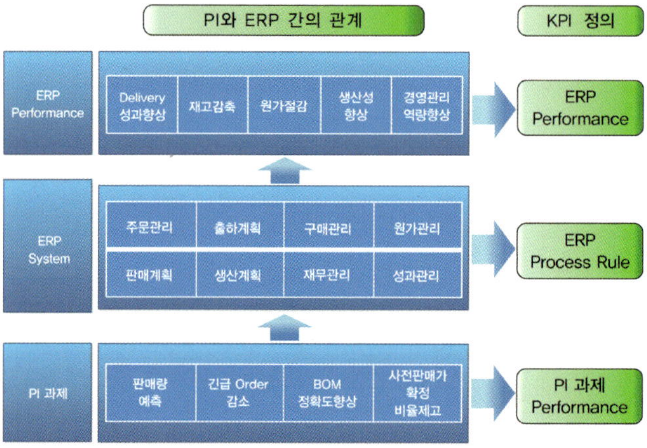

PI 1단계에서 설정한 과제와 KPI는 2단계 ERP 시스템 구축 과정에서 상세 To-Be 프로세스를 설계할 때 주요한 역할을 담당한다. KPI 달성에 필요로 하는 프로세스가 정의되고 기준이 확립되는 역할이다. 따라서 ERP 시스템이 오픈되고 업무가 수행되면 PI에서 설정한 과제는 성과로 나타나게 된다. 즉, PI과제는 프로세스로 정의되고 ERP 시스템 내부에 녹아들어 업무를 처리하는 기능을 제공한다. 결국 그 기능이 제대로 처리되는가에 따라 PI성과(ERP성과)로 나타나는 것이다. [그림 3-11]과 같이 PI와 ERP 구축은 상호 긴밀하게 연계되어 있다.

>>> 4.4.4 오너십 역할의 중요성

PI를 성공적으로 추진하려면 조직원들의 책임과 역할이 필수적으로 수반되어야 한다. 특히 혁신과제가 성과로 나타나기 위해서는 여러 부문별 프로세스가 상호작용을 하기 때문에 과제에 대한 오너십이 반드시 뒷받침되어야 한다. 오너십은 챔피언십이라고도 표현하는데 일반적으로 기업의 임원 및 부/실장 직급의 책임자가 과제별 오너로 선정되는 경향이 있다. 그들의 주요역할은 다음과 같다.

(1) 과제해결을 위해 핵심과제를 명확히 하고 기능부서 간 이기주의를 해결하면서 현업의 적극적 참여를 유도한다. 또한 과제수행을 담당할 프로젝트 팀 오너를 선정하고, 주기적으로 과제실행상황을 과제오너에게 보고할 수 있는 체제정립이

필요하다.

(2) 과제별 성과지표를 통하여 PI 운영성과 및 혁신과제의 달성 여부를 측정하고 관리하여, 현업 프로세스 오너 중심으로 프로젝트 팀을 구성한다. PI 프로젝트 팀은 PI 프로젝트 리딩 및 조정 역할을 수행하도록 한다.

PI 추진과정에서 오너십을 갖는다는 것은 전사참여를 유도하고, PI 과제를 수행하는 데 책임을 담당한다는 의미로, 그 역할이 매우 중요하다. 이와 같은 과제 오너십을 제대로 이행하려면, 리더십을 겸비하고, 추진력과 책임감이 강한 임원급이 참여해야 효과적이며 조직원들을 배려할 수 있는 자질을 갖춘 사람이어야 한다. 즉 프로세스가 혁신할 수 있도록 조직원들에게 당근과 채찍을 줄 수 있는 역량이 요구된다는 뜻이다. 따라서 과제오너 역할의 중요성을 고려하여 이에 적합한 책임자를 선정하는 것은 성공적인 PI 수행에 중요한 요소로 작용한다는 것을 잊지 말아야 할 것이다.

>>> 4.4.5 PI 프로젝트 관리방법

PI 성공 요인 중 하나는 프로젝트 관리이다. 프로젝트가 순탄하게 추진되기 위해서는 과학적이고 정교한 프로젝트관리가 요구된다. 이를 위해 현장의 프로젝트 관리자는

[그림 3-12] PI 프로젝트 관리방법

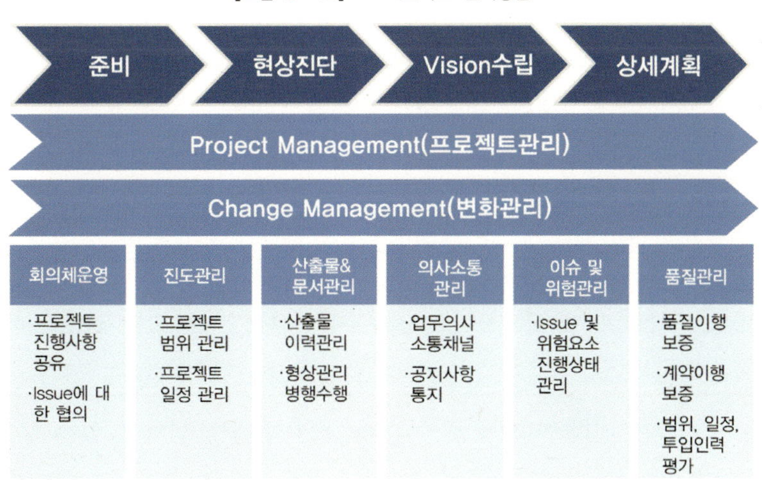

강력한 리더십과 PI에 대한 역량을 가진 현업 PM 및 컨설턴트 PM이 투입되어야 한다. 무엇보다 해당 기업에 특화된 PI 방법론을 준비하여 체계적이고 통합적인 프로젝트 관리가 필요하다. 특히 해당 기업문화의 특성을 고려한 테일러링된 PI 방법론을 선택하고 이를 기반으로 프로젝트가 관리된다면 보다 PI 성과를 극대화할 수 있을 것이다.

PI 추진 프로젝트 관리범위는 PMBOK(Project Management Body of Knowledge)의 관리범위와 매우 유사하다. 그러나 대규모 PI 프로젝트가 추진되는 경우, 특히 의사소통, 정보공유, 위험 및 이슈관리, 품질관리는 효율적인 PI 프로젝트 수행을 위해 핵심관리 포인트가 될 수 있다. PI를 추진하는 과정에서 상당수의 프로젝트팀원들은 회의하는데 약 70~80% 시간을 투자 하는 경향이 있다. 또한 PI에 참여하는 대부분 사람들은 프로젝트 관리의 중요성을 인식하지 못하는 경우가 많다. 그러므로 PI를 수행하는 PM(Project Manager)의 역량은 PI 성공과도 직결된다고 해도 과언이 아닐 것이다.

4.5 PI 변화관리

PI 성공 요인 중 가장 중요한 요소 중 하나는 바로 변화관리이다. 일반적으로 PI를 추진하는 동안 새로운 변화와 혁신으로 인해 기업 내·외부의 다양한 계층 간의 갈등과 저항이 발생된다. 대표적인 변화는 업무수행 방법의 변경, 조직체계의 변화를 들 수 있다. 이를 지원하는 시스템마저도 전면 개편이 이루어지는 경우가 종종 발생한다. 이러한 변화로 인하여 내부 조직원뿐 아니라 외부 고객, 공급사 역시 새로운 업무프로세스, 시스템을 사용하는 데 있어 거부감을 갖게 될 수 있다. 변화에 따른 저항과 거부감을 줄이고 업무수행에 따른 영향도를 최소화시키기 위해서 변화관리 활동은 PI 성패를 좌우할 만큼 매우 중요한 활동으로 인식해야 한다.

대부분 사람들은 변화관리활동을 어떻게 하면 현재 직면하고 있는 문제점을 해결할 수 있는지를 정확히 이해하지 못하는 경향이 있다. 특히 이제까지 경험하지

못한 업무혁신, 신규시스템 구축, 새로운 프로세스 등을 도입하는 경우, 그 어려움
이 더욱 크다. 기존에 대대적인 변화를 경험하지 못한 기업의 경우, 면역력이 약할
수밖에 없기 때문이다. 변화관리활동은 바로 이러한 신규 작업을 제대로 이해하고
그 작업들이 적절하게 현장에 반영될 수 있도록 임직원들의 생각과 일하는 방법을
이해하고 마음속에서 새로운 변화를 수용하도록 기회를 제공하기 때문에 매우 중
요한 작업이 아닐 수 없다.

>>> 4.5.1 변화관리 접근방법

변화관리는 크게 두 가지 영역으로 구분하여 전개할 수 있다.

첫 번째 방법은 내부조직원의 변화관리 방법의 일환으로 To-Be 프로세스, 신시
스템을 적응할 수 있도록 조직원들의 마인드를 변화시키는 활동이다. 마인드를 변
화시키기 위해 먼저 조직문화를 진단하고 조직변화에 필요한 요구사항을 도출한다.
이와 같은 분석결과를 토대로 프로세스 변화에 따른 조직재설계, 경영층의 컨센서
스를 도출하며 새로운 프로세스 중심의 To-Be조직 셋업 및 To-Be 프로세스, 신
시스템, 신조직의 통합운영 등에 필요한 사항들을 변화의 항목으로 선정하여 임직
원들에게 공유, 홍보 및 교육 등의 활동을 반복적으로 수행한다. 이때 사용자관점
에 따라 교육 프로그램을 운영하고 필요 시 e-learning을 통해 교육이 이루어진다
면 보다 효과적일 수 있다.

두 번째 방법은 외부 이해관계자들의 Soft Landing을 실시하는 것이다. 그 대상
은 공급사, 협력사, 고객 및 운송사 등이 될 수 있다. 주요 접근방법은 외부 이해
관계자와 커뮤니케이션 전개, To-Be 모습에 대해 설명회 또는 공청회 실시 확대,
공급 사 및 고객사 신시스템 운영방안 설명회 및 교육 그리고 국내 지역별 순회교
육실시와 해외 신시스템 운영 매뉴얼의 Web 제공 등의 활동이 있다.

전사적으로 추진하는 PI 프로젝트의 경우, 변화관리 방법은 Top-Down, Bottom-
up 방식을 조합하여 실시하며 현장 중심의 참여도가 높은 경우, PI는 이미 성공했
음을 짐작할 수 있다. 변화관리를 효과적으로 수행하려면 우선 변화관리팀이 발족되
고, 경영층의 PI에 대한 전적인 동의 및 지원을 토대로 조직 내 계층별로 단계적인

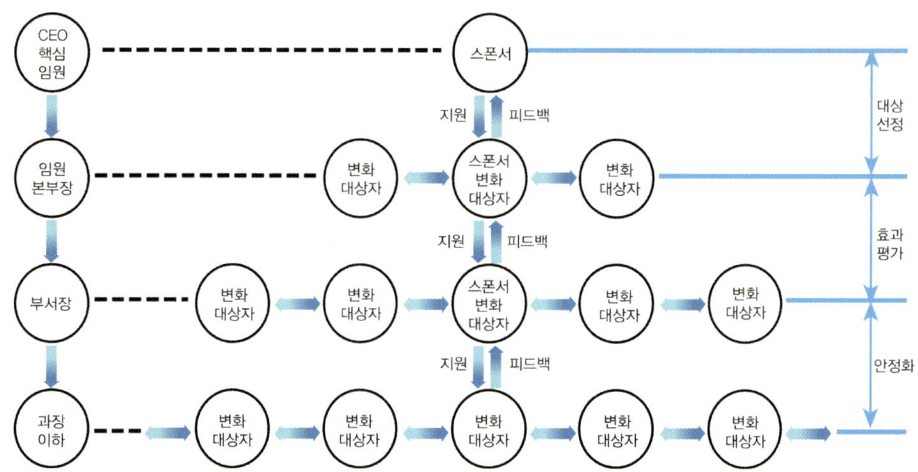

변화확산을 유도해야 한다. 이것이 Top - Down 변화관리 방법이다. Bottom - Up 방식은 변화를 전파하고 확산하는 과정에서 메시지가 희석 되거나, 왜곡되는 것을 막기 위해 전사적 공감대 형성, 참여, 지지를 유도해야 한다. Bottom - Up 방식은 Top - Down 방식과 달리 전달과정에서 핵심 부분에 대한 메시지 희석 또는 왜곡을 막기 위해 현장조직원들의 참여를 유도하는 방식이다.

즉 변화관리는 [그림 3 - 13]과 같이 Cascading 방식(폭포수)으로 접근하여 현장에서 자발적으로 참여하는 방식으로 이루어진다면 효과는 극대화될 것이다. 이 방법은 변화대상이 많거나 조직원의 수가 많을 경우 효과적이며, 전사참여를 유도하는 데 적합하다. 사용자의 마음을 움직이는 사람은 사장도, 사업부장도 아닌 바로 소속된 팀의 팀장으로서 이 사람이 변화를 유도하게 된다.

>>> 4.5.2 변화관리 주요 활동

성공적인 변화관리의 핵심은 개인의 능력보다는 개인의 의지이다. 개인의지에 관련된 변화관리의 주요 활동 영역은 커뮤니케이션, 교육제도 그리고 조직의 문화이다. [표 3 - 9]는 변화관리 4영역의 주요 활동을 세부적으로 설명한 표이다.

변화관리 주요 활동	주요 활동 내역
커뮤니케이션	-변화요원 네트워크 구성 및 관리 -이해관계자 니즈 분석 및 지원 -two-way 커뮤니케이션 및 피드백 -매스 커뮤니케이션
교육	-변화 skill 개발 -리더십 교육 -사용자 교육(ERP, SCP 등)
조직설계	-역량/스킬 개발 -Work group 설계 -보고 및 의사결정 체계 정립 -성과 관리 시스템 설계
문화	-As-Is 문화 상세분석 -To-Be 문화 설계 -To-Be 문화 전파 및 구축

변화관리는 PI 추진 단계별 4개 영역의 주요 활동들로 구성되었음을 볼 수 있다. 위와 같은 변화관리활동이 추진되기 위해서 조직은 변화관리팀 또는 책임자를 선임하고 각 단계별 변화관리 항목을 선정한 이후, 변화관리 대상을 선별한다. 놓치지 말아야 할 것은 각 단계 주요 변화관리에 대한 변화관리 계획수립 및 저항도를 낮출 수 있는 전략이 기획되어야 한다는 것이다. 또한 변화관리 활동 이후 변화관리성과 또는 효과분석은 프로젝트 각 단계의 완성도를 높이는 데 매우 중요한 작업이 될 것이다.

4.5 PI 성공제언

성공적인 PI 프로젝트가 추진되려면 임직원의 적극적인 참여가 필요하다. 구축이후 성과관리를 위해서는 PI 초기단계에서 설정한 과제달성의 여부를 지속적으로 모니터링하고 KPI 목표치를 개선해야 한다. [그림 3-14]는 PI 성공 요인과 PI시사점을 제시하였다. 결국 PI 성공은 고객중심의 프로세스 정착과 기업 및 주주가치 실현을 가능하게 할 것이다.

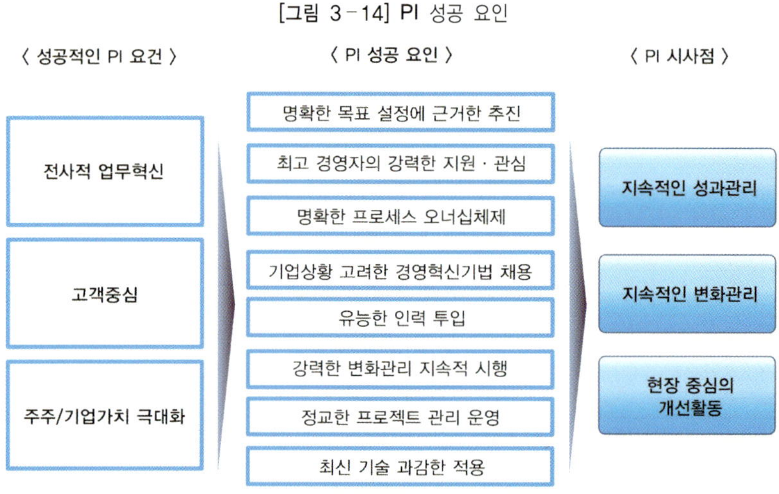

[그림 3-14] PI 성공 요인

2007년 엑센츄어 보고분석에 따르면, ERP 구축 이후 성과레벨 상관관계 연구에서 PI 추진범위에 따라 ERP 성과수준의 차이가 발생하였다. 이 의미는 기존 PI의 한계를 극복하기 위해 IT를 경영혁신의 Enabler로 활용하려는 시도가 많았다. 그러나 개별 기업의 PI 추진방법에 따라 각기 다른 성과를 보이고 있다는 점이다. 조사기업 중 ERP Go-Live이전에 PI 및 변화관리를 수행하였다면 약 70% PI 성과를 달성하였으며 변화관리를 수행하지 않은 나머지 30% 기업들은 약 60% 이하가 성과 미달로 나타났다. 즉 PI 추진시 변화관리가 지속적으로 수행된 기업과 그렇지 못한 기업 간의 성과 차이는 시간이 흐를수록 현저한 차이가 나타났음을 위의 조사결과를 통해 알 수 있다.

아래 수식은 PI 성과를 나타낸 것으로 저자의 경험상 PI 성과는 혁신적인 프로세스와 이를 뒷받침해주는 ERP와 같은 시스템이 통합되어 프로젝트가 추진되고 그 과정에서 지속적인 변화관리가 수행되었을 때 성과를 기대할 수 있다고 본다. 즉 조직원들의 마인드변화가 함께 이루어졌을 때 기업이 추구하는 궁극적인 PI 성과를 달성할 수 있다는 뜻이다.

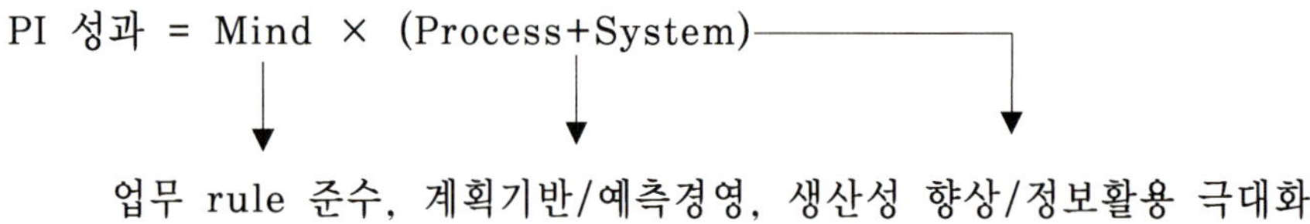

$$PI\ 성과 = Mind \times (Process+System)$$

업무 rule 준수, 계획기반/예측경영, 생산성 향상/정보활용 극대화

⑤ 6시그마

6시그마 경영혁신 전략은 1987년 모토로라사에 근무하던 마이클 해리에 의해 처음 창안되었다. 마이클 해리는 어떻게 하면 생산한 제품의 품질을 획기적으로 향상시킬 수 있는가에 대해 고민하던 중 통계적 기법을 활용하여 6시그마를 고안한 것이다. 그 이후, General Electric(GE)사가 6시그마 기법을 적극적으로 도입하여 획기적인 성과를 거둔 이후 소니, Texas Instruments 등 세계적인 초우량 기업들이 도입함으로써 전 세계에 널리 알려져 관심이 집중되어 왔다.

국내에서도 1996년 삼성 SDI, LG전자, 현대자동차, 포스코 등이 6시그마 전담팀을 구성하여 도입을 본격화하였다. 이처럼 국내·해외에서 6시그마가 각광을 받게 된 주요 이유는 6시그마는 통계적 품질관리 기법을 토대로 각종 경영혁신 기법과 접목되어 만들어졌기 때문이다.

즉 현장의 무결함운동, BPR, 고객만족 및 지식경영 등과 같은 기존 혁신활동은 대부분 6시그마 경영에 통합되어 운영되고 있다는 뜻이다. 6시그마와 기타 경영혁신 기법들이 조합되어 추진되고 있는 대표적인 이유는 6시그마의 무결함 운동을 통해 제품 또는 서비스의 품질을 관리하고 개선하는 동시에 BPR, PI 등을 통해 서비스나 제품의 불량 또는 품질을 저하시키는 근본원인을 찾아내어 개선할 수 있기 때문이다.

5.1 6시그마 경영이란?

>>> 5.1.1 6시그마 개념

6시그마란 100만 개당 3.4개 미만의 불량률을 목표로 하는 품질관리 운동이며 경영혁신 활동이다. 또한 품질의 척도이자 프로세스의 수준을 평가하기 위해 통계적으로 도출한 숫자이다. 척도란 합리적인 목표이며 기업 문화의 한 요소라 정의할 수 있다. 6시그마 경영이란 통계척도를 이용하여 모든 제품, 서비스 품질수준을 정량적으로 평가하고 문제해결 과정 등을 효율적으로 조성하여 기업의 성과를 획기적으로 향상시키는 경영혁신 방법으로 알려져 있다. 이 방법은 철저하게 고객관점의 핵심품질요소(CTQ: Critical to Quality)를 설정하고 해결하는 데 초점을 두고 있다.

과거의 6시그마 활동은 제조현장의 품질개선활동의 일환으로 한정되었으나 최근에는 R&D, 마케팅, 경영프로세스 전반을 대상으로 적용되고 있다. 이러한 6시그마가 가진 주요 목표는 아래와 같다.

- 고객관점에서 사고하여 결함 발생가능성을 사전에 제거함
- 프로세스 질의 획기적 향상 및 이를 통한 새로운 사업기회를 창출함
- 고객에게 가치 있는 제품, 서비스를 제공하여 기업의 수익성을 극대화

>>> 5.1.2 6시그마적 사고

두 사람이 각각 같은 업무를 수행할 경우, "어떤 사람은 5초 안에 업무를 끝내는가 하면, 다른 사람은 왜 20초가 걸리는가?" 전통적인 업무수행 방식은 필요와 요구사항을 해결하기 위해 일을 수행하고 그에 따른 결과를 획득하는 검사 중심의 정성적 관리방식을 채택하였다. 6시그마적 사고란 점검 중심의 사고방식에서 진화하여 데이터를 통해 프로세스를 개선하는 정량적인 혁신방법이다. 해당 프로세스를 개선하는 접근방법은 다양한 분석도구와 기법을 통해 프로세스를 관리하는 것이다. 즉 데이터를 기초로 하여 프로세스를 통제 및 개선하는 방법이다.

[그림 3-15] 6시그마의 사고

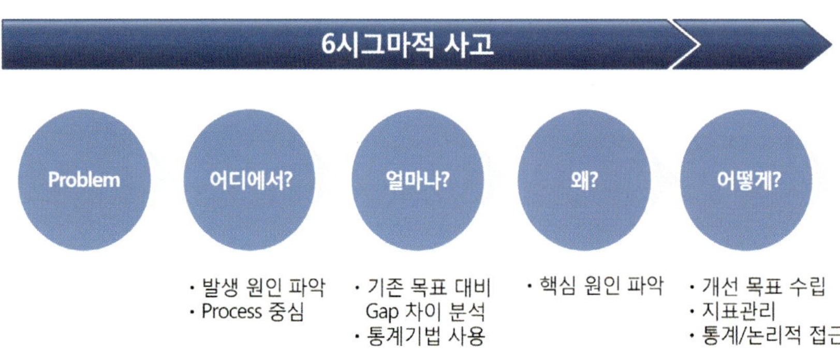

6시그마적 사고와 일반적인 사고를 비교할 경우, 대표적인 차이점은 문제해결 접근방법에 있다. 즉 문제 발생 부위가 어느 프로세스에서 존재하는가? 프로세스가 목표로 하는 기준과 실행 후 결과 간의 차이가 왜 발생하는가? 그 차이의 원인을 데이터를 통해 분석하는 방법이다. 따라서 6시그마적 사고는 단편적인 문제해결에서 벗어나 프로세스상에서 발생되는 문제들의 원인을 파악할 수 있기 때문에 근본적인 문제해결이 가능하다. 또한 기업전략과 연계하여 작업의 생산성과 효율성을 높일 수 있을 뿐 아니라 수익성 향상에 대안을 제공할 수 있는 과학적인 경영활동이다.

5.2 6시그마 추진방법

6시그마는 조직개선을 위해 임의적인 방법이 아닌, 연관성 있는 접근방법을 사용한다. 그 대표적인 방법론이 DMAIC와 DFSS(DMADV)가 있다. DMAIC는 GE에서 완성한 6시그마 추진방법론으로 오늘날 일반적으로 활용하고 있는 방법론이며 프로세스 개선만으로 문제를 해결할 경우 다섯 단계의 DMAIC의 방법론을 사용한다. 핵심품질요소(CTQ)를 파악하고 기존의 시스템을 재설계할 필요가 있을 경우 설계와 검증단계를 거치는 DFSS 방법을 적용한다.

>>> 5.2.1 DFSS 방법

DFSS(Design for six Sigma)는 신제품을 개발하거나 새로운 프로세스를 설계할 때 사용하는 6시그마 방법론이다. 추진과정은 '핵심 품질요소 산출', '핵심 프로세스 도출', '프로세스 측정, 분석, 개선, 통제' 등의 세 단계로 추진된다. 즉 고객 중심의 품질요소를 도출하여 각 요소와 관련된 프로세스를 파악하고 해당 프로세스의 문제점을 정의한 후, 프로세스를 보다 세밀하게 분석하여 개선하는 6시그마 방법론이다. 즉, 6시그마 수준의 품질을 갖는 상품 및 프로세스를 설계하는 방법론으로 연구개발과 기술개발을 위해 사용된다.

다음 표는 DFSS 방법론의 각 단계별 추진방법을 제시하였으며 각 단계의 특징
을 비고란에 제시하였다.

[표 3-10] DFSS의 추진 단계

단계	추진 방법	비고
1. 핵심품질 요소 산출	− 고객이 누구인가? 내부 또는 외부인가 − 고객에게 무엇을 제공할 것인가 − 고객이 무엇을 가장 중요시하는가	고객입장에서 기업경영 활동을 재조명함
2. 핵심 프로세스 도출	− 제품, 서비스 품질에 가장 큰 영향을 미치는 내부프로세스는 무엇인가 − 프로세스상에서 결함이 발생하는 곳은 어디인가	CTQ를 좌우하는 프로세스 도출
3. 프로세스 측정, 분석, 개선, 통제	− 결함이 발생하는 빈도는 어느 정도인가 − 결함이 발생하는 시간과 장소는 어디인가 − 프로세스를 어떻게 개선할 것인가 − 프로세스를 어떻게 안정화할 것인가	결함원인을 찾고 개선 활동 수행

[참조]: 배영일. "6시그마 경영의 이해와 실천". 삼성경제연구소. 2002. 제349호.

>>> 5.2.2 DMAIC 방법론

DMAIC(Design Measure Analyiai Improve Control)는 정의, 측정, 분석, 해결, 그
리고 통제 다섯 단계로 구성된다. 정의와 측정단계는 핵심프로세스를 정의하는 단
계로 고객의 만족도와 프로세스 효율화에 영향을 미치는 중요도가 높은 개선대상
의 프로세스를 정의한다. 분석, 개선 및 관리단계는 문제의 원인을 파악하여 초기
설정한 KPI 목표치에 도달하기 위해 프로세스 개선활동을 수행한다. 각 단계의 활
동은 별개로 운영되는 것이 아닌 이전단계가 다음단계의 기초자료 또는 기준이 되
는 상호연관성을 가지고 있다. 각 단계는 반복사이클에 따라 움직이며 지속적인
개선활동을 통해 프로세스가 최적화될 수 있다. [표 3-11]은 DMAIC 단계별 주요
활동을 제시한 것이다.

단계	추진 방법
1. 정의(Definition)	프로젝트 요건을 정의하고 문제를 이해
2. 측정(Measurement)	데이터 측정 후 문제의 실제현상 및 수준을 파악
3. 분석(Analysis)	문제의 원인을 분석
4. 개선(Improvement)	문제의 원인을 해결하고 최적의 해를 도출
5. 관리 (Control)	개선내용 정착을 위해 현장 중심의 사후관리를 실시

[그림 3-16]은 DMAIC 방법론 각 단계별 주요 활동에 따라 수행할 중점항목을 정의한 것이다. 정의와 측정단계에서는 개선대상이 되는 프로세스를 선정하며 분석, 개선 및 관리단계에서는 프로세스상에서 발생되는 문제와 그에 따른 원인 등을 근본적으로 개선하는 활동이 전개된다. 각 단계별 키워드는 주요 활동에서 다루어야 할 중점관리 포인트이다.

[그림 3-16] DMAIC 단계별 주요 활동

	도 입 단 계				확 산 단 계
단계	정의 (Definition)	측정 (Measurement)	분석 (Analysis)	개선 (Improvement)	관리 (Control)
주요 내용	고객요구 사항 파악 및 프로젝트 목표정의 프로세스 정의 과정임 →	현수준 파악 잠재원인 파악	수집된 데이터를 근거로 문제 근원확인 프로세스상 문제/원인/수정 프로세스 능력향상	최적의 프로세스 개선안과 문제 해결점 도출	개선결과의 문서화 및 유지계획 수립 관리도 이용하여 프로세스 안정화
주요 활동	· 프로젝트선정 · 프로젝트정의 · 프로젝트승인	· 성과분석을 위한 Y-X분석 · 서비스 결함 정의, 측정	· 데이터수집 · 통계적분석 · 핵심인자(X) 도출	· 개선안 수립 · 최적화 · 개선결과 검증	· 관리계획작성 · 관리계획실행 · 프로젝트완료
키워드	· 개선사항선정 · 과제범위확정 · 부문별 과제 지표선정 및 책임부여	· 고객만족도 · 사이클타임 · 서비스불량 → 제조부문: 반복적 서비스영역: 적합성 측정이 필요	통계적 분석을 통해 Y인자에 영향을 주는 핵심 인자 선별	· 성과지표(Y) 목표달성을 위해 X의 개선안 도출단계 · 방법:인터뷰, 경쟁사분석, 창의적 발상 등	· 개선결과 유지/관리 · 현장 정착필요 및 · 개선효과 확보필요 · 제조영역에서는 성과지표(Y)와 핵심지표(X)관리 위해 관리도를 사용함

[참조]: 노재범 외 2인, 6시그마, 삼성경제연구소, 2007.

5.3 IT와 6시그마의 연계

6시그마 기법은 IT 조직들에게 비즈니스의 개념을 강화하기 위해 'IT를 비즈니스와 어떻게 접목할 수 있는가'에 대한 도움을 준다. 최근 IT 서비스 수준향상을 위해서 IT 서비스 제공업체와 고객사가 함께 CMMI 또는 ITIL을 도입하는 경우가 증가하고 있다. IT 분야의 개발 및 운영 프로세스 혁신도구는 CMMI 또는 ITIL이기 때문인데 이들의 도입효과를 높이기 위하여 6시그마를 함께 접목하면 정량적 프로세스 개선 및 관리체계를 효율적으로 수립할 수 있다.

>>> 5.3.1 6시그마와 PI 비교

프로세스를 혁신하기 위해서 "PI가 우선인가, 6시그마가 우선인가"는 기업의 전략, 상황에 따라 선택할 수 있다. 그러나 기업의 지속적인 혁신을 도모하기 위해서는 핵심프로세스에 집중하면서 이를 6시그마적 기법을 활용한 데이터 중심의 프로세스 개선이 이루어진다면 보다 효과적일 수 있다. 즉 프로세스상의 문제분석 및 성과를 효과적으로 평가하기 위해서 평가결과에 대해 보다 객관적이고 타당성이 입증된 데이터가 필요하기 때문이다. 따라서 기업의 성숙도 수준이 낮은 경우, 6시그마 도입은 기대한 만큼 결과를 얻기 어려울 수 있다.

그렇다면 6시그마와 PI는 어떤 차이가 존재하는가? 6시그마는 기업의 전략적 경쟁우위를 달성하기 위해, 통계적 관리 기법을 사용하여 핵심프로세스에 대한 품질편차 즉, 낭비요인들을 제거하는 기업 차원의 변화관리 활동이다. 반면, PI는 고객가치 및 주주가치 극대화를 위해 저부가가치의 업무를 과감히 재설계하고 기업의 성과 확보를 위해 조직, 프로세스 및 시스템의 혁신을 도모하는 경영혁신 활동이다.

[그림 3-17] PI와 6시그마 비교

6시그마와 PI를 비교할 경우 공통점은 프로세스 혁신과 프로세스 개선에 초점을 두고 있다는 점을 들 수 있다. 차이점은 6시그마는 전사 차원에서 주요프로세스를 개선하는 과정에서 통계적 기법을 적용하는 반면 PI는 6시그마 통계적 기법보다는 사전 KPI 목표 설정과 실적 간의 갭을 줄이기 위해 프로세스상의 변화관리를 통해 프로세스 혁신을 도모한다는 특징이 있다. 즉 6시그마가 정량적인 관리라면 PI는 설정된 KPI의 정량적 관리와 정성적 관리를 통한 프로세스 개선이 될 것이다.

>>> 5.3.2 6시그마와 CMMI 비교

CMMI는 전사적 소프트웨어 개발 프로세스의 품질을 개선하는 조직차원의 프로세스 혁신활동이다. 반면, 6시그마는 프로세스 문제를 해결하기 위한 방법을 제공하는 데 초점을 둔다. 물론 문제해결을 위해 통계적 기법이 적용된다. 두 기법 모두 프로세스에 기반을 두고 있다. 프로세스 품질 확보를 위해 개념적으로 6시그마와 CMMI 간의 어떤 차이점이 존재하는가 알아보자.

CMMI는 소프트웨어 프로세스 개선에 필요한 요구사항을 확인하고, 6시그마의 방법 및 기술을 조직적으로 적용하기 위한 기반을 제공한다. 반면, 6시그마는 정량적인 프로세스 관리뿐 아니라 더불어 발생한 문제에 대한 원인을 상세히 분석할 수 있는 데이터를 제공한다는 점에서 CMMI와 6시그마는 상호 보완적 관계를 가지고 있다. 따라서 CMMI Level 4 혹은 Level 5를 적용할 경우, 정량적인 데이터 관리를 위해 6시그마를 함께 적용한다면 프로세스상의 문제점을 보다 객관적으로 분석하여 개선을 할 수 있는 장점이 있다.

[표 3-12] 6시그마와 CMMI 비교

구분	CMMI	6시그마
의미	기본적으로 무엇을 수행하는가를 기술함	수행작업을 좀 더 목적에 적합하고 효율적으로 개선하기 위한 방법론과 도구를 제공함
철학	프로세스관리와 품질개선의 사상을 적용	CMMI에서 제시한 목적과 프랙티스의 수행수준의 깊이와 품질을 향상하기 위한 수단 제공
특징	레벨 2, 3은 프로세스 정립하고 데이터 수집대상 (측정지표) 정의, 정량적 관리를 위한 기반 준비함 레벨 4는 정량적 측정모형을 이용하여 프로세스 변동 이상 원인을 제거, 관리함 레벨 5는 결함예방활동수행, 지속적 개선, 프로세스 능력을 향상시킴	레벨 4, 5단계에서 DMAIC 방법론과 도구가 기여할 수 있음. 문제를 정의하고 근본원인을 분석, 해결책을 도출함 품질관리, 정량적 프로세스관리, 결함방지, 변화 관리 등 CMMI 요구사항을 제공함
초점	프로세스, 측정	문제해결 접근

>>> 5.3.3 ITSM과 6시그마 관계

최근 정보시스템 운영은 경영지향적이고 서비스적 관점에 입각하여 체계적으로 접근하는 방향으로 전개되고 있다. 여기서 서비스란 프로세스, 인력, 정보, 기술 등을 효과적으로 통합하고 효율적으로 관리할 수 있는 관점에서 IT 서비스 개념을 말한다. IT 서비스란 IT 역량을 이용하여 비즈니스 요건에 맞게 정확한 서비스를 제공하는 것으로 IT와 비즈니스를 연결해 주는 수단이다.

IT 서비스 관리는 최적의 비용으로 고객과 합의한 서비스 품질을 제공하는 IT 운영관리 체계이며 ITSM은 이를 지원하는 도구로 사용된다. ITSM의 기본모델은 표준화된 IT 서비스 항목, 이를 수용할 수 있는 SLA 협약서, 고객과 IT 서비스를 제공하는 업체 상호 간의 명확한 역할 정의, 상호 역할 이행과 불이행에 따른 보상, 페널티체계 등을 담고 있으며 이를 평가할 수 있는 관리지표를 정의함으로써 가시적인 측정과 지속적인 개선이 가능하다.

왜 ITSM에서는 6시그마가 도입될 필요가 있는가? ITSM의 목표는 고객 중심 및 품질 중심이며 이를 위해 IT와 연계된 서비스가 이루어져야 한다. 6시그마는 측정지표를 활용하여 프로세스를 개선하는 데 목적이 있으며 고객과 품질에 초점을 두고 있다. 즉 6시그마는 ITSM의 서비스 관리 프로세스가 제공하기로 한 서비스항목을 제대로 제공하였는가를 측정하는 것이다.

6시그마는 단순히 서비스 관리의 결과만을 측정하지 않기 때문에 서비스 관리의 성과를 유도하는 요인을 측정하고 그 요인을 지속적으로 개선, 통제하는 역할을 제공한다. 따라서 ITSM을 적용할 경우, 6시그마를 도입한다면 다음과 기대효과를 얻을 수 있다.

- SLA에 정의한 관리 프로세스를 정교하게 측정, 모니터링, 개선할 수 있음
- 구체적이고 효율적인 방법으로 IT 서비스 프로세스의 효율성을 향상시킴
- 고객의 요구를 정의하고 정량화함으로써 고객만족을 높일 수 있음
- 프로세스 사후 대응 및 사전 현상을 예측할 수 있어 고객불만을 사전에 예방함
- 수학적인 원리에 의해 프로세스 근본 문제점을 이해하고 대응함

즉, ITSM은 비즈니스와 IT를 연계하여 IT 서비스 품질을 높임으로써 부가가치를 얻고자 하는 것이 목표라면, 6시그마는 프로세스 능력을 평가하기 위해 측정, 통제 그리고 개선할 수 있는 근본원인을 제공하는 데 초점을 두고 있다.

5.4 6시그마 도입 사례

다음은 국내외 6시그마를 적용한 대표기업의 사례이다. 이들 기업의 공통점은 글로벌 기업으로서 6시그마를 적용하여 프로세스 개선에 성공한 점이다. 가장 핵심적인 성공 요인은 최고경영층의 전폭적인 지원 및 현장 참여가 동시에 이루어져 Top-Down, Bottom-Up 병행접근이 이루어진 사례이다. 대부분의 경영혁신 기법의 성공요인은 공통점이 존재한다는 것을 6시그마 도입사례를 통해 알 수 있다.

(1) 모토로라

- 기업의 경쟁력 확보를 위해 87년 6시그마 활동 시작
- 모토로라의 경영 혁신과 그 성과는 종업원과 경영진 간의 원활한 의사 소통, 종업원의 적극적인 경영 참여, 최고를 추구하는 끊임없는 혁신 노력으로 R&D

의 중요성에 대한 철저한 인식과 과감한 투자가 이루어 낸 합작품임

- 주요성과는 100만 개 중 제품불량이 6,000개 수준에서 25개로 감소
- 생산성 204% 증가, 주식가격 5.5배 증가, 매출액 4.5배 증가(87년→96년)
- 일상적인 경영혁신 활동과 연계하고 전사적인 지원체제를 구축함
- 최고경영층의 명확한 목표제시, 리더십 및 동기부여 프로그램 가동

(2) 삼성 SDI

- 디스플레이 경영환경이 악화되자 경쟁력 향상을 위해 96년부터 생산부문부터 시작하여 98년 사무부문으로 확산함
- 오랜 준비와 현장적용을 통해 자사에 맞는 6시그마 경영을 완성함
- 성공 요인은 Top-Down접근, 충분한 준비기간, 전문인력 우대
- 최고경영층 참여

(3) 포스코

- 포스코는 99년 1월 디지털 정보체계 PI 1기를 시작으로 경영혁신 시작
- 최신기술 기반의 전사통합 정보시스템과 조업시스템을 구축, 완료함
- 의식개혁 변화를 위해 2005년 1월 PI 3기를 통해 6시그마 활동을 전개하고 일하는 방식의 변화를 시도함. 즉 세계 어디에서나 공감할 수 있는 글로벌 조직역량 확보를 우선으로 추진함
- 6시그마는 업무 스킬을 높이는 혁신대상일 뿐만 아니라 조직역량 강화를 위한 혁신과제를 풀어 가는 핵심 수단으로 활용됨
- 6시그마 체질화 방안
  현장 중심의 6시그마 체질 강화, 비제조분야에까지 확산, Cross Functional, Cross Company 과제 확대를 통한 효율성 제고 및 관련사별 6시그마 추진역량을 고려한 맞춤식 지원뿐 아니라 공급망 공동과제 수행 활성화를 추진하고 해외법인 파견직원교육 및 과제 수행을 지원함

5.5 6시그마의 성공적 도입방안

6시그마는 기업의 프로세스와 문화를 변화시키는 경영방법론이다. 따라서 전사적인 접근을 통해 시너지를 일으킬 수 있는 도입이 요구된다. 따라서 무엇보다 기업의 전략과 상황을 고려하여 추진할 필요가 있다. 6시그마의 성공적 도입을 위해 필요한 요소는 아래와 같다.

6시그마는 Peter Drucker의 주장처럼 "측정할 수 없으면 관리할 수 없으며, 관리할 수 없으면 개선할 수 없듯이" PI, BPR, BPM 등의 프로세스 혁신 분야와 통합하여 발전할 것으로 전망된다. 이에 관련 기술에 대한 준비가 필요하다.

- 최고 경영층의 리더십 필요: Top-Down 접근
- 비전, 전략, 목표를 설정하고 성과지표를 관리해야 함
- 통계지식을 갖춘 전문인력 확보 및 기록문화 생활화 필요
- 추진 전부터 체계적인 도입이 중요함
- 이벤트 중심의 활동을 지양하고 고객서비스 개선과 수익과 직결될 수 있는 개선과제 중심의 접근이 필요
- 임직원 참여를 유도하는 주기적인 변화관리 필요

6.1 BPM 개념

BPM은 IT 솔루션이 아닌 경영기법 도구로서 기존의 기능 중심 운영방식에서 프로세스 중심의 조직변화를 위한 기반환경을 제공해 주는 Enterprise Architecture 기술의 연장선상에 있다. 2000년대 가트너에서 처음 BPM 개념을 소개한 이후 국내에서도 2004년 이래 경영혁신의 새로운 도구로서 확고한 입지를 갖추어 가고 있다.

짧은 기간 동안 BPM 도입이 증가한 그 대표적인 이유는 두 가지 측면에서 찾을 수 있다. 첫째, 프로세스 혁신(PI)과 더불어 ERP 시스템을 구축한 많은 기업들이 구축 이후, 조직 내 ERP시스템의 효과적인 활용을 고민하던 중, BPM이 제시하는 비전에 대해 공감대를 크게 형성했기 때문이다. 둘째, 실시간 기업(RTE: Real Time Enterprise)이라는 패러다임의 등장이다. 즉 기업의 주요 프로세스에 대한 실시간 모니터링을 통해 프로세스를 지속적으로 개선함으로써 불확실한 환경에 대한 나침반 역할을 제시하였기 때문이다. 그 여파로 금융, 제조 그리고 공공기관을 막론하고 BPM을 통한 '프로세스 경영'이라는 용어가 널리 회자되기 시작한다.

BPM을 구체적으로 정의하면, 사전에 정의된 규격/절차에 따라, 단위 task 간의 정보·지식 흐름의 자동화를 통해, 효율적인 프로세스 관리를 지원하는 통합도구이다. 따라서 [표 3 - 13]과 같이 프로세스, 통합, 서비스 관점에서의 BPM의 역할을 정의해 볼 수 있다.

[표 3-13] 관점별 **BPM**의 정의

관점별	세부 내용
프로세스	인적 자원 및 애플리케이션 수준의 상호 작용을 포함한 명확한 프로세스 관리(프로세스 분석, 정의, 실행, 모니터링/관리)를 할 수 있는 도구 및 서비스를 지칭함(Gartner)
통합	다양한 내부 애플리케이션 및 거래 파트너들에 걸친 조화기반의 Workflow 특성의 이벤트 중심의 통합 (Giga Information Group)
서비스	조직 내외의 사람 및 시스템이 상호 작용하는 비즈니스 프로세스를 지속적인 인지와 관리를 할 수 있도록 지원하는 변화 관리 및 시스템 실행 방법론

각 연구기관들이 제시한 BPM 개념은 결국 "프로세스 변화, 관리 및 실행에 대한 하나의 방법론 또는 서비스로서 조직 내외의 전체 프로세스에 걸친 유기적 통합 및 관리역량"이라고 정의할 수 있다. 즉 기업 내·외의 업무 프로세스를 가시화하고, 업무수행과 관련된 사람과 시스템을 프로세스에 맞게 실행 및 통제하며, 전체 업무 프로세스를 효율적으로 관리하고 최적화할 수 있도록 지원하는 총체적 기술이다.

[그림 3-18] 프로세스 기반의 업무 통합을 지원하는 **BPM**의 개념

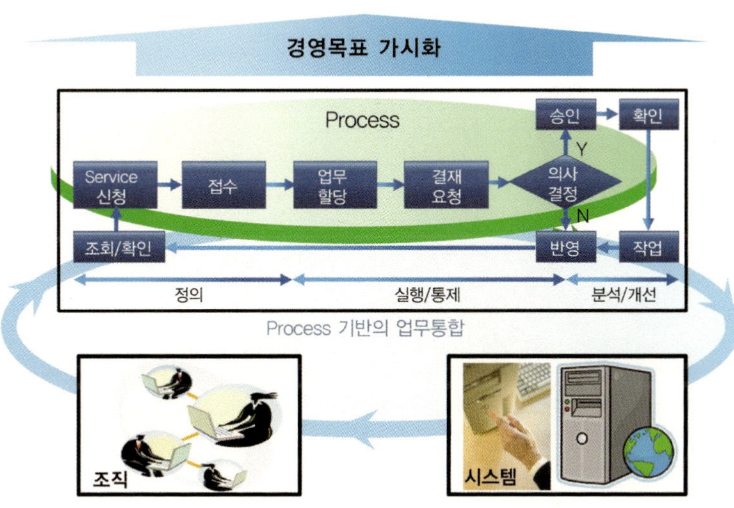

6.2. BPM의 필요성

고객은 시스템통합과 비즈니스 문제해결에 투입된 시간이 단축되기를 원한다. 이들의 요구사항을 수용하기 위해서는 기술적인 관점에서 표준을 기반으로 한 인프라 요구 및 비즈니스 관점에서의 프로세스 효율화를 고려해야만 급변한 시장환경에 대응할 수 있는 전략적인 대응력을 키울 수 있다. 즉 비즈니스 프로세스의 가시성을 높이고 실행 속도를 높일 수 있다는 뜻이다. 이를 위해 프로세스와 기술인프라의 통합이 필요하다.

비즈니스 측면에서 기업은 "업무 프로세스의 집합체이며 기업 활동은 이러한 프로세스의 실행"을 의미한다. 기업의 성과는 '업무 프로세스 실행의 결과'이다. 따라서 프로세스 관점에서 Systematic Approach가 필요하다. 반면, 기술적 측면에서 시스템 통합 및 대응시간 감소의 요구가 증가함에 따라 표준을 기반으로 유연성 및 신속성을 제공하는 BPM의 요구가 증가되고 있다.

6.3 BPM 주요기능 및 구성요소

BPM의 구성요소는 사람, 프로세스 및 시스템으로 요약할 수 있다. 주요기능은 다음과 같다. 첫째, 프로세스를 중심으로 사람과 시스템을 유기적으로 연결하여 프로세스의 진행상태를 파악할 수 있는 모니터 역할을 담당하며, 둘째, 프로세스 실행 및 이력과 상태를 분석할 수 있는 분석도구의 역할을 수행한다. 셋째, 이를 관리하는 기능을 지원한다. BPM은 프로세스 실행 및 통제가 반복됨으로써 프로세스를 지속적으로 개선하고 최적화하는 기능을 제공한다.

[표 3-14] **BPM**의 주요기능

기능	내용
People	- 프로세스 설계 툴(GUI Design Tool) - 프로세스 정의/모델링할 수 있는 그래픽 툴
Process	- 프로세스 엔진(Management Engine) - 프로세스 생성, 변화, 폐기 등 라이프사이클 관리
Application	- 프로세스 성능관리(Optimization) - 프로세스 수행과 관련된 각종 리포트를 제공 - 프로세스 내 병목현상을 나타내는 task 검색 - 프로세스를 개선할 수 있는 환경 제공

이상과 같이 BPM은 시스템 대 시스템 또는 인간 대 시스템보다는 인간 대 인간에 관련된 비즈니스 프로세스 흐름을 지원하며 기업의 업무를 지원하는 ERP, CRM, SCM, KMS 등의 응용 시스템과 연동 및 통합 기능을 제공한다. 이와 관련한 BPM 내 구성요소를 정리하면 다음과 같다.

[표 3-15] **BPM**의 구성요소

구분		내용
	프로세스 모델링	비즈니스 프로세스 내의 정보와 문서의 호출에 대한 그래픽적인 시각 창출 도구
프로세스 관점	BPA	Business Process Analysis - 비즈니스 프로세스 분석 및 설계 - 현재 비즈니스 활동을 선별하여 기업의 핵심목표와 연계/핵심 경로상의 병목 구간 파악
	BRE	Business Rule Engine - 흐름 통제 영역 관점 - 최적의 비즈니스, 프로세스 흐름 지원, 실행 및 유지
	BAM	Business Activity Monitoring - 비즈니스 이벤트 이력 분석 - 비즈니스 활동들의 정확성, 효율성, 품질 및 안정성 추적
통합 관점	EAI	- 내부 애플리케이션 인터페이스를 위한 이벤트 중심의 통합
	Workflow	- 인간 중심의 비즈니스 프로세스 흐름 처리

BPM은 EAI 기본 기능을 보유하고 있으며 이 기능은 시스템과 시스템 간의 데이터 전달 및 전환기능을 제공한다. 또한 EAI 기술은 정보통합 환경에서 비즈니스 프로세스를 자동화한다. 따라서 Platform, Data, Application, Process를 체계적이고 순차적으로 통합관리 할 수 있다.

전통적인 워크플로우는 전자결재, 문서관리 그리고 사용자 업무처리 중심의 프로세스 설계를 담당해 왔다. 그러나 최근 BPM은 워크플로우 기반의 기능을 제공하면서 아래와 같은 주요기능을 제공한다.

- 자동화: 정해진 절차에 따라 업무가 수행되도록 하는 기능
- 조직설계: 업무를 담당하는 사람들의 조직을 설계하는 기능
- 전자양식: 여러 가지 형태의 문서를 전자양식으로 관리함
- 업무 라우팅: 활동 간의 순차적, 병렬적, 조건분기 등의 라우팅 기능

6.4 BPM 구축 방법

>>> 6.4.1 BPM의 생명주기

BPM은 경영환경의 변화에 대한 적응력과 민첩성 그리고 비즈니스 프로세스의 변화를 수용할 수 있는 능력을 가지고 있어야 한다. 이를 지원하기 위해서는 BPM 구현 시 BPM의 생애주기를 이해할 필요가 있다. 즉 프로세스 정의에서부터 프로세스 측정, 분석, 통제 및 개선에 이르는 다섯 단계를 이해하여야 한다.

(1) 프로세스 정의

우선 BPM에서 관리되는 업무프로세스는 조직에서 가장 핵심적이고 지속적인 개선대상이 되는 프로세스가 선정되어야 한다. 이 과정에서 각각의 프로세스를 구성하는 단위 업무들, 해당 단위 업무를 수행하는 단계의 흐름과 규칙, 각 단위 업무를 수행하는 조직 내 역할 및 자원과 작업 도구 그리고 해당 프로세스에 대한 분석과 측정방법 등을 정의한다.

(2) 프로세스 검증

두 번째 단계는 정의한 프로세스를 가상으로 실행하여 문제점을 도출하고 분석할 수 있도록 시뮬레이션과 같은 방법으로 프로세스를 검증하는 단계이다. 이 단계의 주요목적은 검증된 결과를 바탕으로 프로세스를 최적화하여 BPM의 효과를 극대화

하는 데 있다.

(3) 프로세스 실행과 운영

BPM은 정의된 프로세스가 업무규칙에 맞게 이행하도록 관리하고, 업무수행 중 요구되는 정보를 적절하게 제공하거나 필요한 기록이 수행될 수 있도록 사람과 사람, 사람과 시스템, 시스템과 시스템들을 리딩한다.

(4) 모니터링과 통제

네 번째 단계는 프로세스의 성과를 일정 수준에 맞추기 위하여 프로세스 전체 혹은 단계별 업무 수행이 완료되어야 할 시점을 정의하고, 업무의 수행 수준 및 수행 과정의 규칙 또는 특정 측정방법에 해당하는 값이 일정 수준에 맞추어지도록 통제하는 역할을 담당한다. 또한, 진행되는 상황을 실시간으로 모니터링하여 수행된 프로세스결과를 기록함으로써 이력을 추적해 볼 수도 있다.

(5) 프로세스 측정, 분석, 그리고 개선

프로세스 분석과 개선을 위하여 먼저 KPI를 설정하고 해당 지표의 구체적인 목표수준을 정한다. 이를 측정할 수 있는 KPI와 관련된 데이터를 수집하고 수집된 데이터를 분석하여 문제점을 해결할 수 있는 여러 가지 대안을 고안한다. 이때 비즈니스 전략 및 목표달성을 위한 개선활동이 전개되어야 하며 지속적인 개선을 통해 최적화할 수 있는 환경을 제공해야 한다. 즉 프로세스 병목현상을 찾아 프로세스를 개선할 수 있는 인프라가 제공되어야 한다.

>>> 6.4.2 BPM 구축방법

BPM을 추진하려면, 먼저 도입목적을 명확히 하고 추진계획을 수립하여 관리할 대상 프로세스를 선정한다. 더불어 조직 내 정보시스템을 분석하여 최적의 BPM솔루션을 선정하고 파일럿을 거쳐 점진적으로 확대·적용한다. BPM 구현방법은 핵심대상 프로세스를 선정하고 정의하는 컨설팅 부문과 이를 모델링하고 구현하는 구축부문의 2단계로 구성된다.

컨설팅 부문에서는 우선 BPM 대상의 프로세스를 정의하고 기능적, 비기능적 기술 요구사항을 정의한다. 더불어 조직모델을 정의한다. 모델링 도구를 통해 프로세스를

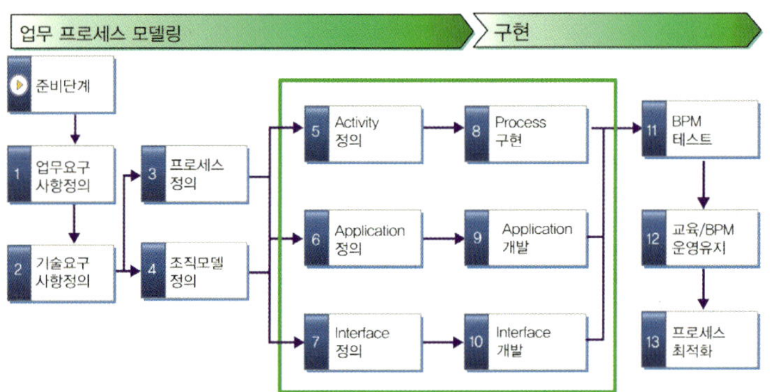

세부적으로 모델링하여 각각의 프로세스와 연동할 애플리케이션을 정의한다. 구축부문에서는 BPM과 기존 시스템과 통합 및 테스트를 수행하며 현장 이행을 위해 사용자를 교육하고, BPM을 가동하여 안정화하는 활동을 전개한다. 다음 [그림 3-19]는 BPM 구축 단계별 세부활동을 도식화한 것이다.

[표 3-16]은 BPM 구축 시 업무담당자별 수행해야 할 주요작업과 그에 따른 세부내용을 제시하였다. 업무분석가는 초기단계부터 참여하여 자사의 주요 프로세스 모델을 설계할 뿐 아니라 BPM 시스템 구축 단계에서 요구사항 반영 여부를 검증하는 테스트를 수행한다. BPM 구현 이후 현장의 프로세스를 모니터링하고 이를 개선하는 역할도 담당한다.

[표 3-16] BPM 구축 프로세스

프로세스	내용	담당자
프로세스 모델링	프로세스 모델링 툴을 이용하여 업무 전문가 또는 비즈니스 컨설턴트가 As-Is 프로세스는 To-Be 프로세스를 설계, 정의한다.	업무분석가
아키텍처 설계	프로세스 모델링 툴로부터 로딩된 UML을 기반으로 신규 서비스 컴포넌트와 서비스 구현 아키텍처를 설계한다.	아키텍처
화면설계	설계된 UML 모델을 활용하여 서비스 모듈을 생성하고 이를 수정하여 실제 구현한다. 또한 자동으로 생성되는 화면을 커스터마이징하여 업무화면을 설계한다.	아키텍처 개발자
프로세스 시스템구축	설계된 아키텍처를 기반으로 각각의 요건에 따라 프로세스 서비스 통합 시스템 및 프로세스 관리 시스템을 구현한다.	아키텍처 개발자
테스트	구현한 비즈니스 프로세스 시스템을 운영환경에 전개하기 이전에 테스트 시나리오에 따라 테스트한다.	업무분석가 아키텍트 개발자
프로세스 실행 모니터링	전개된 시스템을 기반으로 운영되는 비즈니스 프로세스의 진행현황을 모니터링하면서 프로세스 문제 및 이상발생 상황을 인지하여 프로세스 개선 또는 대응 프로세스 연계를 조치한다.	업무분석가

6.5 BPM 성공 요인 및 기대효과

>>> 6.5.1 BPM 성공 요인

　BPM을 성공적으로 도입하려면 먼저, 도입목적을 명확히 하고 전사 업무프로세스와 조직문화 그리고 기업 내 자원을 진단, 분석한다. 이것이 핵심프로세스를 선정하여 비즈니스 전략과 목표에 맞도록 프로세스를 최적화하는 이유이다. BPM 추진의 성공요소는 다음과 같다.

- IT 관점보다는 비즈니스 관점의 접근
- 최고 경영진의 강력한 Sponsorship과 현업의 적극적인 참여
- 전사 전략에 따른 Top-Down 분석과 Bottom-Up 방식의 점진적 확산
- 지속적인 프로세스 개선을 위한 조직과 활동 체계
- 전사 경영성과 지표와 연계된 프로세스 성과의 체계적 연계 및 관리
- 기간 시스템과 효과적인 결합을 위한 IT 아키텍처 수립(EA, SOA 등)

　또한, 고객의 요구, 경영전략에 적합한 도입목적과 비전을 발굴하고 주요 프로세스를 기업문화와 시스템안으로 어떻게 정착시키고 지원해야 하는가를 고민해야 한다. 또한, BPM 도입을 성공적으로 이행하기 위해서 아래의 사항들이 고려되어야 한다.

① 비즈니스 관점에서 목표설정 후 수행

- 비즈니스 프로세스를 개선하는 것이 주목표임

② 실질적인 도입가치가 높은 업무(프로세스)에 우선 도입

- 프로세스 가시화 과정에서 조직반발 가능성

- 실질적인 ROI에 대한 성과관리가 필요함

③ 기업상황에 적절한 BPM 솔루션 선택 필요

- 적용업무, 도입목표, 관련 정보시스템 환경을 고려해야 함

- 기업에 바로 적용, 활용할 수 있는 기능에 충실한 것인지 확인 필요

④ BPM 전문가 도움 필요

- 정보시스템(요구사항, 업무지식 등)과 같은 프로세스를 통합하는 작업으로 많은 경험과 노하우가 필요

>>> 6.5.2 BPM 도입효과

BPM 도입을 통해 기업은 정량적, 정성적 관점에서 혜택을 누릴 수 있다. 먼저, 전사적 프로세스의 가시성을 확보하여 업무의 생산성을 높이고 고객과 시장의 요구에 보다 빠르고 유연하게 대응할 수 있는 RTE 기업환경을 갖추게 된다. 즉 BPM 기반의 전반적인 업무가 체계적으로 수행, 관리될 수 있으며 나아가 프로세스 체계가 확립되어 점진적이고 지속적인 개선이 가능하다.

또한 비용·시간 측면에서는 실시간 모니터링을 통해 즉각 대응이 가능하고 업무 처리시간이 단축되는 효과가 있으며, 품질 측면에서는 업무수행에 따른 결과 향상으로 전략적인 업무에 집중할 수 있다. 더불어 실데이터 분석을 통한 업무 개선작업이 가능하기 때문에 룰과 시스템에 의한 업무추진 문화가 정착화될 수 있다. 때문에 비즈니스 환경 변화에 즉각적인 대응이 가능하다.

다음 표는 BPM의 도입효과를 업무, 사람 및 시스템 측면에서 제시하였다.

[표 3-17] **BPM**의 정성적, 정량적 기대효과

구분	정성적 기대효과	정량적 기대효과
업무관점	- Rule과 System에 의한 체계적 업무수행 - 가시화/투명화로 지속적인 프로세스 개선	- 업무 처리 기간 단축: 20% - 작업 오류 감소: 50%
사람관점	- 업무담당자의 업무 능력 상향 평준화 - 실시간 관리를 통한 운영과 관리 일체화	- 업무 처리 생산성 향상: 30%/인 관리 및 성과 측정을 위한 데이터 수집 및 분석 기간 단축
시스템관점	- 업무 Rule 변동 시 시스템 기반 신속 대응 - 시스템 통합 Backbone 기능 제공	- 개발 기간 단축: 30% - ROI 개선: 15%

6.6 BPM 향후 전망

BPM은 급변하는 경영환경에 빛을 제공하는 등대와 같은 역할을 담당하게 될 것이다. 더불어 기업의 프로세스 경영을 더욱 촉진시키며 프로세스와 IT가 융합되는 관점에서 발전할 것으로 기대된다. 또한 기업은 RTE 실현을 위한 기본 인프라로서 BPM을 인식하고 적용하게 될 것으로 전망하고 있다.

즉 기업 내 Value Chain상의 가시성과 투명성을 확보할 수 있게 된다는 의미이다. 요즘 BPM이 기업구축에서 공공기관으로 확대되어 전사업무에 BPM을 적용하는 사업과 수주활동이 본격화되는 것도 이를 반증해 주는 결과이다.

다음은 BPM 기술발전 방향을 제시한 주요 내용이다.

- BSC(Balanced Score Card) 기반의 성과관리, 6시그마 품질 관리 등이 BPM과 결합하여 효과를 향상시킬 수 있는 대표적인 프로세스 경영의 예제들이다.
- 비즈니스 규칙 처리를 위한 BRE(Business Rule Engine), 신속하고 지능적인 의사 결정지원을 위한 BI(Business Intelligence) 등이 BPM과의 결합을 모색하고 있다.
- SOA(Service Oriented Architecture)에 기반을 둔 웹 서비스 기술을 통해 BPM의 역량이 기업 내부는 물론 기업과 기업 간의 프로세스 통합을 시도하는 B2Bi (Business to Business Integration) 영역까지 확장되고 있다.

7.1 BAM 개념

RTE는 2002년 가트너에서 최초로 제시한 개념으로 기업의 경쟁력 확보를 위해 비즈니스 프로세스 관리와 실행과정에서 발생하는 지연을 신속하게 인식하여(Awareness) 빨리 결정하고(Decision) 빨리 처리(Action)하여 프로세스 개선을 처리할 수 있는 경쟁력 향상을 목적으로 등장하였다. RTE가 구현되기 위해서는 BPM이 필수적으로 지원되어야 한다. 이때 BAM(Business Activity Monitoring)은 BPM의 구성요소로서 핵심기능을 담당한다. BAM을 이해하려면 먼저 '비즈니스 활동'을 이해하여야 한다.

기업은 실시간으로 발생하는 주요업무에 대해 활동들을 인식하고 그 결과에 대한 적절한 결정을 내려 사전에 문제를 예방할 수 있어야 한다. 그렇게 되기 위해서는 비즈니스 가시성을 제공할 수 있는 이벤트 감지와 분석 그리고 이를 기반으로 하는 빠른 대응이 필요하다. 즉 품목주문, 반품, 취소, 입고 프로세스가 진행되는 구매프로세스의 경우, BAM은 4개 프로세스를 동시에 실시간 감시하여 몇 개 주문하여 불량으로 반품되고 입고되고 있으며 취소된 물량과 그 원인을 파악할 수 있다. BAM은 비즈니스 활동의 전 과정을 모니터링할 수 있도록, 모든 상황과 상태를 실무자로 하여금 실시간으로 측정할 수 있도록 도와준다.

기업은 업무처리 과정에서 발생하는 다양한 비즈니스 활동을 모니터링하여 구조화된 방식으로 적시에 의사결정할 수 있는 정보를 원한다. 특히, 예외상황이 발생할 경우, 바로 시스템상에서 알람을 통해 알려 주는 기능이 필요하다. BAM이 바로 이와 같은 역할을 수행함으로써 기업의 프로세스 가시성을 높여 주고 BPM이 제공하지 못한 프로세스 변경 기준을 제공해 준다.

최근 BPM은 '포스트 ERP' 시대의 핵심리더로서 프로세스를 지속적으로 개선하는 도구로서 부각되고 있다. 또한 금융권을 강타하고 있는 바젤Ⅱ와 규정의 내부통제법과 샤베인옥슬리 법안으로 대표되는 IT Compliance 부분에서도 BAM의 적용이 가능하다. 결과적으로 BAM은 기업 내부 회계프로세스와 그 결과를 모니터링하고 통합 관리하는 도구로 자리매김할 것이다.

7.2 BAM의 구성

아래 그림은 운영업무를 실시간 모니터링할 수 있고 룰 엔진에 의한 실시간 액션이 가능한 BAM의 논리구조를 보여 주고 있다.

[그림 3‑20]의 BAM 구조는, 비즈니스 활동의 전체 프로세스를 한눈에 파악할 수 있도록 도와준다. 즉 누가 어떤 프로세스에서 어떤 문제로 다음 단계업무 진행이 어려운가를 확인할 수 있으며(Aware) 담당상위자, 업무전문가를 찾아 의사결정(Decide)을 요청할 수 있고, 문제에 대한 빠른 조치를 취할 수 있는(Act) 세 가지의 기능을 제공한다. Aware, Decide, Act 이 세 가지 기능은 기업 내·외부의 다양한 이벤트에 대해 실시간감지 및 대응할 수 있는 기능을 포함하며 RTE의 핵심기능으로써 상호 순환적 구조를 갖는다.

첫째, 수집기능은 실시간으로 정보계 데이터 또는 이력 데이터를 불러와 실시간으로 필요한 데이터를 수집하는 역할을 담당한다. 수집기능은 업무처리 과정에서

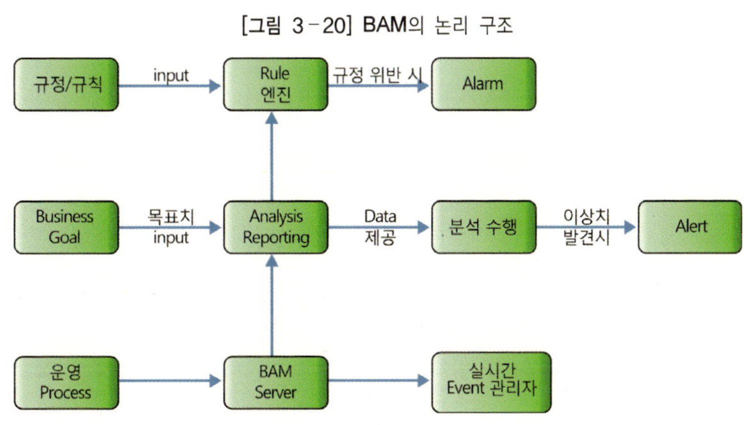

[그림 3‑20] BAM의 논리 구조

이상 이벤트를 감지하고 사전에 설정한 기준범위를 벗어나 예외상황의 이벤트가 발생할 경우, 관련된 정보를 수집하는 역할이다. 효과적인 분석 및 의사결정 지원에 필요한 데이터를 수집하기 위해서는 KPI(Key Performance Indicator)가 설정되고 이벤트 모니터링 결과는 KPI와 연계되어야 한다. 또한 예외상황 또는 KPI 값이 허용치를 초과하거나 미달될 경우 자동으로 경고 메시지(Alert)가 실무자에게 보내져 문제의 원인을 찾아낼 수 있어야 한다.

둘째, 분석(Analysis) 기능을 제공한다. BAM에서 분석은 비즈니스 규칙엔진이 담당한다. 분석기능은 비즈니스에 대한 규칙을 설정해 두고 설정한 기준에 따라 자동으로 감지하고 그 결과치를 보여 주는 개념이다. BAM에서 비즈니스 규칙은 OLAP 분석 또는 KPI 등을 기반으로 만들어진다. 즉 비즈니스 규칙을 통해 분석할 이벤트를 자동감지하고 관련된 데이터를 실시간 통합하여 추출하도록 제공한다. 따라서 BAM에서 비즈니스 규칙엔진은 매우 중요한 기능을 담당한다.

7.3 BAM의 기능

BAM은 비즈니스 프로세스나 트랜잭션 데이터 등을 실시간으로 모니터링하고 그 결과를 분석하기 위해 이벤트 데이터를 실시간으로 포착한다. 또한 프로세스를 모니터링할 수 있도록 대시보드와 다양한 뷰 기능을 지원하며 예외사항이 발생할 경우, 위의 BAM 구조에서 제시한 룰 엔진을 통해 실시간 경보를 알리는 기능, KPI를

[표 3-18] BAM의 주요 기능

기능	내용
비즈니스 이벤트	- 기업의 정보시스템으로부터 고객, 주문, 재고, 생산 등 주요정보를 발생시키는 대상을 비즈니스 이벤트로 정의 - 소스로부터 데이터를 캡처 및 관리하는 기능
조합이벤트와 그룹생성	- 이벤트들을 대상으로 비즈니스 흐름이나 비즈니스 패턴에 따라 그룹화하고 단일소스 또는 단순 이벤트들을 그룹화한 조합이벤트를 생성
BAM 모델링	- BAM에 필요한 메타데이터 정의
경고(Alerts)	- KPI 목표치에 미달된 결과발생 시 경고상황 감지, 알림 전달, 원인분석 등을 수행

적용하여 실시간 수집된 데이터와 이력 데이터를 평가하고 리포팅하는 기능, 이벤트를 감지하고 정보를 바로 캡처하여 전송할 수 있는 센서기능 등을 제공한다. 더불어 시각적인 뷰를 제공하고 비즈니스 관리자들에게 프로세스 가시성을 제공할 수 있도록 실시간 정보분석을 수행한다.

7.4 BAM 기반기술

BAM 구현을 위해서는 실시간으로 이벤트 수집, 분석 및 대응이 이루어져야 한다. 먼저 이벤트 수집을 위해서는 실시간 통합이 필수 전제조건이 되어야 한다. RTE 구성에 있어 실시간 통합은 BAM 기능을 포함한 시스템 전체의 인프라를 의미한다. 즉 기업 내·외부에 있는 프로세스를 감지하려면, 전체 시스템과 연동되어야 한다는 뜻이다.

이와 같은 역할은 [표 3 - 19]의 EAI, B2Bi, ETL(Extract Transform Load) 등이 담당하며 실시간 통합을 위해서는 EAI 기능과 ETL이 결합되었을 때 비로소 적시에 분석할 수 있는 정보를 얻을 수 있다. 분석 작업은 KPI에 의한 비즈니스 규칙이 설정된 이후, 그 기준에 해당하는 데이터를 수집하고 OLAP 툴을 이용하여 데이터를 분석한다. 그 과정에서 DW 구축 및 BI 도구가 요구되는데 DW는 이력 데이터를 제공하며 BI 도구는 보다 인텔리전트한 의사결정의 환경을 제공하여 진정한 RTE 환경을 실시간으로 지원한다.

[표 3-19] BAM을 위한 기술요소

기능	내용
EAI/B2Bi/ETL	- 주요 애플리케이션 간 통신을 위한 메시지 흐름관리, 데이터변화, APPL 통합기능
BI(분석도구)	- DW, Data Mart를 통해 주요 업무 성능지표를 분석해 주는 실시간 의사결정 제공
DW	- 이력, 동향분석을 통해 향후 적절한 액션플랜을 제공
BPM(SOA, DW)	- 업무프로세스 흐름상에서 비즈니스 이벤트를 분석하여 그 영향을 분석함
N/W, 시스템관리 (NMS)	- 다양한 데이터 소스로부터 시스템을 관리하고 데이터를 수집함. 상호관계를 해석하여 시스템, N/W 장애가 비즈니스 프로세스에 미치는 영향을 분석함

8.1 CMMI 개요

>>> 8.1.1 CMMI의 필요성

2000년대 디지털 융·복합시대로 들어서면서 SW는 산업경쟁력 향상의 핵심요소로 부상되고 있다. 그러나 SW가 지식기반 경제의 핵심 인프라로 부가가치를 좌우하고 있음에도 불구하고 SW의 대형화, 복합화로 인해 개발 완료 후 결함 수정 비용은 개발 단계의 비용보다 100배 이상 소요되고 있으며 SW 품질 또한 경제, 사회적으로 미치는 영향 또한 커지고 있다. 특히 자동차, 항공 등의 임베디드 SW 비중이 확대됨에 따라 SW의 품질이 국민의 안전과 직결되고 있는 시점, 소프트웨어의 품질은 매우 중요한 관리요소가 되고 있다. 자동차 전체 결함 중 35%는 SW에서 발생하고 있다고 보고되고 있다.

그렇다면 국내 SW 품질은 어느 정도 수준인가. 먼저 프로세스 측면에서 한국은 인도, 일본, 중국에 비해 낮은 실정이다. 즉 국내 기업의 SW 프로세스 도입 및 준수 의지가 낮고 심지어 중소기업의 63%는 프로세스에 무관심한 실정이다. 또한 CMMI(Capability Maturity Model Integration)는 인증 획득을 위해 IT 서비스나 소프트웨어 개발과 같은 서비스 산업과 임베디드 소프트웨어를 개발하는 제조 산업 등 다양한 산업군에 도입되고 있지만 내재화 노력 부족으로 기간 내 프로젝트 성공률은 25% 정도라고 국내 CIO들은 언급하고 있는 현실이다.

최근 CMMI는 미국 정부기관 발주 프로젝트 및 민간 기업 발주 프로젝트의 수주를 위한 기본 척도로 활용되고 있으며, SW 수출 또는 글로벌 IT서비스 진출을 위해 유럽이나 동남아로 진출할 경우 CMMI나 ISO에 따른 품질수준이 요구되고 있는 추세이다. 국내의 경우 2006년, 'SW기술성과평가기준'에 관한 고시가 개정, 시행하면서 SW업체 기술제안의 '평가항목'과 '배점한도'를 대폭 개정하여 SW 제

품의 품질 보증을 위한 평가항목 등의 품질인증 여부를 강조하는 것도 SW 중요성
을 입증하는 사례이다. 이러한 변화는 프로젝트 요구사항이 복잡화, 전문화되면서
협업의 증가가 절실하고 조직변화를 위해서는 통합된 개발 및 지원절차의 정립이
필요하기 때문이다.

>>> 8.1.2 CMMI 개념

CMMI의 역사는 CMM에서 출발한다. CMM은 미국 카네기 멜론 대학의 소프트웨
어 공학연구소(SEI: Software Engineering Institute)에 의뢰해 개발한 SW 개발 프로세
스 성숙도 평가 모델로 1~5 레벨로 나누어져 있으며 각 레벨은 해당 조직의 품질
수준을 나타낸다. CMM은 SEI에서 2005년까지 지원하였다. 그 이후 CMMI로 통합
되었다. SW 프로세스 개선만으로는 IT 조직 전체의 능력수준 향상이 어렵다는 판
단 아래 소프트웨어와 시스템 및 기타 분야를 하나로 통합되도록 한 점이 기존
CMM과의 차이점이다.

CMMI는 조직의 프로세스 개선활동을 효율적으로 지원하기 위한 모델이다. 즉
조직의 프로세스 능력을 어떤 방향으로 발전시켜야 하는가에 대한 비전을 단계적으
로 제시하는 모델로서 소프트웨어 엔지니어링, 시스템엔지니어링, 소프트웨어 획득,
통합제품 개발 활동 등에 대한 'How to Do'가 아닌 'what'에 중점을 두고 있다.

CMMI는 조직 프로세스 혁신에 초점을 두고 있다. 프로세스 개선을 통해 SW
생산성 향상과 품질을 확보할 수 있기 때문이다. 과거의 제품품질관리에서 개발프
로세스관리로 중요성이 이동하는 이유도 프로세스 관리를 통해 결함을 줄이고 재
작업을 최소화하기 위해서이며, 비가시적인 SW 개발 과정을 예측 가능한 SW 개
발 과정이 되기 위해서이다.

8.2 CMMI 구조

CMMI는 두 가지 표현 방법이 있다. CMMI 모델 표현 방법은 단계적 표현 방법과 연속적 표현 방법이 그것이다. 이 두 가지 표현 방법은 각 조직의 특성에 따라 선택하여 프로세스를 개선할 수 있는데 국내에서는 레벨에 따른 단계적 표현 방법을 도입하여 프로세스 개선을 시도하고 있다.

〉〉〉 8.2.1 단계적 표현 방법(Staged)

단계적 표현 방법은 단위 프로세스 평가를 통해 프로세스 영역별 능력을 평가할 경우 사용한다. 먼저 조직의 프로세스 능력이 발전되는 과정을 다섯 단계로 정의한 후, 각 단계가 성숙되었을 때 다음단계로 올라가는 구조를 가지고 있다.

단계적 표현 방법의 주요 특징은 다음과 같다.

- 5개의 성숙단계로 구성됨
- 프로세스 개선 초기단계의 조직에게 명확한 개선 방향 및 순서를 제시
- ROI 관점에서 단계적 접근의 이득을 보여 주는 사례와 데이터 제공
- 조직 간 프로세스 성숙도 비교 가능
- 프로세스 영역의 범위를 해석하기 위해 잘 정의된 Context 포함
- 보다 쉽게 이해되는 프로세스 개선 결과 제시(조직이 하나의 등급으로 평가됨)
- SW – CMM을 사용했던 기업이 CMMI로 전환 시 편리함
- 조직은 성숙단계를 차례로 충족해 나가야 함

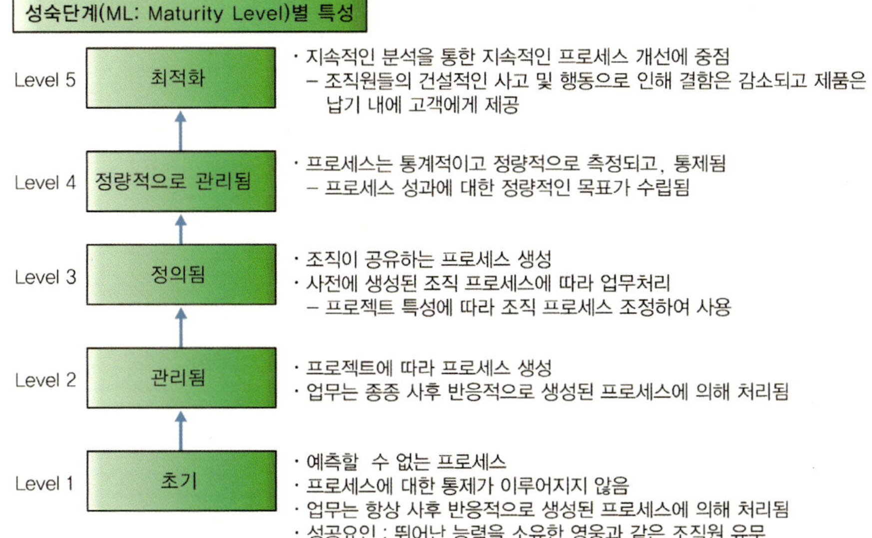

[그림 3-21] CMMI 단계적 표현 방법

[참조]: 이민재·박남직 옮김, CMMI의 이해, 피어슨에듀게이션코리아, 2006.

성숙단계(Maturity Level)는 조직에서 해당업무를 얼마나 체계적으로 수행하고 있는가를 나타내는 지표로서 CMMI에서는 성숙단계를 Level 1에서 Level 5까지 5단계로 구분한다. 프로세스, 프로젝트관리, 엔지니어링, 지원 등 4개 프로세스 영역그룹의 구조를 가지며 [그림 3-22]와 같이 각 프로세스 그룹별로 프로세스가 존재한다.

>>> 8.2.2 연속적 표현 방법(Continuous)

연속적 표현 방법은 정보 측면에서 단계적 표현 방법과 동일하지만 프로세스 영역별로 능력단계를 부여하여 성숙도를 평가한다는 차이점이 있다. 즉 프로세스 관리, 프로젝트관리, 엔지니어링, 지원 네 가지 영역으로 그룹화된 영역별로 능력단계를 부여하는 방법으로 개별 프로세스 영역별 평가를 통해 영역별 능력을 파악할 수 있다.

연속적 표현 방법의 특징은 다음과 같다.

- 조직 내부에서 문제가 빈번한 영역의 프로세스 개선에 초점을 둘 수 있음
- 4개 프로세스는 0~5단계 성숙도 수준에서 평가됨

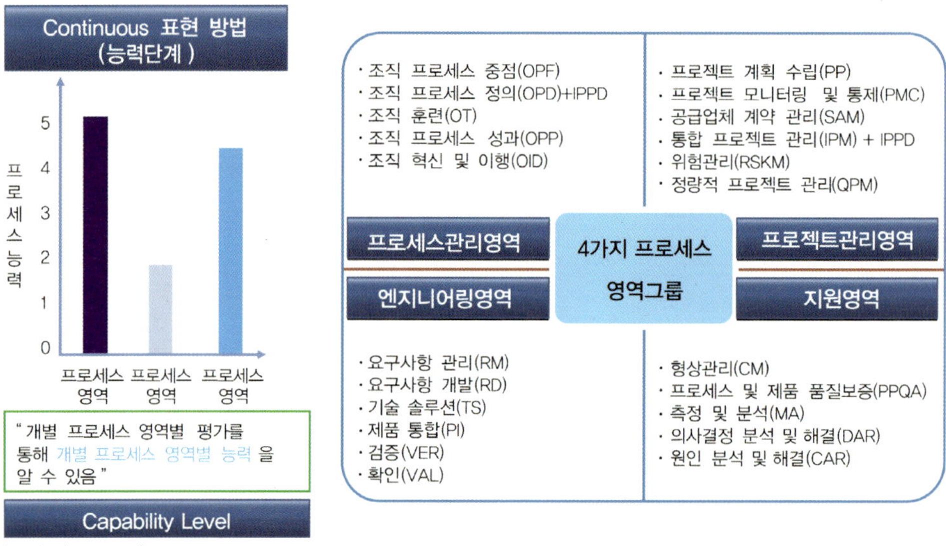

[참조]: 'tqms.co.kr', 자료실, 2007.

8.3 CMMI 적용방안

1989년 미국방성 백서에 따르면, 제품에서 발견되는 문제의 90%는 프로세스상의 문제에 기인한다고 한다. CMMI는 프로세스 개선을 위한 참조모델로서 선진기업의 성공사례들이 담긴 결정체이다. CMMI 활용은 크게 두 가지 측면에서 적용가능하다. 하나는 프로세스를 평가하고 심사하는 인증도구로 사용될 수 있다. 나머지 하나는 '프로세스 개선을 위해 무엇을 할 것인가'를 제시하고 있다.

그러나 기존의 품질활동은 프로세스 개선을 통한 품질활동이 아닌 감사와 통제 관점의 비중을 둔 것이다. 심지어 장애발생 후 사후조치 중심의 품질활동이 이루어지다 보니 근본적인 해결책 발견 및 개선이 어려웠다. 이에 CMMI를 단순한 인증도구로 활용하기보다는 조직역량을 집중시켜 진정한 프로세스 개선활동을 지속적으로 지원하는 도구로 조직에 적용한다면, 조직역량 및 성숙도 수준이 단계적으로 향상될 것이다. 이것은 조직 내에서 프로세스 내재화, 프로세스 개선, 그리고 품질보증활동이 이루어졌을 때 가능하다.

>>> 8.3.1 프로세스 내재화 중요성

왜 조직에서 프로세스가 중요한가? 기업에서 일어나는 모든 활동은 상호 연결되어 하나의 프로세스를 형성한다. 프로세스가 수행되려면 조직의 역량, 즉 자원, 인력, 시스템 등이 필요하다. 이러한 요건들이 갖추어졌을 때 비로소 하나의 성과물이 만들어지는데 효율적인 프로세스 관리 및 운영은 기업성과에 지대한 영향을 미친다.

IT 산업에서의 시스템의 품질은 제품품질과 프로세스 품질로 구분할 수 있다. 프로세스 품질이란 공정, 즉 절차대로 정련하여 품질을 높인다는 의미이다. 효과적인 품질 향상을 위해서는 사람, 프로세스, 기술이 상호 유기적인 조화를 이루어야 하며 이 가운데 가장 핵심이 되는 것은 프로세스이다. 프로세스상에서 고객가치 및 기업가치가 창출되기 때문이다.

프로세스 내재화란 개인의 역량과 경험에 따라 프로젝트 성공과 실패가 결정되는 것이 아니라 조직 차원의 정의된 프로세스에 따라 조직원들이 업무를 수행하며, 사람에 따른 프로젝트 결과의 편차를 최소화하는 의미이다. 누구든지 해당 프로세스를 수행할 경우 같은 수준의, 동일한 결과를 얻을 수 있음을 말한다. 즉, 탁월함이 아닌 반복적으로 수행하는 행동의 결과로서 유사한 품질을 만들어낼 수 있다.

투입된 인력의 역량과 관계없이 프로세스가 조직 내 내재화되려면 지속적인 프로세스 개선을 통해 최적의 프로세스가 정의되고, 문서화되며, 이해관계자 조직원들과 공유될 뿐 아니라 이를 실행하는 문화가 뒷받침되었을 때 가능하다. 그렇게 되었을 경우, 조직원 모두 훈련된 프로세스가 일관되게 수행될 수 있고 프로젝트 수행결과를 종료 전 객관적이고 정량적으로 예측할 수 있다. 기업에서 CMMI 적용 시 인증자체보다는 프로세스 내재화에 초점을 두는 이유도 바로 여기에 있다.

>>> 8.3.2 성공적인 내재화 방안

CMMI에서는 프로세스 개선을 위해 착수(Initiate), 진단(Diagnosing), 수립(Establishing), 이행(Acting), 학습(Learning) 다섯 단계라는 IDEAL 방법론을 제공한다. Level 2단계에서는 프로젝트 중심의 표준 프로세스를 정의하고 준수하는 것에 초점을 두지만, Level 3부터는 조직 차원에서 표준프로세스를 정의하고 준수하며 목표에 따른 개선을 지속화시키는 단계별 활동이 진행된다. 즉 사업부특성에 따라 프로세스를 테일러링하여 업무수행에 효율적으로 프로세스를 적용한다는 뜻이다. Level 4는 데이터 기반의 프로젝트 또는 SW 개발 목표수립, 계획, 관리 및 개선활동이 수행되며 현장에서 수집된 데이터는 통계기법을 통해 분석되고 성과관리 및 목표기준선 관리가 이루어진다.

IDEAL 방법론의 각 단계를 CMMI 내재화 관점에서 구체적으로 살펴보면 아래와 같다.

첫째, 조직의 업무목표를 이해하고 이를 달성하기 위한 개선목표를 정의한다. 이때 사업부, 전사단위의 목표를 수립하여 향후 개선과제의 기반을 제공한다.

[그림 3-23] CMMI IDEAL 방법론

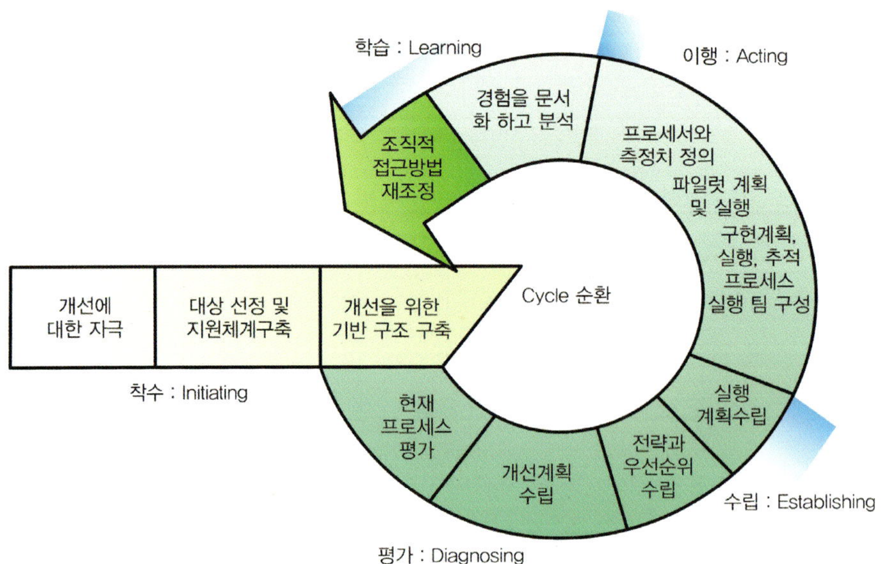

둘째, 갭 분석을 실시한다. 전사목표대비 현재 조직의 프로세스, 제도 등의 수준을 파악하고 CMMI 레벨별 요구하는 수준과의 갭을 찾아내어 개선기회를 도출한다. 이때 현장 참여를 유도하고, 사업부 단위의 책임제 개선을 유도하기 위해서 사업부장 중심의 개선기회를 도출하도록 독려한다. 또한 사업부, 전사 중심의 통합된 개선기회를 선정한다. 이와 같은 접근방법은 Top - Down, Bottom - up 방법을 동시에 채택함으로써 현장에서 바라보는 개선기회와 사업부 및 전사관점에서 바라보는 개선기회의 시각을 보다 넓혀 비즈니스 목표에 부합되는 합리적인 개선과제를 도출하는 데 목적이 있다.

셋째, 사업부, 전사관점에서 개선과제가 도출되면, 과제별 오너를 정의하고 과제 수행 팀을 구성하여 자발적인 수행을 하도록 유도한다. 이 방법은 과제를 담당한 오너에게 주인의식과 책임의식을 동시에 부여함으로써 조직원의 공감대 형성과 참여를 유도하고 프로세스 개선과정에서 원활한 의사소통 체계를 마련하는 데 그 목적이 있다. 그 이후, 효과적인 이행을 위해서는 EPG(Engineering Process Group)와 같은 프로세스를 실행하는 전문가 그룹과 각 영역별 스폰서지원, Steering Committee의 활동을 통해 개선활동이 실행되고 모니터링된다. 이 과정에서 놓치지 말아야 할 사항은 개선과제를 구체화하고 과제 달성을 측정 가능하도록 과제별 KPI를 설정하는 것이다. 개선과제는 기업의 품질목표와 비즈니스 전략과 부합된 과제로서 효율과 효과성을 고려하여 선정되고 실행되어야 한다.

넷째, 현장 중심의 개선과제를 실행하기 위해서는 설정한 KPI를 사업부, 팀 또는 개인의 목표에 반영하여 관리하는 것이 필요하다. 개선활동 동기부여를 위해 개선제안 제도를 수립하여 보상과 격려를 실시한다. 더불어 조직 차원의 정량적인 목표 이행 여부를 철저히 모니터링할 수 있는 체계를 구축하는 것이 필요하다.

이상과 같이 기업에서는 표준프로세스 체계를 구축하고 이를 내재화함으로써 조직원의 역량을 강화해 나가야 한다. 또한 변화관리 팀 및 EPG 그룹의 주기적인 활동을 통해 현장의 실제 개선사례를 공유, 모니터링하고 이를 목표치와 지속적으로 분석해 가는 Plan - Do - Check - Action(PDCA) 기법을 사용하면 매우 효과적으로 프로세스 내재화를 이룰 수 있으며, 더불어 실행과정을 점검하고 결과에 따른 효과성을 모니터링함으로써 품질상의 문제를 사전에 예방하고 개선할 수 있다.

8.4 SW 개발주기와 CMMI 관계

>>> 8.4.1 조직 및 프로젝트 레벨과 CMMI

CMMI는 4개의 프로세스 영역이 존재하며 프로세스 종류는 프로젝트계획 수립
부터 조직혁신 프로세스에 이르기까지 22개의 프로세스가 존재한다. 이들 프로세
스는 CMMI 레벨 1~레벨 5에 분포해 있으며 프로젝트레벨과 조직레벨에서 구분
되어 관리한다. 즉, 프로젝트 현장에서 다루어야 할 프로세스와 전사 또는 사업부
레벨에서 운영 및 관리되어야 할 프로세스로 분류할 수 있다.

프로젝트 레벨에서는 [그림 3 - 24]에서 제시된 바와 같이 프로젝트 계획수립(PP),
프로젝트진행관리(PMC), 품질보증(PPQA), 형상관리(CM), 협력사관리(SAM), 측정 및
분석(MA), 등 6개 프로세스가 적용된다. 조직레벨에서는 요구개발(RD), 설계(TS), 제
품통합(PI), 검증(VER), 확인(VAL), 위험관리(RSKM), 의사결정 및 문제해결(DAR) 등
CMMI 레벨 3 프로세스가 적용되며, 레벨 4 프로세스로선 정량적 프로젝트관리
(QPM)는 프로젝트 레벨에서도 사용 가능하며 조직 관점에서도 활용될 수 있다. 즉
레벨 4의 기준이 되려면 현장 프로젝트 수행에서 수집된 실데이터가 조직레벨에서
관리되어야 하기 때문이다. 또한 레벨 4이면서 조직레벨에서 적용되는 프로세스는
조직프로세스 성능(OPP)이다. 교육훈련(OT), 통합프로젝트관리(IPM), 조직 프로세스정
의(OPD), 조직 프로세스집중(OPF)이 레벨 3에 해당되며 조직레벨에 포함된다. 마지막
으로 조직레벨에서 다루어지는 레벨 5 프로세스는 원인분석(CAR), 조직혁신(OID) 등
이 있으며 CAR은 프로젝트 레벨에서 발생한 QPM상의 데이터를 통해 원인분석이 가
능하기 때문에 프로젝트 레벨과 조직레벨 양쪽에 분포해 있다고 볼 수 있다.

>>> 8.4.2 SW 개발 단계별 프로세스 연계

먼저 프로젝트 레벨에서 개발주기 관점의 프로세스 관련성을 살펴보자. 고객의
요구사항을 받아 프로젝트가 시작되면 그에 따른 프로젝트 계획(PP)이 수립된다.

이때 PMC, PPQA, SAM, CM, MA 등도 포함되어 관리방안이 수립되며 이 시점에 준비된 프로세스는 SW 개발 전 단계에서 관리 수단으로 활용된다. 요구사항관리(REQM)는 분석, 설계, 개발, 테스트 전 단계에서 이루어질 수 있다. 요구사항은 수시로 조정,변경, 추가될 수 있기 때문이다.

조직레벨에서는 SW 개발 각 단계마다 관련 프로세스가 존재하거나 SW 개발 전체 단계에 분포하여 프로세스가 적용될 수 있다. 분석 단계에서는 요구개발(RD)이 집중 사용되며, 설계 및 개발 단계에서는 기술설계(TD) 프로세스, 제품통합(PI)은 테스트 단계에 집중된다. VER, VAL, RSKM, DAR은 SW 개발 전체 단계에서 활동이 일어나는 프로세스이다. OPD와 OPF는 전사 또는 조직관점에서 정의한 표준 프로세스를 조직의 특성에 따라 테일러링하여 SW 개발에 적용할 수 있다. QPM과 OPP는 조직관점에서 정의, 개선할 수 있는 프로세스이지만 QPM의 경우 프로젝트 레벨에서 적용되어 조직레벨로 통합된다. CAR와 OID는 QPM, OPP 기반이 수립된 조직에서 적용이 가능하며 지속적인 프로세스 개선이 가능한 상태로 프로세스가 발전하게 된다.

[그림 3-24] SW 개발 주기와 CMMI 관계도

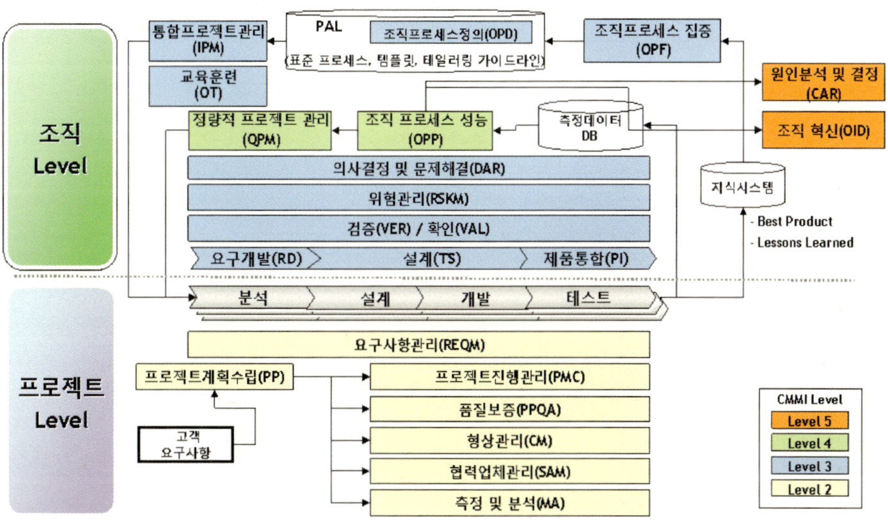

CMMI에서 제공하고 있는 22개 프로세스는 각 레벨에서 요구하는 수준이 정의되어 있을 뿐 아니라, 프로젝트 및 조직레벨에서 어떤 역할을 수행해야 하는가에 대해 프랙틱스 관점에서 제시하고 있다. 이러한 특성을 이해하여 SW 개발 단계에 적용한다면 보다 효과적인 프로세스 개선이 가능하며 CMMI 레벨 3에서부터 프로젝트 예측이 시작될 수 있다. 데이터 기반의 객관성 있는 프로젝트 성공 또는 납기, 품질, 예산 등의 예측은 레벨 4에서 요구하는 QPM의 기반을 갖추었을 때 가능하다. 따라서 CMMI는 SW 개발의 생산성 향상과 조직관점에서의 프로세스 혁신을 가능하게 하는 모델임에 틀림없는 혁신도구이다.

8.5 사례를 통해본 CMMI 발전방향

>>> 8.5.1 SW 품질문제 사례

최근 도요타 자동차의 대량 다수품목 리콜사태는 전장SW의 품질문제에서 비롯되었다고 전문가들은 예견하고 있다. SW 품질문제가 한 기업에 미치는 영향은 그 나라 경제에까지 타격을 미친다고 볼 수 있다. 경영을 이루는 여러 엔티티들 간에, 최소율의 법칙이 작용한다. 우리는 이것을 리비히의 법칙이라고 한다. 품질이라는 엔티티에 주목해 본다면 그 중요성이 더욱 확연해진다. 전체를 이루는 부분들 중 최저품질의 부품이 전체 시스템의 품질을 결정하는 것을 볼 수 있다. 서로 영향력과 생명력을 주고 받는 부분과 전체를 구성하는 점을 볼 때, 지금과 같은 정보화 사회에서는 부분이 전체이고 전체가 부분인 경우를 볼 수 있다. 자동차의 한 작은 모듈이 전체인 회사의 생존력에 얼마나 큰 영향을 주는가에 대한 좋은 사례이다.

도요타는 생산성과 경비 절감이라는 목표 아래 HW나 SW로 또는 그 혼합으로 나타나는 IT 융합 제품들은 'information hiding'과 'modularity'를 강조해 왔다. 부분이 블랙박스(Blackbox)화된 것이다. 블랙박스(Blackbox)화한 IT 제품이나 서비스는 그 내부의 신뢰성에 대한 것이 외부에 지표화되어 제시되지 않으면 위험할 수 있다. 이러한 위험성을 최소화하기 위한 방법으로 "Open Architecture", "Open Source Software", "개발 Process 역량의 정량화 및 혁신" 등이 비즈니스와 IT 분야에서 중요시 되고 있다. 리스크를 관리하고 Sustainable한 기업을 경영하려면 보이지 않는 것을 보여지게 지표화하는 것이 필요하다. CMMI에서는 이와 같은 측정지표 설정 및 관리를 측정 및 분석, 위험관리, 제품개발 단계별 품질관리, 제품통합 등의 프로세스에서 찾을 수 있다. 도요타 리콜 사태는 품질관리 방법상의 문제로서 SW 설계, 개발, 테스트 과정에서 지켜야 할 기본원칙을 준수하지 못했기 때문일 것으로 예측된다.

>>> 8.5.2 CMMI 발전방향

IT가 여러 방면에서 큰 기여를 해 왔다. 그중에서 특히 중요한 2가지는 Process 혁신과 Interface 설계 방법론이다. 좋은 프로세스는 일반적으로 좋은 결과물을 만들어 내고, 인터페이스가 명확하게 설계되면 검증(VER)과 제품통합(PI)이 수월해지며 전체의 신뢰성과 품질 또한 더욱 향상시킨다.

CMMI가 추구하는 방향은 프로젝트 수행계획을 정의하고 계획서를 문서화하여 활용하고, 계획서를 기초로 수행과정을 모니터링하고, 수행결과를 측정해야 하고, 측정결과를 저장하고 분석하여 개선사항을 도출하는 데 있다. 즉, 프로세스를 개선해야 하는 데 초점을 둔 것이다. 따라서 이러한 개선이 정량적으로 이루어지려면 좀더 과학적인 접근이 요구될 것이다. 최근 프로세스 혁신 방법 중 과학적인 접근 중의 하나는 6시그마이다. CMMI와 6시그마의 접목은 정량적인 목표관리가 가능하게 하여 프로세스 개선뿐만 아니라 그 프로세스가 담고 있는 문제점의 원인까지도 제거할 수 있는 기반을 제공하고 있다.

향후 CMMI는 단순 SW 개발 영역 차원을 벗어나 임베디드 소프트웨어 영역을 포함한 항공, 방위, 전자 산업 분야에서도 요구가 증가할 것으로 기대되며 소프트웨어 엔지니어링, 시스템 엔지니어링, 소프트웨어 획득 활동에 대한 구체적인 방법을 제시하고 있기 때문에 프로세스 개선을 위한 선도적 위치로서 도입이 증가할 것으로 전망한다.

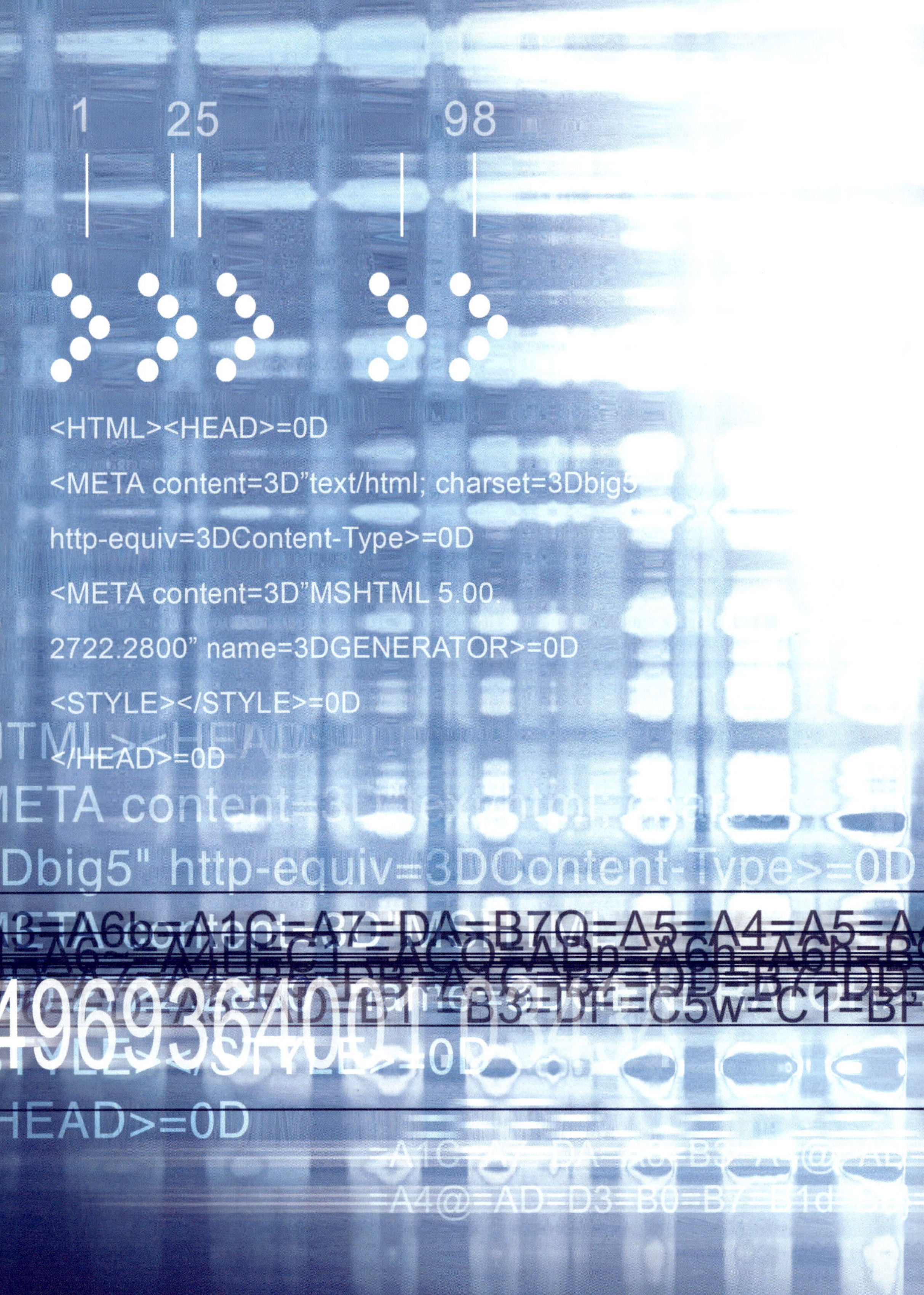

1   25   98

<HTML><HEAD>=0D

<META content=3D"text/html; charset=3Dbig5

http-equiv=3DContent-Type>=0D

<META content=3D"MSHTML 5.00.

2722.2800" name=3DGENERATOR>=0D

<STYLE></STYLE>=0D

</HEAD>=0D

CHAPTER 02

글로벌 공급망과 통합기술

CHAPTER 02에서는 2가지 영역의 IT 분야를 다루고 있다. 첫째, 기업 경영혁신 및 변화를 지원하는 전략적인 솔루션을 소개하였다. 즉, 웹 환경에서 수요와 공급 사이드, 그리고 이것을 통합하는 내부통합 솔루션으로서 SCM, CRM, ERP, PRM 등을 중점적으로 다루고 있다. 이들 솔루션은 최근 기업경영의 핵심 인프라로서 기업의 생산성 향상과 비용절감, 고객가치 창출의 기반기술로 도입되고 있다. 둘째, 글로벌 경영에서 기업 내·외부 통합기술을 소개하였다. 글로벌 공급망을 가능케 하는 기술은 데이터와 프로세스 통합을 지원하는 기술이다. 두 가지 형태의 통합은 서로 다른 기업의 정보와 프로세스를 표준화하여 마치 한 기업이 운영되는 것과 같은 결과를 제공한다. 이의 대표적인 통합기술로서 EAI, B2Bi, ebXML, 웹 서비스 그리고 로제타넷 등을 소개하였으며, 이들 기술의 최근 기업환경에서의 필요성, 구현방법, 구현효과 등을 언급하면서 공급망의 가시성과 민첩성을 확보하기 위해 기업과 IT가 수행해야 할 역할을 다루고 있다.

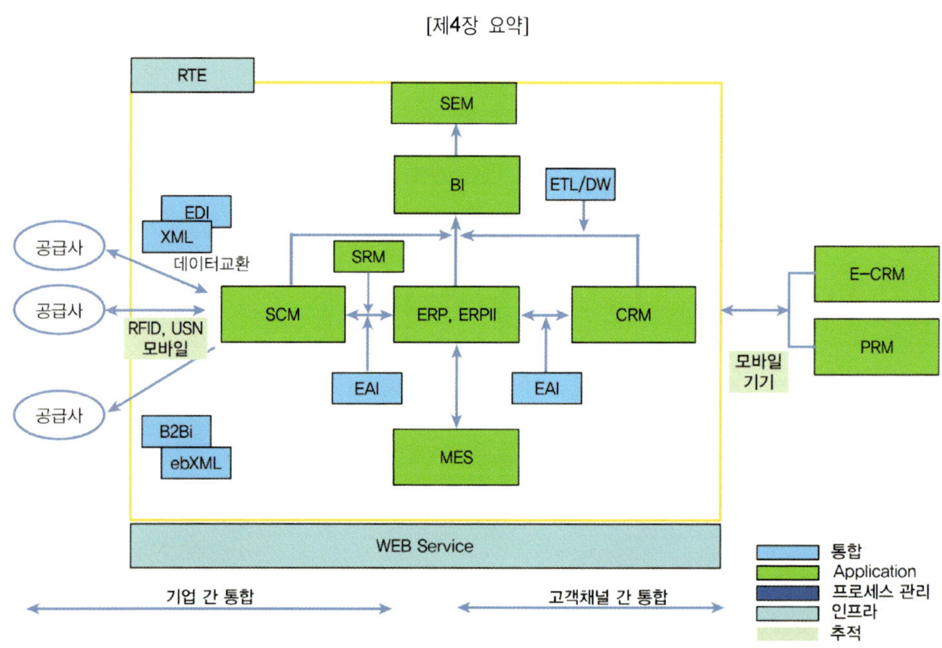

시장 및 제품과 서비스에 대한 고객니즈가 변화됨에 따라 공급망과 고객접점관리는 과거와 확연히 달라졌다. 일방적인 one-way 생산·판매방식에서, two-way라는 기업을 중심으로 공급사와 고객과의 상호작용하는 거래로 발전하고 있다. 이를 지원하기 위해 IT 분야에서는 전사적 자원관리 시스템이 등장하였다. 이것은 기업의 중심에서 공급과 수요사이드에서 발생하는 정보를 실시간으로 통합하는 중요한 역할을 담당하고 있다.

그러나 오늘날 공급망도 고객지향으로 변화되고 있다. 인터넷기반의 가상기업이 출현하고 디지털 환경의 유비쿼터스 시대가 도래하면서 그 어느 때보다 공급, 수요사이드 거래에서 가시성이 요구되고 있는 것이다. 즉 서비스 및 제품, 부품 거래에 실시간 정보 파악이 가능한 체계를 필요로 하는 것이다. 반면, 가치사슬의 효율적인 공급망관리를 위해 기업은 비용 절감, 생산성 향상 측면에 관심을 기울이며 적시에 원하는 상품을 저가격으로 고객에게 납품할 수 있는 시스템 체계를 필요로 하고 있다.

최근 공급망은 매우 복잡하게 상호 연결되어 움직이고 있다. 세계시장이 글로벌화 되었기 때문이다. 따라서 공급망에서 흐르는 정보, 자금 및 지식들은 적시에 정확하게 효과적으로 제 기능을 발휘할 수 있도록 기업의 ERP 시스템과 기업 간 통합이 요구된다. 한편 고객과의 장기적 관점에서 수익을 확보할 수 있는 고객관계 유지를 통한 사업다각화 및 고객생애 가치증대 등을 달성할 수 있는 경영혁신 활동이 필요하다.

이를 위해 공급사이드에서는 고객, 공급자, 조달업체 등 공급망 전체 영역에서 정예화된 공급사관리, 고품질, 저가격의 부품조달을 가능하게 하는 마켓플레이스 및 e-Procurement 등 공급망 혁신을 시도하고 있다. 반면, 수요사이드에서는 고객 접점관리 및 상호작용이 가능하게 하는 CRM 구축과 간접채널로서 영업기회를 넓히려는 PRM을 구축하여 CRM과 통합하려는 시도가 이루어지고 있다.

본 장에서는 가치사슬의 공급 및 수요사이드의 가시성과 민첩성을 높이고 기업의 비용 절감 및 생산성 제고의 인프라를 효과적으로 제공할 수 있는 SCM, CRM, PRM 구축을 살펴보고 이와 관련되어 e-비즈니스상에서 관리되는 SRM, e-CRM, e-Procurement 등의 개념과 구축방안을 알아보려고 한다.

1.1 SCM의 개요

가치사슬이란 기업의 물류정보가 가치사슬을 따라 움직이면서 일련의 부가가치를 발생시킨다는 개념이다. 급변하는 세계경쟁에서 우위를 점하기 위해 기업들은 경영의 투명성 확보, 스피드 제고를 통한 기업효율성 극대화, 고객서비스 향상 등과 같이 과거와는 다른 차원의 경영혁신을 요구받고 있다.

2000년 이후 우리 기업들은 인터넷이라는 새로운 정보 채널을 사용하면서 고객, 공급업체, 기업 간의 관계를 형성하였다. 기업가치를 창조하는 새로운 비즈니스 패러다임을 형성하기 시작한 것이다. 이것을 우리는 e-비즈니스 시대라고 일컫는다. e-비즈니스 시대는 고객이 원하는 시점에 정확한 제품을 적절한 장소에 납품이 가능하도록 하여 고객의 서비스 수준을 향상시키는 기반을 제공하였다. 즉 공급자, 생산자, 유통, 소매업자, 고객관계가 하나로 통합된 파이프라인을 형성된 것이다.

본 장에서는 기업을 중심축으로 수요와 공급사이드 동기화를 형성하기 위한 비즈니스 효율성과 효과성 측면의 접근방법을 살펴보고 e-비즈니스 환경에서 처리되는 업무, 즉 구매, 고객 관계관리 및 협력사 관리 등을 가치사슬 측면에서 IT와 비즈니스를 연계하여 구축하는 방안을 제시하려고 한다.

>>> 1.1.1 SCM의 이해

오늘날 시장환경은 글로벌 마케팅(Global Marketing), 글로벌 소싱(Global Sourcing), 글로벌 매뉴팩처링(Global Manufacturing) 등이 통합되어 거래가 형성되는 특징을 안고 있다. 또한 생산방식은 불특정 다수를 겨냥한 제품생산에서부터 고객 개개인에게 맞는 맞춤형 상품공급에 이르기까지 다양한 형태로 전환되고 있다. 이와 같은 환경은 기업으로 하여금 고객의 니즈를 고려한 수요 예측, 자재 조달, 생산 방식 등을 요구할 뿐 아니라 세계의 고객을 대상으로 상품개발 및 서비스를 제공하도록 요구하고 있다.

즉 기업은 자사의 기존 효율성 유지만으로는 글로벌 환경 및 고객의 수요변화에 대응하는 데 한계가 존재한다는 것을 인지하고 수요예측 및 Logistics 측면에서 상품 및 서비스에 대한 자재조달, 생산, 판매에 이르는 물류 흐름을 효과적으로 관리하는 경영혁신방법을 강구하기 시작하였다. 이것이 바로 경영혁신개념인 SCM(Supply Chain Management)이다.

최근 시장환경 및 고객의 다양한 요구변화에 기업이 즉각적으로 대응하여 고객만족도를 높이기 위해서는 과거의 재고관리 중심의 SCM 관리 기법으로는 한계가 존재하고 있다. 특히, 2000년대에 들어 국경이 없는 세계화가 가속화되고 고객의 맞춤형 상품공급이 보편화되면서 고객요구사항에 대응할 수 있는 신속하고 예측가능한 의사결정이 필요한 글로벌 공급망이 요구된 것이다.

>>> 1.1.2 SCM의 목표

경영환경 변화측면에서 SCM의 필요성을 정리해 보면 다음과 같다.
- 고객, 유통업체, 제조업체, 원자재 공급업체 상호 간의 정보교류 신속성, 정확성을 위해 프로세스 통합 중심의 계획과 실행 필요
- 기업의 글로벌화에 따라 예측 가능한 SCM 시스템 및 기법이 필요
- RTE 인프라의 핵심으로서 글로벌 SCM 간의 가시성, 민첩성, 협업을 통한 SCM 경쟁력 확보 필요

오늘날 SCM은 [그림 4−1]과 같이 원자재 공급에서부터 제조업체, 창고, 소비자에 이르기까지 정보(information), 물자(material), 현금(cash), 서비스 등을 SCM 전체 흐름상에서 체인 간의 연결을 통합하고 관리함으로 효율성을 극대화하는 경영전략 기법이다. 또한 ERP를 근간으로 각 공급체인 접점에서 수요, 생산, 계획을 유연하게 대응하도록 지원하는 전략적 의사결정 시스템의 역할도 제공한다.

[그림 4-1] SCM의 개념

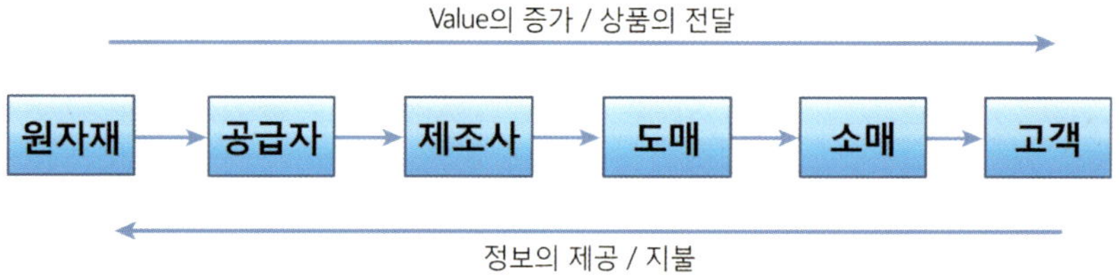

궁극적으로 SCM이 추구하는 목표는 상품, 정보 그리고 자금의 직결화이다. 최소의 재고로 고객의 요구사항을 적시에 만족시키고 구매방식, 제조생산방식 등의 새로운 변화를 통한 비용 절감에 초점을 둔다는 점에서 아래 목적을 충족하는 시스템이라고 말할 수 있다.

- 구매, 재고관리, 수송, 핸들링 비용 절감으로 전체적인 SCM 비용 감축
- 고객이 필요로 하는 시점에 물품의 품절 방지
- 주문·조달의 불확실성과 변동성 제거
- 제품의 흐름에 대한 가시성 확보

이와 같이 SCM이 추구하는 목표를 달성하기 위해서는 공급망 흐름의 프로세스가 혁신되어야 하고 IT 기반의 인프라가 구축되어야 한다. 이것은 생산계획의 합리화, 제조 및 유통공정이 정확히 가동되었을 때 가능할 것이다.

1.2 SCM의 구성

SCM은 고객의 주문정보뿐만 아니라 시장예측 정보, 판매계획 및 시장이벤트 정보 등을 포함하여 병렬적 수요계획을 수립한다. 수요계획에 따라 회사의 실행계획을 수립하고 이를 근간으로 생산계획, 유통계획 및 운송계획의 수립과정을 거친다. 더불어 ERP 시스템을 통한 기업 내 업무 최적화 구현을 지원하고 기업 간 정보, 시간, 자원 등을 통합할 수 있는 구조를 갖고 있다.

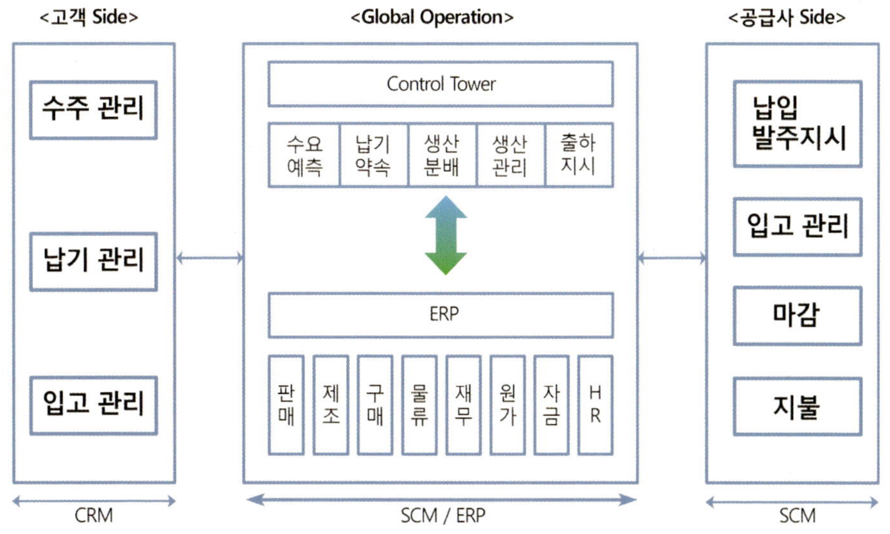

[그림 4-2] SCM의 개념도

[그림 4-2]는 SCM과 ERP 간의 유기적인 연관 관계를 보여 주고 있다. ERP에서 관리되는 제조 및 판매 정보 등을 기반으로 수요를 예측하고 납기, 약속 및 생산, 출하 지시를 공장에 주문하는 흐름을 보여주고 있다. 즉 SCM 구성은 크게 SCM 계획과 SCM 실행으로 구분할 수 있다.

>>> 1.2.1 SCP(Supply Chain Planning)의 구성

SCM 계획은 흔히 SCP로 일컫는다. SCP란 제품이 고객에게 도착하기까지 물류상의 과거 데이터를 참조하여 수요를 예측하고, 공급사 간 생산, 판매, 재고정보 등을 신속히 파악하여 이를 토대로 수요계획을 수립하는 활동이다. 이 과정에서 수요계획수립의 핵심은 신뢰성 있는 데이터의 정확도이다. 정확한 수요계획은 생산계획의 정확도를 향상시킬 수 있기 때문이다.

즉 수요예측은 시장동향, 및 고객선호도 변화를 고려하여 시장수요에 대한 신뢰성을 확보할 수 있다는 뜻이다. SCM 계획은 수요계획과 생산계획의 동기화 측면에서 중요한 의미를 갖는다. [표 4-1]은 SCM 계획을 유형별로 설명한 내용이다.

[표 4-1] SCP 종류

SCM 계획 종류	세부 내용
수요계획	시장예측정보, 판매촉진 계획 등의 정보를 기초로 병렬적인 정확한 수요계획을 수립
생산계획	고객에게 공급될 상품 또는 서비스의 내역에 대해 제조와 관계된 모든 일정을 세부적으로 관리 및 조정
유통계획	일정관리 부분, 운송계획 부분, 수요계획 부분과 통합하여 물류상의 운영계획 수립
운송계획	최소비용으로 원재료가 공장에 배달되고, 완성된 제품 또는 서비스가 고객에게 효과적으로 전달될 수 있도록 자원에 대한 배분 계획 수립

〉〉〉 1.2.2 SCE 실행(Supply Chain Execution)

SCM 실행을 SCE라고 한다. SCM 계획을 토대로 현재 각 사이트에서 실질적인 행위가 발생하며 고객이 원하는 시점에 제품이 정확히 납품될 수 있도록 주문, 생산, 유통 등에 대한 효율적인 물류관리가 실행되는 것을 SCE라고 한다. SCE의 역할범위는 위의 주문, 생산, 유통관리뿐만 아니라 하자 발생 시의 역물류관리까지를 포함하고 있다.

[표 4-2] SCE의 종류

SCM 실행 종류	세부 내용
주문관리	주문이행, 주문확인, 주문처리
생산관리	제품 및 서비스의 생산 과정에 대한 전체적인 관리
유통관리	완성된 상품 또는 서비스가 고객에게 전달될 수 있도록 관리
역물류관리	제품에 하자가 생길 경우, 제품이 보상 판매될 경우 등 고객으로부터 상품 또는 서비스를 돌려받는 부분의 관리

1.3 SCM 구축방안

〉〉〉 1.3.1 SCM 구축 단계

SCM 구축은 먼저 기업 내·외부 물류흐름의 프로세스 개선을 전제로 출발되어야 한다. 고객 실수요에 기초한 최적의 수요계획, 전략적 공급업체 관리를 반영한 비용 절감 및 최적의 물류네트워크 등의 프로세스를 새롭게 정비한 후 SCM 시스템 도입이 되어야 한다. 공급망상의 프로세스가 개선되고 관리되었을 때 긍정적으로 SCM의 구축 성과를 기대할 수 있으며 리얼타임 환경의 공급망 흐름을 가시화할 수 있다.

SCM 구축의 5단계는 대부분 시스템 구축 단계와 유사한 특징을 갖는다. 특히 SCM은 다양한 공급사, 파트너 및 고객 간의 관계형성을 필요로 하기 때문에 이들이 새로운 프로세스를 이해하고 시스템상에서 물류흐름을 관리할 수 있도록 교육을 실시하며 ERP를 중심으로 유연한 통합이 이루어져야 할 것이다.

[표 4-3] SCM 구축 단계

구축 단계	구축 내용
목표수립	기업의 비전과 가치에 부합하는 SCM의 목표수립
As-Is 분석	기업 내·외부 공급 프로세스상의 수준을 평가하고 문제점을 분석
To-Be 설계	각 기업에 맞는 기본적인 SCM 모델 정립 전담조직 구성/Empowerment/유관부문 조직 변화
SCM 구축	SCM, CRM, ERP, SRM, e-procurement와 통합연계
실행	Supply Chain의 효율성 평가/보상체제, 성과지표관리 사내 임직원 및 협력업체에 대한 교육 프로그램 진행 피드백 체제 구축, 그리고 지속적인 변화관리

>>> 1.3.2 SCM 필요 기술

SCM은 표준화, 단순화, 모듈화를 통해 공급체인 간, 또는 조직 간 의사소통 및 정보공유가 효율적으로 이루어져야 한다. 이에 만족할 만한 효과를 가져오기 위해서 공급자부터 최종 소비자에 이르기까지 신뢰성 있는 정보망 구축은 SCM에 필수 요건이다. SCM은 다양한 최신 정보시스템 기술을 수용하고 있다. 정보의 통합과 공급사슬에서 파트너 간의 명확한 의사소통 채널을 정의하고 이를 유지하기 위해서는 네 가지 핵심기술 요소가 필요하다.

첫째, 표준데이터 및 교환 프로토콜이다. 이때 B2B 프로토콜 또는 문서교환에 주로 사용되는 기술은 XML 기반의 SOAP을 사용한다. 둘째, 분산환경에서 프로세스, 데이터 그리고 시스템 통합은 SCM의 필수 요소이다. 이를 지원하기 위해서는 표준통신과 상호 운용성의 기반이 마련되어야 한다. 이러한 기반이 되었을 때 글로벌 SCM 관리가 가능하기 때문이다. 세 번째 기술은 바로 인터넷 기술이다. 인터넷 기술은 고객과 커뮤니케이션을 가능하게 한다. 마지막 기술요소로 SCM 시스템은 ERP 시스템과는 달리 외부요소와의 유연한 연계를 위해 네트워크 및 정보 공유 측면에서 [표 4-4]와 같은 기술을 수용해야 한다.

[표 4-4] SCM 구축을 위한 필요 기술

구분	관련 기술
표준화/통합화	- 데이터통합: EAI - 프로세스 표준화: 로제타넷, ebXML - 웹 서비스: XML, UDDI 디렉터리 서비스 표준, SOAP
정보기술 하부구조	- 인터페이스 장치: PDA, HP, 바코드, 음성메일, 인터넷 - 데이터베이스: 거래, 상황, 일반정보, 그룹작업 DB - 시스템 아키텍처: DB, I/F, 커뮤니케이션을 매칭(LAN, WAN)
전자상거래	- 인터넷, EDI, 이메일 등을 통해 전자적 거래
시스템 구성요소	- 최적 유통 경로결정 운영계획(SCP) - 운영실행 시스템(ERP, SRM, CRM)

[참조]: 김태현·문성암 공역. 물류 및 공급체인관리. 11장 공급체인관리의 정보기술. 2003.

기업 간의 정보교환 기술로서 대표적인 것은 EDI 기술이다. 최근에는 인터넷이 보편화되면서 기업 간의 프로세스 협업을 증진시키고, 프로세스 통합화를 지원하는 ebXML 기술이 사용되고 있다. SCM 구축을 위해 [표 4-4]의 모든 기술이 필요하지는 않지만 기업이 처한 환경 및 SCM 구축목적에 따라 필요 기술을 선택하여 적용하면 효율적이다.

>>> 1.3.3 성공적 SCM 구축을 위한 고려사항

성공적인 SCM 구현을 위해 고객 서비스 요구 증가, 기업의 이익 및 성장 요구의 균형이 필요하다. 아래의 일곱 가지 사항을 기업의 환경에 맞게 적용한다면 효과적인 SCM의 도입이 가능할 것이다.

(1) 서비스 요구에 근거한 각 고객 세분화 및 세그먼트별 서비스 개발: CRM 기반

(2) 세분화된 고객요구에 대응하는 최적의 물류 N/W 구축: SCE 기반

(3) 고객의 실 수요예측과 최적의 수요계획 수립: SCP 기반

(4) 제품 커스터마이징 실시를 통한 공급체인의 재고절감 및 리드타임 단축

(5) 전략적 소싱업체 관리를 통한 공급체인의 비용 절감: SRM 기반

(6) 공급체인 지원을 위한 IT 전략적 체계 확립

(7) 공급체인 공동의 성과 측정, 개선: BSC 기반

1.4 효율적인 SCM 관리 기법

SCM의 최근 이슈는 글로벌 경쟁력확보, 단축된 제품생애주기, 저가격제품 및 효율적인 유통채널 확보 등을 강조하고 있다. SCM 관리가 효율적으로 수행되려면 무엇보다 물류관리에 초점을 두어야 한다. 이를 위해 모듈화, 차별화, 통합배송 및 공급자 일일재고 관리방법 등이 필요하다. [표 4-5]는 이들 관리 기법을 설명한 내용이다. 이와 같이 기법들이 등장한 목적은 바로 고객이 요구한 제품과 서비스를 적시에 제공하기 위해서이고 기업입장에서는 생산성 향상과 비용절감효과를 얻기 위해서이다.

[표 4-5] SCM 관리 기법

관리 기법	관리 내용
모듈화	다양한 제품을 모듈화시켜 조합에 의해 조립생산할 수 있도록 모듈단위로 설계, 모듈단위로 물류를 관리하는 기법
차별화	물류에서 모듈화, 표준화된 반제품 상태로 생산, 보관, 운송하여 현지 상황에 맞게 조립하는 방법
통합배송	물류비 절감, 배달 신뢰성을 높이기 위해 지역별, 일자별로 분류하여 큰 단위로 통합하거나 전문업체에 위탁하여 통합하는 방식
공급자 일일재고	공급자와 주문자 간의 전략적 제휴를 통해 판매/생산계획/재고현황 등의 정보를 공유하고 생산, 부품의 주문을 공급자에게 일임하는 방법

SCM은 제품의 유형에 따라 영향을 받는다. 기존의 SCM은 비용 절감 등의 공급망 효율화에 초점을 두었지만 최근의 SCM은 수요와 공급의 불확실성으로 인해 시장환경에 민첩하게 대응할 수 있는 시장 중심의 즉각적인 Market Responsive Supply Chain을 요구

하고 있다. 즉각적인 SCM은 주로 혁신적인 제품을 생산하고 고객의 요구와 수요변화에 안정적인 SCM을 추구하는 데 목표를 두고 있다.

예를 들면, 생필품 또는 일상품목 등은 기존 공급망에서도 충분히 고객 대응이 가능하였다. 그러나 휴대폰, 디지털전자기기 및 라이프 사이클이 짧은 신제품 등과 같이 시간을 다투어 제품을 출시해야 하는 품목들은 Market Responsive Supply Chain을 필요로 한다. 즉 고객과 시장변화에 능동적인 대처와 신속한 의사결정이 가능한 민첩한 공급망이 요구된 것이다.

[표 4-6]을 통해 두 가지 유형의 공급망을 비교할 수 있다. 최근 수요 및 공급 시장에서 물류와 판매관리는 즉각적인 Market Responsive Supply Chain을 통해 가능하다.

[표 4-6] 효율적인 SCM과 즉각적인 SCM 비교

구분	Efficient SCM	Market Responsive SCM
우선 목표	최저가 수요 공급	수요에 대한 빠른 대응
제품설계 전략	최저제품 원가에 최대 성능	모듈 방식에 의한 제품 다양성 확보
가격 전략	낮은 이윤	높은 이윤 (가격이 고객에게 주요 요소 아님)
생산 전략	높은 가동률을 통한 낮은 비용	불확정 수요 위한 생산능력 유지
재고 전략	저비용을 위한 최소 재고 유지	불확정 수요를 맞추기 위한 재고 유지
리드타임 전략	비용의 증가는 없는 리드타임 감소	어느 정도 비용이 들어도 리드타임은 감소
수송 전략	최저비용 상태 유지	반응성 높은 상태 유지

1.5 RFID 기반의 SCM 혁신

>>> 1.5.1 RFID 시대 도래

기업의 경쟁력은 고객이 원하는 제품을 고객이 원하는 방식으로 고객이 원하는 시간에 최소의 비용으로 어떻게 전달하는가에 달려 있다. 고객변화에 따른 시장의 요구로 인해, 내부의 조직뿐만 아니라 원자재 및 부품을 공급하는 공급업체에서부터 생산 후 제품을 최종 고객에게 전달하는 모든 조직, 즉, 협력사, 파트너를 효율적으로 관리하여야 경쟁력이 확보되는 시대에 살고 있다. 따라서 공급망상의 각 공급업체의 재고흐름을 실시간으로 관리하기 위해서는 RFID라는 신기술을 활용하여 체계적인 실물관리를 필요로 한다.

최근 기업의 경영 패러다임은 협업화, 최적화, 통합화 기반의 실시간 경영체제 (RTE - Real Time Enterprise)로 변화되고 있다. 시스템 환경 또한, 언제 어디서나 서비스를 제공할 수 있는 유비쿼터스 환경으로 전환되고 있다. 이에 RFID는 이와 같은 환경변화에 핵심기술로 부각되고 있으며 2004년 IT TOP 10대 기술로 선정된 이래 물류, 교육, 교통 및 U - City 등 다양한 산업분야 깊숙이 파고 들고 있다. 2007년부터 범정부 차원에서 RFID/USN 확산 정책을 수립한 이후, 자동차, 유통·물류 핵심분야에 RFID 장착 의무화를 추진하겠다는 의지도 RFID 중요성을 입증하고 있는 것이다. 특히, 제조 - 물류 - 소매 등 물류의 전체 프로세스에 적용하여 공급망 전반에 도입효과를 극대화할 수 있는 과제로서, RFID기반의 U - SCM 사업을 추진 중에 있다.

RFID 기술은 어떤 기능을 담고 있기에 공급망 관리의 핵심으로 부각되고 있는가? 본 기술은 전자태그를 부착하여 실시간으로 상품정보를 인식 및 제어하는 기술로써, 각 상품에 부착된 전자 태그에 무선 주파수를 통해 자동으로 인식하여 ERP, SCM 등과 같은 기업정보시스템 및 제품정보 제공서비스와 연계하여 활용되고 있다. 즉, 제품에 Tag를 부착하여 EPC 코드[5]인 ID를 저장하고 Tag의 정보를 Read 또는 Tag의 정보를 Write하여 여러 Tag의 정보를 수집하고 처리하여 그 정보를 기업시스템으로 전송하는 작동원리를 가지고 있는 것이다.

>>> 1.5.2 RFID 구축방안

자동차, 물류, 유통산업 등에서는 공급망 상에서 물류흐름의 가시성을 확보하는

---

5) EPC(Electronic Product Code): EVN. UCC 코드와 같이 상품을 식별하는 코드임. 동일품목의 개별상품까지 원거리에서 식별할 수 있어 위조품방지, 유효기간관리, 재고관리 및 상품추적 등 공급체인에서 다양한 효과를 제공한다.

것은 매우 중요하다. 그 이유는 많은 협력사들과 체인처럼 연계되어 부품조달이 이루어지기 때문이다. 한편 협력사들의 조달 프로세스 수준은 열악하고 취약한 시스템을 활용하고 있다. 필요한 부품이 협력업체로부터 물류센터 또는 생산거점으로 납품하기까지 납품량과 품목을 파악하고 보관비와 운송비를 절감하여 공급망의 전반적인 효율을 높이는 것은 쉬운 일이 아니다. 기존 공급망 체계로는 어렵다는 뜻이다. 바로 이것이 공급망 혁신을 위한 핵심 포인트이다. 따라서 RFID 기반의 SCM을 구축하기 위해서는 이와 같은 공급망상의 특징을 고려하여 구축전략을 수립하고 성공적인 구축을 위해서 다음과 같은 사항을 고려해야 한다.

먼저 공급망상의 각 주체 간의 업무 표준화, 협업인프라 구축을 위한 기능 중심의 표준모듈을 만들어야 한다. 그 이유는 협력사별로 개별 물류프로세스가 존재하기 때문에 제조업 기반의 RFID기준 프로세스를 제정하고 업종 특성에 따른 특화서비스를 추가할 수 있도록 상호 연계성을 확보는 맞춤서비스를 제공하는 것이다. 다음으로 산업 표준모델 실행을 위한 구현전략 도출이 필요하다. 정보화 기반이 취약한 중소기업(협력사)에서의 시스템 활용도를 극대화할 수 있는 인프라의 구성 지원 등의 작업도 여기에 포함될 수 있겠다.

이상과 같이 공급망상에서 RFID 성공적인 구축을 위해서는 다음과 같은 평가지표들을 관리할 필요가 있다. SCM은 경영관리 기법으로 오늘날 지속적인 공급망 관리 혁신이 필요하기 때문이다.

- 각 단계의 입/출하 정보의 정확도
- 재고관리를 위한 관련 비용 절감률
- 협력지원 통합 재고관리 시스템에 대한 사용업체의 평가
- 각 시스템 별 검색 성공률
- 통합 정보 활용을 통한 업무비용 절감

〉〉〉 1.5.3 RFID 도입 기대효과

RFID 기반의 공급망 관리가 이루어진다면 부품의 자동 입·출고 및 재고처리가 가능하기 때문에 협력사 간의 실시간 물류흐름을 파악할 수 있다. 즉, 입고시점부

터 RFID를 통해 전송되어 관리되는 부품은 제품생산, 출하, 배송에 이르기까지 제품 및 제품에 포함되는 부품의 실시간 재고 및 추적이 가능하다는 뜻이다. 부품 적재율 최적화 구현, 운송 라우팅 최적화 등 협력업체 물류관리가 가능하기 때문에 비용절감 및 높은 물류생산성을 얻을 수 있다. 뿐만 아니라 제조 산업의 IT 협업 체제의 문제점을 극복하고 대기업과 중소기업 간의 정보인프라의 불균형을 해소하는 프로세스 표준화 작업이 가능하다. 이와 같은 효과는 바로 대기업과 협력사 간의 신 물류기법 도입과 RFID 등의 신기술 인프라를 통해 기업 간의 정보소통이 원활할 수 있는 협업네트워크의 구축이 전제가 되었을 때 가능할 것이다.

효율적인 공급망 운영은 시장경쟁에서 필수요소가 되고 있다. 글로벌 기업이 가격경쟁에서 절대적 우위를 확보하기 위해서는 소요부품의 글로벌 소싱, 생산시스템의 혁신 등과 더불어 물류비 절감을 위한 혁신적인 물류시스템 추진이 중요하다. 향후 RFID 확대적용은 협력사 간 협업을 통한 산업물류 서비스의 부가가치를 증대하는 방향으로 전개될 것이다. 만약 태그가격이 1센트 미만으로 낮아질 경우, 대부분 산업분야에서 RFID 기술이 널리 채택되는 'RFID 인터넷시대'가 등장할 것으로 기대된다.

1.6 SCM의 미래

미래의 SCM은 SCM의 궁극적인 목적 달성에 기반이 되는 기업 내부 통합에서 기업 간의 협업을 통해 가상의 기업실현이 가능한 동기화 단계로 발전하게 될 것이다. 즉 기업 간, 공급망 간의 통합이 가능하게 된다는 뜻이다. 또한 SCM는 '고객지향 SCM'으로 전환되고 있다. 즉 고객의 요구를 정확히 이해하고 온·오프라인의 다양한 채널로부터 그들의 관련 정보를 수집하고 분석하여 고객이 원하는 제품과 기능을 개발하여 공급하는 추세로 변화되고 있다. 이때 SCM은 ERP에서 출발하여 CRM을 연계할 정도로 대상범위를 확대, 진화하는 방향으로 발전하고 있는 것이다.

[그림 4-3]은 SCM 각 단계별 비즈니스상의 주요관리 포인트와 정보기술과 업무 간의 통합의 법위를 제시한 것이다. 현재는 제IV단계로 수요와 공급사이드 간의 동기화를 추구하고 있다.

미래의 공급망은 SCM상의 관련된 대부분 기업들이 하나의 가상 기업이 형성될 것이다. 이를 위해 IT 관점에서는 기술통합이 요구되고, 비즈니스 관점에서는 실시간 프로세스와 데이터 통합이 선행되어야 하며 기업 간의 협력관계 형성이 비로소 가상기업 간 협업 비즈니스를 가능하게 할 것이다. 최근 린(Lean), 6시그마, RFID 적용 등은 공급망의 가시화 및 효율적인 운영에 필요한 다양한 기술들이 진화되고 있음을 알 수 있다. 이제 SCM은 기업의 생존을 위한 선택이 아닌 경쟁우위를 위한 전략적 무기로서 필수요소로 자리 잡고 있다.

2.1 ERP 개요

>>> 2.1.1 ERP 발전과정

2000년대 e-비즈니스 경영패러다임 전환은 기업경영방식과 경영정보시스템 측면에서 큰 변화를 가져왔다. 이 변화의 주도적 역할을 담당한 것은 ERP 시스템이다. ERP 시스템은 기업의 경쟁력 확보의 필수요소로서 공급망관리의 핵심 기능을 충실히 지원하고 데이터의 통합성을 우수하게 만들 뿐만 아니라 선진기업에서 검증된 솔루션으로 인정받아 왔다.

국내의 경우, 1995년 삼성전자가 ERP 시스템을 처음으로 도입한 이래 2000년대 초반까지 국내 대기업을 중심으로 ERP 또는 확장형 ERP를 도입해 왔다. 초창기 ERP 구축은 경험 부족으로 많은 시행착오를 겪었으며 투자대비 기대성과는 그리 크지 못하였다. 그러나 시간이 지나감에 따라 ERP 시스템 구축 노하우가 축적되면서 국내 실정에 맞는 ERP 도입이 가능하게 되었고 성공사례 또한 증가하였으며, 지금은 중견기업까지 ERP 구축이 보편화되고 있는 추세이다.

[표 4-7] 시대별 ERP 시스템 도입현황

시험기(1995~1998)	적응기(1998~2000)	확산기(2001~2005)	성숙기(2005~현재)
- ERP 도입에 대한 경험 부족으로 다수의 시행착오를 겪음 - 투자대비 기대성과가 크게 못 미침	- ERP 도입방법의 표준화 및 경험 축적 - ERP가 국내 실정에 맞게 버전 업그레이드됨	- e-biz로의 전환에 따른 ERP 도입 필요성 증대 - e-biz와 연계한 Extended ERP로 발전함	- ERP Ⅱ 환경 전환 - RTE, C-Commerce 환경의 인프라 - ERP 도입은 성숙기 - 중견기업에서 지속적으로 도입 중
삼성그룹, LG그룹	포스크, SK그룹	일반대기업 중심	SMB(중견기업) 중심

ERP의 발전과정은 MRP에서 발전된 ERP와 개별 패키지에서 발전된 ERP로 구분할 수 있다. 첫째, 1970년대의 MRP(Material Requirement Planning), 1980년대의 MRPⅡ(Manufacturing Resource Planning)의 개념이 보다 확장되어 ERP 시스템으로 발전하였다. 그 대표적인 예로 Oracle, SAP ERP를 들 수 있다. 둘째, 개별 패키지에서 발전된 ERP는 SAP와 같이 회계 중심의 패키지로서 생산, 판매, 자재 등 그 영역이 확장된 ERP로 진화되었다.

2000년 초반부터 ERP 시스템은 확장형 ERP 시스템으로 발전한다. 이 시스템은 SCM, CRM, Marketplace, KM 등의 기능을 포함하면서 e-비즈니스 환경에서의 기업 업무처리를 가능하게 하고 있다. 즉 e-비즈니스 전환에 따른 ERP 도입의 필요성은 날로 증대되고 e-비즈니스와 연계한 ERPⅡ로 발전하기 시작한다. 기존의 ERP 시스템은 단순 인터페이스를 통한 웹의 연결이었지만 ERPⅡ는 웹 기반의 핵심 ERP와 확장된 ERP 시스템의 컴포넌트 집합으로 이기종 간의 통합성을 강조하는 구조로 발전하게 되었다. 이와 같은 통합성은 현재 SCM 기반과 유비쿼터스 환경의 비즈니스 인프라를 제공하고 있다.

글로벌 경영환경에서 ERP 시스템은 기업의 통합정보시스템으로서 기본 인프라 역할을 담당하고 있다. 즉 데이터의 표준화, 통합화를 가능하게 해 주며 정확한 정보를 적시에 제공할 뿐 아니라 나아가 기업의 전체 자원을 최적화하는 역할을 톡톡히 수행하고 있다. 또한 글로벌 선도기업이 요구하는 투명성 확보와 프로세스 혁신의 enabler로서 역할은 글로벌 경영환경에서 기본인프라가 되고 있다.

[그림 4-4] ERP의 변천과정

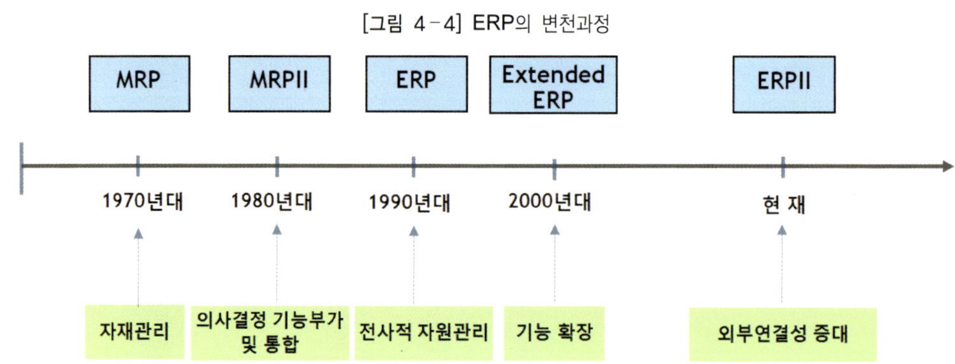

〉〉〉 2.1.2 ERP의 특징

ERP는 PI Enabler로서 기업전반에 활동 중심의 베스트프랙티스를 제공하며 기업 내부의 통합데이터 베이스를 제공한다. 기업은 ERP 시스템을 통해 기업 내·외부의 분산된 데이터를 통합할 수 있다. 통합데이터는 다양한 시뮬레이션 기능을 통해 적시에 의사결정을 내릴 수 있는 정보가 되고 있다.

과거의 기업은 새로운 시스템을 전사적 관점에서 구축하기 위해 1년 ~3년이 소요되었다. 그러나 ERP 시스템 구축은 접근방식에 따라 6개월~1년 이상 기간이 소요되며 유지보수 비용도 기존의 개발시스템보다 절감할 수 있는 장점을 가지고 있다. 즉, ERP시스템이 통합데이터 구조를 가진 Ready‒Made된 제품이기 때문에 신규 개발시스템과 비교해 볼 때 기간, 운영비 측면에서 효과를 얻을 수 있다.

다음은 ERP 시스템이 가지고 있는 기능적, 기술적 특징을 설명한 내용이다.

[표 4‒8] ERP 시스템의 특징

기능적 특징	기술적 특징
‒ 통합업무시스템 ‒ 표준프로세스로 경영혁신 지원 ‒ 파라미터지정으로 구축기간 단축 ‒ 개방형구조 ‒ 글로벌 대응가능함 　(다국적, 다통화, 다언어 지원)	‒ 클라이언트 서버기술 ‒ 관계형 DB 사용 ‒ 객체지향기술 사용 ‒ 최종사용자 컴퓨팅이 가능 　(EUC: End User Computing)

아래 표는 기존시스템 개발과 ERP 시스템 구축을 비교한 자료이다.

[표 4‒9] 기존시스템 개발과 ERP 시스템 구축 비교

	기존 시스템	ERP 시스템
사용 이유	단순업무 전산화	기업전략 강화
지역적 전개	Local	Global
SW 범위	업무의 일부	전체 업무를 통합
도입결정의 특징	Bottom‒Up	Top‒Down
Version Up	Difficult	Easy
Costs	Customizing	SW License
업무프로세스 설계	협업요구에 의한 설계	Best Practice에 의한 To‒Be 설계

	기존 시스템	ERP 시스템
개발 주체	IT 중심의 개발 주체	현업 중심의 개발 주체
시스템 유연성	자체 개발에 의한 맞춤형 시스템으로 시스템 확장이나 수정 시 새로 개발	기 개발된 모듈과 To-Be 프로세스 Mapping에 의한 프로토타입 구축으로 시스템 확장이나 수정 시 모듈의 재조합

2.2 ERP 구축유형 및 구축전략

>>> 2.2.1 구축 유형

ERP 구축 유형은 크게 빅뱅 접근과 단계적 접근방식으로 구분한다. 어느 방식을 선택하느냐는 기업의 전략과 특성에 따라 다를 수 있으나 두 가지 방식 모두 장단점을 가지고 있다. 그러므로 기업은 두 가지 접근방식의 특성을 고려하여 ERP 시스템 구축방식을 선택할 필요가 있다.

먼저 빅뱅방식은 전 업무와 조직에 대해 ERP 전 기능을 동시에 진행하는 방식으로 때론 여러 시스템 구축이 병행으로 구현되는 멀티프로젝트이다. 즉 한꺼번에 여러 시스템이 개별 프로젝트처럼 진행되기 때문에 상호 시스템 간의 연계 및 통합이 핵심요소가 될 수 있다. 따라서 기업입장에서는 상당한 위험 요인을 안고 프로젝트를 추진할 수 있지만 반면 정보시스템 및 프로세스를 혁신하는 측면에서는 단기간 기대효과를 얻을 수 있는 장점이 있다. 이와 같은 방식은 주로 작은 기업 또는 전사적으로 PI를 추진하는 기업에 주로 적용된다. 빅뱅방식이 성공적으로 구현되려면, 업무혁신과 전사통합화의 최적화를 도모할 수 있어야 하고 이를 추진할 수 있는 강력한 리더십이 필요하다.

단계적 접근방식은 빅뱅보다 위험 요인이 다소 작다고 볼 수 있으나, 오히려 타 시스템과의 다양한 인터페이스로 인해 예상치 못한 위험 요인이 발생할 수 있다. 이 방식은 장기간 걸쳐 통합시스템을 구축할 경우 적용된다. 한 사업부 혹은 파일럿 업무를 중심으로 프로젝트를 추진한 후 점진적으로 사업부 또는 지역 사이트의 구축을 늘려 가는 접근방식이다. 부분적 혁신 또는 부분 최적화를 도모할 경우 단계적 접근 방식은 용이하다. 그러나 단계적 접근방식은 일시적인 인터페이스 부담감으로 시스 템 안정화에 많은 시간이 소요될 수 있으며 기업 전반에 걸쳐 전체 ERP 시스템 도 입기간이 장기화될 수 있다. 다음은 빅뱅방식 ERP 구축과 단계적 ERP 구축방식을 비교 설명한 표이다.

[표 4-10] ERP 접근방식 및 장·단점

빅뱅 접근방식	단계적 접근방식
1) 전략/프로세스/시스템/조직을 동시적으로 단기간에 변화시킴	1) 전략/프로세스/시스템/조직을 단계적으로 장기간에 걸쳐 변화시킴
2) 전제 조건 - 경영층의 강력한 지원과 리더십 - 패키지 기능보완 및 개발납기 준수 - 패키지 GAP조기 분석 및 대응방안 수립 - 조기 교육/훈련 등	2) 전제 조건 - 본사/지사/사업장 등 지역별 또는 업무기능별로 독립적 수행이 가능 - 프로젝트 기간에 제약사항이 없는 경우
3) 장점: 동시 적용을 통한 변화추진 효과 극대화 및 시간/비용 절감 효과	3) 장점: 단계적 구축으로 인한 프로젝트 리스트 분산 및 안정적인 변화 실현가능
4) 단점: 조직/프로세스/시스템 등에 따른 변화가 동시 발생함으로 변화에 대한 혼란이 발생할 위험이 높음	4) 단점: 한시적인 인터페이스의 개발을 위한 노력이 필요하고 프로젝트 수행에 기간이 많이 소요됨

>>> 2.2.2 구축 전략

ERP 구축전략은 기업의 경영전략 또는 기업비전을 어떤 모습으로 드라이브하는가 에 따라 ERP Driven 방식과 커스터마이징 방식으로 구분된다. ERP Driven 방식을 채택한 기업은 주로 기업의 규모가 크지 않고, 단시간에 ERP를 구축할 경우에 유용 하며, 선진 프로세스를 그대로 채택하거나 신규사업을 시작한 업체에 유용하다. 커스 터마이징 방식은 맞춤형 ERP 구축방식으로서 이 방식을 선택한 기업은 시스템 구 축 전, 프로세스 혁신이 필요할 경우, 비즈니스 특성을 ERP시스템에 추가하고자 할 경우 채택하면 유용하다. 그러나 국내 기업의 경우, 무분별하게 이 방식을 채택하여 기대효과를 얻지 못하는 경우가 있다.

[표 4-11]은 ERP 구축방식을 비교 설명한 내용이다.

[표 4-11] ERP 구축방식

구분	ERP Driven 방식	Customizing 방식(맞춤형)
프로세스 변화	- ERP 표준 프로세스 그대로 수용	- 프로세스 재설계에 따른 변화가 올 수 있음
시스템 개발	- 애플리케이션 확장(Extension)이 없음	- 프로세스 변화에 따른 Extension이 발생됨
데이터 변화	- 손쉬운 데이터 변환	- 중간/대량의 복잡한 이행
업무시스템 범위	- 인터페이스, 커스터마이징이 거의 없음 - 복잡한 업무프로세스가 거의 없음	- 인터페이스, 커스터마이징, 데이터이행이 필요 - 복잡한 업무 프로세스 및 변환 요구
고려사항	- 패키지 적용전략 수립/준수 현업 체계적인 변화관리 수행	- GAP 처리에 대한 효율적인 의사결정 필요 - 사용자 그룹별 지속적인 변화관리 수행

기업문화, 산업특성, 혁신의 강도에 따라 ERP 구축방식은 달라질 수 있다. ERP 효율적인 구축이 되기 위해 일반적으로 아래와 같은 BPR 접근, 산업표준 템플릿, 변화관리 및 표준화와 통합화 등 네 가지 전략을 토대로 추진할 필요가 있다.

[표 4-12] ERP 성공을 위한 구축전략

추진전략	구체적인 내용
PI 중심 접근	- 단순한 응용 소프트웨어의 비즈니스 모델 참조 및 기능 중심적인 변화과제를 지양 - Benchmark를 통한 Best Practice 도입으로 선진 프로세스 구현
산업 Template 활용	- 선도 기업에서의 구현 사례를 Template 형태로 활용하여 안정적이고 효과적인 시스템 구현가능
지속적인 변화관리	- 적극적인 지식 전수로 조직원의 능력을 배양하여 지속적인 PI 활동이 가능토록 함 - 프로세스의 변화를 전 직원이 이해, 합의, 수행할 수 있도록 함
업무(프로세스)/정보의 표준화 및 통합화	- 업무/정보의 표준화와 통합화를 통한 향후 시스템 확장성 제고

2.3 ERP 구축방안

>>> 2.3.1 ERP 구성

일반적으로 ERP 시스템은 기업의 백본시스템으로 조직 내 주변 시스템들과 연계 또는 통합하여 구축된다. [그림 4-5]와 같이 ERP 시스템은 판매, 생산, 구매/자재 등 수요와 공급 사이드 두 축으로 구성되며 이때 발생되는 정보는 다양한 시스템과 연계된다. ERP에서 발생된 정보는 DW(Data Warehouse)와 연계되어 통합적으로 기업데이터가 관리·분석된다. [그림 4-5]에서와 같이 ERP에서 관리되는 영업, 구매/자재, 생산 등의 정보는 여러 가지 시스템과 연계가 된다. 기업의 데이터를 통합적으로 관리하는 DW와 인터페이스가 된 이후, EIS를 이용하여 ERP와 같은 기업의 통합정보시스템을 통해서 수집된 자료를 가공하여 경영자에게 제공한다.

고객과 관련된 정보는 CRM과 연계되어 ERP시스템에서 자사가 가지고 있는 제품, 서비스에 대한 정보를 제공하면 CRM에서는 고객 접점에서의 활동을 강화하기 위해 고객관리 및 영업활동 등을 수행하게 된다. 한편 CRM에서 수집 및 가공된 고객관련 정보는 ERP시스템에 축적하여 전사적으로 활용할 수 있는 정제된 고객관계 개선과 관련된 정보가 만들어진다. 그 외의 ERP 시스템은 SCM을 통해 물류관련 정보를, PLM을 통해 설계관련 정보를, MES를 통해 제조관련 정보를, e-Procurement를 통해 구매관련 정보를 실시간 주고 받는다.

선진 프로세스에 조직 문화를 결합시키고 투명경영을 추진하기 위해 기업의 초점은 생산자 중심의 업무처리에서 벗어나 고객 중심으로 초점이 변화되고 있다.

[그림 4-5] ERP 구성도

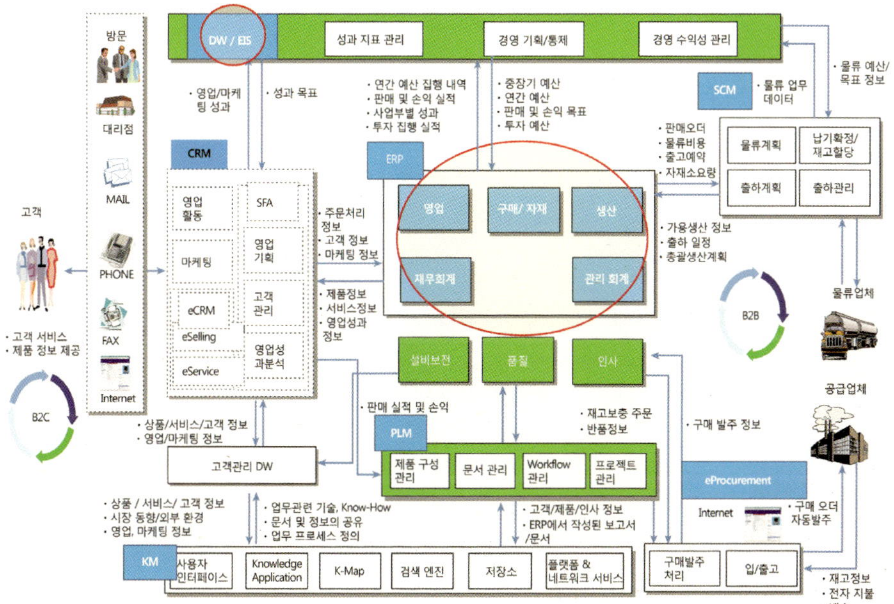

즉 고객접점 프로세스가 우선 재설계되고 업무 수행방법 및 시스템 지원은 고객관점으로 재구성되어야 한다. 따라서 ERP 도입 시작부터 이와 같은 도입목적을 명확히 하여 프로세스가 설계되고 시스템이 구축된다면 ERP도입 초기에 설정한 목표대로 기대효과를 얻을 수 있을 것이다.

>>> 2.3.2 ERP 구축 단계별 주요 활동

ERP 구축을 위해 벤더사마다 솔루션기반의 방법론을 제공한다. 각 방법론의 특성에 따라 도입, 구축, 안정화 단계로 구분되거나 프로젝트 준비~운영지원 단계 등 5단계 또는 6단계로 구분하는 경우도 있다. 본서에서는 ERP 프로젝트 추진 시 수행해야 할 일반적인 구축 과정을 6단계로 구분하여 각 단계 주요작업을 제시한다.

[그림 4-6] ERP 구축의 6단계

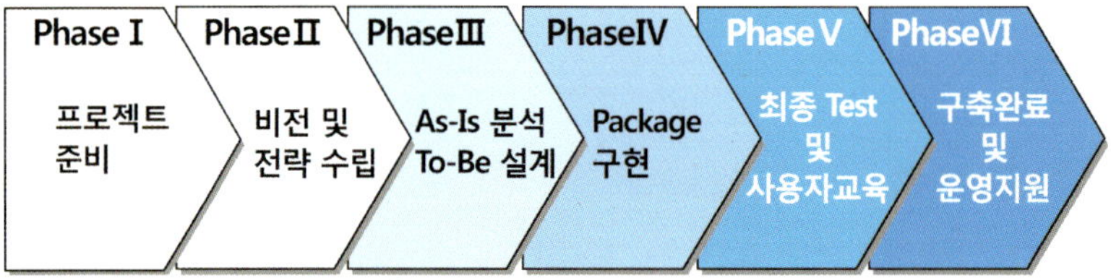

(1) 프로젝트 준비: 프로젝트 추진을 위하여 프로젝트 팀을 편성하고 팀원에 대한 교육을 실시하며 프로젝트 실행 계획을 수립함

(2) 비전 및 전략 수립: 대내외 경영환경을 분석하여 상세한 핵심 이슈를 파악하고 관련된 정보를 수집함. 미래 비전과 핵심경영전략을 수립하고 각 경영 관리제도별 재설계 방향을 설정하고 현 수준과 갭 분석을 실시하여 개선요소를 파악함

(3) As-Is 분석 및 To-Be 설계: 수립된 경영전략과 각 프로세스별 재설계 방향에 따라 상세설계를 실시함

(4) ERP Package 구현: 설계된 To-Be 프로세스에 의하여 ERP 시스템과의 매핑 작업, 프로토타이핑, 커스터마이징을 실시함. 완성된 이후 모듈별 테스트, 통합 테스트를 실시하고 ERP 구현 모델을 완성함

(5) 최종 테스트 및 사용자 교육: 현업 중심으로 마스터데이터 준비작업 및 시스템 테스트, 기존 데이터 이전, 사용자 매뉴얼 작성 및 교육을 실시함

(6) 구축완료 및 운영지원: 구축완료(Go-Live)는 프로젝트의 끝이 아니며, 설계된 프로세스의 최적화를 위해 지속적인 변화관리 활동과 성과에 대한 모니터링/개선을 수행해야만 함

〉〉〉 2.3.3 ERP 커스터마이징

ERP를 도입한 대부분의 기업은 커스터마이징을 시도한다. 커스터마이징 범위에 따라 ERP 프로젝트는 일정지연, 추가 비용투입 등에 영향을 받는다. 커스터마이징은 크게 두 가지 패턴으로 이루어지는데 하나는 ERP 소스 수정 없이 별도 요구사항 기능을 개발하여 추가하는 방법, 다른 하나는 ERP 시스템 내의 소스 자체를 수정하는 방법이다.

커스터마이징을 통해 기업은 주요한 기능을 추가하여 보다 효율적인 업무수행이 가능한 시스템으로 완성하기를 원한다. 그러나 커스터마이징이 무분별하게 진행되면, 초기에 의도했던 효과보다는 부정적인 효과가 나타나는 경우가 많다. 커스터마이징의 장점은 패키지가 수용하지 못하는 기능과 ERP 사용자의 요구사항을 반영할 수 있다는 점이나 구축 과정에서 예상치 못한 개발비용과 추가자원을 필요로 하며 운영과정에서 다양한 문제점에 직면할 수 있다. 또한 고난이도의 수정 과정을 필요로 하고 개발기간, 품질상의 문제, 그리고 버전 업그레이드 시점에 상당한 노력과 어려움이 발생할 수 있다.

따라서 ERP 도입 시 커스터마이징 전략을 어떻게 수립하느냐에 따라 프로젝트 목표달성과 구축 이후 유지보수에 영향을 미친다는 점을 인식해야 할 것이다. ERP 구축에 따른 위험을 최소화하려면, ERP 구축 초기부터 무분별한 커스터마이징을 막기 위한 '커스터마이징 전략'을 반드시 수립해야 하고 이를 통해 비즈니스 효과를 얻을 수 있도록 세밀한 프로젝트관리 측면에서 개발통제가 선행되어야 한다.

다음은 ERP 구축 과정에서 효과적인 커스터마이징을 수행하기 위해 프로젝트 관리 측면과 기술 측면에서 전략을 제시한 표이다.

[표 4-13] 효과적인 커스터마이징 전략

구분	커스터마이징 전략
프로젝트 관리 측면	-ERP 도입 단계부터 커스터마이징 영향도 공감대 형성 -PI 효과를 극대화할 수 있는 측면에서 커스터마이징 심의위원회 구성 -커스터마이징 수준을 결정하고, 대상을 분류하여 체계적으로 관리함
기술적인 측면	-상세 설계서 작성 및 운영효율화를 위해 기술전수 강화 -변경에 따른 철저한 형상관리 및 오픈 이후 사후관리 -향후 버전관리를 위해 커스터마이징 영향도 분석, 문서화

>>> 2.3.4 ERP 구축 단계별 품질 확보 방안

ERP 구축 과정의 품질은 시스템을 오픈한 후에 프로세스의 품질에 중요한 영향을 미친다. 따라서 각 단계별 비즈니스 및 시스템 관점에서 품질과 밀접한 주요사항을 체크리스트화하여 단계별 주요 점검활동을 강화하는 것이 필요하다. 물론 품질점검은 외부기관 또는 내부 품질전담요원이 실시하는 것이 객관성 확보를 위해 바람직하다. ERP 구축 과정을 도입, 구축, 안정화 3단계로 구분할 수 있는데 각 단계별 주요점검 항목은 아래와 같다.

(1) ERP 도입 단계(프로젝트 준비/비전 전략 수립 단계)

 -기업전략과 목표달성을 위한 핵심과제 선정 및 KPI 설정 여부

 -명확한 구축범위 및 목표설정

 -ERP 도입의 당위성 공유 및 공감대 형성

 -합리적인 프로젝트 계획수립(컨설팅, 고객사, 벤더사 등 책임/역할 수립)

(2) 구축 단계(As-Is 분석, To-Be 설계, ERP 구현 단계)

수행단계에서 많은 이슈와 위험이 도출된다. 따라서 프로젝트 관리자는 4~5단계 레벨이 정의된 WBS(Work BreakDown Structure)를 토대로 매주 진척사항, 이슈 및 위험관리 등의 정교한 프로젝트관리를 수행해야 한다. 또한 사용자 참여를 유도하여 고객과 컨설팅사 그리고 현장 간의 원활한 의사소통 및 협업체계를 만들어야 한다. 수행단계에서는 ERP 모듈 간 데이터 통합성을 유지하도록 관리해야 한다. 즉 추가기능이 필요할 경우, ERP 데이터를 최대한 유지하고 인터페이스를 단순화할 수 있는 방안을 모색한다. 복잡한 프로세스는 시스템 통합성을 어렵게 할

수 있기 때문에 최대한 단순화, 표준화하는 데 중점을 두어야 한다.

- 과제달성을 위한 To-Be 프로세스 설계 여부
- 선진사례 적절한 수용
- To-Be 프로세스에 대한 업무기준 수립 및 공감대 형성
- 반복적인 프로토타이핑을 통한 To-Be 프로세스와 ERP와의 GAP 단축
- 마스터데이터 표준화 및 관리방안 수립
- 데이터 이행 및 현업 중심의 검증
- 적정개발 및 기술전수
- 품질확보를 위한 통합, 성능, 사용자의 충분한 테스트
- 현장 중심의 변화관리

(3) 안정화 단계(Go-Live & 종료 단계)

ERP 시스템을 오픈한 이후, 조기에 시스템 안정화를 위해서는 [그림 4-7]에서와 같이 네 가지 관점에서 점검사항을 준비하고 조직적으로 대응할 수 있는 환경이 필요하다.

[그림 4-7] ERP 조기 안정화를 위한 필요사항

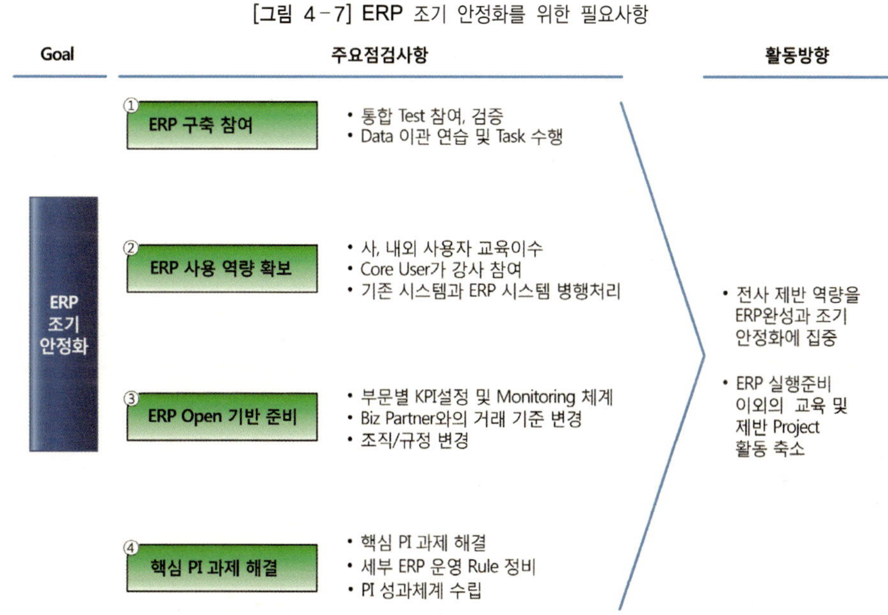

첫째, 사용자 관점에서는 개인사용자의 ERP 시스템에 대한 마인드 변화에 따라 ERP 도입성과가 달라질 수 있기 때문에 ERP 시스템과 변화된 프로세스에 친숙해질 수 있도록 적극적인 교육과 훈련이 필요하다. 교육 초기에는 컨설턴트가 핵심유저를 중심으로 교육한 다음, 핵심유저가 현장 사용자들에게 직접 교육하는 방식으로 진행된다.

둘째, 조직 관점에서는 데이터 정합성 확보를 위해 마스터데이터를 조직적으로 관리하고 입력오류를 줄여야 하며, 문제 발생 시 즉각적으로 대응할 수 있는 체계가 필요하다. 그러나 ERP를 도입하는 대부분의 기업들은 마스터데이터 준비 및 검증을 등한시하여 운영단계에 많은 문제점이 도출되고 애로사항을 겪는 것을 경험하였다. 이와 관련된 리스크를 최소화하기 위해, 현업(고객) 중심의 마스터데이터를 준비하는 팀과 문제가 발생할 경우, 이를 해결할 수 있는 마스터데이터 운영팀이 구성되면 효과적이다.

셋째, 시스템 관점에서는 통합테스트의 신뢰성 확보를 위해 현업 중심의 시나리오 기반 마련 및 테스트, 비즈니스 프로세스 검증이 필요하다. 특히 예외 프로세스가 발생할 경우, 시스템과 조직원의 대응 체계가 수립되어야 하고 헬프데스크 기능 강화도 필요하다.

넷째, 조직성과 관점에서는 초기 설정한 목표대비 기대효과를 달성하기 위해서 ERP를 오픈한 이후에도 지속적인 변화관리와 시스템적 Dash Board 사용을 통해 PI 과제별 성과를 모니터링하고 문제점을 사전에 개선할 수 있는 조직체계가 필요하다.

[표 4-14] 조기안정화를 위한 관점별 점검사항

구분	관리 항목	점검 사항
시스템	ERP SW LICENSE	– 사용자 시스템 사용 후 시스템 logout 생활화 – 정확한 사용자 집계에 따른 ERP SW license 추가 도입
조직	기준정보 Master data 일률적인 관리	– 안정화 단계 이후 추가적인 Issue 해결을 위한 PI 회의체 운영 – 기준정보 정확도를 위한 별도의 기준정보 팀 신설
사용자	반복적 교육	– PI를 대체할 인력 양성 – 현업 사용자의 반복적 교육
Master Data	Item(품목) 관리 BOM(부품명세표)	– 각 품목의 제품군별 데이터 관리, 특히 계획 데이터에 대한 정확한 이해 및 정확도 향상 – 완제품, 반제품, 원자재 마스터 관리 철저 – 마스터 관리가 ERP 시스템 사용의 성패를 좌우할 만큼 중요함 – 신규 아이템 생성 시 즉시 마스터 등록 관리 및 관련 부서 통보 요망

2.4 ERP 도입효과 및 성공 요인

>>> 2.4.1 ERP 도입 시 기대효과

ERP 시스템 도입효과는 기존에 도입된 많은 기업들로부터 지속적으로 검증이 되어 왔다. 그러나 기업의 구축방법과 전략에 따라 투자대비 ROI에는 차이가 발생하고 있다. 즉 PI 추진 여부 또는 ERP 도입 범위에 따라 기대효과가 달라질 수 있다. 2005년 엑센추어에서 조사한 ERP 시스템 효과 극대화 방안결과에 따르면, 조사대상 기업 180개 업체의 98%가 업무혁신 및 의사결정 향상 효과를 얻었다고 응답하였다. 특이사항은 ERP 구축 이후 대부분의 기업들이 SCM과 통합하여 확장형 ERP를 도입하거나, ERPⅡ 환경으로 전환하여 기업경쟁력을 극대화하려는 시도를 하는 것으로 나타났다.

PI가 제대로 추진된 기업일수록, ERP 도입효과가 훨씬 높다는 설문결과가 나타났으며 ERP 도입에 성공한 대부분 기업들은 변화관리를 가장 큰 성공 요인으로 언급하였다. 반면, 변화관리가 부족한 기업 70%는 투자대비 기대치를 얻지 못했다는 결과가 나왔다. ERP 도입효과는 프로젝트 추진전략에 의해 영향을 받는다는 것을 알 수 있다. 즉 PI와 병행추진, 사용자 참여유도, 그리고 변화관리 지속활동 등에 의해 영향을 받는다는 사실이다.

ERP 도입 범위를 기준으로 볼 경우, 전사적인 범위로 도입하는 것이 보다 더 효과적인 것으로 파악되었다. 구현 시 프로세스 및 시스템 통합 정도에 따른 결과를 살펴보면, 업무 프로세스 통합 범위가 클수록 더 많은 성과 창출에 기여하는 것으로 조사되었다. 프로세스 최적화(Process Optimization) 관점에서 보면, 어느 정도를 Process 혁신을 강하게 추진하느냐에 따라 결과에 차이가 많은 것으로 분석되고 있다. 또한 구현 과정에서 정보 분석 Tool을 충분하게 활용할수록 의사결정 지원 등에 큰 효과가 있는 것으로 나타났다.

비즈니스 측면의 효과	기술적 측면의 효과
- 재고관리 효율 증가: 재고회전율 증가, 정확한 수불 관리 - 일일 결산: 정확한 재고 및 수익 관리 - 고객만족도 향상: 빠른 납기, 서비스 지원 - 업무 신속화: 업무표준화, 단순화로 업무처리 단축 및 정보의 일관성 제공 - 의사결정 신속화: 실시간 정보 제공 체계화: 업무체계, 업무절차 규정화/준수화	- 통합화: 비즈니스, 데이터 통합 인프라 제공 - 오픈아키텍처 제공: 외부시스템과 통합 용이 - DW 활용하여 사용자에게 유용한 정보 제공 - 적시에 의사결정 가능한 정보 제공

>>> 2.4.2 ERP 도입 시 성공 요인

ERP 구축이 효율적으로 진행되기 위해서 항상 염두에 두어야 할 것은 프로세스, 데이터, 시스템, 변화관리 및 프로젝트관리 영역이다. 궁극적으로 프로세스는 데이터 흐름으로 나타나며 그 흐름은 ERP 시스템 내부에서 완성된다. 따라서 시스템의 완성도를 향상하려면 비즈니스와 정보기술이 통합되어 관리되어야 한다.

ERP 도입 시의 고려사항 10계명은 아래와 같다.

- 현재의 업무 방식을 그대로 고수하지 마라
- ERP에 대한 환상을 버려라
- 데이터의 표준화 및 표준 업무절차의 정립을 선행한다
- IT중심의 프로젝트로 추진하지 말라
- 업무상 효과보다 소프트웨어의 기능 위주로 적용대상을 판단하지 말라
- 프로젝트 관리자와 팀 구성원의 자질과 의지를 충분하게 키워라
- 단기간의 효과 위주로 구현하지 마라
- 기존업무에 대한 고정관념에서 ERP를 보지 마라
- 프로젝트 팀 멤버를 현업을 중심으로 구성하라
- 최고 경영층을 프로젝트에서 배제하지 마라

ERP 도입은 단순 시스템 구축이 아닌 기존업무의 통합과 조직의 혁신까지를 필요로 한다. 그러므로 조직의 부문별 전략과 IT 전략 간의 명확한 일관성 유지가 무엇보다 중요하며 전사적으로 ERP 시스템 도입목적을 이해하는 분위기, 즉 공감대 형성이 필요하다. 다시 말해 ERP 시스템을 단순 기술 또는 시스템 차원에서 구

축하는 일회성 프로젝트로 보는 것보다는 기업의 경영전략과 연계된 IT 전략 차원에서 도입되었을 때 그 효과를 극대화할 수 있을 것이다.

능률협회가 제시한 ERP 성공 요인과 가중치를 분석한 결과를 살펴보자. 가중치가 가장 높은 성공 요인을 순서적으로 나열하면, 경영자 의지 33%, 전사적 공감대 형성 25%, 업무 프로세스 재설계 성공 17%, 프로젝트 추진전략 8%라고 언급하였다. 이는 프로젝트 규모와 복잡도에 따라 다소 차이가 있으나 ERP 프로젝트 성공을 위해서는 조직원의 적극적인 참여를 통한 책임수행이 필요하며, PI 과정에서 설정한 과제달성을 위해 끊임없는 변화관리와 프로세스, 데이터 및 시스템 등의 개선작업이 병행으로 진행되어야 한다. ERP 프로젝트의 오너는 바로 현업, 즉 고객이다.

[그림 4-8]에서 언급했듯이, 변화관리는 ERP 성공을 위해 매우 중요하다. 그 이유는 ERP 솔루션 구축은 기업의 혁신을 위해 진행 중인 프로젝트이기 때문이다. 따라서 변화관리가 미진한 기업은 기대만큼 효과를 얻을 수 없다는 것은 당연한 결과이다. 그러나 상당수의 고객들은 ERP의 기능부재, 자사와 맞지 않은 프로세스를 효과가 미미한 원인이라고 말한다.

변화관리는 ERP 도입에 따른 프로세스, 조직(구성원), 시스템, 그리고 외부기관 등이 새로운 환경으로 인한 영향을 최소화시킬 수 있는 활동을 말한다. 변화관리

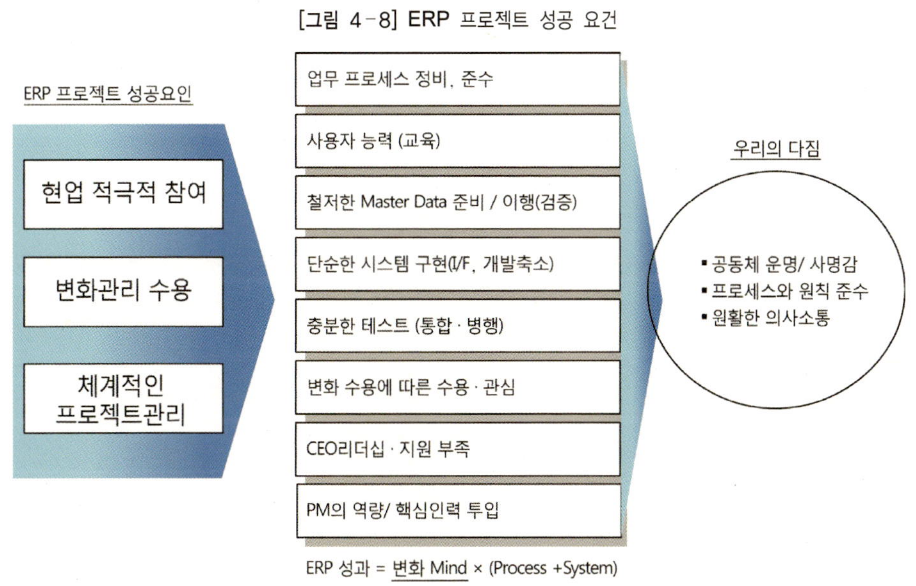

[그림 4-8] ERP 프로젝트 성공 요건

활동은 주로 교육, 설명회, 홍보활동 등을 통해 이루어지며 그 대상은 기업 내부의
임원, 관리자, 현업사용자뿐 아니라 기업 외부의 공급사, 협력사 및 필요 시 고객
등이 모두 포함될 수 있다.

>>> 2.4.3 ERP 도입 시 실패 요인

많은 기업들이 ERP 시스템을 도입하였다. 성공한 기업도 많지만 실패한 기업도
상당수 존재한다. 그 실패 요인의 공통점은 최고경영자의 지원 부족과 사용자 참
여 부족, 교육과 훈련의 과소평가, 체계적인 프로젝트 관리 부족 등으로 요약할 수
있다. [표 4 - 16]은 진행단계별로 나타날 수 있는 실패 요인을 제시하였다.

[표 4 - 16] 진행단계별 주요 실패 요인

단계	주요 실패 요인
도입 단계	- 불명확한 전략, 목표수립 - 부적합한 프로젝트 팀 구성 - 변화관리 미흡
	- 프로젝트 계획 미흡
구축 단계	- 비즈니스 분석 및 재설계 미흡 - 다양한 이슈해결 미흡 - 프로젝트 관리 미흡
	- 내·외부 이해관계자와 협업 미흡 - 시스템 통합관련 기술적인 이슈
	- 컨설턴트 가이드 불신 - 컨설턴트와의 의사소통 장애
	- 데이터 이행실패 - 데이터 정비 및 검증 부족
	- 부실한 시스템 설계 - 기술적인 문제 - 커스터마이징 전략 부재 - 불충분한 테스트(통합, 병행, 성능)
	- 비효율적인 의사소통 - 변화에 대한 저항
정착화 단계	- 성과측정에 대한 공감대 형성 부족 - 시스템 완성도 미흡 후 오픈 - 데이터 정확성, 시스템 성능 미흡
	- 프로젝트 팀과 컨설턴트, 종업원 간의 의사소통 미흡 - 책임소재에 따른 이슈해결 지연 - 안정화 계획 미흡

[출처]: 정희연. "ERP프로젝트 단계별 평가모형 개발 연구". 박사학위논문. 2007.

[표 4 - 16]에서 제시한 실패 요인은 바로 ERP를 구축하는 기업에게 많은 책임이 있음을 보여 주고 있다. 즉 추진 당사자들의 변화에 대한 필요성 인식 부족, 경영혁신을 위한 명확한 비전 부재, 리더의 의지 및 솔선수범 부족, 변화관리 미흡, 프로세스 미흡 그리고 지속적인 성과 측정 미흡 등으로 요약할 수 있다. 그만큼 ERP 시스템 도입은 추진 당사자에게 중요한 역할과 책임이 있음을 시사하고 있다.

2.5 ERP 트렌드

>>> 2.5.1 ERP 발전방향

ERP의 향후 발전방향은 크게 두 가지 관점에서 찾을 수 있다. 첫째, 우선 내부 자원을 통합하기 위해 ERP 시스템 안정화 단계를 거친 후, B2B, SEM, e - 비즈니스, CRM(Mobile) 등과 연계하여 대내외 자원을 통합할 수 있는 e - Collaboration 체제로 진입할 것이다.

[그림 4 - 9] ERP의 발전

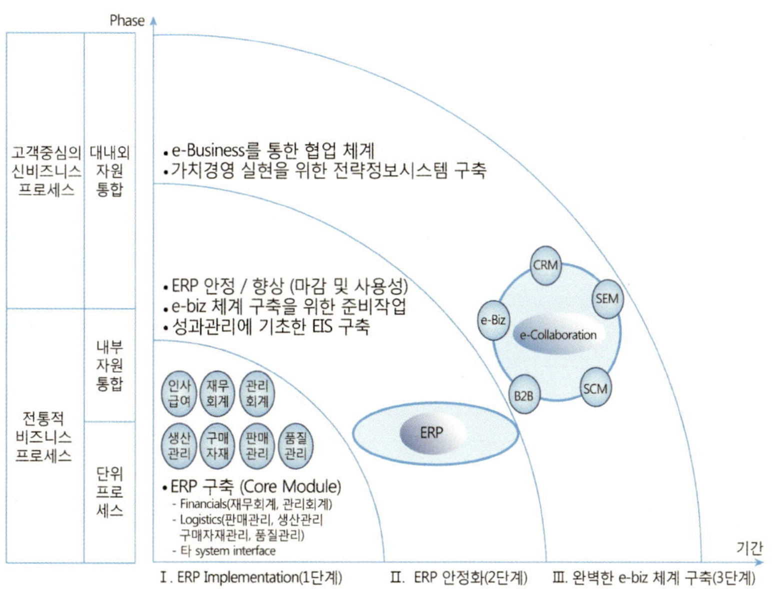

둘째, 2000년대 이전, ERP 도입 초기에는 주로 ERP 핵심모듈인 판매, 구매, 생산, 재무회계 및 인사 등의 기능만을 도입하였다. 비즈니스에 대한 고객의 요구가 증가함에 따라, 확장형 ERP, ERPⅡ로 발전하였으며 최근의 ERP 도입은 PI와 ERP가 동시에 추진되는 사례가 증가하고 있다. 이제는 단순 ERP 시스템 도입이 아니라 기업 간 가치사슬 통합이 목적이 되고 있는 것이다. 또한 ERP 도입 이후 고객의 30% 이상이 시스템운영, 프로세스 등의 외주관리와 웹 서비스, RFID, SOA 기반 구축 및 모바일 신기술 도입 등을 위해 사업의 성과와 내부효율성을 높여 가고 있는 것도 경영환경과 기술의 변화를 대변하고 있음을 보여주고 있다.

AMR(2006년) 보고자료에 의하면, 2009년까지 ERP 시장변화 중 대표적인 하나는 ERP 자체가 SOA 기반으로 변화하는 과정에 있다고 언급하였다. 이 의미는 ERP 시스템이 모듈 중심에서 비즈니스 서비스 중심으로 전면적인 지각변화가 진행됨을 시사하고 있다. 이미 ERP가 적용된 기업이라면 SOA를 지원할 수 있는 버전으로 ERP 업그레이드가 필요할 것이다. 신규 ERP 시스템을 구축할 기업이라면, SOA 기반의 인프라를 구비하고 기반의 업무 프로세스를 모델링하여 ERP시스템을 구축할 수 있다.

>>> 2.5.2 ERP 시장전망

ERP 시장은 이미 성숙기에 접어들었지만, 지속적으로 완만한 성장세를 보이고 있다.

IT 시장조사기관 KRG 보고에 의하면, 2008년 국내 ERP 시장은 라이선스 기준으로 전년대비 10% 성장, 2009년에는 다소 둔화된 7%로 전망하고 있다. 특히, 신규 수요보다는 ERP 활용도 제고를 위한 새로운 수요창출, 업그레이드와 프로세스 중심의 IT 환경 전환, ERP 고도화가 진행 중이며 대기업의 글로벌 경영 가속화로 삼성전자, LG전자 그리고 현대기아차 글로벌 ERP 통합이 주요 이슈로 떠오르고 있다.

최근 ERP 신규도입은 ERP 도입이 미진한 산업 군과 SMB 중견기업을 중심으로 성장이 예상되고 있으며, 기존 ERP시스템을 도입한 기업은 BI(Business Intelligence),

BPM(Business Process Management), EP(Enterprise Portal) 등과 연계한 확장형 ERP와 기업 간의 프로세스 통합을 위한 글로벌 ERPⅡ 추진이 증가할 것으로 예상한다. 뿐만 아니라 ERP를 구축한 기업들은 Web Service, Mobile, RFID 등과 같은 신기술 도입을 통해 사업성과 및 내부효율성을 높이는 데 노력을 기울이고 있다. 일부는 유지보수 비용증가로 인해 SaaS 모델이나 Offshoring 모델로 시장을 확장하려는 시도를 하고 있다.

3.1 ERP II 개념

2000년대 들어 인터넷을 활용한 비즈니스가 활기를 띠면서 CRM 등 e-비즈니스 솔루션이 ERP와 연동되었다. 그러나 프런트(Front-end) 중심의 연계에 한정되어 투자대비 효과를 기대만큼 얻을 수 없게 되자 C-Commerce에 의해 외부연결성을 증대하는 ERP II 의 개념이 등장하기 시작한다. 초기 ERP는 생산, 영업, 유통, 재무 프로세스 등에 국한되어 기업 간의 연결과 산업별 표준 프로세스를 기능적으로 포함하고 있으나 해당 프로세스를 수행하기 위해 외부 기업의 프로세스를 가져오는 데는 한계점이 존재하였다. 이를 극복하기 위해 ERP II 가 출현한 것이다.

비즈니스 패러다임의 변화는 ERP를 ERP II 로 발전시켰다. ERP II 는 처음 가트너에 의해 제시된 개념으로 확장형 ERP 또는 ERP에서 발전된 형태의 개념이다. ERP II 는 기업 간의 프로세스 및 데이터 통합 등이 중요한 화두가 되면서 이를 가능하도록 기술과 그에 따른 인프라를 지원한다. 즉 기업 내부 시스템뿐 아니라 기업 간의 협업의 최적화를 위한 전문화된 시스템으로서 조직구성원, 파트너, 고객 간의 유동적 관계를 형성하고 협업이 가능한 전자상거래를 제공한다.

[그림 4-10] 비즈니스 패러다임에 따른 ERP의 구분

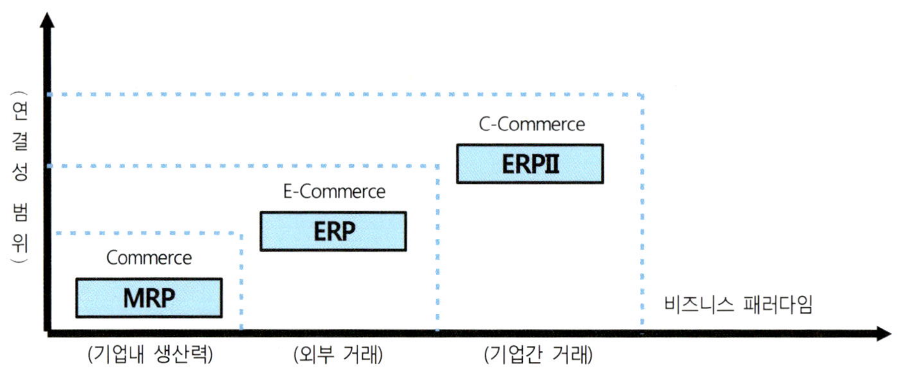

[그림 4-10]은 ERP 시스템이 기업 내부·외부와의 연결성에 따라 ERPⅡ로 진화하는 과정을 보여 주고 있다.

다음은 ERPⅡ의 특성을 설명한 것이다.

- 인터넷 기반의 아키텍처 구성
- 기업 간의 업무 프로세스를 총괄하는 협업 개념 채택
- 적용 범위는 제조, 물류뿐 아니라 전 영역을 포함
- 컴포넌트 기반의 개방형 구조를 갖춤

위의 요건을 갖추기 위해

- 애플리케이션 통합과 컴포넌트 기술을 기반으로 하는 아키텍처를 채용해야 하고
- 데이터는 Publish/Subscribe형의 교환형식을 채택해야 한다.
- C-Commerce의 기본 요건인 정확한 정보흐름이 ERPⅡ를 기반으로 이루어지므로 ERPⅡ의 구축은 기업의 핵심 과제임을 인식해야 한다.

ERP에서 진보된 확장형 ERP는 ERP 시스템이 한 단계 발전된 개념이며 이 개념은 ERPⅡ로 발전하게 된다. 기존 ERP 시스템에 기능적, 기술적 사항이 추가되어 발전된 개념으로 기존 ERP에서 제공하지 못한 SEM(ABM, VMB, BSC), PLM, KMS 등의 모듈이 추가로 제공되는 시스템이다. 확장형 ERP는 공급망관리, 영업인력 자동화(SFA), 고객지원 기능 등이 추가로 포함하고 있다. 즉 웹 기반의 인터넷을 이용한 공급망 내 공급자와 소비자를 연계한 전체 시스템으로 ERP 기능을 CRM, SCM 등과 같은 프런트까지 확장된 개념이다. 확장형 ERP에 포함된 기능은 세 영역에서 찾아볼 수 있다.

- 고유기능: PDM, CRM, SFA, MES, R&D, EIS
- 경영혁신 기능: KM, SEM(ABM, VBM, BSC), SCM, BPM
- 선진정보 기술 추가: Workflow, CALS, EC(Electronic Commerce)

3.2 ERPⅡ 기술요소

가트너가 제시한 ERPⅡ는 C‒Commerce의 완성을 목표로 하고 있다. 이를 위해 다음과 같은 3가지 측면의 기술적인 지원이 필요하다.

(1) 통합 기술 필요

ERPⅡ는 ERP의 기업 내부 최적화보다는 파트너 간의 협업을 통한 공급망의 최적화 역할로 새롭게 규정하고 있으며, 비즈니스의 모든 영역과 계층을 연결하고 있다. 따라서 SCM, SRM, e‒procurement, e‒Marketplace, CRM, ERP 시스템을 연계할 수 있는 통합기술이 필요하다. 즉 ebXML, UDDI, 로제타넷 등 웹 서비스 표준을 지원하고, 신속하고 저렴하게 시스템을 통합할 수 있는 기술을 말한다.

(2) 기업 간의 표준프로세스 지원

ERPⅡ는 기업 간의 연결과 산업별 표준 프로세스를 기능적으로 포함하고 있다. 해당 프로세스를 수행하기 위해 파트너의 위치와 관계없이 연계하는 프로세스 지원이 필요하다.

(3) 오픈·개방형 시스템 지원

ERP는 기업 내부에서 데이터를 생성하고 사용하지만 권한에 따라 가치사슬상의 모든 해당 데이터를 파트너에게 개방적으로 제공해야 한다. 이를 위해서 개방형 아키텍처 및 오픈 시스템이 구현되어야 한다. 최근 모바일 전자기기 사용이 여러 산업에 다양한 용도로 활용되면서 오픈시스템, 개방형구조는 중요한 화두로 등장하고 있다.

위의 기술요소를 정리하면, ERPⅡ는 기존의 ERP와 확장형 ERP가 통합되는 것으로서 확장형 ERP를 얼마나 지원하고 통합하느냐가 매우 중요하다. 이를 위해 무엇보다 ERP와 확장 ERP를 유기적으로 결합할 수 있는 통합 플랫폼, 아키텍처 등의 기술인프라가 요구된다. 성숙기에 접어든 ERP는 고도화되면서 글로벌 환경에 적합한 기술과 프로세스를 담아 ERPⅡ 개념으로 진화되고 있다.

3.3 ERP 종류 비교

ERPⅡ는 인터넷 기반의 아키텍처로 구성되며 기업 간의 업무 프로세스를 총괄하는 협업 개념으로 발전하고 있다. 적용 범위는 제조, 물류뿐만 아니라 전 영역을 포괄하고 있으며, 이기종 간의 통합성을 가능하게 하는 컴포넌트 기반의 개방형 구조를 갖추고 있다.

- ERPⅡ = 웹 기반 ERP + 확장형 ERP의 컴포넌트 집합

[표 4-17] ERP와 ERPⅡ 특징 비교

구분	ERP	확장형(extended) ERP	ERPⅡ
역할	기업 내부 최적화	기존 ERP + 기능/기술추가 (외부 트랜잭션)	가치체인의 극대화 (기업 간 협업의 최적화)
영역	제조, 물류부문	ERP 영역 + 전략경영	모든 부문, 모든 섹터……
기능	제조, 판매, 물류, 재무 프로세스	ERP 기능 + SEM, CRM, SCM, ABM, VBM, BSC, KMS, PLM	산업공통 프로세스, 산업별 고유 프로세스 전체
프로세스	내부 프로세스	내부 프로세스	기업 외부 연결 프로세스
아키텍처	폐쇄적 일관성	웹 기반 단순 인터페이스 (E-비즈니스 지원시스템)	개방형이며 컴포넌트 기반
데이터	내부에서 생성, 소비	내부에서 생성, 소비	기업의 경계 넘어 유통

3.4 ERPⅡ 발전방향

이제 ERP는 퇴조하고 ERPⅡ의 시대를 맞이하고 있다. 즉 최신기술과 비즈니스 환경을 반영하며 진화하고 있다는 의미이다. C-Commerce 환경에서 기업의 핵심 성공 요인은 ERPⅡ가 되고 있다. 따라서 상당수 기업들은 e-비즈니스와 ERP에 대한 균형적인 투자를 하고 있으며 최신기술 등과 접목하여 고도화를 추진하고 있다.

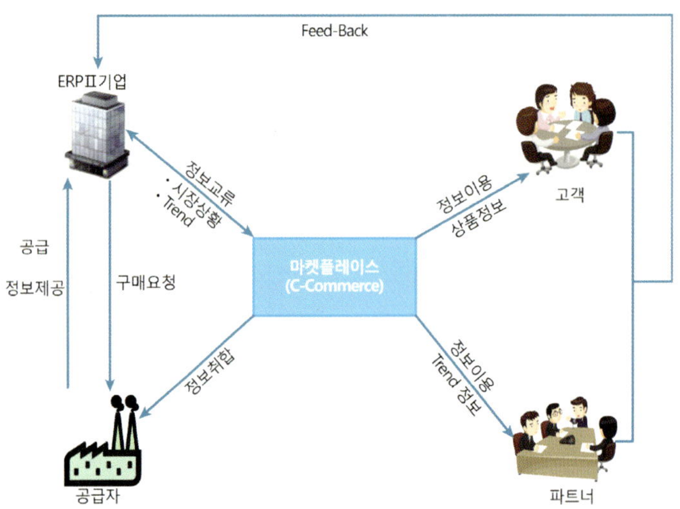

[그림 4-11] ERPⅡ와 기업, 고객, 공급사 관계

  또한, ERPⅡ는 C-Commerce 기반에서 기업 간의 정보공유가 가능한 환경으로 이동하고 있으며 궁극적으로 기업 간 통합을 통해 가상기업 운영이 가능한 기업형태로 발전하고 있다.

4.1 CRM(Customer Relationship Management) 개요

>>> 4.1.1 CRM 진화과정

오늘날 제품의 생산방식은 표준화된 대량생산 체제에서 차별화된 맞춤 생산체제로의 전환이 되어 왔다. 고객의 요구수준 또한 다양해지고 구매패턴 역시 급격한 변화가 일어나고 있다. 즉 고객의 기대수준이 높아지고 고객정보의 활용수준이 비즈니스의 가치를 좌우하는 시대를 맞이한 것이다. 고객을 알고, '고객이 원하는 제품 및 서비스를 제공하자'는 취지에서 등장한 CRM은 90년대 후반 고객관계 개선을 지원하는 시스템이자 경영관리 방법이다.

기업의 고객관리는 고객과 기업 간의 관계 형성 및 상호이익을 추구하는 동반자 관계로 발전하고 있다. 과거의 판매자 주도인 단일 채널 및 상품 중심에서 고객 중심, 고객 주도의 복수채널 그리고 실시간 정보공유 체계로 변화되고 있는 것이다. 즉 고객관리가 고객의 생애주기를 지원하는 방향으로 진화되고 있음을 의미한다. 이는 고객의 평생가치를 높이는 풀 방식의 판매전략이 보편화되고 있음을 의미한다. 또한, 수요시장 역시 과거의 공급자 중심 시장에서 소비자 중심 시장으로 전환됨에 따라 고객은 단순 수요자가 아닌 소비자와 생산자의 역할을 동시에 수행하는 프로슈머(Prosumer)[6]로서 역할의 범위가 커진 것이다.

좀 더 구체적으로 고객관리 변천 과정을 살펴보면, 1980년대는 매스마케팅 시대로 주로 영업, 판매자 위주의 고객서비스가 이루어졌으며 90년에 들어와 다양화된 고객층과 고객의 개성을 차별화시켜 관리하기 위해 IT의 활용이 증가하였다. 90년

---

6) 프로슈머(Prosumer): 프로듀서(Producer, 생산자)와 컨슈머(Consumer, 소비자)의 합성어로 제품을 개발할 때 소비자가 직접 또는 간접적으로 참여하는 방식을 말한다. 이 용어는 미래학자 앨빈 토플러의 저서 《제 3의 물결》에서 처음 사용한 용어이다.

대 후반의 고객관리는 판매자와 고객 간의 능동적인 파트너관계로서 쌍방향 의사소통을 통해 공동의 이익을 추구하는 고객관계 형성으로 발전하였으며 현재는 실시간 고객관리 개념으로 전환되고 있다. 궁극적으로 고객변화에 따라 IT의 활용이 보다 고객관계 개선을 위해 전략적인 역할을 담당한 셈이다.

[표 4-18] 시대별 고객관리 변천

Mass 마케팅(80년대)	Target 마케팅(90년대)	고객 마케팅(90년대 후반)	실시간마케팅(현재)
- 시장점유율	- 세그먼트별 캠페인	- 고객의 LTV 중시	- 고객과 상호작용
- 거래 중심/단순처리	- 소규모 매스마케팅	- 고객관계 개선	- 실시간 Interact
- 관계(양적 중시)	- 상품 중심	- 이벤트 기반	- u-commerce

>>> 4.1.2 CRM의 개념

CRM이란 고객과 관련된 자료를 수집, 통합, 분석한 후 개별고객의 특성에 맞춘 마케팅을 기획하고 실행하는 경영관리 기법이며 흔히 맞춤형 고객관리라고 표현한다. CRM의 개념을 보다 다양한 각도에서 해석해 보면, 광의의 개념과 협의의 개념으로 분류할 수 있다. 광의의 CRM 개념은 고객관련 모든 시스템이 완전 통합되어 Target marketing을 구현할 수 있는 개념으로 프런트 오피스와 백오피스가 통합되었을 때 고객의 360도 정보 제공이 가능하다. 협의의 CRM 개념은 채널 통합에 의한 고객 데이터를 내부적으로 분석하는 개념으로, 두 가지 모두 IT를 통한 궁극적인 목적 실행이 가능하다.

한편, 가트너가 정의한 CRM의 개념을 살펴보면, 신규고객 획득, 기존고객 유지 및 고객 수익성 증대를 위해 고객과의 지속적인 커뮤니케이션과 고객 행동을 이해하고, 그들에게 영향을 줄 수 있는 광범위한 접근 개념이라고 언급하였다. CRM은 고객에 대한 정보를 DB화하여 우량고객을 중심으로 차별적인 서비스를 제공하는데 초점을 맞추고 있다. 이것은 고객과 장기적인 관계를 통한 LTV(Life Time Value)[7]를 극대화하는 전략으로서 CS경영 + 1:1 마케팅전략 + IT 기술이 결합된 선진 마케팅 기법이 통합된 개념으로 발전하고 있다.

---

7) LTV(Life Time Value) : 고객이 특정 회사의 제품 혹은 서비스를 생애 동안 얼마 금액을 소비하는가의 현재가치.

>>> 4.1.3 국내 CRM 추진경과

국내기업의 CRM 도입과정을 살펴보면, 도입기, 확산기, 정체기 3단계로 구분할 수 있다. 도입 단계는 90년대 후반 CRM에 대한 기대감이 고조된 시기로 CRM 도입 경우 기업매출이 20~40% 증가할 것으로 예상하였다. 이는 AMR 연구기관 또는 Insight Technologies Group 등에 의해 발표된 자료에서 찾을 수 있다. 이 당시 국내는 IMF로 인해 CRM에 대해 호감을 가질 수밖에 없었다.

확산단계인 2000년대 초반에는 e-비즈니스 시대가 개막하면서 CRM이 급속히 보급되기 시작한다. 그 당시 CRM 규모는 1,400억 원대로 CRM을 도입하지 않으면 경쟁력을 잃어 생존에 영향을 미칠 것이라는 막연한 우려감도 없지 않았다. 특히 금융, 통신, 유통분야 등에서 도입이 활발하게 이루어졌다

정체단계인 2003년부터는 CRM에 대한 회의론이 부상한다. 도입에 따른 기대효과를 얻지 못했기 때문이다. 이는 뚜렷한 CRM 도입 전략 없이 단순시스템 구축으로만 접근했던 대가이며 서적출간, 언론보도에서도 역시 2003년 이후부터 현재까지 하향곡선을 긋고 있는 것도 이를 입증한 사례이다.

[표 4-19] 시대별 **CRM** 변천 과정

도입 단계	주요 특징
도입기 1997~1999년	- CRM에 대한 기대감 고조 - 고객관계 강화를 통해 매출증대 인식
확산기 2000~2002년	- CRM 급속한 도입(2000년 38개사) - 전략 없이 50% 이상 시스템 도입 초점
침체기 2003~2007년	- CRM에 대한 회의론 부상 - 프로세스 개선 없이 해외제품 적용 회의 - 고객관련 정보 정확도, 통합 미흡 결과

[참조]: 신형원 외 3인. "한국기업의 CRM성공전략". 삼성경제연구소. 제647호. 2008.

4.2 CRM 기능

>>> 4.2.1 종류

CRM은 목적에 따라 운영, 분석 및 협업 등 세 가지 관점으로 분류할 수 있다.

첫째, 운영 CRM은 새로운 비즈니스와 기능, 신속한 구현을 위해 채널별 프로세스를 통합하고, 고객접촉 이력을 통합관리하며 백오피스를 통합하는 것이다.

둘째, 분석 CRM은 여러 채널을 통해 고객관련 정보를 수집하고 분석하여 고객서비스 및 마케팅전략을 개선하는 역할을 담당한다. 이를 위해서는 고객을 이해하는데 필요한 다양한 분석방법 및 기술지원이 요구되며, 데이터 웨어하우스와 필수적으로 연계하여 실시간 고객분석이 이루어져야 한다. 이를 위해 다양한 기술과 분석기법이 필요하다.

셋째, 협업 CRM은 흔히 채널 CRM이라고 불리는데 고객과 기업 간의 업무일원화 및 의사소통을 목적으로 상호 연관된 서비스를 지원하는 애플리케이션으로서 고객접점 관리에 초점을 맞추고 있다. 협업적 CRM이 이루어지기 위해서는 인터넷, VoIP, E‑mail, Phone, Fax, PDA 등 채널의 다양화와 모든 채널에서 일관된 서비스가 이루어져야 한다.

아래 표는 위에서 언급한 세 가지 CRM 종류의 특징과 필요한 시스템을 설명한 내용이다.

[표 4-20] CRM의 종류와 필요 기술

구분	설명	구성요소
운영적 CRM	- Front office 고객접점(영업, 마케팅, 서비스)을 연계한 업무지원 - 백오피스와 CRM 통합 - 자동화된 비즈니스 프로세스 의미	- 영업자동화(SFA) - 캠페인 관리 - 서비스 관리 시스템 - 효율/효과성에 초점을 둠
분석적 CRM	- 고객분석, 분류를 통해 가치고객을 찾아냄 - 고객캠페인을 통한 Target Marketing을 수행함	- DW, Mining, OLAP 기술 - 고객 점유/수익 향상 초점
협업적 CRM	- 비효율적 업무프로세스를 도출 - 채널 통합 - 채널 다양화로 일관된 서비스 제공	- 콜 센터, 모바일 - e‑CRM

〉〉〉 4.2.2 CRM 주요기능

CRM의 주요기능은 크게 마케팅, 판매 그리고 서비스 등 세 영역으로 구분할 수 있다. 마케팅 기능은 주로 가격을 결정하고 고객 세분화 작업 및 다양한 채널을 구상하는 역할을 담당한다. 판매기능은 직접적인 영업활동을 수행하는 영역으로 캠페인 활동이 여기서 관리된다. 마지막으로 서비스 기능은 판매 이후 고객서비스 만족을 위해 불만처리 및 지원을 담당한다.

[그림 4-12] CRM의 주요기능

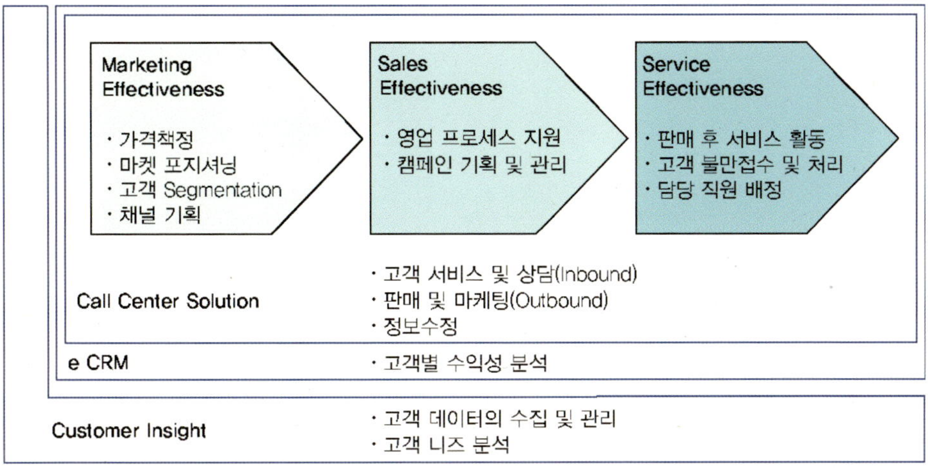

위의 세 가지 기능이 통합되고 원활하게 지원되기 위해서는 콜 센터 운영, 고객정보수집 및 관리, 그리고 수익성분석 등의 기능이 수반되어야 한다. 수익성 분석은 비즈니스 인텔리전스(BI)를 통해 제공된다.

4.3 CRM 구축

>>> 4.3.1 CRM 구축 단계

CRM 추진 시에는 주요한 원칙이 존재한다. 첫째, 시스템 구축보다는 전략이 중요하며 둘째, 빅뱅추진보다는 단계적 추진이 효과적이다. 셋째, 현장조직의 협조를 처음부터 적극적으로 지원받아야 한다. 즉 CRM 구축은 기업의 비전을 근간으로 CRM 비전 및 전략을 수립하고, 전략을 구체화하기 위한 조직, 프로세스 및 IT 인프라에 대한 설계를 완료한 다음, 이행계획수립 등 세 단계로 진행된다.

전략방향 설정인 1단계에서는 우선 CRM 추진분야의 선정, 추진 주체 결정 및 명확한 활용방안과 혜택의 정의, 정밀한 자사진단을 통한 CRM 목표의 우선순위설정 등 전략수립에 필요한 활동이 이루어진다. 기업의 전략방향은 적절한 CRM 전문파트너를 선정함으로써 도움을 받을 수 있으며 동종산업의 베스트 레퍼런스가 제공된다면 더욱 효과적이다.

2단계에서는 현 고객관리 진단결과를 토대로 고객의 행동패턴, 기호 및 라이프스타일을 이해하고 고객의 평생가치에 초점을 맞추어 미래 수익군이 될 고객군을 파악한다. 또한 차별화된 고객을 선정하여 차별적인 관리 모델을 수립한다면 To-Be 설계는 전략 및 목표 달성에 근거한 청사진이 될 것이다.

3단계는 1, 2단계를 달성하기에 필요한 CRM 인프라 및 관련 요소 기술을 선정하고 단계적인 구축을 추진하는 것이다. 1, 2단계가 CRM 추진의 미래 모습을 그렸다면 3단계는 그 그림이 시스템을 통해 완성되며, CRM 프로세스 및 조직제도와 연계되어 CRM이 점진적으로 개선되고 발전하는 단계이다.

각 단계별 세부내용을 정리하면 다음과 같다.

[표 4-21] **CRM**의 구축 단계

단계	주요 활동	세부 내용
CRM 전략 수립	- CRM 동향 및 선진사례 - 현 고객/외부환경 분석 - CRM 전략 수립	- 현재 상황 분석, 경쟁사 분석 - 고객 분석을 통해 시장 분석을 함 - 전사적인 CRM 전략과 목표 선정
CRM 설계	- 현 프로세스/조직 분석 - To-Be 설계	- 전략기반의 프로세스/조직의 개선방향 도출 이를 해결하기 위한 청사진 개발
실행 계획 수립	- 기능/기술 요건 정의 - 데이터 요건 정의 - 패키지 선정, 실행계호기 수립	- To-Be 설계도를 뒷받침할 기술요건 정의 - 그에 따른 세부실행 계획 수립

>>> 4.3.2 CRM 시스템 구성

CRM 구축 시에는 여러 채널상에서 발생한 고객관련 정보를 수집하고 통합하는 것이 매우 중요하다. 즉 고객, 채널, 마케팅, 영업 및 서비스 등의 프런트 오피스와 내부 관리되는 고객용 백오피스 정보로부터 정보를 통합하는 것이 핵심이다. 이를 위해서 운영계와 정보계 시스템이 요구되며 정보기술 관점에서는 DW에 대한 이해가 필수적이다. CRM의 구축 과정은 1단계 Data 추출과정, 2단계 Data 저장과정, 3단계 Data 사용과정 단계로 구분된다.

(1) Data 추출

기업 내부의 고객관련정보, 외부정보를 추출하는 단계이며 추출된 고객관련 데이터를 저장, 변환하는 단계이다.

(2) Data 저장

원시데이터로부터 원하는 정보를 분석하는 단계로 여기에서 주요 요소 기술은 ETT,[8] ODS,[9] 메타데이터 설계, 데이터마트 관리방안, OLAP 구현방안, 데이터마이닝 활용방안 및 최적의 데이터 모델링 방안 등이 필요하다.

(3) Data 사용

사용자가 DW 또는 데이터마트에서 저장된 데이터를 OLAP 도구를 활용하여 다

---

[8] ETT(Extraction Transformation Transportation): DW 구축 시 데이터를 Source 시스템에서 추출하여 Load시켜 정제작업까지의 전 과정임.

[9] ODS(Operational Data Store): 운영계 시스템으로부터 주기적으로 데이터를 제공받아 변경되는 정보로 3개월 이내 데이터를 보유하여 정보요구에 대한 즉시성을 제공함. 주제 중심적이고, 통합되어 있으며 휘발성임. 그리고 상세 데이터만을 보유하는 특징이 있음.

차원 관점의 분석을 할 수 있는 단계이다.

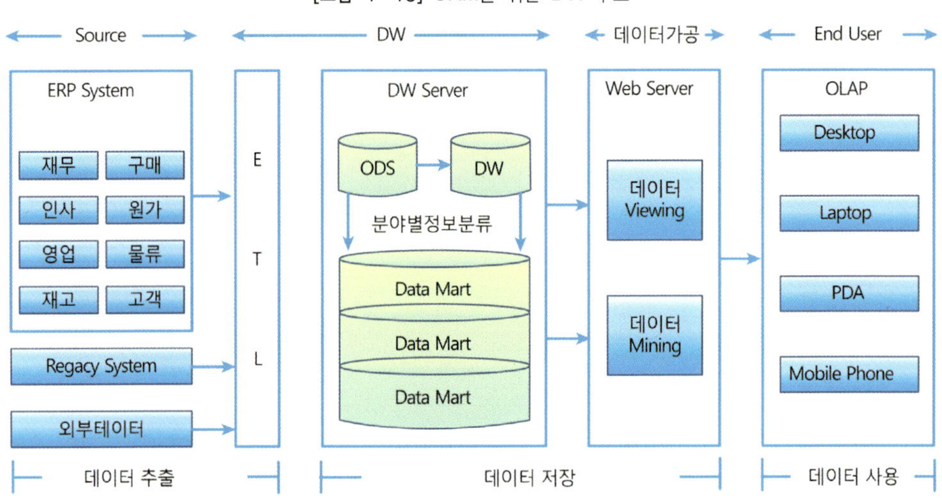

[그림 4-13] CRM을 위한 DW 구조

CRM은 BSC(Balance Score Card) 또는 수익성분석 등과 같은 시스템들과 유기적으로 인터페이스가 되었을 때 진정한 가치를 발휘한다고 볼 수 있다. 이를 위해 고객 통합 데이터에 접근을 가능하게 하는 고도의 정보기술과, 고난도의 모델링, 통합된 고객접점 관리 기술 및 캠페인 관리 기술 등이 필요하다.

아래 표는 [그림 4-13] CRM 구성도에서 각 단계별로 필요한 주요 정보기술을 설명한 내용이다.

[표 4-22] CRM 구축 필요 기술

CRM 관련 IT	설명
DW	- 마케팅과 고객관리에 유용한 데이터들이 분석될 수 있도록 저장되는 저장소
통합 데이터베이스 모델링	- 고객관련 항목을 추출해 모델링 후 통합시키는 방법 - CRM에 필요한 기능에 요구하는 사항을 데이터로 구체화함
OLAP (On-Line Analytical Processing)	- 통합된 DB가 구축된 이후 차별적인 마케팅 서비스 제공을 위한 다양한 분석이 요구됨 (구매이력, 구매행동, 서비스 이력 등) - 다차원 정보에 접근하여 대화식 정보를 분석, 의사결정을 지원함
데이터 마이닝	- 대량의 데이터로부터 의미 있는 정보를 추출하여 의사결정에 활용하는 작업 - 정보 속의 패턴, 관계를 발견하기 위해 사용됨. 그 결과를 활용하여 마케팅 활동을 지원함

4.4 CRM 도입의 성공 및 실패 요인

>>> 4.4.1 CRM 도입의 고려사항

CRM은 기술이 아닌 경영전략이며 사용자 주도로 구축되어야 한다. 때문에 최고 경영층의 확고한 의지와 지원 속에서 조직의 공감대가 형성되었을 때 기대한 효과를 얻을 수 있다. 그리고 전략, 조직, 그리고 시스템 등의 활용방안이 함께 논의가 되어야 한다.

CRM 구축은 구축 결과가 사용자에게 충분한 효과를 제공하고, 그들로부터 신뢰를 얻었을 때 비로소 고객의 비즈니스 관점에서 성과를 얻을 수 있다. 기업의 프로세스, 조직 및 시스템이 비즈니스 관점에서 통합적으로 구현이 되었을 때, 비로소 CRM 구축목적과 목표달성이 가능할 것이다.

경제적 파워가 소비자에게로 이동하고 있고 경쟁이 심화되고 있는 요즘, 전략적인 CRM 도입은 생존을 위해 필수적이다. CRM이 추구하는 구축목적을 달성하기 위해서는 마케팅, 영업, 서비스, 콜 센터 등과 같이 조직관리, 고객관리, 프로세스 그리고 IT 인프라 관점에서 체계적인 접근과 통합이 수반되어야 한다. 이와 같은 관점에서 CRM 구축 시 고려해야 할 사항은 다음과 같다.

- CRM은 BPR과 유사한 업무프로세스 혁신을 추구하는 목적으로 수행되므로 기존업무에서 벗어나 대고객 서비스 차원의 개선에 초점을 두어야 한다.
- 고객접점의 업무에 대한 연구개발을 지속적으로 수행해야 한다. 즉 고객 관계, 고객 점유율 및 고객채널 통합 등이 여기에 포함된다.
- 마케팅, 영업, 물류, 서비스 등 전반적인 업무프로세스의 통합을 추구한다.
- IT 기반 인프라를 통한 정보 실시간 접근, 분석이 이루어져야 하며 웹 기반 기능지원, 중앙 고객정보 저장 그리고 시스템 통합이 동시에 이루어져야 한다. 따라서 광의의 CRM에서는 프런트오피스와 백오피스가 모두 포함되고 연계되어야 한다.

>>> 4.4.2 CRM 도입의 성공 요인

일반적으로 프로세스 혁신을 기반으로 하는 솔루션 도입의 성공 요인은 ROI, 비즈니스 프로세스 개선 그리고 시스템 통합의 세 가지 관점에서 찾을 수 있다.

(1) ROI 관점

- 단기간에 ROI 효과를 거둘 수 있는 분야부터 투자
- 신속한 구현, 적절한 가격, 복잡하지 않고 단순해야 함

(2) 비즈니스 프로세스 관점

- 시스템 기능 위주가 아닌 Business Flow 접근방식으로 전환
- 선진 Best Practice가 반영된 미리 검증된 프로세스 모델 벤치마크

(3) 구축관점

- CRM에 대한 장기적인 Master Plan을 수립한 후 작은 것부터 시행
- CRM뿐 아니라 ERP/SCM/SEM 등 e-비즈니스 전체를 고려해야 함. 즉 시스템의 통합성을 고려할 때 시너지를 얻을 수 있음

[표 4-23]은 2008년 삼성경제연구소가 제시한 한국기업의 CRM 성공전략을 제시한 내용이다. 여기에서는 자사진단, CRM 인프라 구축, 고객(C), 관계(R), 관리(M) 등 다섯 가지 측면의 성공전략을 제시하였다.

[표 4-23] CRM 도입의 성공요소

성공 전략	주요 내용
자사 진단	- 업종의 특성에 따라 CRM 전략을 차별화 - 고객과 접촉이 빈번한 업종(금융, 통신 등), 제품구매 주기가 길고 상품 차별성이 클 경우(가전, 자동차 등) 자사고객에 대한 구체적인 진단을 통해 CRM 목표와 우선순위 설정
CRM 인프라구축	- 고객정보의 비즈니스적 가치제고를 위해 고객행동 패턴, 기호 등 정보의 질이 CRM의 핵심 인프라임
고객 (Customer)	- 고객평가의 관점 전환 필요. 즉 고객평생가치에 주목할 필요가 있음. 이를 위해 고객산정 기준 도출과 잠재고객 중 수익기여도가 높은 고객관리 필요
관계 (Relationship)	- 고객접촉을 통한 관계의 질 향상. 즉 인터넷, 모바일 등을 통해 고객과의 접촉빈도를 높여 고객감동을 주는 것이 중요
관리 (Management)	- 고객가치에 따른 차별적 관리 필요. 우수고객 차별화 관리

CRM 성공 요인의 탐색적 연구에서는 기술영역, 마케팅영역, 전략영역 등 세 가지 영역에서 성공 요인을 찾고 있다.

첫째, 기술영역에서 성공 요인을 들 수 있다. Peppard(2000)는 CRM 시스템과 비즈니스와 통합되었을 경우, 기업성과가 향상된다고 하였으며, Chiranjeev(2000)는 CRM 비전을 내부조직에 공유하고 임원진의 참여, 조직변화의 효과적인 관리를 성공 요인으로 제시하였다. 둘째, 마케팅영역은 CRM 목표에 초점을 두고 고객 접점관리와 정확한 고객정보의 확보를 제시(Imhoff & Gentry: 2000)해야 한다. Nelson & Frey(2001)는 고객데이터 품질, 고객데이터 공유 및 고객 채널 통합 등을 마케팅에서 신경 써야 하는 미래의 성공 요인으로 제시하였다. 셋째, 전략적 성공 요인으로서 고객세분화, 고객가치 창출을 고려한 비전 수립 등을 들 수 있다.

>>> 4.4.3 CRM 도입의 실패 요인

국내에서도 2000년 초반부터 CRM 구축의 붐이 일어났다. 그러나 상당 기업이 기대효과를 얻지 못한 것이 사실이다. 그 대표적인 이유로 가트너는 "CRM 구축의 첫째 실패 요인은 데이터를 무시해서 발생된다."고 언급하였다. 이에 상응하는 보고자료를 DW Institute가 2006년에 발표하였는데, 데이터 품질을 유지하기 위해 기업들은 매년 6,000억 달러의 비용을 지출한다고 지적하였다. 즉 데이터 품질이 CRM 구축의 성공을 가로막고 있음을 뜻한다. 고객관리를 통해 얻어진 데이터가 취약하거나, 정확한 데이터로서 가치를 발휘하지 못한다면 CRM 구축은 하나의 불편한 하드웨어 시스템으로 존재할 수밖에 없다.

Meta group에서 제시한 두 번째 실패 요인은 여러 조직에 퍼져 있는 애플리케이션, 데이터 및 운영계를 통합하는 데 실패한 점이다. CRM 구축 이전에는 기업의 조직원들의 이해 부족 등으로 책임문제에 비중을 많이 두고 있으나, 정작 시스템 구축에 들어가면 고객정보 통합 및 활용에 대한 부서 간 업무협조가 거의 이뤄지지 않거나, 아예 필요한 고객정보를 준비하지 못한 상태에서 CRM이 구축되고 있다.

CRM 실패 요인을 세부적으로 제시하면 아래와 같다.

- 통합적 계획 부재

- 데이터의 신뢰성 부족
- 목표 설정 실패
- 인적 요소 고려 부족
- 결함 있는 기존 프로세스 위에 CRM 구축
- 솔루션 공급자 선택 실패
- 부서 간의 협업미비 및 비효율적인 결정과정

4.5 CRM 트렌드

초경쟁 시대에 접어들면서 고객의 정보활용과 관계개선은 비즈니스 가치를 높이는 주요 요소가 되고 있다. 국내 CRM을 도입한 많은 기업들은 시스템 구축만으로 CRM의 효과를 가져다줄 것으로 착각하였지만 결과는 기대 이하였다. 이제 그 회의론을 극복하고 CRM 도입과 운영전략을 수립하여 단계적인 접근을 재시도하는 과정에 서 있다.

2009년 CRM 시장은 다소 회복되어 전년 대비 6.5%[10] 성장을 예상하고 있으며 최근 SaaS 기반 수요에 주목하고 있다. SaaS(Software as a Service)는 판매자가 웹서비스 등을 활용하는 주문형 사용방식으로 많은 비용과 기간투자를 하지 않아도 CRM 구현을 할 수 있는 좋은 거울이다. 향후 CRM 시장은 솔루션 간의 대규모 통합화가 이루어질 것으로 예측하고 있다. 더불어 갈수록 고객의 정보에 대한 양과 질이 좋아지고 있기 때문에 고객별 맞춤서비스가 가능한 CRM 도입 효과를 기대할 수 있을 것이다.

---

10) KRG의 국내 CRM SW 시장전망(라이센스 기준) 자료.

⑤ e-CRM

e-비즈니스 시대에 기업과 고객 간의 새로운 변화는 두 가지 측면에서 찾아볼 수 있다. 인터넷상에서 개인정보를 등록하고 제품을 스스로 주문하는 셀프오더와 기업과 고객 간의 상호작용에 의한 소비자 중심의 경제변화가 그것이다.

e-CRM을 거론하기 전, CRM의 개념을 다시 정리하자면, CRM은 고객에 대한 광범위하고 심층적인 지식을 바탕으로 개개인에 적합한 차별적인 제품 또는 서비스를 제공함으로써 고객관계를 지속적으로 강화해 나가는 마케팅 또는 경영혁신 활동이다. e-CRM으로의 전환은 기업과 고객 간의 의사소통 방법에서 기인한다. 최근에는 효과적인 고객관리를 위해 다채널 간에 신속한 정보공유가 증가하고 있다. e-CRM은 이러한 다양한 채널에 일관된 정보를 제공함으로써 고객의 성향을 파악하고 고객욕구 충족 및 대응을 위한 일련의 마케팅과 행위로 진화하고 있다.

5.1 e-CRM 개요

>>> 5.1.1 e-CRM의 개념

e-CRM은 B2B, B2C 거래가 급성장하고 고객에 대한 기업들의 관심이 증가함에 따라 인터넷 중심의 웹 기반 고객 상호작용이 중요하게 부각된 결과로 나타나게 되었다. e-CRM은 웹을 이용한 쌍방향 통신이 가능한 고객 관계 관리 시스템으로서 CRM에서 파생된 개념이지만 데이터 수집, 활용 측면에서 e-CRM만의 특성을 가지고 있다.

광의 e-CRM은 온라인 고객접점을 통해 확보한 다양한 고객정보를 분석하고 이를 바탕으로 비즈니스 목적과 고객의 니즈에 따라 분류하며 고객 개개인에게 적합한 차별화된 서비스를 제공하는 개념이다. 협의 e-CRM은 인터넷 환경에서 고객과 거래하는 마케팅 개념으로 두 가지 모두가 고객과의 관계개선을 강화해 가는 기업의 비즈니스행위로 공통점이 존재한다.

>>> 5.1.2 e-CRM 특징 및 종류

(1) e-CRM 특징

오프라인 환경의 기존 CRM에서 고객행동 패턴을 추적하고 고객과의 쌍방향 통신을 하는 것은 어려운 일이었다. e-비즈니스 시대와 함께 인터넷을 통한 e-CRM은 이제 보편화되었으며 이로 인해 기업들은 적은 비용으로 고객행동을 상세히 추적 및 분석할 수 있게 되었다. 보다 빠르고 손쉽게 고객에게 의미 있는 활동을 주게 된 것이다.

e-CRM은 정보 수집 및 활동의 즉시성, 데이터 수집 및 운영 비용의 절감, 고객 관련 서비스 변경의 용이성이라는 장점이 있으며 운영 CRM 및 협업 CRM을 가능하게 한다. 또한 물리적 공간제약 없이 고객의 행동, 선호도 및 태도 등을 파악할 수 있으며, 가치 있는 고객을 이끌고 선도할 수 있는 장점을 가지고 있다.

[표 4-24] CRM과 e-CRM 비교

구분	CRM	e-CRM
DATA 수집	영업사원 방문, 기간계로부터 데이터 수집	웹 기반의 단일 통합 채널 (콜 센터, 이메일, 웹 로그)
DATA 분석	고전적 통계 기법, 데이터 마이닝	실시간 고객성향 분석, 행동패턴 분석, 고객 선호도, 태도 분석
DATA 활용	마케팅, 영업강화, 프로모션	1:1 마케팅, 웹 개인화
비용	높은 인건비로 인해 고객관리 비용이 상대적으로 높음	초기 IT 도입 비용이 높지만 지속적 운영. 관리로 비용이 낮음
판매, 서비스요소	전자상거래(B2B, B2C) Self-Service, 이메일 관리	전화 판매, 판매 자동화 기술지원, 필드 서비스
마케팅	e 마케팅 + 개인별 서비스	캠페인관리 + 분석 도구

(2) e-CRM 종류

e-CRM이 활용되는 영역은 e-Marketing, e-Sales, e-Service 세 영역으로 구분될 수 있다. 이 세 영역은 CRM 기능에서 제시된 영역과 같으나 큰 차이점은 온라

인 중심의 고객관계관리가 이루어진다는 점이다. e-CRM은 웹 기반에서 고객의 구매 활동과 기업의 판매활동이 가능하고 다채널상에서 발생되는 고객정보가 통합 관리됨에 따라 효율적인 고객관리가 가능하다. 뿐만 아니라 효과적으로 매출 및 수익증대를 가져올 수 있다.

[표 4-25] e-CRM 종류

종류	내용
e-Marketing	- 캠페인 분석, 기획, 실행, 평가 등을 통해 마케팅 자동화 실현
e-Sales	- 다채널과 온라인 커머스를 연계하여 웹에서 판매하는 활동 - 웹에서 고객에게 개인화된 제품판매, 서비스를 제공
e-Service	- 고객판매 이후, 제품에 대한 지속적인 24시간 서비스 제공 - 고객이 기업지식베이스에 접근하여 개인화된 상호작용이 가능

[참조]: 전성훈. "e-CRM 실무지침". 삼각형프레스. 2001.

5.2 e-CRM 구성

e-CRM 시스템은 단지 웹 기반 단위 시스템이 아니라 데이터 추출, 분석, 실행을 담당하는 기업 전체 시스템상에서 이해해야 한다. e-CRM은 웹 서버에 있는 각종 콘텐츠와 Log를 분석한 Web-Data Warehouse를 활용한다. 예를 들어 잠재 고객이 필요정보를 검색하기 위해 이동한 웹 경로를 분석하거나 일반 고객이 웹 페이지에서 물건을 구매한 이력 정보를 운영계의 Data Warehouse상에서 만들어진 고객 정보, 마케팅 전략 정보 등과 연계하여 효과적인 마케팅을 수행할 수 있다. 이와 같은 웹로그를 분석하기 위해서 기업들은 웹로그 분석기라는 툴을 사용하며 이는 대량의 데이터를 취합, 집계, 변환하는 역할을 담당한다.

Web Data Warehouse 및 Data Warehouse에 적재된 데이터는 [그림 4-14]에서 와 같이 분석을 위해 데이터 마트[11]로 옮겨지게 되고 OLAP, 데이터마이닝 등의

---

11) 데이터 마트: 이해관계가 동일한 사용자 집단에 특화된 데이터 저장소로서, 작은 규모의 데이터 웨어하우스이다. 즉, 동질적인 사용자 집단에 유사한 비즈니스 모델과 비즈니스 언어를 제공함으로써 데이터의 이해성을 높이는 데 초점을 둔다.

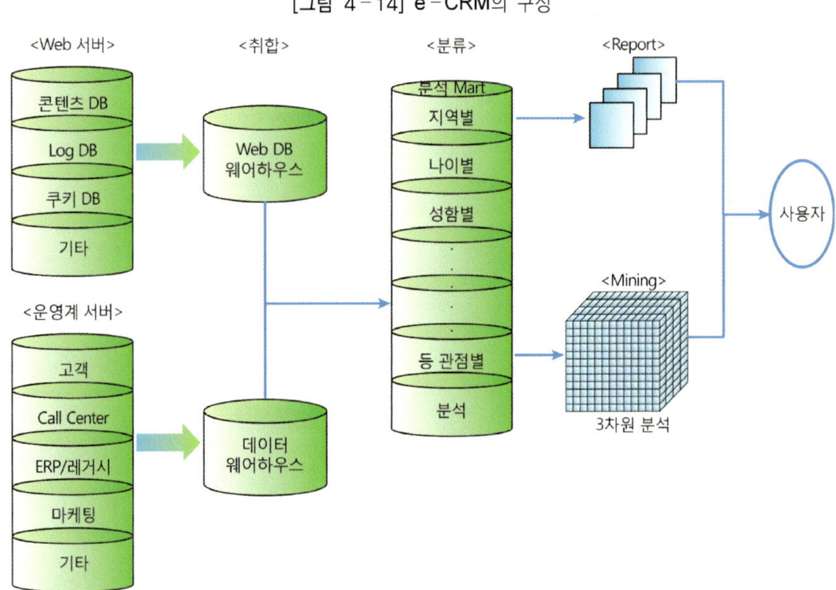

툴을 활용하여 기업에서 필요로 하는 데이터 뷰를 생성한다. 즉, Web서버에서 수집된 데이터는 Web DW에 저장되어 각종 분석기법을 통해 사용자에게 다각도로 필요한 정보를 제공한다. e-CRM 구축 단계는 CRM 구축 단계와 유사하다고 볼 수 있다.

5.3 웹 마이닝 기술

웹 마이닝은 웹에서 발생한 데이터를 대상으로 유용한 패턴을 찾는 것으로 웹에서 수집한 정보를 전처리하고 분석하는 과정이다.

웹 마이닝은 웹상의 문서집합들로부터 내재된 패턴을 규명하는 활동이다.(1999, Wang et al.) 웹 마이닝의 정보원천은 웹문서이며 웹문서는 DW의 구조문서와 달리 구조가 정형화되어 있지 않아 가공작업을 필요로 한다. 웹 마이닝 종류는 두 가지로 분류할 수 있는데 사용자 정보에 기반을 두는 웹 사용 마이닝과 웹 콘텐츠 분류체계 및 정보검색의 효율성을 측정하는 웹 내용 마이닝으로 분류할 수 있다.

웹 사용 마이닝은 웹사이트를 구성하는 페이지로부터 의미 있는 정보로 추출하는 기법이다. 즉, 텍스트, 그림, 영상 등 유용한 정보를 자동으로 찾는 기술로서, 웹 내용 마이닝에 비해 일반화된 접근방식으로 일 단위 접속 로그데이터를 이용하여 패턴을 발견하는 방식이다. 또한 웹 내용 마이닝은 수많은 자료에서 필요한 정보를 발견하는 프로세스이다. 웹 사용 마이닝은 웹 사용자의 사용패턴을 분석하는 기법이다. 즉 사용자의 행동패턴을 분석함으로써 맞춤형 웹 페이지를 구성할 수 있도록 도와준다.

[표 4-26]은 웹 마이닝의 추출, 저장을 위한 기술요소와 정보를 효과적으로 분류하기 위한 탐사기법에 대해 설명한 것이다.

[표 4-26] 웹 마이닝의 단계별 필요 기술

구분	요소	설명
추출	web-log 분석	웹서버 로그를 기반으로 개인별 사이트방문 기록/추적
	HTML 분석	HTML 내의 콘텐츠의 의미를 분석하여 구조화함
	HTML 구조 분석	HTML 내의 하이퍼링크를 기반으로 그래픽적으로 구조화
저장	DW	웹 로그 기반으로 추출한 정보를 DW에 저장, 패턴 분석
	Data Mart	추출한 정보 중 특정 패턴, 특정고객으로 분류하여 데이터 축적
탐사 기법	연관성 탐사	관련성이 강한 웹 로그 정보를 조합하여 패턴을 발견
	연속성 탐사	시간 경과에 따른 웹 로그 분석을 통해 패턴을 정의
	분류탐사	이미 알려진 그룹의 특성을 부여
	군집탐사	유사한 특성을 갖는 데이터의 그룹을 분류하여 패턴 분석

5.4 e-CRM 향후 전망

온라인에서 e-CRM이 활성화된 이후 기업들은 온라인 거래에 대한 높은 기대를 하였으나 실질적인 성과를 크게 얻지 못하였다. 정보화기기의 발전으로 인하여 불특정 다수에게 무차별적으로 보내지던 정보가 고객으로부터 외면을 받았기 때문이다. 고객은 스팸메일, 팝업창 등 자신에게 불필요한 정보에 대해 스트레스를 호소하고, 보내 온 정보를 읽어 보지도 않고 삭제하는 등 정보를 등한시하는 단계에 이르게 된 것이다.

온라인만으로 승부하는 방식에 한계가 나타나자 기업은 동일한 CRM 전략하에 오프라인 메일과 온라인 이메일을 혼합하여 마케팅을 시도하고 있다. e-CRM은 단순 정보제공보다는 고객의 취미나 관심분야 등에 신경을 쓰는 향상된 방식으로 진화하고 있으며 특히 WEB2.0[12)]의 특징을 반영하여 개인화되어 가는 움직임을 보이고 있다.

이전 대부분의 기업은 본사가 주축이 되어 고객들에게 정보를 제공하였다면 근래에는 유명 블로거나 전문화된 개인 웹 사이트를 이용하여 홍보하는 방식이 나타나고 있다. 참여, 공유, 개방이라는 3대 WEB2.0의 사상이 e-CRM에 적용되면 더 많은 고객이 참여하고, 정보가 널리 공유되며 그간 개인들이 인지하지 못한 정보도 개방되는 신개념의 CRM 시대가 도래할 것으로 기대된다. 물론 개인정보공유, 특정기업에 대한 검증되지 않은 비난 등 예기치 않은 부작용에 대비하는 정책 마련도 구비되어야 할 것이다.

---

12) Web2.0: 개방, 공유, 참여로 모토로 열린 공간에서 보다 쉽고 편리하게 웹을 이용할 수 있는 개념. 주요 세가지 기술로서는 사용자가 원하는 서비스를 직접 개발할 수 있는 Ajax, XHL 기반의 표준 통신 포맷으로 컨텐츠와 상호 공유를 용이하게 하는 RSS, 검색과 분류를 용이하게 하는 Tag가 Web2.0의 대표적인 기술임.

6.1 PRM의 개요

PRM(Partner Relationship Management)은 1990년대 말부터 웹을 이용한 채널관리 일환으로 미국 대기업의 파트너관리 시스템이 적용되면서 주목받기 시작하였다. 파트너 관계관리란 공급업체와 파트너 간의 관계관리를 강화하여 수익성 극대화를 목표로 하는 협업 솔루션이다. 즉 기업이 최종 고객의 만족도와 매출을 높이기 위해 마케 팅, 판매, 서비스 영역 등에서 파트너들과 서로 가치를 주고 받으면서 협업하는 비 즈니스 전략이다.

한편, PRM은 CRM의 확장개념으로서 기업과 파트너사 간의 복잡한 프로세스를 효율화하고 고객응대를 체계적이고 일관성 있게 하는 프로세스라고 정의할 수 있 다. 따라서 PRM은 기술과 관계없는 전략, 프로세스, SFA[13] 소프트웨어 변종으로 인식하는 모든 행위이며 선진기업의 채널전략과 프로세스의 변화를 실현한다고 볼 수 있다(CRM전문업체 Pivotal).

기존의 ERP, CRM은 내부조직의 업무프로세스 개선에 효과적이었으나 외부 협 력업체와의 경영자원 및 정보공유에는 한계가 존재한 부분이 있다. 특히 CRM을 통해 고객의 직접채널 관리는 가능하였으나 간접채널을 통해 고객에게 서비스와 제품을 판매하는 체계적인 관리는 소홀하였다.

e-비즈니스 확대에 따라 파트너관리의 중요성은 더욱 증가하고 있다. 더불어 내 부 유통 채널 간 경쟁심화, 대리점 경영악화 및 이탈 등은 고객과 시장변화에 신속 한 대응력을 갖추어야 하는 이유이다. 따라서 공급업체의 중앙집중적 지원과 파트 너 관리의 필요성은 급격히 증가하고 있으며 기업과 파트너 간의 효율적인 커뮤니 케이션은 더욱 필요로 할 것이다.

---

13) SFA(Sales Force Automation): 영업자동차 개념으로 판매자와 구매자 사이에서 거래를 목적으로 발생되는 일련 의 정보를 디지털화하고 이들을 통합화, 자동화하여 영업능률을 극대화할 수 있는 솔루션임.

6.2 PRM의 주요 기능

>>> 6.2.1 PRM의 구성

기업의 가치사슬은 크게 공급사이드와 수요사이드로 구분할 수 있다. 공급사이드
는 SCM 관점에서 볼 때 공급자에서 기업으로 공급채널을 형성하며, 수요사이드는
기업에서 최종 소비자까지의 상품 및 서비스유통 채널을 형성한다. 일반적으로 가
치사슬에서는 유통전략의 수립 방향에 따라 최종소비자에게 직접채널을 확보하여
판매할 수 있으며 중간에 유통채널을 둠으로써 최종 소비자에게 제품과 서비스를
제공하는 유통전략을 펼칠 수도 있다.

PRM은 바로 수요사슬에서 간접채널로서의 영업기회 및 판매가 일어나는 역할을
담당한다. PRM은 CRM과 통합되어 처리되며 PRM 대상은 주로 딜러, 소매점, 중
개인, 양판점 등의 간접채널로 구성된다. 즉 이들은 직접소비자와 직접 연결하여
거래를 성사시키며 다양한 채널을 통해 거래가 이루어진다.

>>> 6.2.2 PRM의 기능

PRM의 기능은 크게 파트너관리, 마케팅, 영업, 서비스 그리고 파트너분석 등으
로 분류된다. 일반적으로 기업에서 가장 많이 도입하고 있는 기능은 파트너관리
및 파트너분석이며 그 다음으로는 판매실적 모니터링 및 판매실적 관리 기능이다.

[그림 4-15] PRM의 구성

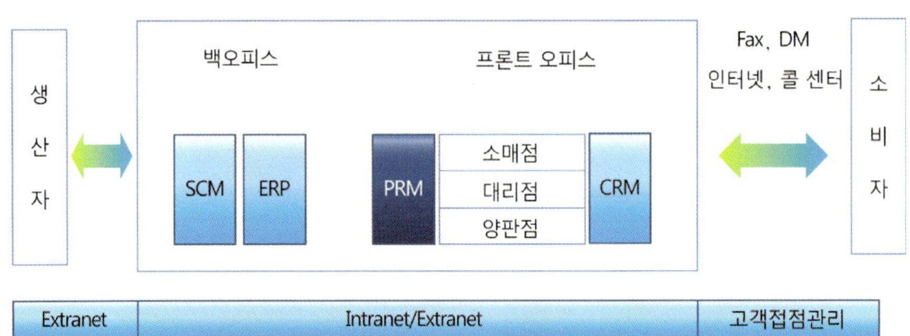

파트너관리는 파트너에 대한 기본정보를 생성, 유지하는 파트너 프로파일링 기능으로서 이 정보를 통해 영업기회, 파트너 개인화 및 차별화 된 관리를 제공한다. 파트너 마케팅 기능은 마케팅, 영업, 서비스 기능이 포함되며 파트너를 대상으로 하는 캠페인 기능까지를 포함한다. 파트너 영업기능은 리드관리에서 출발한다. 리드관리는 DM발송, 전시회, 콜 센터 및 영업사원 등을 통해 고객과 다양한 접촉에 의해 발생된다. 파트너 서비스 기능은 상품을 판매하는 것 이상으로 중요하다. 다시 말해 고객은 파트너를 통해 기업을 인식하고 질 높은 서비스를 받음으로서 고객 구매력, 충성도가 향상된다. 마지막으로 파트너분석 기능은 CRM 또는 SRM 기능과 유사하다고 볼 수 있다. 즉 파트너 실적을 통해 파트너 등급별 차별화 관리가 가능하고 리드처리 능력을 향상되기 때문이다.

[표 4 - 27]은 PRM에서 제공하는 주요 기능의 세부 내용을 제시한 것이다.

[표 4-27] PRM의 주요 기능

주요 기능	세부 분류
파트너 프로파일관리	파트너 등록/분류/관리, 계약관리, 콘텐츠관리, 개인화 기능, 파트너 보상
마케팅관리	캠페인관리, 판촉관리, 이벤트관리, 프로모션관리 등
영업관리	주문관리, 리드관리, 반송관리, 가격관리, 견적관리, 영업예측, 운송관리 등
서비스관리	서비스요청관리, 셀프서비스관리, 문제해결 서비스, 파트너교육 등
파트너 분석관리	파트너 평가, 예측 모델링, 이탈분석, 다차원분석 등

[참조]: 박세정 지음. CRM을 넘어 PRM으로. PRM 기능 맵.

6.3 PRM과 CRM 비교

이와 같은 맥락에서 볼 때 PRM과 CRM을 비교해 보면, CRM은 앤드유저, 즉 고객과 직접적인 접촉을 통해 제품과 서비스를 제공하는 데 초점을 두는 반면, PRM은 파트너라는 간접접촉을 통해 제품과 서비스를 제공한다는 점에서 차이점이 존재한다. 즉 PRM은 간접채널을 통해 직접 고객에게 전달되는 메커니즘을 가지고 있다.

[표 4 - 28]은 PRM과 CRM을 여러 관점에서 비교설명한 표이다.

[표 4-28] PRM과 CRM의 비교

구분	CRM	PRM
대상	고객(end user)	파트너(business partner)
목적	고객점유	시장점유
역할	고객분석 후 차별화된 서비스 제공	파트너분석 후 차별화된 서비스
특징	성향분석, 설문을 통한 수요 예측 고객 중심 서비스	구매자와 직접 접촉하는 파트너를 통해 수요 예측 기업과 파트너 간 공통목표 추구
기능	마케팅, 판매, 서비스	파트너 생애관리(파트너분석, 평가, 관계관리 등)
채널	콜 센터, 전화, PDA, 직판, DM	파트너에 따라 전략, 방식이 다름
차이점	고객만족도, 충성도 초점	기업과 파트너가 협업, 공동이익기반 관계 형성
효과	회사 내 고객관련 정보를 기반으로 업무가 통합되어 고객대응력이 향상됨	CRM의 완벽한 실현, 그에 따른 파트너관리가 가능하고 신규 비즈니스 창출 가능성이 높음

6.4 PRM 트렌드

소비자의 구매패턴과 구매방식은 그동안 많은 변화를 가져왔다. 과거의 생산 중심 판매에서 소비자 중심의 제품과 서비스 판매로 진화된 것이다. 이와 같은 패러다임 변화는 판매채널에 변화를 가져오게 되었고 이로 인해 기업은 끊임없이 고객대응에 민첩하게 움직여야 하는 숙제를 안고 가게 되었다. 즉 유통채널 변화가 대표적인 과제이다.

유통채널은 오프라인과 온라인으로 구분되며 판매방식은 직접채널과 파트너를 통한 간접채널 판매방식으로 혼용되고 있다. 최근의 유통채널은 생산자와 파트너 간의 유통구조를 지닌 수직적 채널과 파트너와 파트너 간의 수평적 채널구조를 혼용하고 있다. 이것은 웹상의 사이버판매가 가능하기 때문에 가능하다.

PRM의 진화 모델을 세 단계로 구분하면 다음과 같다.

[표 4-29] PRM의 진화

모델 단계	주요 내용
정보기반	- 정보포털 모델임 - 웹 서비스를 통해 파트너에게 상품정보 및 파트너관리 프로그램을 제공함
거래기반	- 트랜잭션 모델 - 주문거래를 PRM 시스템에서 처리하고 e-커머스 기능을 제공할 뿐 아니라 영업리드 협업활동이 포함됨
협업기반	- 협업모델임 - 과거모델이 진화하여 여러 파트너와 협업하는 구현 방법임

7.1 SRM(Supplier Relationship Management) 개요

>>> 7.1.1 SRM 필요성

e-비즈니스 환경 변화와 기업 간 협업에 의한 거래가 가시화되면서 공급망 안에서 다양한 고객층과 공급사들의 통합관리가 중요한 이슈가 되고 있다. 특히 기업경영의 빠른 트렌드 변화에 따라 구매관리 중요성이 커지면서 전략적인 구매변화가 경쟁력 확보 및 유지를 위해 필수조건으로 부각되고 있는 점도 이와 같은 환경 변화에 기인한다.

구매변화의 핵심은 전략적 소싱(Strategic sourcing)과 협업(collaboration)을 실현하는 데 있다. 협업에 의한 공급망 경쟁력 확보는 우수공급사의 선정에서부터 기업과 공급사 간의 공동 개선활동을 통한 상호원-원 관계를 요구하고 있으며 또한 기업 입장에서는 공급망의 가시성 확보를 통해 시장변화에 대한 신속한 의사결정을 필요로 한다.

[그림 4-16] SRM의 필요성

기업내부의 전략적 요구
Core Competency로의 자원집중을 위한 아웃소싱 비중 확대
프로세스 개선과 비용절감을 위한 공급사와의 정보공유 필요성 증대
제품 Life Cycle 단축에 따른 공조체제 중요성 증대
Solution 업체들의 전략적 제휴
대다수 e-Commerce 및 SI 업체들은 독자적인 시스템만으로는 한계가 있음을 지각
관련 기업간의 통합된 시스템을 구현하기 위해 ERP 업체 및 SI 업체가 전략적 제휴를 추진함
SRM
경쟁심화 및 경쟁범위 확대
선진기업들은 공급사관계 강화 및 e-Procurement를 통한 비용절감 효과로 경쟁력을 강화하고 있음
거래대상 기업의 범위의 전세계적 확산 (Global Sourcing)
구매활동 및 고객니즈의 다양화
기존의 Mass Customer에서 Individual Customer로 고객의 개념이 변화하고 있음
소품종 대량생산에서 다품종 소량생산으로 패러다임이 변함에 따라 고객니즈 충족이 어려워짐

이러한 요구는 기업의 비즈니스상에서 공급사와 기업 간의 완벽한 협업을 가능하게 하여 소비자가 원하는 제품을 적시에 생산하고 제공하기 위해서이다. 다시 말해, 고객의 니즈변화로 인해 자재수급에 대한 변화가 가속화되기 때문에 단납기 서비스가 요구된다. 그만큼 공급자역할이 중요해지고 있다.

[그림 4-16]은 SRM의 필요성을 기업전략, 업체 제휴, 경쟁력, 다양한 고객요구 네 가지 관점에서 제시한 것이다.

>>> 7.1.2 SRM 개념

SRM은 CRM과 더불어 기업의 외부 파트너인 공급사와의 관계를 개선하고 공급사슬(Supply Chain) 확장 및 통합을 통해 공급망 전체의 효율을 높이는 데 목적이 있다. 또한 SRM은 공급사와 관련된 제반 활동을 통합하고, 공급사에게 단일접점을 제공한다. 가트너와 메타데이터에서 제시한 SRM 정의는 다음과 같다.

1) 가트너: 기업의 수익성에 영향을 미치는 공급사의 관계에 대한 이해와 비즈니스 룰을 확립해 가는 과정
2) 메타데이터: 제조업체가 공급사와의 관계 및 지출을 최적화하도록 돕는 솔루션의 새로운 카테고리임

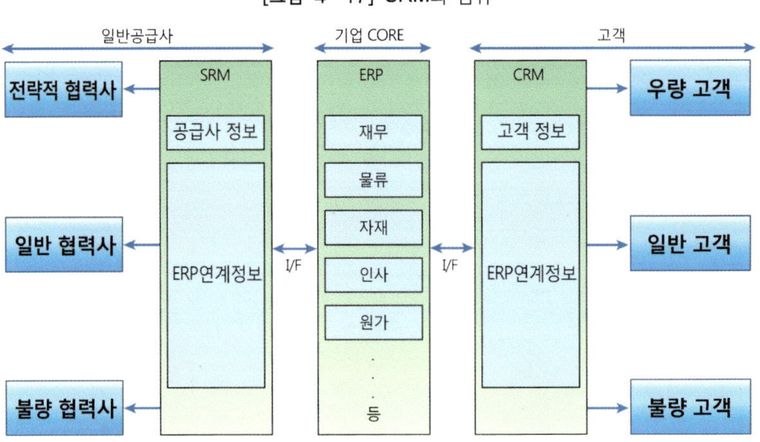

[그림 4-17] SRM의 범위

지금까지 기업은 핵심 공급업체와 어느 정도의 전략적 소싱과 협업 관계를 유지해 왔다. 그러나 구매관리 역량을 집중적으로 투입하여 공급업체와의 관계를 긴밀히 관리하고 유지하지 못한 것이다. 그 대표적인 원인으로는 공급업체 협조 저조, 공급사의 잦은 변경 등에서 찾을 수 있다. 이러한 공급사 간의 비협조 체계는 결과적으로 구매 총비용 증가라는 결과를 가져왔다.

따라서 기존 공급의 안정성과 비용관리만으로는 경쟁력 확보에 한계가 존재한다. 대표적인 부정적 현상은 자재 및 서비스 가격증가, 프로세스 비효율화, 소싱 사이클 장기화, 공급위험 등을 들 수 있는데 이러한 문제점을 해결하기 위해 기업은 구매원가를 줄이고 구매프로세스를 개선하여 조달기간을 단축해야 한다. 체계화된 전략적 소싱실현 및 진정한 Collaboration 확산을 위해 공급업체와 전략적 관리를 시스템화하여 상호 협업 체계를 구축해 가야 할 것이다.

7.2 SRM의 주요 기능

SRM은 공급자의 선정, 구매, 조달, 설계프로세스의 실시간 협업을 통한 공급망 운영의 효율성을 극대화하기 위한 경영활동이다. 이를 구현하기 위해 SRM은 아래와 같은 세 가지 핵심요소를 필요로 한다.

(1) 객관적이고 체계적인 공급사 평가

(2) 주요 공급사와 협업 등 공급사 차별화

(3) 의사결정 지원을 위한 구매 분석정보의 가시화 및 선진 구매체계 완성

SRM에서 공급사를 평가하기 위해서는 ERP, e-Procurement, Marketplace상에서 발생한 구매 관련 정보를 분석할 수 있어야 한다. 즉, 정보형태로 만들기 위해 관련 데이터를 수집해야 한다. 구매 관련 정보는 공급사가 납품한 품목의 품질, 납품 시기, 서비스 및 단가 등에 관한 정보가 될 수 있다. 기업은 공급사 분석과정을 통해 그들을 평가함으로써 기업에 가장 우수한 공급사가 누구인지를 분석할 수 있다. 이와 같은 공급사 평가를 통해 소수 정예화된 공급사들과 거래하는 구매활동을 전략적 소싱이라 한다. 전략적 소싱은 SRM에 의해 가능해지고 있다.

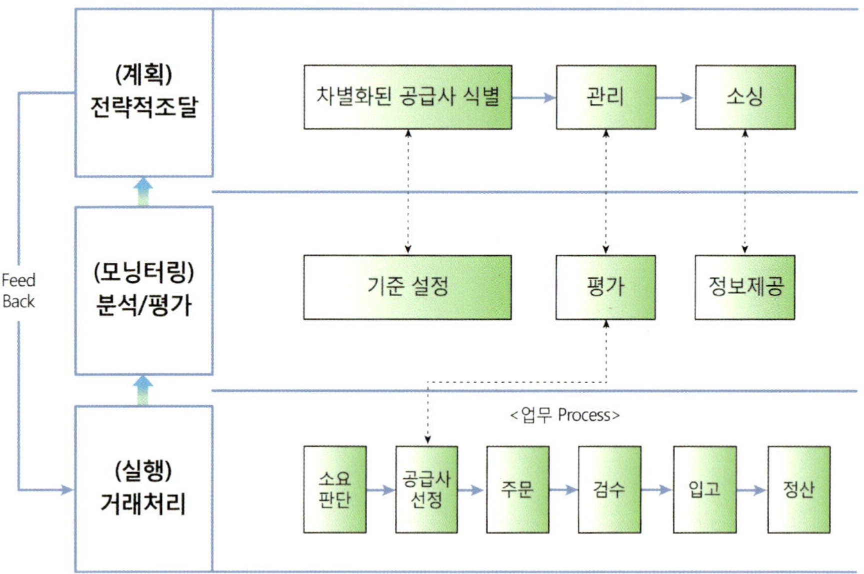

SRM 기능은 [그림 4-18]에서 제시한 바와 같이 크게 구매처리 영역의 거래기능, 이들 정보를 통해 구매업체 및 구매처리 정보를 분석 및 평가기능 그리고 분석 정보를 토대로 전략적 구매활동을 수립하는 전략적 조달 기능으로 구성된다. 기업은 SRM 기능을 통해 우수한 품질과 합리적인 가격, 최고의 서비스를 통해 공급망 관리를 효율적으로 운영할 수 있다. SRM은 조달 프로세스로부터 나오는 성과를 분석하여 이를 전략 수립에 활용하고, 다시 수립된 전략을 조달 프로세스에 재적용하는 사이클로 운영된다.

SRM 솔루션의 가장 핵심이 되는 기능은 소싱(sourcing) 및 조달(purchasing) 기능이다. 이와 같은 기능은 직원들에 의해 직접 구매요청을 하거나 중앙집중식 형태로 직접 구매가 가능하도록 하여 구매담당자들로 하여금 투명한 소싱 결정을 내릴 수 있도록 도와준다. 때문에 전략구매자 육성이 가능하다.

7.3 SRM의 핵심기술

SRM은 CRM과 유사한 시스템 형태를 가지고 있다. SRM 시스템은 먼저 ERP 또는 e-Procurement에서 처리되는 구매 데이터와 공급사 관리에 필요한 데이터를 추출하여 DW에 저장한 후 다차원 분석을 통해 공급사를 평가할 수 있는 전략정보를 제공한다. 즉, 사내·사외에 분산되어 있는 공급사 계약정보, 성과분석정보, 거래실적 및 외부신용기관이 제공하는 신용등급, 재무분석 등의 정보를 통합하여 의사결정 지원을 위한 다양한 구매 정보를 제공한다.

따라서 SRM 시스템이 운영되기 위해서는 [그림 4-19]에서 제시된 바와 같이 ERP 시스템과 분석용 DW시스템이 필요하다. SRM 시스템에서는 구매분석 정보 및 공급사 평가 정보를 통해 공급사의 차별화 관리업무를 완벽하게 구현할 수 있도록 도와주며 우수 공급자 비율을 확대하여 공급만 전체의 경쟁력을 향상시켜 준다.

[그림 4-19] SRM 구성도

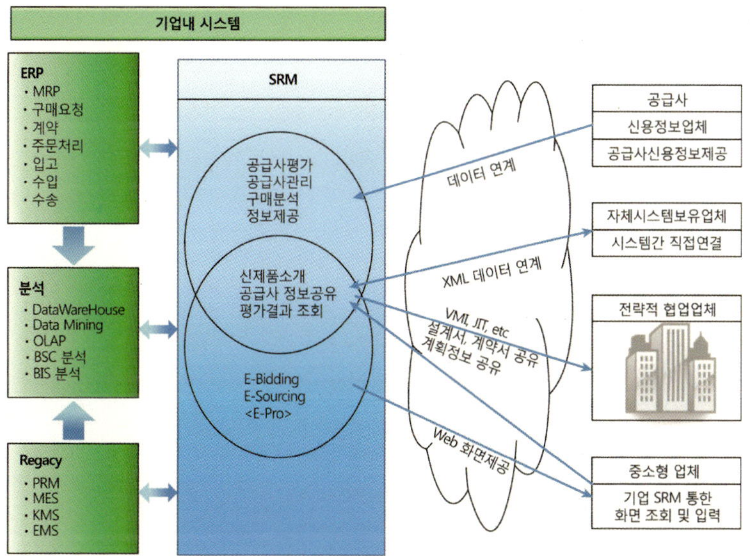

7.4 SRM 기대효과 및 고려사항

>>> 7.4.1 기대효과

SRM 시스템은 기업 내부 ERP 시스템과 연계되어 공급사 간의 통합된 구매프로세스 구현을 가능하게 할 뿐 아니라 공급사 관리에 있어 필요한 주요정보를 분석함으로써 전략구매를 가능하게 한다. 따라서 기존의 구매담당자는 저부가가치 행정업무에서 벗어나 우수 공급사 선정 및 공급사 및 전략구매 확립을 위한 구매 전략가로 활동이 가능하다.

[표 4-30] SRM의 기대효과 및 관련 과제

기대 효과	관련 과제
총 구매비용 절감	- 공급사 차별 관리 - SRM 전담팀 구성
공급안정성 확보	- 공급사 차별화 관리를 위한 상시적인 평가체제 구축 - 공급사 정보 통합 DB 구축 - 의사결정 및 자율관리를 위한 구매분석 정보 제공
리드타임 단축 재고 감축	- 공급사와 정보 공유 확대 - 자동화된 협업체계 구축

이와 같은 전략구매활동은 기업에게 원가절감, 전체 공급망 경쟁력 확보 및 안정적인 조달능력을 제공하고 공급사에게 구매력 파워를 줌으로써, 상호 윈-윈할 수 있는 기반을 제공한다.

>>> 7.4.2 SRM 도입 시 고려사항

이상과 같이 SRM의 기대효과를 얻기 위해서는 전략적 구매관리 체계가 수립되어야 한다. 공급사와 기업 간의 협업을 이루기 위해 공급사 참여유도 프로그램을 개발하여 제시함으로써 상호 윈-윈할 수 있는 기반을 제시해야 한다. 다음은 전략 구매 이행을 위해 필요한 주요 항목이다.

- 공급사 참여유도: 평가 및 성과지표 상호공유, 의의제기 시 적극적 개선
- 평가지표 유형: 품질, 납기, 단가, 환경친화도, 협조도, 신용도 등 설정
- 우수 공급사 우대 프로그램 설계 및 실행
- 표준화, 상호 간의 공감대 활동, 정보공유를 위한 기업 간의 통합시스템 구축

7.5 SRM의 트렌드

e - 비즈니스 발전단계로 볼 때, SRM은 e - Marketplace와 B2B Collaboration의 중간 위치에 있다고 볼 수 있다.

[표 4-31] SRM 진화과정

			→ Value/time
e - Procurement	**B2B**	**e - Marketplace**	**B2B Collaboration**
e - Procurement + portal	e - Procurement + internal catalog	e - Procurement(B2Bi) + e - Marketplace	B2B Collaboration (C - Commerce)

SRM은 글로벌 공급업체와의 협업 및 통합을 구축함으로써 최상의 재화와 용역을 더 낮은 가격으로 신속하게 개발, 생산하고 조달할 수 있도록 기업 전반에 걸친 공급자 관계를 설계하고 관리하는 방향으로 발전하고 있다.

8.1 e − Procurement의 진화

e − 비즈니스가 도래하기 전, 기업의 구매업무는 대체적으로 투명하지 못하였다. 구매업체와 공급사 간의 구매업무 프로세스가 시스템에서 처리되지 않음에 따라 기업의 구매업무는 저부가가치 업무에 치중할 수밖에 없었다. 즉 수작업에 의한 주문, 행정처리, 다수 공급사 기반의 비효율 업체선정, 복잡한 발주처리, 구매 사이클 추적에 따른 과다 로드, 수작업 입찰 등의 작업들이 일반화되었다. 구매담당자는 구매정보를 개인의 사유물로 여기는 경우도 있었으며, 공급망 상에서 고부가가치 업무를 수행하기에는 역부족인 경우도 있었다.

2000년 이후, 상당수의 기업들은 프로세스 혁신 대상을 구매업무에 두었으며 특히 인터넷을 통한 구매업무 자동화, 프로세스 단순화, 전략구매 등을 실행하는 노력을 보였다. 그 결과 자동구매 발주, 소수 공급사 관리 및 자동업체 선정, 인터넷 및 EDI에 의한 구매발주 처리, 구매 오더 기준의 자동 추적관리, 인터넷 전자입찰에 의한 부가가치 업무증가, 전사 관점의 구매 정보공유 및 분석에 의한 신속한 의사결정, 구매 업무 절차 최적화 및 업무 자동화 등 다양한 효과를 가져오게 되었다. 과거의 저부가가치 업무를 담당한 구매자는 전략적 소싱 및 협상을 통한 전략구매자로서 역할이 변화된 것이다.

구매업무 프로세스는 크게 공급사 등록, 구매계약, 주문 및 납품, 공급사 평가 등 4개 프로세스로 구성된다. e − Procurement란 구매행위에 대한 전략적 관리를 웹 환경에서 수행함을 의미하는 것으로 주문에서부터 상품의 인도, 정산에 이르기까지 구매업무 프로세스가 인터넷상에서 유기적으로 처리되는 것을 의미한다. 다시 말해 e − Procurement는 구매자(Buyer)와 공급사(Supplier) 간의 공조체계를 유지하면서 '구매업무의 최적화'를 도모하려는 전략적 경영기법이라고 할 수 있다.

8.2 e-Procurement의 기능

e-Procurement는 구매를 원하는 직원들이 구매요청, 생성, 승인에서부터 구매주문 그리고 입고 및 세금계산서 자동생성까지 인터넷을 활용한 셀프서비스 방식을 채택하고 있다. 또한 구매품목 콘텐츠관리, 공급사와의 셀프서비스 액세스까지를 포함한다. 이러한 프로세스를 처리하기 위해서 e-Procurement는 e-Sourcing, e-Bidding, e-Procurement, Desktop purchasing 네 가지 핵심 기능으로 구성된다.

〉〉〉 8.2.1 e-Sourcing

e-소싱은 구매 물품정보를 상시 인터넷 장터에 게시하여 공급사의 공급의향을 등록받고, 이를 평가한 후 입찰참가 대상사로 관리하는 기능이다

〉〉〉 8.2.2 e-Bidding

e-Bidding은 구매자가 인터넷을 통해 공급사에게 입찰 참가요청서를 발송하고, 사이버공간에서 입찰을 진행하여 구매대상 공급사를 선정하는 기능이다. 인터넷상의 입찰업무는 투명하고 공정한 공급사 선정, 구매원가 감축, 인력왕래 및 서류교환 등을 제거하는 결정적인 효과를 주고 있다. 상당수의 기업은 웹상에서 전자입찰을 통해 우수공급사를 선정하고 있다.

〉〉〉 8.2.3 e-Procurement

e-Procurement는 구매사와 공급사 간의 구매업무와 관련된 정보를 공유하고 필요한 데이터를 상호 교환하는 체계를 갖추고 있다. 흔히 이것을 Information Sharing이라고 표현한다. 인터넷을 활용하여, 공급 파트너와 실시간으로 구매 관련 정보를 전달할 수 있는 체계를 구축하여 회사와 공급사 간의 정보공유를 통하여 상호 윈-윈할 수 있는 협력체계를 실현할 수 있다.

[그림 4-20] e-Procurement의 형태별 특징 비교

구분	Web	EDI	비고
적용문서	n회/년 이상 교환문서	무역자동화 촉진법 규정문서 수입거래에 수반되는 필수교환문서	공급사와 Data 교환이 필요한 문서는 XML로 개발
적용대상	공급사	공급사, 선사, 은행, 보험사 등 전 Trading Partner	
주요내용	- 구매계획 - Purchase Order - 공급사 출하정보 - 세금계산서 - 재고 현황	- L/C 개설신청 및 응답서 - 적하보험 청약서 및 보험증권 - B/L, Invoice 등 선적서류	

〉〉〉 8.2.4 Desktop Purchasing

Desktop Purchasing은 사용자가 인터넷상에서 카탈로그를 조회하여 구매요청을 처리하면 구매부서를 거치지 않고 구매 주문서는 인터넷을 통해 공급사에게 발송되고 공급사 구매물품정보와 정산 처리는 셀프서비스 방식으로 웹에서 처리하는 모델이다. 이것은 사용자 중심의 구매 업무처리가 가능하여 구매부서의 행정처리비용 감축이 가능하게 한다. 이것은 구매담당자의 역할이 전략적으로 바뀌는 데 기여한다.

[그림 4-21] Desktop Purchasing의 프로세스

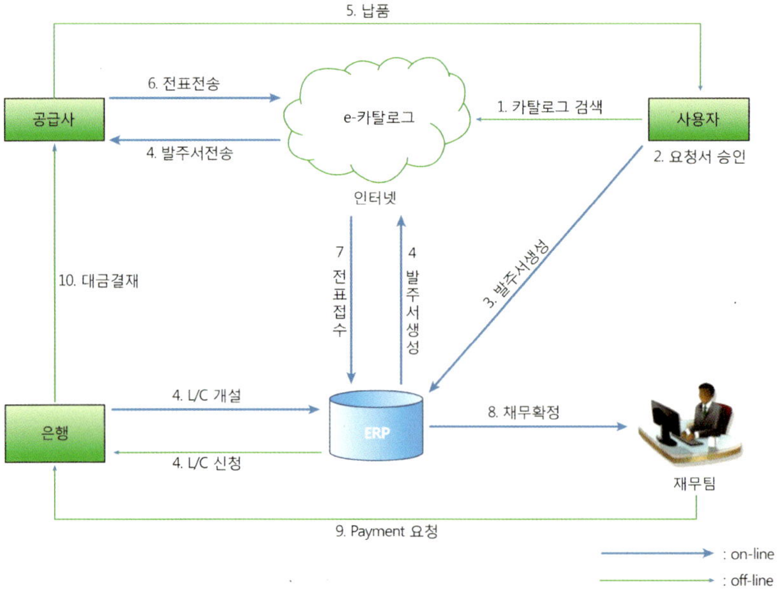

8.3 e-Procurement와 ERP와의 연계

최근 ERP 시스템에서 제공하는 구매업무 기능은 대부분 인터넷상에서 수행된다. 사용자가 직접 구매처리를 수행할 수 있는 셀프서비스 방식이 보편화되었다. 셀프서비스방식에 의해 처리된 구매정보는 ERP 시스템의 데이터베이스에 저장된 후 업무가 처리되어 데이터의 일관성을 유지한다.

e-Procurement의 비즈니스 모델에서 ERP와 연계된 기능은 네 가지 기능을 갖추고 있다. 이때 공통으로 사용한 마스터 데이터는 공급사 정보, 품목정보, 기타 구매관련 마스터 정보이다. 아래 그림에서와 같이 e-Procurement는 공급사 간의 구매처리를 가능하게 하고 그 결과가 ERP에 저장되는 연계성을 가지고 있다. 즉 인터넷상에서 셀프서비스로 처리된 구매정보는 ERP와 통합되어 관리된다.

[그림 4-22] e-Procurement와 ERP 연계도

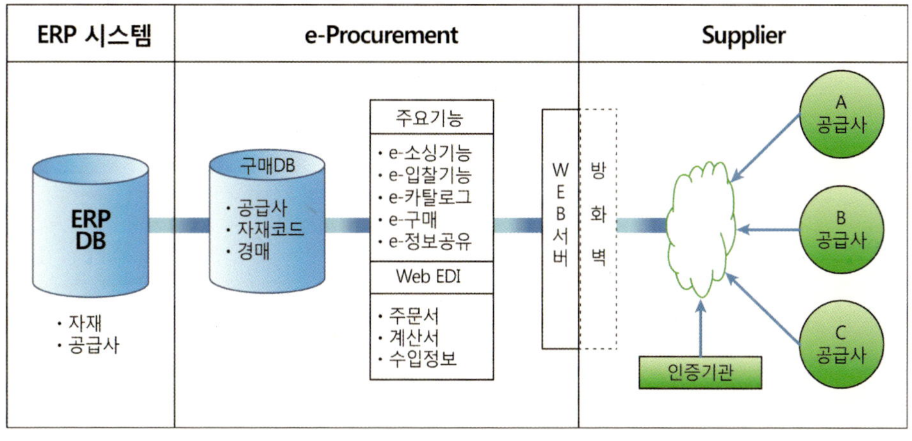

8.4 e-Procurement 기대효과 및 발전방향

>>> 8.4.1 e - Procurement 기대효과

선진우수 기업은 구매업무 효율성을 극대화하기 위해 구매관련 시스템 통합을
시도하면서 구매 직·간접 비용절감의 극대화를 추구하고 있다. 국내 상당수의 대
기업들도 e - Procurement를 구축하여 공급망의 효율화를 가져오고 있다.

e - Procurement가 추구하는 기본적인 목적은 다음과 같다.

- 구매프로세스 자동화를 통해 구매업무 효율화를 높이고
- 공개입찰이라는 투명거래를 통해 기업의 신인도를 향상시키며
- 전략 소싱을 통해 우수업체 발굴과 이를 통한 고품질 저가격의 서비스를 지원
  받아 구매원가를 절감하는 데 있다.

>>> 8.4.2 e - Procurement 발전방향

e - 비즈니스 환경 이후 경영트렌드 및 구매관리 관련 과제는 과거의 구매업무와
는 현저히 다른 모습을 보이고 있다. 구매관리의 목표에서부터 구매전문가의 세부
활동에 이르기까지 전반적인 변화를 가져온 셈이다.

과거에 원활한 생산 및 최저 구매단가 등이 구매 목표였다면, 최근에는 공급자 관
계관리 및 구매 총비용 절감에 우선과제를 두고 있다. 이 부분은 SRM에서 제시한
전략적 소싱과 관계가 깊다. 구매조직 형태도 과거에는 개별공장 또는 사업부별 구
매팀이 존재하였으나 최근에는 상당수 기업의 사업부와 계열사 등을 통합하여 기업
의 통합구매조직을 운영하고 있다. 이것은 구매파워를 제공함으로써 낮은 단가의 고
품질 품목을 구매할 수 있게 하며 구매행정 처리도 단순화시키는 잇점을 제공한다.
구매자 역량도 단순 행정의 사무처리에서 우수 공급사를 발굴하고 구매전략을 수립
하는 전략가로 변모하고 있으며 공급사와 협업체제를 구성하여 상호 윈 - 윈하는 체
제로 구매트렌드는 변화되고 있다.

[그림 4-23]은 e-Procurement 진화과정 단계의 주요 효과를 제시한 것이다. 최근 e-Procurement는 공동구매 및 구매대행이라는 마켓플레이스를 활용하면서 구매간접비 및 직접비용의 절감 효과를 얻고 있다. 즉, 3단계에 진입하여 다양한 구매 프로세스를 활용하여 관리의 효율성을 극대화하고 있다.

[그림 4-23] e-Procurement 발전방향

	1단계 (효율성 극대화)	2단계 (e-구매시스템 구축)	3단계 (e-구매 및 다양한 구매프로세스 활용)
추진 방향	- 공급망 효율성 추구 - 부품의 공통화, 표준화 - 정예 공급사 정립 - 전략구매 실행	- 내부 System 통합 - 내부 프로세스 효율화 - 부품표준화, 통합화 - 정예공급사와 전자상거래 구축	- 관리 효율성 극대화 - 공동구매 및 구매대행 - 멀티 to 멀티 전자상거래 구축

기대
효과
	- 전략적 구매에 의한 직접비 절감
	- SCM에 의한 간접비 절감
		- 내부효율화를 통한
		  간접비 절감
		- 내부 부품구매 통합에 의한
		  직접비 절감
			- 외부환경 활동을 통한
			  간접비 절감
			- 글로벌화를 통한 직접비 절감

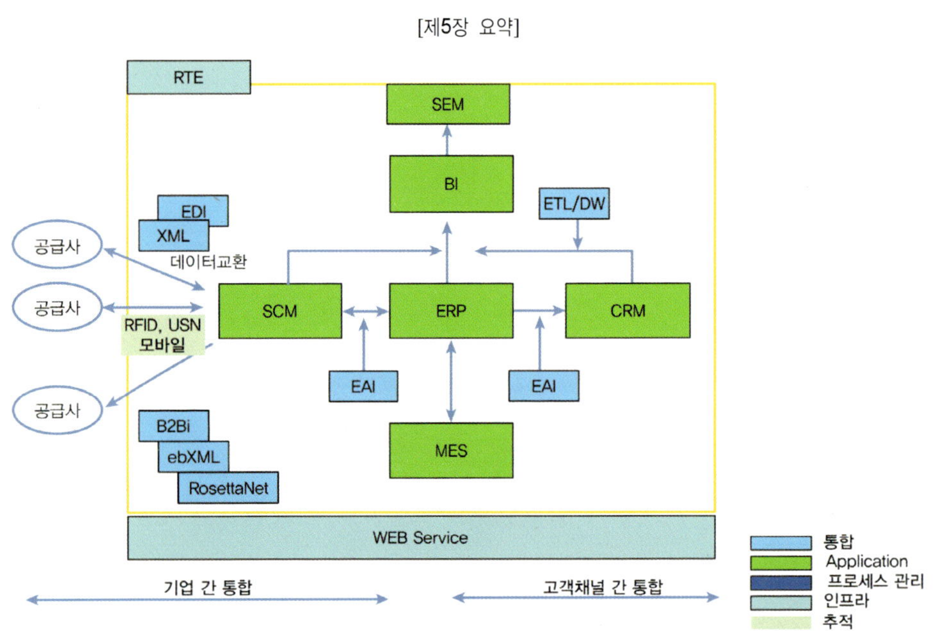

글로벌 경쟁체제 변화 및 IT 기술 발전은 기업 내·외부의 데이터 통합뿐 아니라 프로세스 통합을 요구하고 있다. 즉 빠른 외부기업환경 변화에 유연하게 대응하기 위해서 기업은 기업 내·외부에 분산된 데이터를 적시에 공유하고, 위험을 예측하며 변화에 대응하기 위해 신속한 의사결정의 환경이 필요하게 된 것이다.

과거 기업 내부의 흩어진 데이터를 통합하려면 주로 동종 애플리케이션 간에 FTP 방식의 인터페이스가(I/F) 이루어졌다. 시스템의 이기종화, 복잡화로 데이터 통합의 효율성이 요구되면서 이기종 간에 애플리케이션 통합을 위한 EAI 기술이 등장하고 EAI는 기업 간 프로세스 통합까지를 지원하는 중요한 기업통합 기술로 자리매김하고 있다.

2000년 이전 시대에는 기업 간 데이터 통합을 위해서 주로 EDI 기술에 의존하였으나, 비용부담 및 기술적 프레임워크 한계점으로 인해 여러 기업들에게 확산하는 데 어려움이 존재하였다. 현재 인터넷 기술발전과 e–비즈니스가 확산되면서 실시간 기업 간 통합의 중요성은 날로 증가하고 있다. 이에 대표적인 통합기술로서 B2Bi가 등장하게 되었으며 e - Procurement, e - Marketplace, C - Commerce 등 거래에서 표준문서교환 기술인 XML, ebXML이 등장하였다. 프로세스 통합측면에서는 RosettaNet를 기업 간 전자상거래 표준으로 사용하게 되었다.

최근 무선 기술발전과 WEB 2.0 등장은 기업 내·외부 통합을 위해 새로운 인프라 Web Service를 제공하여 일방적인 공유, 전달에서 벗어나 쌍방향 통신 환경을 제공하고 있다. 분산된 기업 외부의 업무처리도 RFID, USN, 모바일 기기 등장으로 실시간 업무처리가 가능한 RTE 환경을 탄생하게 하였다. 즉 글로벌 실시간 기업 비즈니스가 가능하게 되는 '동기화'가 이루어지고 있는 세상에 있는 것이다.

실시간 기업은(RTE) 모든 기업들이 지향해야 할 목표이다. 급변한 환경에 기업의 경쟁력을 갖추기 위해서는 리얼타임으로 변화되는 비즈니스 환경과 IT가 통합되는 것은 매우 중요한 이슈이며, 효과적으로 실시간 의사결정과 수시로 노출되고 있는 위험에 기업대응을 가능하게 하는 기본인프라이다.

제5장에서 제시하는 기업 간 통합기술은 이와 같은 기업환경의 대응력을 갖추기 위해 정보의 투명성, 적시성 및 무결성을 제공하는데 필요한 요소, 기술들을 설명하려 한다. 또한, 이와 같은 기술들이 기업경영(SEM), 공급망관리(SCM), 고객관계관리(CRM), 지식경영(KM), 물류/유통관리(PRM) 등 비즈니스 활동을 지원하는 원천기술로서 기업경영의 효율성 및 효과성을 제시하려 한다.

1.1 EAI(Enterprise Application Integration) 개요

과거 분산된 환경에서 정보시스템 통합은 매우 열악한 수준이었다. 그 이유는 시스템 간의 포인트 대 포인트 방식에 의해 데이터가 송수신되어 비효율적인 데이터 통합이 이루어졌기 때문이다. 이와 같은 시스템 통합방식은, 유지보수 비용 증가, 시스템의 상호 운영 및 실시간 기업운영 등에 있어 어려움을 주었다. EAI는 바로 이러한 문제점을 해결하기 위해 고안된 애플리케이션 통합솔루션이다.

최근 비즈니스 변화에 기업이 신속한 의사결정을 할 수 있는 체제를 구축하려면 기존의 여러 플랫폼 간의 인터페이스 문제해결이 무엇보다 선행되어야 한다. 즉 ERP, SCP, CRM 및 DW Application 등과의 통합 필요성이 커지고 있기 때문이다. EAI는 분산된 애플리케이션의 통합에 대한 어려움과 산재된 시스템의 유지보수 어려움 등을 극복할 수 있는 기술로서 기업 내부의 정보시스템 통합을 가능하게 한다.

이러한 EAI의 도입 필요성은 아래와 같다.

- e - 비즈니스 도입 및 확대에 따른 새로운 인터페이스 필요
- 빅뱅 방식의 프로젝트 추진에 따른 요건 변화에 신속한 해결책 요구
- 인터페이스 복잡성 증가에 따른 전사적 통합관리 필요성 증가
- 전사적 비즈니스 통합에 따른 시스템 간의 인터페이스 중요성 증가

EAI 도입의 궁극적 목적은 전사 데이터의 무결성 확보와 시스템 통합에 있다. 나아가 분산환경에서 이기종 데이터 통합과 프로세스 통합을 가능하게 하는 인프라를 제공하는 것이다. EAI의 도입목적은 아래와 같이 요약할 수 있다.

- 시스템 통합 구현 및 변경 용이성 추구
- 데이터 품질의 일관성 유지 및 신뢰성 보장
- 데이터 송수신 모니터링 및 장애 발생 시 용이한 대응

- 향후 신규 애플리케이션 통합 및 신기술 수용에 유연한 대응체제 실현
- Hub and Spoke 구조에 의한 데이터 트래픽의 효율성 제고

기존의 분산 시스템에서 데이터 통합은 주로 P2P(Point-to-point 방식) 방식을 활용하였다. P2P 방식은 시스템 연결 프로그램 개발이 요구되었고 개발 이후 유지보수를 더욱 어렵게 할 뿐 아니라 중앙에서 데이터를 통합하여 모니터링 하고 및 실시간 데이터를 전송함에 있어 기술적, 운영적 측면에서 한계점이 존재하였다.

그러나 EAI 도입은 기업 내부의 애플리케이션을 중앙에서 통합 관리할 수 있는 모니터링 기능을 제공하기 때문에 프로세스변화, 에러발생, 데이터의 흐름 등을 리얼타임으로 확인할 수 있으며, 변경과 확장이 P2P 방식보다 용이하기 때문에 작업의 생산성 향상을 가져올 수 있다. 또한 시스템 중단 또는 오류발생 원인에 대한 추적이 용이하기 때문에 위험상황 대처에 용이하다고 볼 수 있다.

[표 5-1] 전통적 Interface 방식과 EAI 방식 비교

구분	Point-to-point 방식(전통적 I/F)	EAI(최근 I/F)
특징	모든 애플리케이션 개별 매핑정의 부서 단위 소규모 통합 시 사용 신기술 적용이 어려움	중앙에서 매핑정의 관리 애플리케이션을 중앙에서 통합 관리, 온라인, 리얼타임 모두 보장
비즈니스 측면	- 업무요구에 맞는 Flow Control 어려움 - Process 변화에 즉시 대응이 어려움 - 중, 소규모 업무 운영 시 적합	- 통합된 업무 Flow Control 구현 - Process 변화 대응이 용이 - 다수 Application의 전사 Biz 통합 시 적합
기술 측면	- 재사용률이 낮고 유지보수 복잡 - 변동 시 Mapping과 컴파일 등 다수 작업 수반 - Batch 방식으로 속도 저하, 안정성 미약	- Archive 지향으로 재사용률 높임 - 신규 Apps 도입 시 확장 용이 - 개발비용 30%, 유지보수비 33% 감소

1.2 EAI 구성

EAI는 [그림 5-1] 구성도와 같이 허브&스포크 방식을 제공함으로써 복잡한 애플리케이션 연결을 가능하게 해준다.

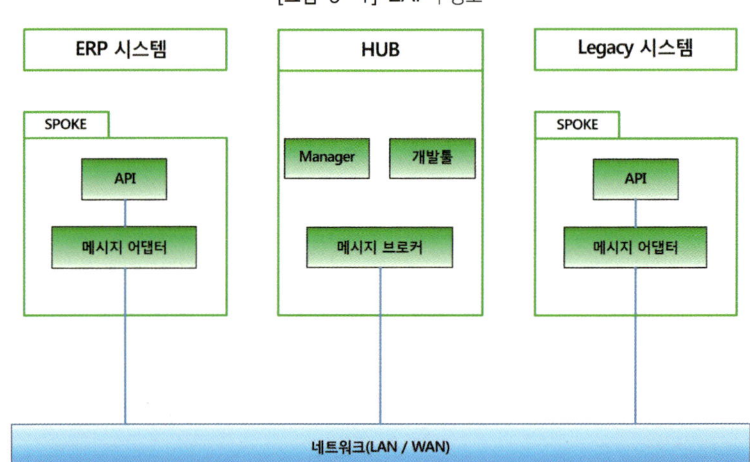

[그림 5-1] EAI 구성도

허브란 각종 응용 프로그램들을 통합한다는 의미이다. 논리적 구조가 마치 네트워크와 흡사하기 때문에 허브라고 불린다. 허브는 Enterprise Manager와 Adapter, Message Broker로 구성된다. Enterprise Manager는 네트워크상에 존재하는 소스들을 간편하게 관리하는 도구로서 각 인터페이스 대상들의 설정을 가능하게 하는 Configuration 기능과 모니터링 기능을 가지고 있다. Message Broker는 Message의 해독, 변형, 전달, 보안 및 로깅하는 역할을 담당한다. Adapter는 커넥터(Connector) 또는 게이트웨이(Gateway)라고도 부른다. 따라서 허브의 주요역할은 수신측 애플리케이션에 맞춰진 형식으로 메시지 변환을 하는 것과 메시지를 어떤 순서에 의해서 발송할 것인가를 수행하는 라우팅이다.

어댑터의 역할은 크게 두 가지로 정의할 수 있다. 첫째, 대상 시스템으로부터 데이터를 추출하여 전송매체, 즉 MOM(Message Oriented Middleware)까지 전달하는 기능을 수행한다. 둘째, 추출할 데이터에 대한 포맷 스키마로서 이는 EAI서버의 포매터의 레파지토리로 로드된다. Adapter는 송/수신 서버의 시스템에서 인터페이스 정보를 추출, 수정, 추가하는 기능을 말하며 송·수신 시스템과 흔히 Message Queue 방식이라 일컫는 EAI툴 사이에서 정보를 Interface하는 매개체 역할을 수행한다.

Spoke는 송수신 시스템의 Message Adapter와 API 기능을 담당한다. Message Adapter는 통합할 Application과 Message Broker 간의 연결제어, 즉 이벤트 제어를

담당하고 Message 압축 및 해제 역할을 수행한다. API는 특정 애플리케이션과 인터페이스를 원활하게 할 수 있도록 벤더사에서 제공되거나 자체 개발한 공통 프로그램이다.

지금까지 EAI의 물리적 구성과 구성요소의 주요 기능을 살펴보았다. EAI의 주요 기능은 크게 비즈니스 측면과 시스템 측면으로 나누어 볼 수 있다. 비즈니스 측면에서 EAI 기능은 애플리케이션 통합을 위한 코디네이팅, 비즈니스 프로세스 관리, 데이터 가공, 워크플로우 관리 및 외부데이터 연동 등을 들 수 있다. 시스템 측면에서는 패키지화된 시스템과의 통합, 자체 개발된 Legacy 애플리케이션들과의 통합, 통합된 애플리케이션 간의 트랜잭션 처리, 인터넷/웹 및 신기술과 밀접한 연동 그리고 통합관리 툴을 제공한다.

1.3 EAI 구축

>>> 1.3.1 EAI 구축 단계

EAI가 갖춰야 할 필수요소는 동기·비동기 메시징, 비즈니스 프로세스 자동화, 데이터 변화, 규칙엔진 등을 들 수 있다. EAI를 통해 다양한 애플리케이션 간의 정보교환 및 데이터 통합을 구현하려면 먼저, 인터페이스에 필요한 데이터의 변환 기술과 인터페이스 처리 규칙을 정의해야 한다. 동시에 Interface를 위한 Adapter Configuration, 신규 작성, Routing Rule 정의 그리고 인터페이스를 위한 기존 시스템의 수정 및 기능 추가 부분 등을 정의한 이후 인터페이스 프로그램 개발과 운영관리체제 등을 구축해야 한다.

EAI 구축은 설계, 구축, 테스트 세 단계로 구분된다. 설계단계에서 사용자팀 또는 개발팀은 비즈니스 요구사항에 따라 인터페이스 기본정보를 정의한다. 흔히 이것을 인터페이스 정의서라고 한다. 즉 송·수신될 데이터를 정의하고 해당 데이터의 상세요구사항 및 인터페이스 기준을 수립한다.

예를 들어 인터페이스 주기, 처리형태 및 발생시점 등을 정의하는 것이다. 구축

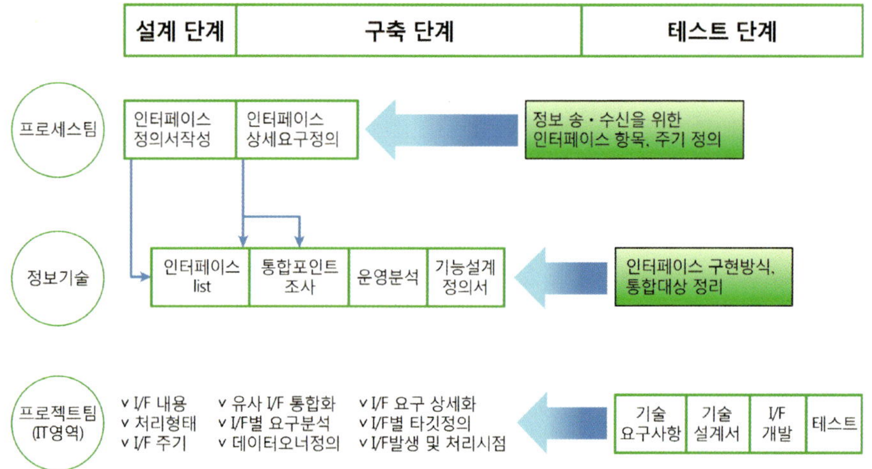

[그림 5-2] EAI 구축 단계

단계는 인터페이스 정의서를 기반으로 상세 기술설계서를 작성하고 이에 상응하는 프로그램을 개발한다. 테스트 단계는 시스템 통합관점에서 EAI를 통한 비즈니스 흐름을 점검한다. 즉 단위테스트 및 통합테스트를 통해 데이터의 정합성과 프로그램의 완성도를 확인하는 과정이다.

[그림 5-2]는 EAI 구축 단계별 개발팀과 현업담당자들이 수행해야 하는 주요 활동이다.

>>> 1.3.2 효율적인 EAI 구축방안

효율적으로 EAI를 구축하기 위해서는 각 단계별로 준비해야 할 사항이 존재한다. 대부분의 인터페이스 프로그램이 EAI를 통해 움직이기 때문에 비즈니스 룰이 확정되지 않은 상태에서 프로그램이 개발되거나, EAI 인터페이스 프로그램이 완성되지 않은 상태에서 통합테스트를 할 경우, 프로그램 완성도와 데이터 정합성을 확보하는 데 상당한 시간이 소요된다. 따라서 설계단계에서 주요 비즈니스 룰과 요구사항이 확정되고 본 내용을 EAI 인터페이스 설계서에 담아야 보다 효율적이고 생산적인 EAI 구축이 될 것이다.

일반적으로 EAI 도입은 단독 솔루션 도입이 아니라 여러 솔루션과 개발이 병행으로 진행될 수 있으며 ERP 시스템과 동시에 구현되는 경우도 많다. 그러므로 솔루션 설계단계에서 EAI에 의해 송·수신될 데이터를 정의하고 해당 데이터의 상세 요구사항 및 인터페이스 기준을 정의하여야 초기 설정한 EAI 구축 완료일을 준수할 수 있을 것이다. 즉 인터페이스 주기, 처리형태, 발생시점 등을 정의하여 상세 기술 스펙을 작성하고 본 스펙을 토대로 EAI 관련 인터페이스 프로그램 개발, 단위테스트 및 통합테스트 등을 단계적으로 수행한다.

[표 5 - 2]는 EAI 구축 단계와 주요 활동을 제시한 것이다.

[표 5-2] EAI 구축 단계별 주요 활동

I/F 요건 정의, 분석 단계	설계 및 개발 단계	테스트 단계
- I/F 일반정보 - I/F 항목 Mapping 명세서 - I/F 요건 정의 검증 및 수정 - Pattern 표준화	- 시스템 환경 구축 - Message Flow에 따른 Object 설계 - 항목 및 변환 규칙 정의 - 데이터 추출/적재 Adapter 제작 - 이상 대응 및 재처리 방안 설계	- 테스트 데이터 준비 - 테스트 시나리오 작성 - 테스트 수행 및 결과 확인

EAI를 처음 도입하는 기업은 EAI 솔루션이 인터페이스상의 문제를 모두 해결해 줄 것이라는 착각을 하는 경향이 있다. EAI는 중앙에서 데이터 전송, 처리중재 역할을 담당하는 마스터용 어댑터이다. 따라서 구현 시 비즈니스 측면과 기술적인 측면에서 아래와 같은 사항을 고려해 볼 필요가 있다. 다음은 EAI 도입 시 고려해야 할 사항을 정의한 것이다.

- 프로토콜 통합, 데이터 통합, 애플리케이션 통합, 프로세스 통합관점에서 접근해야 함
- 개발 중심보다는 기획단계에 시간과 노력을 투자해야 함
- Business 프로세스 인터페이스 설계 결과를 고려해야 함
- ERP 패키지 간 결합성을 고려, 3rd Party 제품 간 결합성 분석을 반영해야 함
- HW 및 패키지 특성을 고려한 시스템 통합 및 분산의 경우 제약사항 검토
- EAI 인프라 아키텍처 설계결과 반영

1.4 EAI와 타 기술 비교

>>> 1.4.1 EAI와 BPM 비교

BPM은 RTE 환경에서 프로세스 최적화에 초점을 두며 EAI는 기업 내부의 데이터 및 애플리케이션 통합의 초점을 둔다. EAI는 기업 내부에 존재하는 여러 시스템 간의 연결을 주도하는 데이터 중심의 기술 솔루션이다. 반면 BPM은 시스템과 사람, 시스템과 시스템 간의 연계를 프로세스라는 매개체에 의해 연결하는 프로세스 중심 즉 프로세스 혁신을 지원하는 도구이다. [표 5-3]은 BPM과 EAI의 특성을 비교 설명한 표이다.

[표 5-3] EAI와 BPM의 비교

구분	BPM	EAI
초점	프로세스	데이터 중심
특징	많은 사람이 참여하여 사용하며 인간의 작업 스피드	적은 수의 인간 참여 또는 없음 머신 스피드
비즈니스 룰	많은 수의 비즈니스 룰과 지속적인 룰 변경	보통의 비즈니스 룰 변경
인터페이스	사용자 인터페이스가 매우 중요	필요 없음
참여자 수	매우 많은 사용자	애플리케이션만 참여함
예외처리	많은 수의 예외처리 발생	매우 적은 예외처리

>>> 1.4.2 EAI와 SOA 비교

현재 EAI는 기업 내부의 데이터와 애플리케이션 통합에 중추적인 역할을 하고 있다. 그러나 EAI가 가지고 있는 난제는 개발, 실행, 유지보수에 있어 기대했던 수준보다 일정이 장기간 소요된다는 점이다. 예를 들어 대부분 EAI 프로젝트 수행기간이 10~20개월 소요되고 있으며 개발 일정지연 등의 현상이 빈번히 나타나고 있다. 이것은 EAI 자체적인 문제보다는 기존시스템을 통합하는 과정에서 발생하는 어려움이다. 연계할 기존 레거시 시스템을 EAI를 통해 데이터 통합을 이루려면 레거시 시스템을 분석하여 EAI가 인식할 수 있는 수준의 데이터를 제공해야 한다.

즉 레거시 시스템 설계 복잡성, 모듈화되지 않은 프로그램, 표준화되지 않은 데이터 구조 등의 원인으로 EAI를 통해 인터페이스하는 과정에서 생산성이 떨어지기 때문이다. 향후 SOA 기반의 비즈니스 아키텍처가 수립되고 SOA 기반의 적용이 이루어진다면, 특수모듈 추가 필요 없이 새로운 시스템을 쉽게 연결할 수 있고 시스템 수정 또한 용이하게 될 것이다. 심지어 EAI 전문가가 불필요하게 될 수도 있다는 전문가 의견도 언급되고 있다.

[표 5-4]는 EAI와 SOA의 특성을 비교한 것이다.

[표 5-4] EAI와 SOA의 비교

SOA	EAI
개방형 표준에 근거함	독자기술에 근거함
시스템 간 유연결합	시스템 간 고정결합
이기종 간 상호 운용성이 용이(Web service 기반)	이기종 간 상호 운용성 어려움
SOA 인터페이스 재사용이 쉬움	EAI 인터페이스 재사용이 어려움

[출처]: 에릭풀리어. 휴테일러. SOA 도입을 어떻게 할 것인가. 한국경제신문사. 2006.

1.5 EAI 도입 시 기대효과 및 발전방향

>>> 1.5.1 EAI 도입 시 기대효과

EAI를 도입할 경우, 기업은 기존에 구입한 자산을 유지하면서 최적의 인터페이스 환경을 구축할 수 있다. 많은 기업이 이미 안정화된 시스템을 도입한 상태이기 때문에 막대한 예산을 들여 새로운 장비를 들여 놓을 경우 재투자가 불가피하다. EAI는 시스템을 인터페이스하는 매개체 역할을 수행하며 비용 절감을 가능하게 한다. 때문에 새로운 시스템 도입 시의 설치, 안정화 기간을 줄일 수 있어 빠른 업무 전환이 가능하게 되며 시스템을 신규 도입하고자 할 경우 하드웨어가 벤더사에 종속되어 선정되는 불합리함을 막을 수 있다.

EAI는 기존의 흩어져 따로 관리되던 시스템들을 하나로 일관성 있게 통합하며, 이것을 모두 하나의 인터페이스로 관리할 수 있도록 도와준다. 이는 시스템 간의 관리 일관성을 높여 주며, 유지보수에 있어서도 획기적인 비용 절감이 보장될 수 있다는 장점을 제공한다.

>>> 1.5.2 EAI 발전방향

지금까지 EAI는 데이터통합에 중점을 두었다. EAI가 추구하는 통합의 목표는 데이터가 아닌 프로세스에 있다. 그 이유는 프로세스 통합을 실현할 때 비로소 비즈니스 가치가 극대화되기 때문이다. 프로세스 통합은 비즈니스 파트너들과의 협업(collaboration)까지를 포함한다. 이를 뒷받침할 수 있는 내용으로 가트너에서는 애플리케이션 통합 발전 단계를 크게 네 단계로 구분하였다. X축은 시간, Y축은 비즈니스 가치 증가로 정의하고 있는데 제4세대로 진입할 경우, 시스템의 복잡도는 더욱 증가하고 비즈니스 가치는 비례하여 증가한다고 언급하였다. 즉 EAI는 제4세대에서 언급하고 있는 외부 파트너사 간의 통합을 궁극적인 목적으로 이에 해당하는 인프라를 제공하기 위해 존재한다고 해도 과언이 아니다.

[표 5-5] EAI 발전단계

제1세대	제2세대	제3세대	제4세대
동종애플리케이션 통합	EAI 세대	E-Biz 통합(EAI)	이기종 애플리케이션 통합
애플리케이션 연결 Point-to-point 일회용 솔루션 시스템에 초점 Batch 통합 자체개발에 의한 통합	기업 내 이종 애플리케이션 간 연계 Front-to-back office 동기 및 비동기 MQ-기반수선작업을 동반하는 포인트 솔루션	비즈니스 프로세스 통합에 초점 3타입: -EAI(기업 내) -B2Bi(기업 간) -Web 통합 제품 간 Bundling 또는 제휴	편재된 시스템 간의 통합 고도의 프로세스 기반 능률적 e-commerce 통합 보다 공통적인 Human-to-App 통합, 무선통합(PDA 등)

글로벌한 기업 간 프로세스 통합과 협력이 필요한 이유는 궁극적으로 기업 내부의 투명성 확보에 있다. 때문에 "RTE(실시간기업환경)라는 표현보다는 'Synchronization(동기화)'라는 표현이 더 적합하다."라고 말할 수 있다. 여기에서 '동기화'의 의미는 기업과 협력사 간의 프로세스 통합으로 실시간 업무 효율성을 높이는 것을 의미한다. 궁극적으로 EAI는 기업 간 거래와 함께 발전하고 있다. 다시 말해 B2B e-Commerce는 Collaborative Commerce(C-Commerce)로 발전해 가고 있으며 EAI 및 B2Bi는 C-Commerce를 위한 기본 인프라로 자리 잡고 있다.

2.1 B2Bi의 개념

B2Bi는 서로 다른 애플리케이션을 사용하고 있는 기업 간의 업무를 프로세스 차원에서 통합시켜 B2B 거래가 구현되도록 지원하는 기술이다. 이것은 기존 단일기업 내의 서로 다른 애플리케이션을 통합하는 EAI 기술을 웹 환경의 기업 간 프로세스 통합으로 확장하는 개념이다. 2000년 초반까지 B2B는 경매, 역경매 및 구매처리 등 프런트 기능으로 주로 부각되어 왔다. 기업의 글로벌화가 가속화되고 공급망 효율화의 필요성이 증가하면서 백앤드 차원에서도 시스템 간 통합의 중요성은 더욱 커지고 있다.

B2Bi 기술은 기업 간의 비즈니스 프로세스 통합에 초점을 두고 있으며 이는 C-Commerce 활성화를 도모하는 매개체 역할을 하기 위해 등장한 기술이라고 볼 수 있다. 즉 B2Bi를 통해 '동기화'라는 환경을 제공함으로써 기업과 협력사 간의 프로세스 통합을 가능하게 하여 실시간 업무 효율성을 높이는 효과를 제공한다. B2Bi란 말 그대로 기업 간 전산시스템을 연동하는 것을 의미한다. 기업 내 존재하는 다양한 애플리케이션을 통합하는 것을 전사 애플리케이션 통합(EAI)이라고 정의한다면, B2Bi에서 말하는 통합은 기업 내부가 아닌 기업과 외부 협력업체 간 외부로 확대된 개념이다. 이것은 기업 간의 비즈니스 프로세스를 표준화하여 글로벌 비즈니스 처리를 효율적이고 효과적으로 지원한다.

[그림 5-3] B2Bi의 발전과정

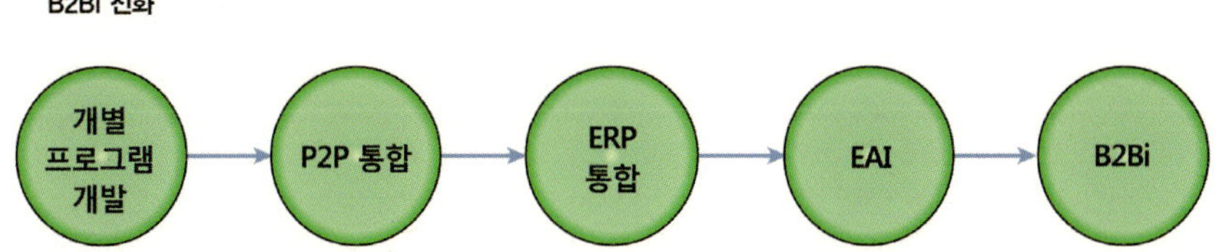

ERP 보급이 확산되기 이전, 기업 내부 또는 외부 간의 애플리케이션 통합은 서로 다른 이기종 간의 인터페이스 기술에 의해 이루어졌다. 이 방식은 EAI에서 언급한 Point‒to‒Point 방식으로 데이터를 전송하고 데이터를 통합하는 방식이다. 오랫동안 사용해 온 P2P 방식은 인터페이스를 위한 개발과 유지보수에 많은 어려움과 비용투자를 가져왔다. 이를 극복하기 위한 일환으로 EAI 기술이 등장하였으며 이제는 기업 간의 협업상거래를 가능하게 하도록 기업 외부의 프로세스 및 데이터 통합을 지원하는 B2Bi로 발전하고 있다.

[그림 5‒3]은 기업 간 통합을 위해 진화된 B2Bi 발전 과정을 제시한 것이다.

2.2 B2Bi 구성

>>> 2.2.1 B2Bi 구성도

B2Bi는 기업과 기업 간의 업무처리를 가능하게 하는 기술이며 XML 등 표준 문서 교환을 통해 기업 간 혹은 기업과 Marketplace 간의 프로세스 통합을 자동적으로 지원하는 기술이다. 이때 사용하는 프로토콜은 X.12, HTTP이며 메시지전송 표준

[그림 5‒4] B2Bi의 구성

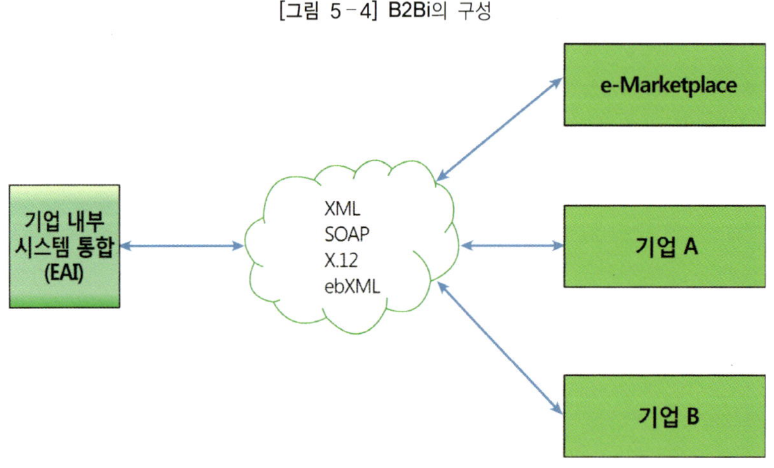

프로토콜로는 SOAP를 주로 사용한다. 또한 문서교환 형식에는 XML, ebXML 등이 있다. 이러한 기술은 기업 간 혹은 기업과 Marketplace를 연동하는 기술까지를 포함한다.

기업 내부에서는 EAI 솔루션을 통해 애플리케이션 간 데이터 통합을 구현하고 기업 간 비즈니스 처리 시 수반되는 데이터 흐름을 파악하기 위해서는 BPM(Business Process Management)을 통해 기업 간 데이터 제어 및 모니터링 관리를 할 수 있다. 반면 B2Bi를 적용하려면, 먼저 외부 기업들 간의 프로세스 통합이 가능해야 한다. 그 이유는 동일한 업무처리를 하는 프로세스이지만 기업마다 특화된 프로세스와 업무규칙이 존재하기 때문에 표준화된 프로세스가 필요하다. 이에 대표적인 프로세스 표준으로 로제타넷과 ebXML 등의 데이터 형식 및 전달 규약을 채택하여 적용할 수 있다.

>>> 2.2.2 B2Bi 통합 유형

B2Bi는 웹 환경 통합관점에서 네 가지 유형을 가진다. 이 중 가장 일반적으로 사용되는 통합유형은 XML을 기본 포맷으로 사용한 EDI로서 Data Exchange 형태를 들 수 있으며 e-비즈니스 환경에서는 기업 간의 데이터 통합을 위해 Closed Process Integration을 사용하는 경우가 많다. 그러나 인터넷상에서 여러 기업들이 하나의 허브로 통합된 가상기업을 실현하려면 상호 간의 프로세스가 공유되고, 통합된 Open Process Integration 유형이 기업환경에 유연히 대응할 수 있는 모델이 될 것이다.

[표 5-6] B2Bi 유형

구분	특징
Direct Application	-EAI를 B2Bi 영역으로 단순 확장한 방법으로, 자사 응용을 파트너의 응용에 직접 Link : 통합브로커 필수, EAI 벤더의 제품 중심 접근방식
Data Exchange	-EDI로부터 시작된 가장 널리 구현되고 있는 패턴 : XML 기본 포맷, 아무런 제약조건이 없고 구현과 확장이 용이(가장 널리 사용하는 방식임)
Closed Process Integration	-참여 기업 간 트랜잭션 패턴 및 발생순서가 e-비즈니스 트랜잭션 협약의 가장 중요한 요소 : 주요 Hub기업 트랜잭션 관리, BPI 서비스 도입이 필요
Open Process Integration	-프로세스 공유 개념 사용하여 기업 간 동등한 차원의 관리 : e-비즈니스 환경에서 가장 유연하고 유지보수가 쉬운 모델(기업 간 동등한 차원에서 관리됨)

2.3 B2Bi 요구기술

B2Bi가 추구하는 것은 서로 다른 기업 간, 이기종 간의 프로세스와 데이터 통합이다. 프로세스 통합이란 프로세스 표준화 및 프로세스를 담고 있는 애플리케이션 통합을 말한다. 최근 분산환경에서 가장 큰 이슈는 표준과 기업 간의 고정결합이다. 비표준기술 사용과 고정된 결합은 여러 기업을 하나의 허브로 묶어 가상기업을 실현하는 데 걸림돌이 되고 있기 때문이다. 따라서 표준메시지 프로토콜, 표준문서교환 등의 표준통신 규약을 적용해야 비즈니스 변화에 유연성을 확보할 수 있다. 웹 서비스 기술이 필요한 이유도 여기에 있다.

B2Bi의 통합은 데이터 통합, 애플리케이션 통합 및 비즈니스 프로세스 통합 등으로 분류한다. 데이터 통합은 단순한 데이터 전송/변환 과정을 통해 통합하는 개념이며 기업 간의 통합은 주로 B2Bi 프로토콜 표준 프레임워크하에서 표준 문서교환 형식을 사용한다. [표 5-7]에서 제시한 바와 같이 B2Bi 대표적인 교환 프로토콜 RosettaNet, EDI on Van을 들 수 있으며 이들의 문서교환 형식은 XML 방식을 채택한다. 메시지 프로토콜은 Web Service 표준메시지 프로토콜과 동일한 SOAP를 사용한다.

[표 5-7]은 기업 간 거래시 적용되는 프로토콜 종류에 따라 적용될 수 있는 전송기술을 제시한 것이다.

[표 5-7] B2B관련 기술

B2B Protocols	Transports	Messaging
RosettaNet	SOAP	MQ-Series
AS1	HTTP, HTTP-S	TIBCO
EDI on VAN	SMTP	JMS providers
UCCNet	FTP	Oracle AQ
Custom Defined	Flat Files	
	WSDL	

[출처]: Oracle 메가진, "Data 통합기술".

EAI와 B2Bi의 기술구조 및 기능에는 명확한 차이점이 존재한다. EAI가 기업 내부 시스템 통합을 위해 지원하는 기술이라면 B2Bi는 기업 간의 데이터와 프로세스 통합을 지원하는 개념으로서, 그에 따른 적용 범위, 목적 및 네트워크 환경에는 아래 [표 5-8]과 같은 차이점이 존재한다. 대표적인 차이점으로, EAI는 기업 내부에 국한되어 데이터통합을 주도하기 때문에 B2Bi 기술보다는 단순하다고 볼 수 있다. B2Bi는 기업마다 다른 데이터와 프로세스 포맷을 국제표준에 맞게 변환하는 작업이 필요하다.

[표 5-8] B2Bi와 EAI 기능 비교

구분	EAI	B2Bi
목적	유연한 업무처리	원활한 전자상거래
범위	기업 내부	기업 간 거래(B2B)
구축기간	단기간	장기간
네트워크 환경	LAN, 전용망	인터넷 환경/표준
특징	B2B Data 매핑 + 변환	B2B Data 매핑 + 변환 + 표준비즈니스 프레임워크 사용

③ RosettaNet

B2Bi를 구현하기 위해서는 서로 다른 기업 간의 프로세스 통합이 전제되었을 때 인터넷상의 진정한 협업이 이루어질 수 있다. 이에 대표적인 프로세스 통합 프레임워크로서 로제타넷을 들 수 있다. 로제타넷은 전자상거래 표준 프로세스를 제정, 구현, 보급하기 위해 전 세계 전자부품, 정보기술, 반도체 제조에 종사하는 450개 이상의 기업들이 구성한 비영리 컨소시엄 단체이다.

이들의 구성 목적은 크게 두 가지 관점에서 찾아볼 수 있다. 첫째, 기업 간의 유연한 거래, 기업운영의 효율화 및 신규비즈니스 기회창출 등을 지원하는 전자상거래 표준을 제정하여 거래회사 간의 비즈니스 업무처리를 정의하는 표준프로세스 프레임워크를 정의하는 것이다. 둘째, 분산환경에서 통신을 위한 프로토콜을 규정하는 프레임워크를 구성하여 전자상거래 모델을 제공한다는 점이다.

로제타넷은 전자부품과 IT 산업에 대한 전자상거래 기반을 구축하기 위해 개발한 모델로서 전자산업의 특성을 반영한 수직적 전자상거래용 프레임워크이다. 또한 모든 공급사슬 거래 대상자들에게 e-비즈니스 인터페이스를 제공하며 개방적인 비즈니스 프로세스를 정의한다. 문서전송 방식에서는 SOAP[14]를 사용하여 전자상거래 객체 간의 상호 운용성과 호환성을 증대시켜 준다. XML 기반의 표준화된 프레임워크인 로제타넷은 다음과 같은 장점과 단점을 가지고 있다.

[표 5-9] 로제타넷의 장·단점

장점	단점
- 전자, 반도체, 솔루션 등 특정산업을 중심으로 이미 검증되어 보급 확산 - 통신, 물류, 자동차 등의 타 산업으로 전파 - 국제기구 차원을 넘어 민간 차원 보급 시도	- 범용성이 떨어져 모든 산업의 적용이 어려움 - 일부 선도업체가 주도하는 데 따르는 반발 예상

---

14) SOAP(Simple Object Access Protocol): HTTP, SMTP 등을 사용하여 XML기반의 메시지를 컴퓨터 네트워크 상에서 교환하는 형태의 프로토콜이다. 웹 서비스(Web Service)에서 기본적인 메시지를 전달하는 기반으로 헤드와 바디를 조합하는 디자인 패턴으로 설계되어 있다.

④ ebXML

4.1 ebXML 개요

>>> 4.1.1 ebXML 출현배경

기존의 EDI 기술은 많은 기업들이 사전 동의 없이 e-비즈니스를 실행할 수 있는 여건을 기술적으로 제공하는 데 한계가 존재하였다. 또한 고비용 구축으로 인해 대기업의 전유물로 e-비즈니스가 되었던 것도 사실이다. EDI에서 응용할 수 있는 단순 데이터 교환 기술인 XML은 실제 전자상거래의 표준적인 기반으로 사용되고 있으나, 구체적인 표준규약은 마련되지 않고 있다.

따라서 e-비즈니스 목표를 달성하기 위해서는 세계 어디에서나 비즈니스를 할 수 있는 기반이 필요하게 된다. 특히, 인터넷을 기반으로 한 개방형 네트워크 환경 하에서는 표준화를 통한 시스템 간의 상호 연동성이 매우 중요한 요소가 되고 있다. 이를 지원하고 고비용투자 없이 사용할 수 있는 기술이 ebXML이다.

ebXML(electronic business XML)이란 모든 기업이 세계 어디에서 어느 누구와도 e-비즈니스를 할 수 있도록 하기 위하여 국제기구인 유엔 산하 무역촉진 및 전자거래 표준제정 국제기구인 UN/CEFACT(United Nations Center for Trade Facilitation and Electronic Business)와 민간 세계 최대 XML 표준화 기구인 OASIS(Organization for the Advancement of Structured Information Standards)가 공동으로 추진하는 XML 기반 기술이다. 현재 GCI(Global Commerce Initiative)나 OTA(Open Travel Alliance), RosettaNet 그리고 AIAG(Automotive Industry Action Group) 같은 산업별 단체들도 ebXML을 채택하기로 하고 적극적으로 참가하고 있다. ebXML은 UN/CEFACT와 OASIS가 제안한 전자상거래 비즈니스 정보교환에 XML을 적용하여 시스템 간의 상호 운용성을 확보하기 위한 표준 프레임워크로서 '전 세계적으로 단일한 전자거래 시장을 형성'하는 것을 목적으로 하고 있다.

ebXML은 개방성과 상호 연동성이라는 두 가지 특징을 가지고 있다. 개방성은 명세개발 작업에 있어 누구나 아무런 비용의 부담 없이 참여가 가능하게 하며 상호 연동성은 ebXML 명세에 따라 누구나 특정 솔루션이나 플랫폼에 의존하지 않고 전자상거래를 할 수 있도록 지원한다.

ebXML이 궁극적으로 추구하는 목표는 다음과 같다.

- W3C XML을 기반으로 구축
- ebXML을 지원하는 거래 당사자들 간의 상호 연동성, 효율을 극대화
- 기존의 EDI 등의 시스템으로부터 전환이 용이하게 구성
- 국제 기관에서 표준을 제정, 관리하여 특정제품에 종속적이지 않게 함
- B2B, B2C 등 기존의 모든 거래종류 및 큰 기업에서부터 작은 기업까지 모든 기업에서 적용할 수 있는 표준을 제정함

ebXML 특징은 단순히 XML언어 Spec만을 규정한 것이 아니라 비즈니스 프로세스 설계에서부터 통신 방식까지 다양한 분야를 다루고 있다.

첫째, 비즈니스 프로세스를 모델링하여 시나리오를 XML로 작성하고, 시나리오에 따라서 B2B 거래를 자동화하여 실행한다. 둘째, 문맥을 반영한 컴포넌트로부터 문서를 합성할 수 있기 때문에 문서구성에 있어서 재활용이 가능하다. 셋째, 비즈니스 프로세스 명세서, 전자문서구조, 기업 간 공유자원, 메타데이터 등을 등록 및 재활용이 가능하다. 넷째, XML 언어가 제공되며 표준메시지 전송 메커니즘이 제공된다. 다섯째, 기술 규격서(Technical Specification), 기술 보고서(Technical Report), 참고 자료(Reference Material), 백서(White Paper) 등 네 가지의 표준문서를 제공한다.

[표 5-10] ebXML 장점과 단점

ebXML 장점	ebXML 단점
- 전 세계에 적용 가능한 범용 모델 - 국제기구 차원의 개발 　유엔전자거래표 준제정 기구 - 뛰어난 개방성과 상호 운용성	- 이상론에 가까운 범용성 - 전 산업에 통용될 수 있는 수준이 아님 - 본격적인 도입에는 다소 시간이 필요함

위와 같은 ebXML 특징은 개방적인 XML을 전자적으로 제공하여 국제적으로 단일한 e – Marketplace를 제공할 뿐 아니라 e – 비즈니스 범위를 확장시키고 상호 연동성이 가능한 유연한 솔루션임을 보여주고 있다. 기업 입장에서는 비즈니스 문서 교환, 거래관계 형성, 통일된 언어로 구성된 데이터 및 비즈니스 프로세스를 정의하고 등록하는 것이 가능해진다.

4.2 ebXML 구성

>>> 4.2.1 구성요소

ebXML은 다섯 가지 항목으로 구성된다.

첫째, BP(Business Process)는 다른 기업이 비즈니스 서비스 제공자의 비즈니스를 이용할 수 있도록 정의된 명세로 주로 업무 프로세스 또는 업무절차를 의미한다. 기업 간 거래에 있어서 공유하는 역할(role), 관계(relationship), 의무사항(responsibility) 등을 어떻게 수행할 것인가를 상세히 정의하며 비즈니스 프로세스와 이와 연관된 정보 등의 일관된 모델링 방법을 제공한다.

둘째, CC(Core Component)는 비즈니스 서비스에 사용되는 기능객체를 의미하며, 이를 추출하여 이용할 수 있는 명세를 제공한다. 실세계 개념과 비즈니스 개념과의 관계를 공통의 핵심 컴포넌트로서 구분하고 새로운 확장이 가능하도록 정의한 객체이다. 즉 비즈니스 프로세스를 기반으로 재사용성, 확장성, 상속성을 부여한 비즈니스 객체이다.

셋째, Registry & Repository이다. Registry는 서비스의 메타데이터 등 색인정보를 보관하며 Repository는 거래 상대자가 제출한 정보를 안전하게 보관한다. 이것은 ebXML 구현 인프라의 핵심요소이다.

넷째, TP(Trading Partner)는 거래상대자의 프로파일 작성과 거래협약을 작성하며 ebXML의 핵심 콘텐츠 부분으로 CPP(Collaboration Protocol Profile), CPA(Collaboration Protocol Agreement)로 구성된다.

다섯째, MS(Message Service)는 각각의 요소 사이에 메시지 전송 및 보안성을 규정하며, ebXML 거래 당사자들 간의 비즈니스 메시지를 교환하기 위한 표준 방법을 제공한다.

>>> 4.2.2 ebXML 시나리오 구성

[그림 5-5]는 A 회사와 B 회사가 ebXML을 수행하는 시나리오이다. 여기서 ebXML Registry는 ebXML 당사자들에 대한 정보를 관리하는 데이터베이스이다. 두 회사는 아래 6단계의 절차를 거쳐 기업 간 거래를 성사시킬 수 있다.

(1) A사는 ebXML을 사용하여 비즈니스를 수행하기로 결정함.

(2) ebXML에서 규정하고 있는 여러 가지 기술적 사항들을 시스템으로 구축함.

(3) 시스템을 구축한 후 ebXML Registry에 자신의 CPP(Collaboration Protocol Profile)를 등록함. 여기서 CPP은 ebXML을 수행하는 데 필요한 자사의 정보를 XML 형태로 기술한 문서이다. 본 문서는 자사 정보, 자신이 수행하는 비즈니스 프로세스, 비즈니스 서비스 인터페이스 등의 내용을 포함하고 있다. 비즈니스 서비스 인터페이스는 통신 프로토콜과 보안기술 등을 말한다.

(4) B사는 ebXML Registry를 검색하여 자신이 원하는 비즈니스 파트너로서 A사가

[그림 5-5] ebXML 서비스 흐름도

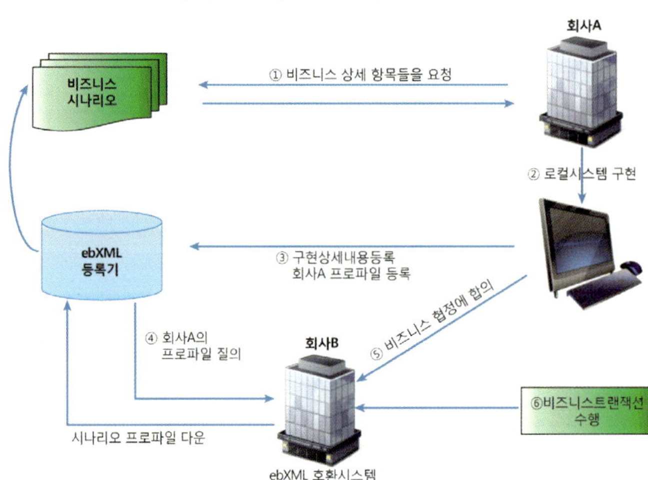

있다는 것을 알게 된다. 여기서 B사는 이미 Registry에 자사의 CPP를 등록하였음을 가정하고 있다.

(5) B사는 A사에 접속하여 거래 성사를 위한 CPP를 서로 교환하게 되고 여기서 CPA(Collaboration Protocol Agreement)가 만들어진다.

(6) 앞에서 만들어진 CPA를 기반으로 두 회사 간에 거래를 수행한다.

위의 예는 일대일 당사자 간의 간단한 거래를 예로 들었으나 ebXML은 일대일뿐만 아니라 다대다 등의 복잡한 거래에서도 적용될 수 있도록 구성되었다.

ebXML 5번째 구성요인인 Message Service의 특징은 다음과 같다.

(1) ebXML Message는 통신 프로토콜에 독립적이다.

(2) ebXML Extension에서는 기존의 SOAP에서 규정한 태그는 그대로 수용하면서, 확장가능한 부분에 ebXML 태그들을 추가하여 사용하고 있다.

(3) ebXML Message는 ebXML의 모든 Spec을 모두 지원한다.

(4) Message Service에서는 단순히 메시지의 구조뿐 아니라 거래 당사자 간의 인터페이스 방식도 규정하고 있다.

(5) ebXML 거래 당사자들이 거래를 수행하기 위해 필요한 모든 정보를 제공한다.

4.3 e-비즈니스 프레임워크상의 ebXML

아래 표는 e-비즈니스 환경에서 기업 간의 데이터 교환 및 프로세스 통합가능 여부를 확인할 수 있는 프레임워크를 제시한 것이다.

[표 5-11] 기업 간 데이터 통합 프레임워크

프레임워크	프로세스모델	산업분야	거래 규모	주도 그룹
EDI	정의됨	범용	거래 당사자 간	UN/CEFACT
EbXML	정의됨	범용	규모 제한 없음	OASIS, UN/CEFACT
RosettaNet	정의됨	IT/EC/SM	규모 제한 없음	WebMethod, 다수업체
bizTalk	정의 안 됨	범용	규모 제한 없음	마이크로소프트
eCO	정의 안 됨	범용	규모 제한 없음	케이스넷

[출처]: 오라클 매가진, "기업간 프로세스 통합기술", 2005, 겨울호.

EDI 프레임워크만이 EDI/XML 내에서 응용지원서비스를 지원하며 나머지 프레임워크에서는 모두 응용서비스가 지원된다.

[표 5-12] ebXML 프레임워크

프레임워크	프로토콜(data)	프로토콜(message)	문서전송형식	저장소 구조
EDI	X, 400(EDI) HTTP(XML/EDI)		EDI, XML	중앙집중형
ebXML	HTTP, SMTP	SOAP	XML	분산형
RosettaNet	HTTP/다양한 규약	SOAP	XML	분산형
bizTalk	HTTP/다양한 규약	SOAP	XML	중앙집중형
eCO	HTTP/다양한 규약		XML	분산형

ebXML은 XML을 메시지 형식으로 사용하며 디지털 서명으로 보안처리된다. 또한 대상산업과 관계없이 비즈니스를 처리할 수 있다. 반면 로제타넷은 IT 또는 전자 부품사를 대상으로 비즈니스를 처리할 수 있으며 HTTP/CGI 통신프로토콜을 사용한다. 메시지 형식은 Biztalk 문서의 기반을 둔 Biztag를 사용한다.

4.4 e-비즈니스 기술진화와 ebXML

e-비즈니스 통합의 문제는 회사 내 각 조직 간의 통합의 문제뿐 아니라 기업 간의 비즈니스 관계를 맺고 있는 수많은 다른 조직 간의 비즈니스 흐름을 통합하는 것을 다룬다. 따라서 통합의 문제는 기업 내부조직 간의 EAI 요소와 인터넷을 백본으로 한 비즈니스 파트너들과의 B2B 커뮤니케이션 플랫폼을 구축함으로써 해결가능하다. 이때 B2Bi 구성요소들을 함께 고려할 필요가 있다.

B2B가 파트너 간의 협업의 네트워크로 진화되기 위해서는 ebXML을 비롯해, 로제타넷, UDDI[15] 등 외부 파트너 프로세스 통합에 관한 표준을 지원하는 비즈니스 인터페이스 모듈이 필요하다. 이것은 e-비즈니스 통합과 자동화의 핵심기술이며,

---

15) UDDI(Universal Discovery Description Integration): 기업들이 웹상에서 자신들을 등록하여 서로 찾을 수 있도록 함으로써 온라인 트랜잭션을 간략히 하기 위한 XML 기반의 레지스트리이다.

비즈니스 파트너 간의 상호 운용성을 해결하기 위한 전략무기이다. 또한, 정보 변화관점에서 기업 간의 시스템 접착제 역할을 담당하게 될 것이다. 즉 데이터의 매핑, 변환, 메타정보관리, 라우팅, XML/EDI, 메시징 및 프로세스 흐름제어 등을 실시간으로 자동화하는 데 기여함으로써 비즈니스 및 기술 통합을 구현할 수 있다.

ebXML은 B2B에 관한 모든 프로토콜을 포함하고 있어 기업간 전자거래에 의한 기업통합을 가능하게 한다. ebXML을 사용하여 전자상거래를 할 경우, 기업 간의 비즈니스 협업이 가능하고, 지역의 위치와 관계없이 누구에게나 참여가 개방되어 유연한 형태로 전자상거래가 이루어지게 된다. 때문에 새로운 신생기업에게 시장참여 기회를 제공할 수 있다. 뿐만 아니라, 경제적 측면에서 전자상거래 활성화에 역동성을 제공한다. 기술적인 측면에서는 별도의 시스템 또는 네트워크 호환작업 등이 필요없이 비즈니스가 처리됨으로써 외부 프로세스 통합과 비즈니스 간의 상호 운용성을 실현할 수 있는 기반을 제공해준다.

⑤ 웹 서비스

5.1 웹 서비스의 개요

기업 간의 통합이 활성화됨에 따라 기업들은 새로운 문제에 직면하게 되었다. 그동안 경쟁적으로 도입한 각종 플랫폼이 통일되지 않아 데이터의 교환이 쉽지 않았다. 이로 인해 과도한 비용이 소요되는 경우도 발생하였다. 웹 서비스(Web Service)는 네트워크상에서 서로 다른 종류의 컴퓨터들 간에 상호작용을 하기 위한 소프트웨어 시스템이다. 웹 서비스는 서비스 지향적인 분산 컴퓨팅 기술의 일종이며 웹 서비스 프로토콜 스팩은 SOAP, WSDL, UDDI 등으로 이루어진다. 모든 메시징에 XML이 사용되어 상호 운용성을 높여 준다.

웹 서비스라는 명칭을 가지고 있지만 월드 와이드 웹과 혼동하여서는 안 된다. 월드 와이드 웹은 사람과 컴퓨터 간의 상호작용을 위한 시스템이며 반면, 웹 서비스는 컴퓨터와 컴퓨터 간의 상호작용을 위한 시스템이다. 초기 분산 컴퓨팅을 실현할 수 있는 신기술로 등장한 웹 서비스는 큰 기대감에 매스미디어에서 여러 차례 다루어져서 그 인지도는 점차 증가해왔다. 하지만 시장에서의 실효성 때문에 많이 보급되지 못하고 있는 실정이다. 아직 관련 기술의 표준화가 늦어짐에 따라 보급은 늦어지고 있다. 그러나 최근에 서비스 지향 아키텍처(SOA)가 각광을 받으면서 그 기반 기술인 웹 서비스 또한 주목을 다시 받고 있다.

기업 간의 통합에서 웹 서비스가 필요한 이유는 [표 5 - 13]과 같다.

[표 5 - 13] 웹 서비스의 특징

구분	주요 내용
인터넷 표준 지원	HTTP, TCP/IP, SOAP, WSDL, UDDI, XML 등을 폭넓게 지원함
비즈니스로직 포함	특정기업이 아닌 모든 기업을 대상으로 한 비즈니스 로직이며 변화에 유연하게 대처가 가능
객체기반기술 컴포넌트	컴포넌트이므로 산업에 관계없이 어떤 기업의 비즈니스 시스템에라도 삽입이 가능하고 기존 패키지 소프트웨어 또는 자체 개발 시스템 또 다른 웹 서비스 등과 커뮤니케이션이 가능

5.2 웹 서비스의 구성 및 기술요소

>>> 5.2.1 웹 서비스의 구성도

1세대 웹 서비스의 구성은 크게 서비스 중재자, 서비스 제공자, 서비스 요청자로 구분하여 이해할 수 있다. 먼저 서비스 제공자는 제공할 수 있는 서비스에 대한 명세를 서비스 중재자에게 등록한다. 서비스 중재자에 등록하는 이유는 서비스 요청자들이 필요로 하는 정보를 레지스트리에 담아 편리하게 검색할 수 있도록 하기 위함이며 서비스 요청자는 서비스 중재자를 활용하여 모든 서비스 제공자를 검색하지 않아도 필요로 하는 서비스가 어느 곳에 존재하는지 알 수 있다.

서비스 요청자가 필요로 하는 서비스가 발생될 경우, 서비스 중재자를 통해 서비스를 검색하며 서비스 중재자는 해당 서비스의 위치가 어디인지를 알려 주게 된다. 이 정보를 가지고 서비스 요청자는 서비스 제공자에게 서비스를 요청하게 되며 서비스 제공자는 서비스를 제공하게 된다.

>>> 5.2.2 웹 서비스의 기술요소

위와 같은 구성에서 서비스 요청자가 서비스를 원활히 제공받기 위해서는 웹 서비스

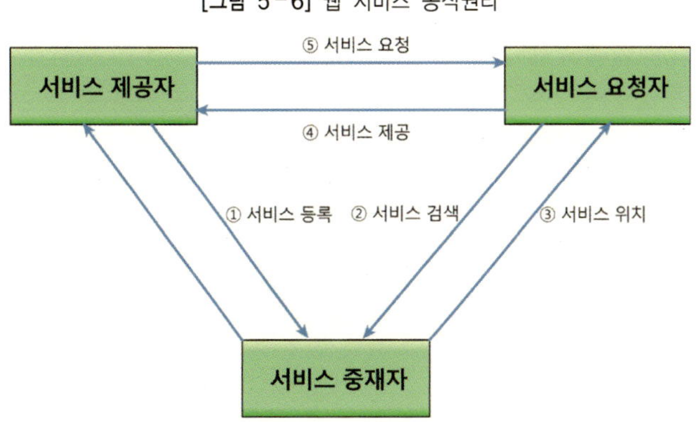

[그림 5-6] 웹 서비스 동작원리

표준 규약인 SOAP, WSDL, UDDI가 필요하다. SOAP(Simple Object Access Protocol)는 인터넷 기반 웹 서비스 Request/Response 프로토콜이다. 즉 서비스중재자, 서비스 요청자, 서비스 제공자가 일반적으로 서버이기 때문에 이 서버들 간의 객체를 호출하기 위한 규약이 필요하다. SOAP은 서버의 주소, 객체이름, 파라미터만 있으면 클라이언트의 OS나 환경에 상관없이 다른 서버 객체에 접근을 가능하게 해 준다.

타 서비스의 객체를 성공적으로 호출하기 위해서 Request에 대한 표준화된 정보를 XML로 기술한 WSDL(Web Service Description Language)을 사용한다. UDDI(Universal Description, Discovery and Integration)는 웹 서비스 관련 정보의 공개와 탐색을 위한 표준이다. UDDI는 서비스 소비자에게 이미 알려진 온라인 저장소로서 서비스 제공자는 그들이 제공하는 서비스들을 UDDI에 저장하게 되고, 서비스 소비자들은 그 저장소에 접근함으로써 원하는 서비스들의 목록을 찾을 수 있게 된다. UDDI 비즈니스 등록은 다음과 같이 세 가지 구성요소를 갖는다.

- 화이트 페이지(White Pages) - 주소, 연락처 등의 알려져 있는 식별자
- 옐로 페이지(Yellow Pages) - 표준 분류법을 기반으로 한 산업 분류
- 그린 페이지(Green Pages) - 비즈니스를 통해 노출된 서비스에 대한 기술 정보

WSDL은 Web Service가 제공하는 서비스에 대한 정보를 기술하기 위한 XML 기반의 마크업 언어이다. WSDL은 문서 지향적 또는 프로시저 지향적인 정보를 포함한 메시지에서 작동하는 종점 집합으로서의 네트워크 서비스를 설명하는 XML 형식이다. WSDL 문서에서 생성된 코드는 웹 서비스 시스템에 바인딩하여 SOAP 메시지를 생성하고, 전송하는 역할을 맡게 된다. WSDL에 포함된 내용은 웹 서비스의 name 과 URL 정보, SOAP 메시지의 인코딩 방법, SOAP 메시지 전송을 위한 프로토콜 정보, 웹 서비스를 이용하는 데 필요한 인터페이스 정보를 갖는다.

5.3 웹 서비스의 비즈니스 활용

웹 서비스는 B2Bi, 내부 프로세스 통합 등에 사용되고 있다. 먼저 B2Bi 분야에서는

기업과 기업 간의 연결을 지원하는 EAI 솔루션 대신 웹 플랫폼 기반의 웹 서비스 표준을 이용하여 상호 운용성을 높이고 있다. 기업 내부 통합 관점에서는 BPM(Business Process Management)을 웹 서비스 기반하에서 구축하여 개별적으로 움직이는 시스템 상의 프로세스를 연계하여 관리하고 있다. 그간 EAI가 기업 내 솔루션 간의 통합을 주도하였다면 웹 서비스는 기관과 기관, 기업과 기업, 기관과 기업 간의 통합을 용이하게 하고 있다. 웹 서비스를 활용한 사례는 [표 5 - 14]와 같다.

[표 5 - 14] 웹 서비스 활용 사례

구분	CRM
방재 기상 정보시스템	기상정보를 웹 서비스로 전환하여 지자체, 방송기관, 교통기관에 실시간 전송함
G4C 전자정부	서비스 허브 역할을 통하여 행정정보 제공기관과 민원처리 기관 간 정보 중계와 전자민원 처리를 위한 정보를 제공함

5.4 웹 서비스 보안

기업 간의 통합이 활성화되고 개방형 환경에서 기업통합이 추진됨에 따라 기업 자산에 대한 보안이 이슈로 대두되었다. 즉 웹 서비스를 외부의 불법적인 접근과 변조로부터 보호하고 무결성을 보장하기 위하여 암호화와 인증 기술을 활용하여 통신 레벨 및 메시지 전달 레벨의 보안을 유지하도록 하는 기술이 중요하게 되었다. 이를 위해 기업은 전송계층 보안, 메시지 보안, 서비스 수준 보안으로 나누어 보안을 강화해야 한다.

- 전송계층 보안: HTTP, HTTPS, SMTP, FTP에 대한 보안
- 메시지 보안: SOAP, XML에 대한 보안
- 서비스 수준 보안: SSO(Single Sign On) 보안

이러한 보안을 용이하게 하기 위한 기술로서는 WS - Security, 인증관리, 키 관리 기술이 존재하는데 WS - Security는 SOAP를 보완하여 인증을 위한 부분을 추가하고 메시지 보호를 위한 암호화 및 전자서명을 첨부한 것이다. 즉 프로토콜에 대한

기본적인 128bit 이상의 암호화를 제공하며 정보제공자와 정보수신자 간의 신뢰성과 무결성을 확보하기 위해 데이터가 제대로 전송되었다는 확증을 위한 전자서명을 포함하고 있다.

인증관리는 사용자별로 사용권한을 제어하여 접근을 통제하는 방식이다. 특히 기업에서 통합 인증관리로 사용되는 SSO과 연동하여 SAML(Security Assertion Markup Language), XACML (eXtensible Access Control Markup Language)을 이용하여 ID 등으로 사용자 계층을 구분하여 어떤 요청을 허용할 것인지를 사전에 정의하여 서비스를 제공한다.

웹 서비스 보안은 IBM, MS, SUN, W3C 등의 각 단체에서 표준화를 위한 작업을 진행했다. 현재 나와 있는 보안 스팩은 WS－Security 프레임워크, XACML, XrML, XKMS, SAML, .NET Passport, XML－Encryption, SSL, XML－Signature, WS－Trust, WS－Privacy, WS－Secure Conversation, WS－Federation, WS－Authorization 등이 있다.

5.5 웹 서비스 향후 전망

보안 문제가 해결되고 기업 간의 통합에 이상적인 솔루션으로 인식되면서 웹서비스의 활용은 증가하는 추세이다. 특히 BPM, SOA와 연계되어 기업 프로세스를 관리하고 서비스 기반의 아키텍처를 설계하는 핵심기술로 활용되고 있으며 앞으로 그 활용성은 지속적으로 증가될 것으로 예측된다. BPM이 프로세스를 명세화하여 체계적으로 관리하는 기술이기 때문에 웹 기반으로 객체를 호출할 수 있는 SOAP, 프로세스를 명세화할 수 있는 WSDL, 프로세스에 대한 위치정보를 담을 수 있는 UDDI를 활용하는 사례가 늘고 있다.

또한 SOA는 일반적으로 웹 서비스를 통해 실현된다. 웹 서비스 스팩은 비즈니스 문제를 해결하기 위해 최선으로 여겨지고 있으나 SOA로의 자연스러운 변화를 위해서는 다음을 고려해야 한다.

- 조직은 디자인 기술과 개발 방법론 그리고 파트너/고객/공급자 관계를 분석할 필요가 있다.
- SOA로 좀 더 많이 변경되어야 하고, 이를 위해서는 서버 기반의 애플리케이션을 어떻게 구성할지 방향을 고려해야 한다.

기업은 조직이 SOA로 변환할 준비가 되어 있는가를 분석하고 이 서비스를 보완하는 일련의 베스트 프랙티스를 확보해야 하며, 설계의 베스트 프랙티스와 재사용 가능한 디자인 패턴을 이용해 그들의 서비스 기반 애플리케이션을 구축하는 데 있어 비즈니스 관련 기회를 고려해야 한다.

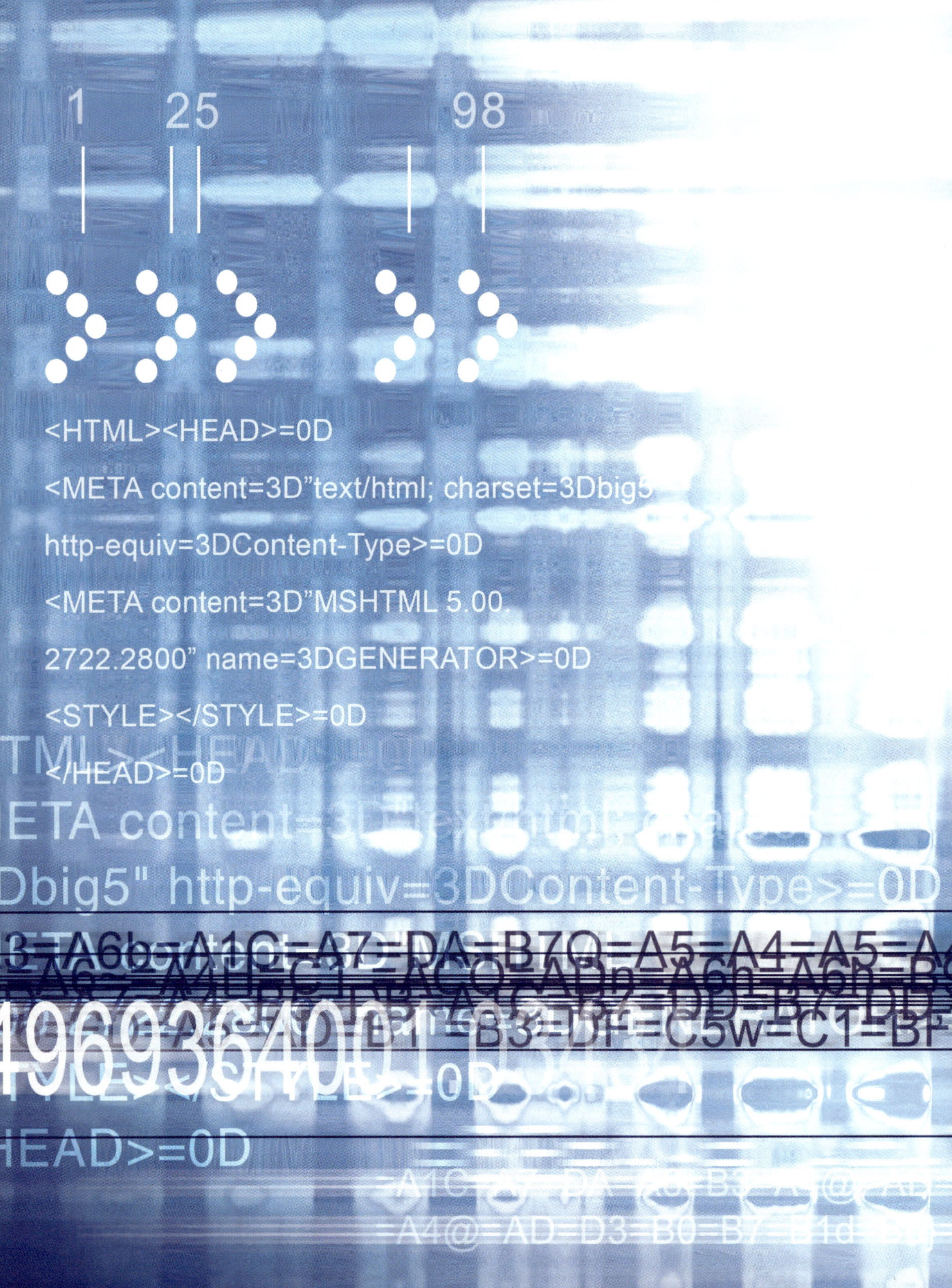
1   25   98

<HTML><HEAD>=0D
<META content=3D"text/html; charset=3Dbig5
http-equiv=3DContent-Type>=0D
<META content=3D"MSHTML 5.00
2722.2800" name=3DGENERATOR>=0D
<STYLE></STYLE>=0D
</HEAD>=0D
META content=3Dtext/html; chars
Dbig5" http-equiv=3DContent-Type>=0D
</HEAD>=0D
49693640

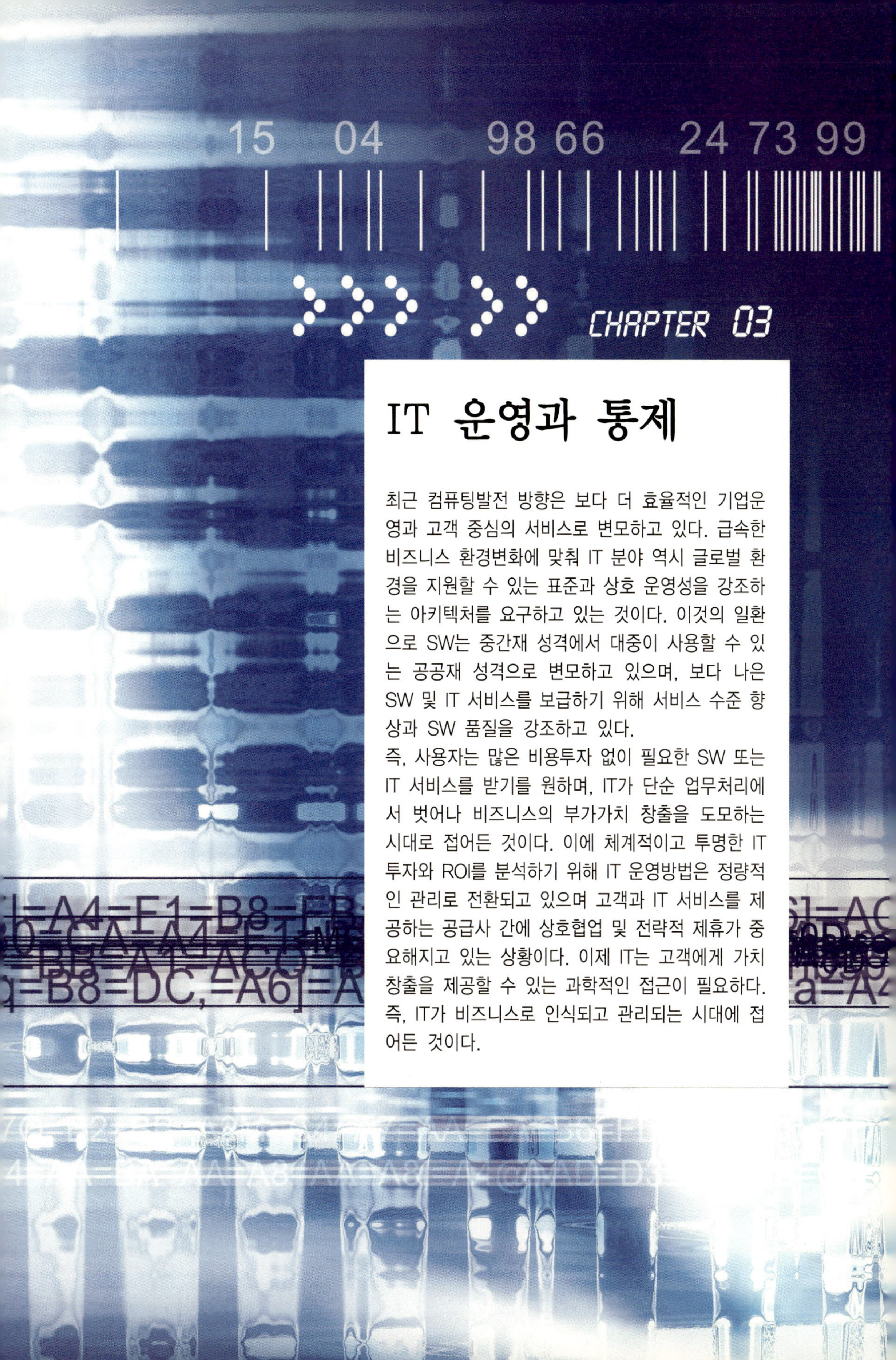

IT 운영과 통제

최근 컴퓨팅발전 방향은 보다 더 효율적인 기업운영과 고객 중심의 서비스로 변모하고 있다. 급속한 비즈니스 환경변화에 맞춰 IT 분야 역시 글로벌 환경을 지원할 수 있는 표준과 상호 운영성을 강조하는 아키텍처를 요구하고 있는 것이다. 이것의 일환으로 SW는 중간재 성격에서 대중이 사용할 수 있는 공공재 성격으로 변모하고 있으며, 보다 나은 SW 및 IT 서비스를 보급하기 위해 서비스 수준 향상과 SW 품질을 강조하고 있다.

즉, 사용자는 많은 비용투자 없이 필요한 SW 또는 IT 서비스를 받기를 원하며, IT가 단순 업무처리에서 벗어나 비즈니스의 부가가치 창출을 도모하는 시대로 접어든 것이다. 이에 체계적이고 투명한 IT 투자와 ROI를 분석하기 위해 IT 운영방법은 정량적인 관리로 전환되고 있으며 고객과 IT 서비스를 제공하는 공급사 간에 상호협업 및 전략적 제휴가 중요해지고 있는 상황이다. 이제 IT는 고객에게 가치 창출을 제공할 수 있는 과학적인 접근이 필요하다. 즉, IT가 비즈니스로 인식되고 관리되는 시대에 접어든 것이다.

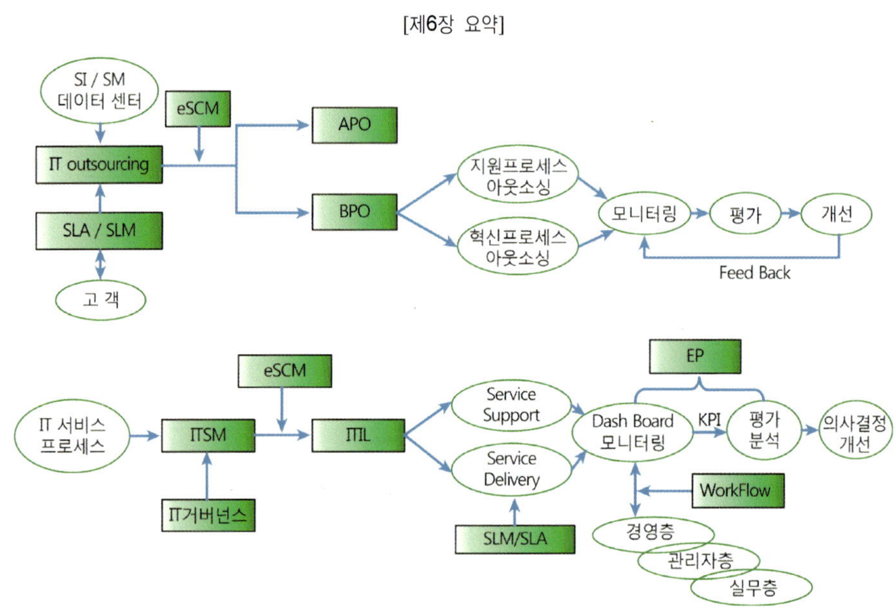

2000년대 기업들의 IT 아웃소싱 관리방법은 과거와 달리 고객 중심보다는 다양한 요구사항을 담는 형태로 진화되고 있다. e–비즈니스가 진행됨에 따라 기업이 관리해야 하는 시스템 규모가 커지고 복잡해졌으며 IT 서비스 품질이 기업경쟁력 제고에 인프라로 변모하였기 때문이다. 또한 경영 효율성이라는 측면에서 핵심 사업 분야를 제외한 영역의 아웃소싱이 확대되는 추세이다.

아웃소싱 대상은 정보시스템 운영, 단순인력 용역, 웹호스팅, 전산기획 수립 등으로 매년 IT 투자 중 정보시스템 운영 부분에서 투자가 증가하고 있다. 아웃소싱 선호도를 보면, 60% 이상이 선택적 아웃소싱을 선호하고 다음 토털 아웃소싱, 벤더와 공동 운영하는 Co–Sourcing 아웃소싱을 기업이 선호한다.

최근 IT 시장이 하드웨어 시장에서 IT 서비스 중심으로 IT 패러다임이 전환되면서 기업은 시스템 운영비 절감과 효율성에 더욱 초점을 두고 이를 체계적으로 관리하기를 원하고 있다. 중견기업 IT 수요증가에 따라 SaaS, BPO라는 새로운 아웃소싱 모델을 도입하고 있으며, 바젤 Ⅱ, SOX 등 새로운 국제규약이나 기업 투명성 강화요구에 부합하기 위해 전략적인 IT 투자가 증가함에 따라 IT 통제 및 감사에도 관심이 증가하는 추세이다.

국내 IT 아웃소싱 추세를 요약하면, 기업의 대용량 데이터 처리 이슈가 지속적으로 발생되면서 하드웨어 비용도 꾸준히 증가하고 있다. 즉 인프라 중심의 아웃소싱 수요가 증가하면서 유틸리티 컴퓨팅을 선택하는 추세이다. 또한, 단기 아웃소싱이 선호되고 있으며, 프로세스 중심의 업무 운영 및 IT를 동시에 제공할 수 있는 BPO 도입이 새로운 아웃소싱 비즈니스 모델로 등장하고 있다.

IT 서비스의 목표는 비즈니스 목표와 일치시키는 데 있다. 이를 위해 IT 서비스 품질의 지속적인 측정과 개선이 이루어지면서 서비스의 가시성과 성과측정이 가능해야 한다. 즉 SLM/SLA를 통해 상호 합의된 서비스레벨 향상을 도모하는 것이다. 더불어 세계표준 모델인 ITIL 기반의 ITSM 프로세스 정립을 통해 아웃소싱의 전반적인 서비스 품질을 높여야 진정한 IT 서비스목표가 달성될 수 있을 것이다. 본 장에서는 아웃소싱의 새로운 모델을 포함한 서비스 운영의 효율화가 가능한 다양한 표준 모델을 살펴보고 IT 아웃소싱의 합리적인 접근방향을 제시하려고 한다.

① IT 아웃소싱(IT - Outsourcing)

1.1 ITO의 진화

ITO(Information Technology Outsourcing)란 조직이 핵심역량 집중 및 외부의 전문성 활용 또는 비용 절감 등의 명확한 전략적 목표를 달성하고자 정보시스템 자산 및 관련 활동을 외부 전문기관에 위탁하여 관리하는 장·단기 계약이다. 1980년대 중반까지 대부분의 기업은 내부에 전산실을 두고 정보시스템의 자체개발과 유지보수를 병행 수행하였다. 그 당시 아웃소싱은 비핵심 영역의 아웃소싱을 통한 운영비용 절감에 목적을 두었으나 시간이 지남에 따라 아웃소싱은 외주개발과 자체운영을 병행하였다. 일부 기업은 외부개발 및 외주운영 모두를 턴키방식의 ITO로 이행하는 경우도 있었다.

1990년대 이후 IT 아웃소싱은 선진사례를 갖춘 전문기업과의 전략적 제휴를 통해 지속적으로 발전하고 있다. 이제 IT는 기존의 비즈니스 자원의 효율적인 운영뿐 아니라 비즈니스 변화에 대한 신속한 대응 및 유연성을 제공할 수 있는 전략적 지원도구로서 역할을 담당하고 있는 셈이다. 아래는 시대별 ITO의 역할변화를 보여주고 있다.

(1) 90년 초반: 단순 비용 절감 차원의 전통적 아웃소싱(ITO)

(2) 90년 후반: 비즈니스 환경에 능동적 대처를 위한 비핵심역량 아웃소싱(BPO)

(3) 최근: 전사적 변혁추구(BTO)[16]

초기 ITO 경우, 핵심 영역은 자사가 집중하고 지원기능을 외부업체에게 위탁함으로써 업체 선정 및 구축, 운영에 이르기까지 전산비용 절감 및 서비스 품질 향상에 목적을 두었다. 최근 ITO는 비핵심 IT 업무에 대한 책임을 외부 전문기관에

---

16) BTO(Business Transformation Outsourcing): 선진기업 70% 이상이 시행 중인 경영혁신 기법으로 인사, 총무, 회계업무 등 경영지원 분야까지 전문화된 서비스임

위탁함으로써 기업 역량을 극대화하는 데 그 목적을 두고 있다. [표 6 - 1]은 ITO
목적을 전술적, 전략적관점에서 주요내용을 제시한 것이다.

[표 6-1] ITO의 두 가지 목적

전술적 목적	전략적 목적
• IT 운영비용 절감 및 통제	• 핵심 비즈니스에 집중
• 투자에 필요한 자금 확보	• 세계수준의 IT 역량 활용
• 여분의 현금흐름 확보	• 업무기능 재구성효과를 조기 확보
• 부족한 IT 자원/기술 역량 확보	• 공급사와 성과/리스크 공유

1.2 ITO 서비스 형태 및 모델

>>> 1.2.1 ITO 서비스 형태

ITO는 제공 서비스 형태에 따라 크게 SI 아웃소싱과 SM 아웃소싱으로 분류된
다. SI는 개발 중심의 아웃소싱으로 외주업체에게 자산이나 인력이관 없이 소프트
웨어 개발 또는 네트워크 구축 등과 같은 업무영역 등을 포함하고 있다. 반면 SM
은 전산시스템, 전산실 운영 또는 헬프데스크 운영 등과 같은 아웃소싱으로 자산
및 인력이관 등의 업무를 포함한다.

[표 6 - 2]는 SI 아웃소싱과 SM 아웃소싱 대상 및 그에 따른 관련 서비스를 제
시한 것이다.

[표 6-2] ITO의 서비스 형태에 따른 구분

구분	대상	내용
SI 아웃소싱	시스템통합(SI)	- 외부 공급자가 시스템 통합, 컨설팅서비스 수행
	ASP	- 외부 공급자가 패키지 애플리케이션과 IT 인프라를 임대함
	BPO	- 기업의 특정 비즈니스 프로세스를 대행
SM 아웃소싱	시스템 유지보수	- 기업의 애플리케이션과 이를 운영, 유지보수 대행 서비스
	데이터센터	- 기업의 서버, 인터넷 기반의 운영, 유지 관리하는 서비스
	데스크톱 관리	- 컴퓨터의 폭넓은 ITEM(PC, 노트북, SW)을 관리 대행 서비스
	네트워크 관리 등	- 네트워크 설치, 전반의 운영, 관리 대행 서비스

1990년 이후 ITO에 대한 경험축적과 비즈니스 요구변화에 따라 여러 가지 형태의 아웃소싱 모델이 등장하였다. 대표적인 모델로서 Selective Outsourcing, Facility Outsourcing, Total Outsourcing, 및 Tactical Outsourcing 모델을 들 수 있다. Total Outsourcing은 단위 업무 전체를 단일 업체에 위탁하는 형태이며, Selective Outsourcing은 IT 기능을 선별적으로 아웃소싱하는 형태이다. 이 모델은 경영환경 변화에 IT 역량을 적시에 효과적으로 사용할 수 있는 장점이 있다. 자회사 설립 Outsourcing은 단위 업무를 전담하는 별도 법인을 설립하는 형태로서 주로 대기업 내의 전산실로 운영된 조직을 별도로 법인화하여 아웃소싱하는 형태이다.

그러나 세계시장에서는 "한국은 아웃소싱이 성숙된 시장이나 가장 미성숙화된 아웃소싱을 하고 있다."고 말하고 있다. 이는 대기업 자회사 아웃소싱을 많이 활용하는 한국의 딜레마인지 모른다. 마지막으로 Co-Sourcing 모델은 단위 업무에 대한 기획 총괄 및 수행을 분리하는 형태로서 대기업의 경우 Headquarter에서 CIO 기능을 담당하고 수행은 자회사 IT 조직 또는 외부 아웃소싱에 의뢰하는 형태이다. 국내 경우, 대기업에서 Co-Sourcing 모델을 채택하고 있다.

다음은 ITO 각 모델의 장·단점을 [표 6-3]에서 제시하였다.

[표 6-3] ITO 장점 및 단점 비교

구분	장점	단점
Total 아웃소싱	- 책임소재 명확함, 업무효율성 향상 - 신뢰확보로 인한 비용 절감	- 독점적 선택 문제 - 업체 의존적으로 가격 경쟁 어려움
선택적 아웃소싱	- 경쟁으로 인한 품질 향상 - 경쟁 및 효율적인 가격경쟁 가능	- 책임소재 불명확, 요구사항 파악 어려움 - 관리비용 발생 우려
자회사 설립	- 패밀리 의식 - 의사소통 및 일체감 조성	- 적정한 Performance 확보 어려움 - 필요 이상의 전산투자 발생가능
Co-Sourcing	- IT 기획, 총괄과 수행의 분리 - 급변하는 환경에 적합	- 전략과 수행 간의 갭 발생가능

최근의 아웃소싱 형태는 특정영역을 중심으로 선택적 아웃소싱에서 단계적으로 Total 아웃소싱으로 이동하고 있는 추세이다. 기업 정보시스템 및 인프라에 대한

전사적 통합 형태의 IT 프로젝트가 증가하면서 대규모 Total 아웃소싱은 시스템 구축, 운영 및 관리 등의 통합화로 확대되고 있다. 그러나 인프라, 애플리케이션 등과 기타 IT 구성요소 등에 대해 단기계약 성격을 포함한 선택적 아웃소싱 시장은 지속적으로 성장할 것으로 예측된다.

기업은 아웃소싱 전략에 따라 ITO 유형을 선택할 수 있다. 고려해야 할 점은 시대적 변화에 따라 비즈니스 환경에 능동적으로 대처할 수 있고 변화가 극심한 경영 환경하에서 재무적 위험을 피할 수 있는 선택이어야 한다. 즉 ITO 유형 선택은 자사의 핵심역량에 집중하여 전략적 우위를 신속하게 확보할 수 있는 기회 요인을 기업에게 제공해야 할 것이다.

1.3 ITO 추진 단계

아웃소싱 추진은 시작부터 계약이 만기되는 단계에 이르기까지 하나의 생명주기를 지니고 있다. 각 단계별 주요 활동을 정리하면 다음과 같다.

1단계는 아웃소싱 영역을 결정하고 사업자 선정을 위한 RFP(Request for Proposal: 제안요청서)를 준비하는 단계이다. RFP 요구사항을 정확히 기술하기 위해 고객사는 현행 정보기술의 수준과 문제점을 제대로 파악할 수 있는 능력이 있어야 한다. 또한 아웃소싱 추진을 위해 추진팀을 구성하고 아웃소싱 목표와 요구사항을 정확히 평가할 수 있는 평가항목을 도출한다.

2단계는 업체평가와 업체선정이 진행되는 단계로 RFP를 발송하여 평가 프로세스에 따라 우선대상 업체를 선정하는 단계이다. 입찰방식은 고객사의 특수성을 고려하여 경쟁입찰 또는 지정입찰 등을 선택할 수 있으며 상황에 따라 특정업체를 단독으로 수의 계약하는 경우도 있다.

3단계는 SLA(Service Level Agreement)를 체결하는 단계로서 향후 고객사와 관계 정립을 하는 데 가장 중요한 단계이다. 만약 상호 간의 서비스 조건 또는 비용 부분에 대해 합의점을 찾지 못한다면 계약은 성사되기 어렵다. 아웃소싱은 주로 장기계약 형태이므로 기술발전에 따른 영향도를 고려하여 유연성을 염두에 두고 진행되어야 한다. 아웃소싱 계약서에 모든 경우의 조건을 포함시키는 것은 어렵지만 서비스 수준에 대한 내용을 문서화하여 이를 지속적으로 관리할 필요가 있다. 따라서 서비스 범위, 측정항목, 변화관리 및 문제관리 등의 항목은 SLA에 포함되어야 한다.

마지막 단계는 서비스 수준과 성과를 측정하는 단계로서, 현재 운영에서 어느 정도의 서비스 수준이 달성되고 있는가를 평가하고 개선하는 활동이 전개된다. 이를 위해서는 고객사와 공급사 간의 합의된 현실적인 목표치 설정이 우선 필요하며 이를 기반으로 실행의 성과를 모니터링하고 그 결과를 분석한 후, 보상과 패널티가 반복적으로 뒤따라야 한다.

[표 6-4] 아웃소싱 추진 단계

단계	절차	세부 내용
1단계	사전검토 및 기획	- 경영층지원 확보 및 팀 구성, 내부평가, 내부의사소통 - 범위설정 및 RFP 준비
2단계	제안평가 및 벤더 선정	- RFP/입찰 - 제안평가기준선정/제안평가/벤더선정
3단계	협상 및 계약	- 협상전략 및 과정수행 - 계약체크리스트정리, 실행(SLA 도출)
4단계	서비스 수준 및 성과 측정	- 서비스수준(SLA)/계약 사후 검토 - 지속적인 개선/공급자검증

1.4 ITO 추진 시 고려사항 및 성공 요인

>>> 1.4.1 ITO 추진 고려사항

ITO 대상업무 선정 시 업무별 중요도와 핵심역량 정도를 파악하여 ITO 대상을 선정하는 것이 필요하다. 또한 협상 및 계약단계에서 명확한 서비스 수준에 대한 SLA를 도출하여 고객과 서비스 공급자 간의 합의가 이루어져야 한다. 그리고 자산

이전과 인력의 고용유지 정책 등이 정의되고 준수되어야 한다. SLA는 다음장에서 상세히 언급할 것이다.

낮은 원가만을 추구하는 아웃소싱은 기술력 상실로 연결될 위험이 발생될 수 있으며 핵심 부문만을 아웃소싱할 경우, 기술혁신을 지속적으로 선도하는 것이 어려워질 수 있다는 위험요소가 존재한다. 그러므로 아웃소싱으로 인해 발생될 수 있는 보안문제, 고객의 이해 부족, 통제력 상실 및 운영업무 일관성 저하 등의 위험요인을 사전에 제거할 필요가 있다.

[표 6-5]는 위험 요인과 이를 제거할 수 있는 방안을 설명한 것이다.

[표 6-5] ITO 위험 요인 및 위험 조치 방안

위험 요인	위험 내용	제거 방안
정보보안 문제	전략정보, 프라이버시 정보 유출피해	보안정책, 절차, 시스템 운영 및 보안사고에 대한 법적 계약장치 마련
통제력 상실 문제	서비스레벨/성과측정 어려움	적절한Pilot실시를 통한 검증, 보완 계약사항조정/변경 등의 유연성 확보
비즈니스 이해 부족	고객산업, 업무, 문화 이해 부족에 의한 성과 저하	유사영역 경험벤더 선정 효과적인 의사소통 채널 강화
IT 운영업무 일관성 저하	업체변경, 해지 시 IT 운영에 대한 문제 발생	장기적 계획에 기반을 둔 아웃소싱 추진 핵심기능 및 핵심인력 유지

아웃소싱 프로그램의 핵심성공 요인은 서비스 공급업체와 고객사 간의 상호 윈-윈할 수 있는 장기적 관계를 구축하는 데 있다. 즉 신뢰를 기반으로 협업체계 구축이 필요하며 성공을 위해서는 아래의 사항을 고려해야 한다.

- IT 아웃소싱의 필요성과 그에 대한 명확한 목표/목적 정의
- 최적의 IT 아웃소싱의 방법 선택, 파트너 선정
- 목표에 부합되는 대상활동 선정
- SLA를 통한 계약의 명료성과 효과성 확보
- 서비스 수준을 보다 상세히 정의
- 상호 신뢰 형성 및 윈-윈 솔루션 추구
- 지배보다는 협조체계 및 커뮤니케이션에 상당시간 투자

가트너에 의하면, ITO 계약의 주된 실패이유는 양사 간의 관계가 총체적으로 붕괴되기 때문이라고 한다. 즉 고객의 지나친 단기비용 절감추구는 장기적인 아웃소싱 관계에 긍정적인 효과를 얻기 어렵다는 의미이다. 아웃소싱이 보다 효율적이고 효과적으로 수행되려면 고객사와 공급사 양사 간에 다음과 같은 문제를 해결할 것을 권고한다.

[표 6-6] 아웃소싱 성공을 위한 제공/발주자 간 해결과제

구분	해결 과제
서비스 제공자	- 아웃소싱 서비스에 대한 평가방법론 수립 - 엄격한 SLA 실행 - 아웃소싱 서비스에 대한 비용산정 기법 개발 - 체계적인 정보시스템 운영관리 방법론 수립
발주자 (고객)	- 아웃소싱 본질 이해 필요 - 아웃소싱을 통한 효과 및 기대수준 조정 - 아웃소싱의 수행 방법론 이해 및 전문가 양성

ITO가 활성화하려면 위해서는 성과 평가방법론의 수립, 엄격한 SLA의 실행, 변동비 위주의 비용산정 기법의 개발, 체계적인 운영관리 방법론 수립이 필요하며 더불어 전문 IT 아웃소싱을 통한 신기술, 도구, 방법론이 개발되어야 한다. 이를 바탕으로 비핵심분야의 운영비용 절감, 핵심분야 경쟁우위 확보, 내부운영, 기능 및 프로세스의 생산성 제고를 위한 성과측정이 필요하다.

1.5 최근 아웃소싱 트렌드

IT가 전략무기로서 주요한 역할을 담당함에 따라 아웃소싱 또한 비즈니스 성과획득 방향으로 변모하고 있다. 수요자 측면에서는 비용 절감이라는 재무적 관점에 관심을 가지고 있으며 전략적 의사결정과 ITIL 기반의 IT서비스 제공에 대한 고객의 기대가 상승하고 있다. 한편, 공급사 측면에서는 종합적이고 통합적(One Stop shop)인 서비스

제공과 최적화 기반에 초점을 두고 효율적인 서비스가 되도록 노력하고 있다. 또한 대형 글로벌 IT 업체는 솔루션 역량과 BPO 연계를 전략으로 추진하는 서비스 형태를 보이고 있다. 시장 측면에서는 인사, 총무 등 간접분야의 아웃소싱이 증가하고 있으며 운영이 용이하도록 SLA 기반의 서비스 관리 도구가 출시되고 있는 상황이다.

[표 6-7]은 초기 아웃소싱의 특징과 최근 아웃소싱 변화를 비교한 내용이다.

[표 6-7] 초기/최근 아웃소싱의 특징

내용	초기의 아웃소싱	최근의 아웃소싱
주요 동기	비용 절감	경쟁우위 획득
단가 계산	고정 비용	변동 비용
통제 방법	벌금	벌금과 인센티브
의사결정자	CEO 중심	CIO 중심
사업자의 형태	단독	다수 또는 선별적 → 단독
관계의 형태	거래 중심	관계 중심

최근의 아웃소싱은 과거처럼 비핵심 업무의 단순분리 발주가 아닌 외부의 역량과 자사의 역량을 전략적으로 통합하는 파트너십 유형으로 발전하고 있다. 그 범위도 IT 인프라, 적용업무, 경영혁신 아웃소싱 등으로 확대되고 있는 추세이다. 또한 M/M 방식 고정비 체계 비용구조에서 변동비 위주로 변화되는 모습을 보이고 있는 것도 개발 및 IT 서비스의 품질중요성이 날로 커지고 있음을 입증한 결과이다. 따라서 Function Point 방식을 사용하여 SW 규모산정방식이 변동비 산정 방식으로 전환될 것으로 예측된다.

이러한 아웃소싱 트렌드는 과거의 push 방식에서 buying 모델로 전환되면서 서비스공급사와 고객이 모두 리스크를 공유하는 차원으로 변모하고 있다. 즉 ITO를 통해 기업의 매출이 증가하면 추가 보상을 해주고 반대로 매출이 떨어지면 그에 따른 리스크를 함께 공유하는 개념으로 발전한다는 뜻이다. 이는 상호 간의 장기적인 파트너 관계가 형성되고 긴밀한 협업체계가 되었을 때 가능하다.

그 밖의 ITO변화의 모습은 장기 토털계약보다는 효과가 확실한 5년 이하의 단기 계약이 당분간 지속될 것으로 보이며, 인프라 중심의 선택적 아웃소싱이 계속 이어질 것으로 기대되고 ITO시장은 꾸준히 성장 추세이다. 가트너에 의하면 2010년까지 연 0.5%의 성장률을 기록할 것으로 전망하고 있다. ITO 실패를 막으려면 고객과 공급사가 함께 리스크를 줄이는 방향접근이 필요한 때이다.

② 서비스 수준관리(SLM)

2.1 SLM/SLA의 개요

>>> 2.1.1 IT 서비스의 개념

IT 서비스는 고객이 원하는 비즈니스 요구를 IT 서비스 공급자가 정확하게 정의하고 IT 자원을 효율적으로 활용하여 그들을 만족시키는 활동이다. 최근의 IT 운영방식은 과거 기술 중심의 IT 운영방식과는 달리 비즈니스 중심으로 전환되고 있다. 즉 IT 조직, IT 구성요소, IT 인프라에서 사용자 성능측정 및 서비스레벨 관리 등으로 이동하고 있다는 뜻이다. 이에 따라 IT 조직은 IT 서비스 품질 향상에 역량을 집중하고 고객지향적인 접근방식을 채택하여 IT 서비스 개선에 주력하고 있다. 이제 IT를 비즈니스로서 인식하고 관리하는 시대가 도래한 것이다.

그러나 IT는 서비스의 속성을 가지고 있기 때문에 서비스가 갖고 있는 한계점을 극복하고 고객에게 진정한 가치를 창출할 수 있는 과학적인 접근 방법이 되어야 한다. 과학적인 방법이란 IT 역량수준, 투자대비 효과 및 프로세스 수준 등이 객관적으로 입증되어야 하고 IT가 비즈니스와 연계되는 것을 의미한다. 이에 대표적인 관리기법이 SLA(Service Level Agreement) 기반의 SLM(Service Level Management)이다.

SLM/SLA의 기본 사상은 '고객관점의 서비스 관리'에 있다. 다시 말해 '운영자 관점의 인프라관리 중심'의 개념이 아니다. 즉 상황에 따라 대처하는 것이 아니라 이를 위해 규정화된 절차가 있어야 하고(Disciplined), 서비스 관리는 사후의 개념이 아니라 문제를 방지하는 차원에서 능동적으로 이루어져야 한다(Proactive). 서비스 관리가 사전에 능동적으로 이루어지려면 이에 관련된 절차와 방법론을 보유해야 한다. 서비스 수준 설정이 현실적이어야 공급자와 고객이 상호 간에 인정할 수 있다. 따라서 고객의 요청과 특성에 맞도록 다양한 형태의 서비스 체계를 구성하는 것이 필요로 필요하다.

SLM은 모든 IT 서비스를 정의하고 그 서비스 수준의 충족 여부를 확인하기 위해 반드시 필요한 IT 프로세스이다. SLA는 SLM 프로세스를 통해 관리되고 유지되며 IT 조직의 성과를 측정하고 판단하는 구체적인 목표치를 제공하게 된다. 최근 SLM이 급부상하게 된 동기도 서비스 정량적 측정과 개선에 필요한 프로세스 및 지원도구 구축 등의 요구가 증가하고 있기 때문으로 해석된다. IT 활용 비중이 높아짐에 따라, 비즈니스 관점의 상호 역할 수행을 위한 관리체계가 요구된 것이다.

SLA의 근본적인 목적은 서비스 수준에 대한 '향상'이지 '통제'가 아니다. SLA가 기본적으로 지향하고자 하는 것은 해당 기업의 대고객 정보시스템 서비스에 대한 수준을 높이는 데 있다. 만약 목표 수준이 미달하였다면 그 원인을 파악하여 수준을 개선하고 재발되지 않게 함으로써 고객이 느끼는 실질적인 서비스의 만족도를 향상시킬 수 있다. 이것은 기업의 정보화 수준을 높이는 수단으로 활용될 수 있어야 한다. 따라서 SLM의 목표는 IT 서비스 수준에 대한 합의, 모니터링, 리포팅 및 서비스 개선활동과 반복적인 SLM 프로세스를 통하여 IT 서비스 품질을 유지하고 개선하는 데 있다.

2.2 SLM 프로세스

SLM 프로세스는 고객과 IT 공급사 간에 계약한 SLA에 의해 서비스된다. SLM 프로세스는 세 단계로 구성된다. 즉 비즈니스 요구사항을 반영한 서비스를 정의하는 계획단계, SLA를 개발하고 합의하는 구축 단계, 그리고 이를 개선하는 운영/통제단계로 이루어진다.

[표 6 - 8]은 SLM 각 단계별 주요 활동을 제시한 것이다.

[표 6-8] SLM 단계별 주요 활동

단계	주요 활동	비고
계획 단계	- SLM계획 목표 및 기능 정의 - 서비스 인식수준 조사 - SLA 검토	
구축 단계	- 서비스 모델 작성 - SLA 구조계획 서비스 중심 및 고객 중심 SLA 적용 구조 정의 - SLA 작성 및 합의 - 모니터링 기능 설정 및 보고절차 정의	서비스 카탈로그 작성
운영/통제 단계	- 모니터링 및 리포팅 - 서비스 검토회의 - 서비스 개선 프로그램 요구에 따른 SLA 변화, 해결안 수립, 개선	End-to-End 관점에서 모든 구성요소 모니터링

SLM은 기본적으로 SLA 내용을 관리하고, SLA 위배 여부를 알려 주는 기능을 제공해야 한다. 따라서 SLM 결과를 측정하기 위한 데이터 수집 기능, 수집된 데이터를 서비스와 매핑시키고, 의미 있는 정보로 변환하는 데이터 가공 기능, SLM 결과를 주기적으로 모니터링하는 기능, 리포팅하는 기능 등을 제공해야 한다.

2.3 SLA의 구성요소

SLA란 정보시스템 소비자와 공급자 사이에 아웃소싱 서비스 수준을 정량적으로 측정하여 서비스 성과를 평가하도록 일정수준의 서비스를 명시화한 문서이다. 이것은 업체 간의 협약을 통해 이루어지며 IT 서비스 수준을 보장하기 위해 맺는 고객사와 공급사 간의 계약이다. SLA는 서비스 수준 달성방안에 따라 패널티, 인센티브가 존재하는 계약서로 서비스 성과관리를 가능하게 해준다.

SLA에 포함될 내용은 서비스 기간 및 범위, SLA 목적, 서비스 기간, 범위, 영역별 서비스 운영(Application, Network, Hosting 등), 영역별 서비스 관리(장애관리, 변화관리, 보안관리, 헬프데스크 등), 범칙금조항, SLA 유지보수 등이다. 이러한 기본항목들은 고객에게 일정 서비스를 보장하고, 객관적으로 IT 서비스 수준을 측정

하여 IT 서비스 제공자의 서비스 향상에 도움을 주며, 서비스 제공 과정에서 의사
소통 도구로서 사용할 수 있도록 도와준다.

서비스 수준 관리의 지표는 관리대상의 서비스 수준을 객관적인 수치로 표현할
수 있는 항목으로서 계약 주체 모두에게 의미가 있어야 하며, 수용될 수 있어야
한다. 또한 고객 관점의 서비스 중심으로 만들어져야 한다. 즉 고객의 비즈니스 가
치창출의 주요 매개체 역할을 하여야 한다.

[표 6-9]는 SLA의 항목 정의 시 기술적, 관리적 관점에서 고려해야 할 사항을
제시한 것이다.

[표 6-9] SLA 구성 시 고려사항

구분	구성요소 분류	고려 사항
기술적 측면	- 가용성 - 만족도 - 정확도 - 응답도	구성요소에 대한 서비스 매트릭스의 효과적 측정을 위한 적절한 관리도구 선정 필요
관리적 측면	- 성과추적과 보고 - 변화관리 - 문제관리 - 보안관리	과거에는 서비스의 기술적인 측면이 강조되었지만 최근에는 관리적 요소가 중요하게 부각됨

SLA는 SOW(Statement of Work)와 SLO(Service Level Objectives)로 구성된다.
SOW는 아웃소싱 시 수행해야 하는 구체적인 업무를 규정해 놓은 문서이며 SLO는
서비스 수준을 표현하기 위한 항목에 대해 기준 및 목표치를 정의한 문서로서 서
비스 카탈로그, 서비스 수준항목, 서비스 수준 설정 방법 등으로 구성된다. 서비스
수준항목은 서비스 수준관리의 획도로 서비스 사용자와 공급자 사이의 서비스 관리
수준에 대한 약점을 어떻게 정의할 것인가에 초점을 두고 있다. 예를 들어 서비스
관리를 위해 '데이터를 어떤 주기로, 어떤 특성을 고려해 측정할 것인가' 등이다.

같은 종류의 지표를 설정할지라도 목표 설정을 어떻게 하느냐에 따라 관리관점
과 측정방법이 달라질 수 있다. 따라서 정의된 기준 또는 목표치를 계량화한 후,
서비스 측정 및 측정방법을 어떻게 할 것인가를 고려해야 한다. 측정방법에는 측
정주기, 서비스 기준시간, 서비스 기간 등을 포함할 수 있다. 또한 측정방법으로

Bottom – up 방식과 Top – Down 방식이 있으며, 고객 중심의 서비스 관점으로 측정하려면 Top – Down 방식으로 측정하였을 때 효과적이다.

[표 6-10] SLO의 구성요소

구분	구성요소	내용
서비스 품질의 카테고리 정의	- 가용성 - 성능 - 정확성	- 사용자가 서비스를 받고자 할 경우 가능한가 - 만족할 만한 속도를 나타내는가 - 서비스가 정확하고 올바르게 제공되는가
서비스 수준 항목정의	- SLO실현성 - 측정가능성 - 관리가능성 - 상호동의	- 서비스 제공자와 사용자 간 모두에게 의미를 갖는 항목임
서비스 수준 설정방법	- 서비스 공급자와 사용자 간에 서비스 내용을 어떻게 표기할 것인지를 정의	

2.4 SLA 추진 시 성공 요인

최근 고객사와 공급사의 새로운 관계 설정을 위해 SLA가 도입되고 있다. 그러나 현 수준은 IT 아웃소싱 계약서를 대체하는 수준이 대부분이다. 서비스 통제 및 관리보다 진정한 SLA정착을 위해서 CIO는 SLA 계약서 기준의 아웃소싱, 즉 IT 서비스 품질관리를 강화해야 한다. 개선할 수 있는 서비스관리가 되어야 한다는 의미이다. 그렇게 되기 위해서는 SLO의 구성요소를 고객의 요구수준을 고려하여 정의하고 고객과 서비스 제공업체가 상호 관리하는 방향으로 전환되어야 진정한 SLA 추진 효과를 얻을 수 있다.

[표 6-11] SLA 문제점 및 성공을 위한 개선방안

현상/문제점	개선 방안(CIO 변화요구)
- SLA 규모산정, 서비스 내용에 대한 정의가 불분명 - 헤드카운팅 방식체계로 서비스 질이 개인기에 의존 - 고객과 SI 업체 간의 첨예한 대립구조(신뢰부족)	- SLA 서비스 효율성 측정이 아니라 서비스 결과 측정 - 프로세스에 의한 IT 서비스 효율성과, 품질을 관리함 (결과관리는 서비스 제공업체에 수행함) - 자사에 적합한 SLA 지표선정

만약 지나치게 명문화된 SLA 문서에 의존할 경우, 상호 마찰 발생의 우려가 있으므로 SLM 프로세스 운영단계에서 언급한 바와 같이 지속적인 SLA 보완이 필요하다. 따라서 SLA 정의 시 상호 마찰을 줄이기 위해 고려해야 할 사항은 아래와 같다.

- SLM은 IT 서비스 운영 및 관리를 위한 필수 도구임을 상호 인지
- SLA의 목적은 통제가 아니라 서비스 품질 향상임을 인식
- 기술적인 접근을 피하고 비즈니스 관점에서 접근하고 구현
- 단기적인 성과보다 중·장기 관점에서 추진
- 일관된 추진체계와 예산이 필요
- 자동화 도구의 활용은 필수적임. 즉 IT 활용을 통해 체계적 관리
- IT 프로세스 확립을 통한 근본적인 체질 개선이 필요
- 측정 SLM을 IT 관리의 전체적인 차원에서 접근

SLA가 서비스 제공자를 통제하는 수단이 아닌, 고객의 서비스 수준 향상을 위한 도구라면 이에 대한 방안도 준비가 되어야 할 것이다. 고객의 서비스 수준 향상을 위한 방안은 서비스 관리 및 전달을 위한 체계라고 말할 수 있다. 즉 IT 관리 프로세스라고 이해하면 될 것이다. 이에 대표적인 서비스 관리도구는 CMMI, COBIT, ITIL 등을 들 수 있다. 최근 기업에서는 IT 서비스와 IT 프로세스 연계를 위해 이들 모델 도입이 증가하고 있는 추세이다. SLA가 제시하는 측정지표만으로는 IT 서비스 수준의 근본적인 향상을 도모하기 어려운 이유도 존재한다. 고객의 비즈니스 경쟁력 제고를 위한 일환으로 IT운영 부문에 대한 인증획득과 계약방식이 점차 서비스 품질기준 향상으로 변화되고 있기 때문이다.

2.5 SLA/SLM 도입시 기대효과

SLA(Service Level Agreement)란 정보시스템 수혜자와 기업의 정보시스템 서비스

제공자가 상호 간 동의에 의하여 일정수준의 서비스를 명시하고 이를 문서화한 계약서이다. SLA의 근본적인 목적은 서비스 수준에 대한 '향상'이지 '통제'가 아니다. SLA는 상호간 협의에 의하여 작성되는 계약서이다. SLA는 이러한 현실에 대하여 서비스 제공자와 서비스 수혜자가 상호 간에 합의하고 동의할 때 근본적인 취지에 부합되는 결과를 얻을 수 있게 된다.

즉, SLM을 효율적으로 진행함으로써 정보기술 서비스 중단시간을 절감하고 서비스 품질이 개선됨에 따라 궁극적으로 비용절감의 효과를 가져올 수 있다. SLA/SLM 적용의 가장 큰 잇점은 지속적인 서비스 수준개선을 통한 상호 경쟁력강화가 될 것이다. 서비스 수준관리(SLM)을 통해 얻을 수 있는 기대효과를 서비스사용자 관점 및 서비스 제공자 관점으로 구분하여 정리하였다.

(1) 서비스 사용자 관점

- 서비스 요구사항 및 기대수준의 구체화를 촉진할 수 있다
- 제공받는 서비스 수준에 대한 정량적 평가가 가능하다
- 서비스 개선을 위한 명확한 관리 포인트를 확보할 수 있다

(2) 서비스 제공자 관점

- 고객 기대수준에 부합하는 서비스 제공이 가능하다
- 합의된 우선순위에 따라 서비스 개선노력에 집중할 수 있다
- IT 서비스 만족도 및 신뢰도가 향상된다
- 비즈니스 목표에 부합된 IT 서비스를 구축해 갈 수 있다

SLA/SLM을 성공적으로 구축하기 위해서는 고객과의 진정한 파트너십이 필요하다. 전략적인 파트너십이 이루어졌을 때 비로소 생산적인 IT 서비스 품질개선이 가능하기 때문이다. 최근 SLA/SLM 발전동향도 과거 애플리케이션 및 IT 인프라 관리에서 IT 서비스 관리 중심으로 전환 중에 있다. 향후 비즈니스 성과에 기반한 IT Value 관리로 발전할 것으로 전망한다.

3.1 ITSM 개요

>>> 3.1.1 ITSM 필요성

2000년에 들어서면서 IT 총비용 중 운영서비스 효율화에 대한 중요도와 관심이 지속적으로 증가하고 있다. IT 총지출이 차지하는 비중은 매출액 대비 평균 2.5~3.0%이지만 이 중에 운영비용이 차지하는 비율은 50~60%에 달하여 약 40%의 신규투자 비용을 훨씬 초과하고 있다. 근래에도 IT 투자 전망은 신규투자를 위한 예산보다 운영관련 예산증가가 두드러지고 있는 추세이다. 이는 내부시스템에 대한 효율화와 서비스에 따른 품질 향상에 대한 관심이 증가되고 있음을 입증한 결과이다.

한국 IDC에 의하면, "IT 운영관리는 전통적 기술관리 중심의 IT 운영에서 IT 서비스 관리(ITSM) 및 IT 프로세스로 전환되고 있다."고 언급하였다. 사실, 과거에는 IT 서비스에 대한 명확한 개념정립 없이 주먹구구식의 서비스를 제공해 왔다. 이에 따라, 보다 체계적이고 과학적인 IT 서비스 관리에 대한 관심이 고조되면서 최근 현실적인 대안으로 ITSM이 각광을 받고 있는 이유도 여기에 있다. 'ITSM은 이러한 서비스 개념에서 출발한 서비스 관리 기법'이다.

IT 서비스상의 문제 및 정보시스템 중단 원인의 85%는 프로세스, 조직의 책임/역할 등의 부재로 발생한다. 실시간 기업환경에서 빈번한 정보시스템의 장애발생을 줄이고 장애발생 시 즉각적인 대응체제를 갖추어 고객에 대한 비즈니스의 영향도를 줄이는 일은 무엇보다도 중요한 일이다. 이에 ITSM은 지속적인 서비스 향상과 IT 관리 비용을 절감하는 데 목적을 두고 운영자의 기술 중심에서 비즈니스에 대한 실질적인 기여 중심으로 변모하고 있다.

[그림 6-1]은 이와 같은 관점에서 ITSM의 필요성을 시장, 고객, 프로세스 및 기술관점에서 제시한 것이다.

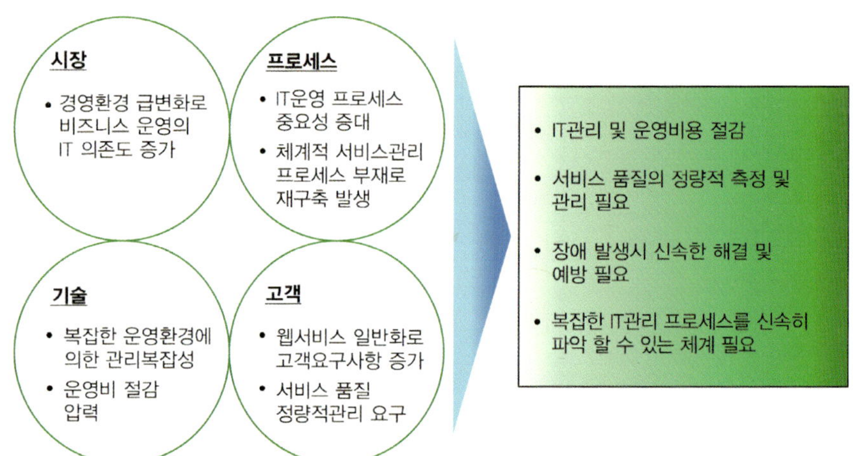

[그림 6-1] ITSM의 필요성

>>> 3.1.2 ITSM 정의

ITSM은 기존의 정보시스템의 운영을 전통적인 기술 중심의 관리에서 벗어나 경영지향적이고 전사적이며 서비스적 관점에 입각하여 보다 체계적으로 관리하기 위한 접근방법이다. 기존의 IT 인프라 관리가 아닌, 비즈니스 중심의 합의된 IT 서비스를 제공하는 산업표준의 IT 운영관리 기법인 것이다. ITSM은 서비스 품질의 경쟁력을 확보하고 IT 서비스 수준을 관리하기 위한 프레임워크이며 정보시스템의 운영 기능뿐만 아니라 IT에 관련된 모든 측면을 보다 체계적으로 관리하기 위한 IT 운영체계로 정의할 수 있다.

[표 6-12]는 기존의 IT 운영방식과 ITSM에서 제공하는 관리방식의 차이점을 설명한 것이다. 기업경영은 IT를 활용한 프로세스 관리에 초점을 맞춘다. 기업이 시장에서 우위를 선점하기 위해서는 프로세스를 통해 고객에게 제품과 서비스가 제공되어 가치를 창출하는 것과 동일한 개념이다. IT 산업도 효율적인 운영관리를 통해 고객만족도를 높이기 위해 프로세스 중심의 접근방식이 필요함을 강조하고 있다.

[표 6-12] 전통적인 IT 운영방식과 ITSM 비교

전통적인 IT 운영	ITSM
기술 중심	프로세스 중심
사용자	고객
Informal processes	Formal best practice
IT internal perspective	Business perspective
Operational practice	Service orientation

3.2 ITSM의 구축

>>> 3.2.1 ITSM 구축방안

ITSM을 구축한다는 것은 ITIL 체계대로 서비스가 이루어질 수 있도록 시스템을 구성하는 것이다.

[그림 6-2]에서 보듯이 ITIL의 9대 관리 영역의 데이터를 DB화하여 비즈니스, 관리자, 보고서 View가 가능하도록 구축한다. 즉 ITIL의 관리범위를 시스템을 통해 자동화하여 객관적인 시각을 확보해야 한다는 의미이다. 이를 통해 ITSM은 프로세스,

[그림 6-2] ITSM의 구성도

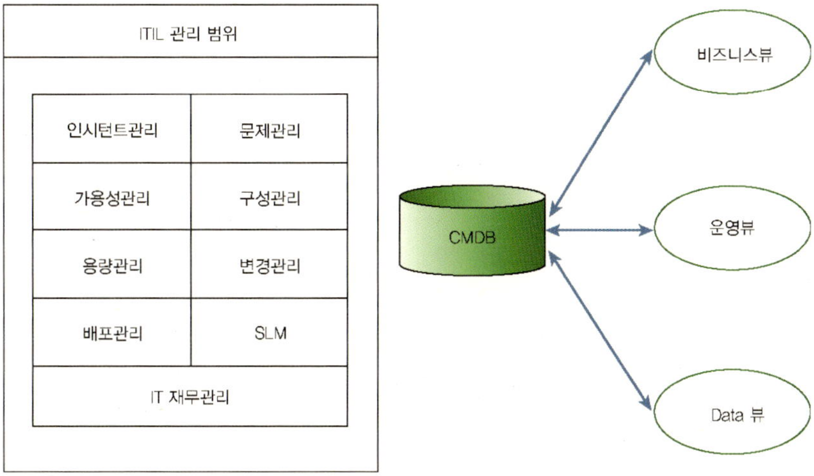

사람, 기술의 각 요소가 결합된 체계적인 서비스 수준을 수립하고 운영 가이드를 제공하며, 서비스수준 협약(SLA) 및 서비스수준 관리(SLM) 표준방법론 그리고 대시보드를 이용하여 다양한 평가와 측정을 가능하게 한다. 그 결과, 제공자와 서비스 수혜자가 같은 수준으로 서비스를 평가하도록 지원한다.

ITSM 체계 구축 과정에서 고려해야 할 핵심 성공 요인 중 한 가지는 개별 조직 혼자만의 노력에 의존하지 말고 ITSM의 베스트 프랙틱스를 서로 공유하고 벤치마킹 하는 것이다. 이런 관점에서 이미 시행착오를 경험한 안정화된 타사의 우수사례는 우리의 문제점을 개선할 수 있는 좋은 기회를 제공한다. 또한 현재의 개선점을 식별하여 향후 발전 방향을 수립하고 To-Be 모델을 정립하기 위해서는 현 상황에 대한 정확한 진단이 중요하다.

ITSM 구축은 IT 지원조직의 명확한 역할과 책임을 정의함으로써 조직의 갈등을 해소할 수 있으며 업무프로세스 중심의 조직설계가 가능하다. 이와 같은 환경은 결과적으로 IT 지원 업무수행을 계량화하여 가치 중심의 IT 서비스 관리기반을 제공해야 한다.

>>> 3.2.2 ITSM 구축 시 고려사항

ITSM 중심의 IT 서비스 관리를 위해서는 고객에게 제공하는 IT 서비스가 표준화되어야 하고, 이를 효과적으로 지원할 수 있는 프로세스와 인프라가 갖추어져 있어야 한다. 또한 조직의 역할 및 관리 지표가 명확히 정의되고, 가시적인 측정과 지속적인 개선이 가능한 관리체계가 마련되었을 때 비로소 효과를 얻을 수 있다. 이것이 ITSM이 요구하는 운영모델이다.

[표 6-13] ITSM 구축의 주요사항 및 전제사항

주요 활동	전제 사항
- 최종 인도물인 표준화된 IT 서비스 - 최적화된 운영 프로세스/인프라 구성 - 명확한 조직의 역할, 관리지표 정의 - 가시적인 측정과 지속적인 개선	- 고객 요구사항에 초점을 맞추어야 함 - 고객의 비즈니스를 지원할 수 있는 서비스 카탈로그, 포트폴리오를 개발하고 관리해야 함 - 고객이 기대하는 서비스레벨, 비용으로 서비스 할 수 있는 프로세스, 조직 및 툴 보유 - 지속적 개선이 가능한 측정항목정의, 관리

ITSM이 정착하려면 IT 거버넌스 체계를 수립하는 것이 효과적이다. EA 구축에서도 IT 거버넌스 원칙이 필요하듯, ITSM 체계 정립에서도 운영의 효율성을 높이는 IT 자산관리, 원가관리 및 IT 성과관리 등 필요한 원칙이 정의되고 적용되어야 한다. 이를 가능하게 하는 것이 IT 거버넌스이다. 또한, 다음과 같은 체계 정립, ITSM 구축 그리고 IT 서비스에 대한 지속적 개선활동이 전제되어야 한다.

- 체계 정립: 글로벌 BP 활용(ITIL, eSCM, ISO)
- ITSM 구축: EMS 솔루션, 운영관리를 위한 대시보드, IT 서비스 포털
- 지속개선: PDCA 기법 사용, 지속적인 검토, 개선, 품질관리 활동 고도화

ITSM이 기업에 내재화되려면, 서비스 제공 조직에서 일하는 사람의 책임뿐 아니라 고객의 책임 또한 요구된다. 제공 서비스와 요구기준 사이에 불일치가 발행하는 이유는 IT 조직의 관리방식에서 찾을 수 있다. 이와 같은 불일치를 줄이고 지속적인 서비스 품질 개선을 위해서는 서비스 제공자와 고객 간의 '성숙도' 차이가 크지 않아야 한다. 또한 상호 기대 수준의 불일치를 찾아가려는 노력이 필요하다. 따라서 양자 간의 조직성숙도가 높고, 유사할 때 비로소 ITSM 도입에 따른 기대효과를 얻을 수 있을 것이다.

3.3 ITSM 추진 효과

표준화된 ITSM 구축은 기업으로 하여금 IT 운영에 대한 비용 절감 및 서비스 품질 향상을 가능하게 하며 이를 기반으로 고객과 IT 서비스 제공 조직 간의 윈-윈 파트너십을 제공한다. 서비스 제공 조직은 고객 요구사항에 대한 이해를 강화하고 고객만족도 향상 등을 도모하며 궁극적으로 비용 절감 및 서비스 품질 향상을 제공해야 한다. 즉, 고객의 입장에서는 안정된 IT 환경을 보장받을 수 있어 IT 투자에 대한 ROI의 산정이 가능하다. 하지만 이는 제공자와 고객이 같은 시각으로 바라볼 수 있는 표준화된 프로세스, 상세 명세, 측정가능한 메트릭 및 명확한 커뮤

니케이션 채널이 확보되었을 때 가능하다.

[그림 6-3]은 ITSM 추진의 기대효과를 서비스 제공자 입장과 고객관점에서 제시한 것이다. 이와 같은 기대효과를 얻기 위해서는 ITSM의 구축목적에 맞는 서비스 체계를 고객의 비즈니스 관점에서 수립하고 이를 시스템화하여 상호간의 객관적인 시각으로 서비스 수준을 바라보고 개선할 수 있어야 할 것이다.

[그림 6-3] ITSM의 구축효과

IT 서비스 제공조직 효과	① 변화에 대한 관리 능력 향상 ② 명확한 Communication 채널 확보를 통한 신속한 서비스 제공 ③ 고객 요구사항에 대한 이해 강화 ④ 고객만족도 향상 ⑤ 서비스 품질의 일관성 향상 ⑥ 서비스 Delivery에 대한 의식/문화 변화 ⑦ 신규 IT 서비스에 대한 Time-to-Market 용이 ⑧ 표준 절차를 통한 상호 간 이해 명확화
고객 효과	① TCO 관점에서의 비용 절감 ② IT투자에 대한 ROI 향상 ③ 서비스 품질 대비 IT 비용의 정량화 ④ 서비스 품질의 일관성 보장 ⑤ 주요 IT 프로세스 통합을 통한 운영 효율강화 ⑥ IT Outsourcing 관리 역량 강화

④ 정보기술 인프라문고(ITIL)

4.1 ITIL의 개요

ITIL(Information Technology Infrastructure Library)은 서비스 관리 업계의 사실상의 표준(Worldwide de facto Standard)으로 자리 잡은 IT 서비스 관리 참조모델로서 영국의 OGC(Office of Government Commerce)에 의해 개발되었다. ITIL은 'IT is the business and the business is IT'라는 개념으로 IT와 비즈니스 간의 일체성을 강조한 것으로 전 세계의 IT 서비스 관리 분야의 우수 프로세스를 정리한 책들의 묶음이다.

ITIL이 지닌 일차적인 목표는 아래와 같다.

- IT와 비즈니스 목표 연계
- long-term 관점의 IT 서비스 제공 시 비용 절감
- IT 서비스 품질 향상

ITIL은 IT 서비스의 효과적 관리를 위한 프로세스 정립에 대한 가이드이다. 이 것은 IT 운영관점의 서비스 실행가이드이며, 조직마다 상황이 다르기 때문에 실무적으로 검증된 방법에 중점을 둔다. 그러므로 그 자체가 방법론으로 적용될 수 없다. 단지 고품질의 IT 서비스를 제공하기 위한 기반을 제공할 뿐이다. 즉 IT 사용자와 고객을 대상으로 하는 서비스 중심의 IT 운영을 지향하며 비즈니스 목표달성과 고품질의 IT를 추구하기 위한 가이드, 벤더에 종속적이지 않은 포괄적이면서도 공개적인 가이드이다.

현재는 ITIL V3이 발표되어 활용되고 있다. ITIL은 기존의 11개 영역을 Service Strategy, Service Design, Service Transaction, Service Operation, Continual Service Quality Improvement 등 5개 영역으로 개편해 놓았다. ITIL V3부터는 IT 전략과의 연계를 기반으로 거버넌스 측면을 강화하였으며 IT ROI 측정을 통한 서비스 향상 부문을 표면화하였다. 또한 ISO/IEC2000에서 적용하고 있는 ISO의 기본적인 P-D-C-A 철학을 전체 관점과 각 프로세스에 적용하고 있다.

4.2 ITIL 구성요소

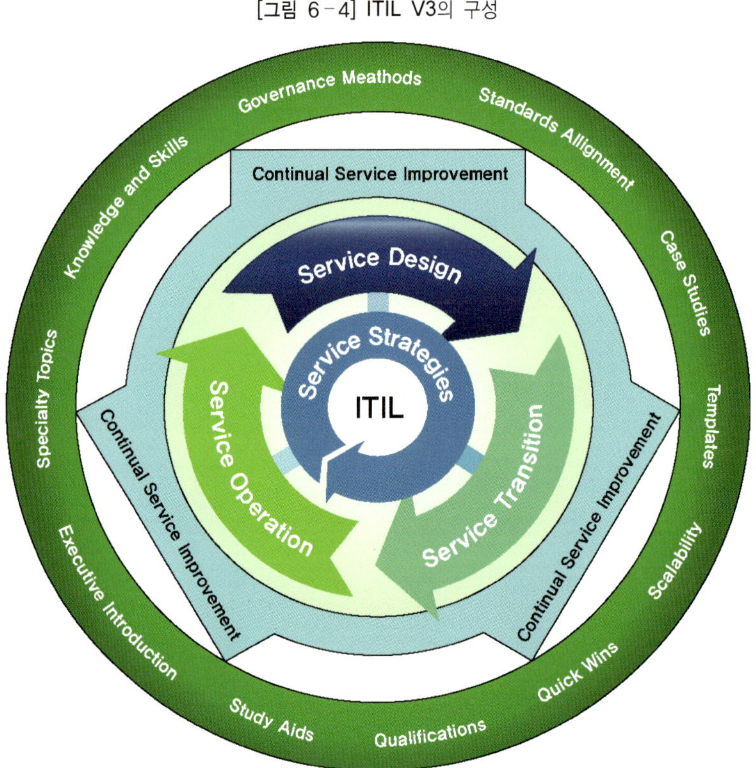

[그림 6-4] ITIL V3의 구성

ITIL의 구성은 [그림 6-4]와 같다. 먼저 서비스를 구현하고자 하는 전략이 Core에 놓이고 이런 전략을 구현하기 위한 Design, Transition, Operation이 순환구조를 이루고 있다. 초기에 디자인한 운영 개념을 지속화하기 위해서는 운영 중 발생한 문제점들을 디자인에 지속적으로 반영시켜야 한다. 이러한 순환구조가 무리 없이 이루어지려면 비즈니스를 지원하는 Continual Service Improvement가 가능해진다.

[표 6-14]는 최근 사용되고 있는 ITIL V3 각각의 5개 영역별 주요내용을 설명한 표이다.

[표 6-14] ITIL V3 영역별 주요 항목

ITIL V3 영역	설명
Service Strategy	- 조직의 역량, 전략적 자산(Strategic Asset)으로서 서비스 관리를 어떻게 설계, 개발, 구축할 것인가에 대한 가이드를 제시함 - 조직의 목표와 서비스 기대치를 설정하고, 기회를 판단하여 서비스의 우선순위를 정하는 데 사용함
Service Design	- 서비스 및 서비스 관리 프로세스에 대한 설계 및 개발에 대한 가이드를 제시하고, 전략적 목표를 서비스 포트폴리오와 서비스 자산으로 전환하는 방법과 설계에 대한 원칙을 다룸 - 서비스 설계 범위는 기존 서비스에 대한 변경과 개선과 새로운 서비스에 대한 것을 같이 포함함
Service Transition	- 신규 서비스 또는 변경된 서비스를 운영단계로 이행하는 데 필요한 역량을 개발하고 향상시키는 데 필요함. 가이드를 제공함 - 서비스 설계단계에서 구체화된 서비스 전략에 대해 위험과 실패, 장애를 통제함과 동시에 효과적으로 운영단계로 이전할 수 있도록 함
Service Operation	- 서비스 운영에 관한 지침과 사례들로 구성됨 - 서비스 지원과 수행에 있어 효율성을 얻도록 하여 고객에게 가치를 제공함
Continual Service Improvement	- 서비스 설계와 도입, 운영을 통해 고객을 위한 가치를 만들고 지속적으로 유지하는 데 필요한 내용을 다룸 - 품질관리, 변경관리 역량의 향상 등과 관련된 원칙과 사례, 방법들을 제시함

[표 6-14]와 같은 프로세스는 유기적으로 연계되어 있다. [그림 6-5]에서 보는 바와 같이 비즈니스에서 파생된 전략은 Service Strategy로 투영된다. 이렇게 수립된 전략은 서비스를 디자인 하는 기초 자료로 활용이 되며 서비스 오퍼레이션 과정에서 발생되는 이벤트, 문제, 장애 등에 대한 관련한 고객에게 정기적으로 리포팅되거나

[그림 6-5] ITIL Process 간 연관관계

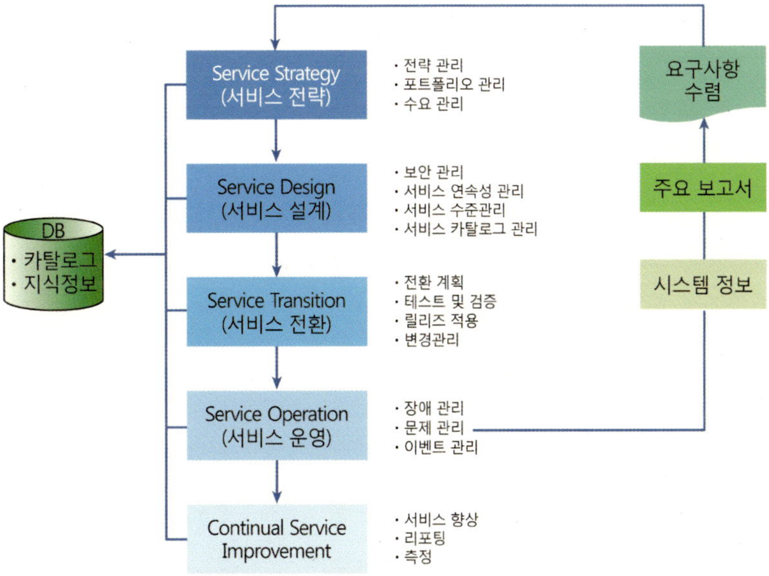

ITSM TOOL을 사용하여 시스템으로 제공된다. 이런 과정에서 발생되는 데이터들은 형상관리 DB에 수집되어 운영을 위한 Knowledge 데이터로 활용된다.

[그림 6-5]에서 보는 바와 같이 IT 서비스 관리관점에서 내부역량 정비를 위해서는 우선 서비스 수행에 필요한 프로세스를 정의하고 해당 프로세스를 표준화하며 전사적으로 적용 및 실행하는 것이 필수이다. 프로세스 표준화 작업은 IT 내부의 업무 내용, 절차, 사용 툴 및 업무에 대한 KPI로 구성한다. 서비스 평가항목은 관련 프로세스들의 세부 KPI를 바탕으로 정해진다.

이런 ITIL을 조직에 무리 없이 적용하기 위해서는 [표 6-15]와 같이 기본적인 이해, 현황 분석, 적용, 그리고 지속적인 관리 등 네 가지 절차를 따라야 한다.

[표 6-15] ITIL 적용 절차

적용 절차	세부 내용	실천 방법
ITIL 이해	교육, 세미나를 통해 ITIL 프로세스 이행	교육, 세미나, 스터디
현황분석 (표준ITIL과 GAP분석)	현재 운영 프로세스 도출, 문제점 분석	SWOT, 문제해결법
	현 운영조직 프로세스와 ITIL과 비교 문제점 해결을 위한 ITIL 적용안 수립	ITIL 적용대상 선정
ITIL 적용	ITIL 적용대상에 따른 비즈니스 프로세스 변경 수행	자동화 도구, SLA/SLO, KPI
지속적인 관리	ITIL 지속적인 이행관리 및 효과분석 수행	변화관리 수행

4.3 ITSM의 발전방향

ITSM은 프로세스 변화를 통해 더 효과적인 아웃소싱 전략을 펼칠 수 있다는 점에서 수요처와 공급처 모두에게 윈-윈 전략으로 평가받고 있다. 기업의 조직과 자원, 프로세스를 재정립하여 IT 거버넌스로 나아가기 위한 준비 단계로서도 IT 거버넌스와 함께 IT와 비즈니스의 일체성을 강조하며, ITSM의 사실상의 표준(de facto)으로 정착되고 있다.

　　최근 경영환경 변화는 IT 활용도와 의존도를 높이는 결과를 가져왔으며, 경영자로 하여금 IT 투자에 대한 효과성 검증을 요구하고 있다. 현업의 사용자들은 이제 더 이상 미흡한 IT 기능이나 서비스 제공을 수용할 수 없게 된 것이다. 따라서 고객들에게 비즈니스 가치를 제공할 수 있는 IT 서비스로 거듭나기 위해서 최적의 ITSM 체계구축이 더욱 요구되고 있는 시점이다. 특히, 외부 고객에게 서비스를 제공하는 아웃소싱 업체들의 경우, 고객과 합의한 SLA에 정의된 IT 서비스 품질을 일관성 있게 제시하고, 자신들의 서비스 수준을 객관적으로 평가할 수 있는 ITSM 체계 구축은 더욱 필요하다. ITSM 시장은 이제 유행이 아니라 비즈니스에 부합하는 실질적인 솔루션으로 성장할 것으로 기대된다.

⑤ 새로운 아웃소싱 모델

인터넷 보급 확산과 전자상거래 기술의 비약적인 발전은 새로운 비즈니스 모델을 등장하게 만들었다. 이로 인해 아웃소싱 서비스에서도 새로운 서비스 모델이 등장하게 된다. 과거에 전혀 예상치 못한 새로운 아웃소싱 서비스는 1995년 이후 몇 년 사이에 급속히 발전해 왔는데 그 대표적인 모델로는 ASP(Application Service Provider), BPO(Business Process Outsourcing), Utility Computing 및 SaaS 등이 있다. 이러한 새로운 아웃소싱 모델도 기존 아웃소싱에서 제시한 추진 단계와 기본원칙들은 대부분 그대로 적용된다는 특징을 가지고 있다.

5.1 ASP(Application Service Provider)

>>> 5.1.1 ASP 개요

ASP는 기업의 애플리케이션을 각 기업의 전산환경이 아닌 서비스 업체의 데이터센터에 설치하여 원격지를 통해 사용자가 시스템을 사용할 수 있도록 지원하는 서비스를 말한다. 주로 제공하는 서비스는 애플리케이션 통합, 시스템 통합, 전자상거래 기능, 고객관계 관리 및 전자메일 서비스 등이 본 서비스 범위에 해당된다.

ASP는 응용시스템이 만들어져 패키지 형태로 고객에게 제공이 되고 여러 이용자에게 같은 응용프로그램이 제공된다는 특징을 담고 있으며, 또한 개발과 운영에 대한 책임이 제공자에게 있기 때문에 사용자의 TCO(Total Cost of Ownership) 측면에서 절감효과의 장점이 있다. 동일한 서비스를 다양한 고객에게 제공하기 때문에 애플리케이션 즉, 기능상의 유연성이 떨어지고 고객맞춤 서비스 제공이 어렵다는 한계점이 존재한다.

[표 6 - 16]은 ASP의 장ㆍ단점을 제시한 것이다.

[표 6-16] ASP 서비스의 장점과 단점

장점	단점
초기 투자 위험 최소화 - 초기에 필요한 SW 구매가 가능 - 사용에 따라 IT 비용 지출이 가능 (서비스 비용 예측 용이) 비용 절감 및 생산성 향상 - 신속한 애플리케이션 구현 - 동일한 금액 대비 우수한 기능 - ASP 대상 SW를 공급업체가 책임 품질 높은 서비스	보안 노출 위험성 검증되지 않은 안정성 애플리케이션 유연성 부족 - 제한된 수정 고객업무 이해도 저하로 효과 저하 우려

ASP가 제공하는 기능은 크게 네 가지 형태로 구분할 수 있다. 기업 내 단일 기능을 처리하기 위한 서비스에서부터 기업 간 통합을 지원하기 위한 SW까지 다양한 형태가 존재한다.

(1) 기업 단일 기능: 회계, 급여 등 단일기능 처리 SW

(2) 기업 내 통합: ERP 등 여러 가지 연계처리 SW

(3) 기업 간 통합: SCM 등 협업, 공동거래처리 SW

(4) 단순 OA 기능: 데이터 계산 등 단순 사무 SW

결국 ASP의 장점을 극대화시키기 위해 [표 6-16]에서 제시한 단점을 개선하는 작업이 함께 이루어져야 진정한 ASP 서비스의 목적 달성이 가능할 것이다.

>>> 5.1.2 ASP 기술

ASP 애플리케이션 시스템은 서비스 제공자의 데이터센터에 설치되어 있는 강력한 서버에 의해 운영된다. 이 서버는 특정고객 전용으로 사용되거나 또는 고객들이 공동으로 공유할 수 있다.

ASP의 요소기술은 애플리케이션, 네트워크 및 서비스 세 가지 영역으로 나눌 수 있다. 애플리케이션 기술은 단일 로그인을 위한 SSO, 애플리케이션 통합, 공급자와 소비자 간의 라이선스 관리 등이 있으며 네트워크 기술에는 데이터센터, WAN, NMS(Network Management System), 보안기술 등이 포함되어 있다. 또한 수준 높은 서비스와 안정적 지원을 위해 전문기술 및 고객지원 센터가 요구된다.

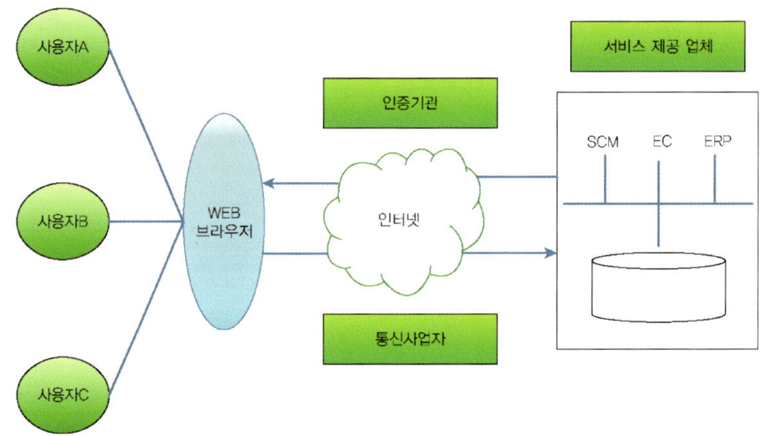

[그림 6-6] ASP 구성도

이러한 ASP 필요 기술에 따라 효과적인 ASP 서비스를 제공하기 위해 다음과 같은 사항들이 고려되어야 한다.

- 신뢰성과 확장성 확보를 위한 다수의 서버 클러스터링 사용
- Web Server Caching을 통한 웹 페이지의 신속한 저장, 검색 지원
- 네트워크 가용성, 신뢰성, 확장성을 보장해야 함
- SLA를 통해 고객 니즈에 맞는 차별화 서비스 지원 및 가격 결정
- ASP 데이터센터의 신뢰성, 안정성 확보 및 데이터 백업, 장애복구 능력 확보

>>> 5.1.3 ASP와 기존 아웃소싱 간의 차이점

ASP 도입과정도 기존 아웃소싱 절차와 유사하지만 사용량 측정 및 과금, 평가 등의 단계가 일부 상이하다. 다음은 ASP 구축과 운영에 필요한 주요 태스크를 제시하고 있다.

1단계: 고객요구사항 정의

2단계: 고객과 공급자 간의 SLA 협의 작성

3단계: 실제 ASP를 서비스함

4단계: 사용량 측정과 과금

5단계: 서비스 평가단계로 서비스에 대한 분석 및 평가 그리고 재계약

기존 아웃소싱 방식과 비교해 볼 때, 1단계~3단계까지는 유사하나 4단계, 5단계는 상이하다. 그간 사용한 양을 제공자와 사용자가 합의된 SLA 기반하에 요금을 정산한다는 차이점이 존재한다. 만약 서비스 장애가 발생하였다면, 요금 부과 시 문제가 발생될 소지가 있으므로 SLA 계약 시점에 서비스 중단, 장애시의 과금 및 피해보상 방안에 대해서도 사전 합의가 필요하다.

[표 6-17]은 ASP와 기존 아웃소싱을 비교한 표이다. 아웃소싱 모델 및 모델목적 자체에 차이점이 존재한다.

[표 6-17] ASP와 아웃소싱의 차이점

구분	ASP	아웃소싱
장소	원거리	근거리, 원거리
가격	사용자별 월 정액 협의에 따라 변경가능	범위에 따라 가변적
소유권	ASP 업체	고객
대상범위	Application	IT + Business
제공범위	산업별 다양한 고객	고객 1인
모델	1:N	1:1

>>> 5.1.4 ASP 트렌드

최근 아웃소싱 트렌드는 SaaS, ASP 등 Shared 기반의 IT 인프라 제공 서비스가 안정적이고 지속적으로 성장하고 있다. 궁극적으로 BPO로 이어지는 추세를 보이고 있는 것이다. 사실 2000년 전후를 기점으로 다양한 ASP 모델이 등장하면서 많은 기업들이 본 서비스 모델에 대한 장점에 지나친 기대감을 가져온 것은 사실이다. 그러나 그 기대감만큼 IT 인프라, 지원 및 관리 서비스를 통합시킨 체계적인 서비스를 제공한 업체는 소수에 불과하다.

이제 ASP는 소프트웨어 공급업체, 네트워크 및 웹 호스팅 업체등의 인프라 사업자와 협력 서비스를 통해 제자리를 잡아 가고 있다. 향후 ASP는 중소업체 중심으로 활성화될 것으로 기대되며 유틸리티 컴퓨팅, 가상화, 클라우드 컴퓨팅 등을 적용하는 방향으로 발전하게 될 것이다. 이것은 곧 HW와 SW 중심에서 벗어나 '서비스' 중심으로 변화되는 것을 뜻한다.

5.2 BPO(Business Process Outsourcing)

>>> 5.2.1 BPO 개요

2000년 이후 e-비즈니스 시장이 급부상하면서 기업은 웹 서비스를 통해 새로운 비즈니스 기능을 제공받는 것에 관심을 갖게 되었다. 기업은 핵심역량을 보유하고 이를 중점적으로 관리하지만 비핵심 역량 부분에서는 외부 전문기관을 통해 시장 변화에 신속한 대응체계를 갖추길 원한다. 이러한 변화로 인해 BPO 시장은 성장을 거듭해왔다.

최근 BPO 시장은 전 세계적으로 성장률이 증가하고 있는 추세이다. 특히 영국, 아일랜드, 네덜란드 등 유럽에서 가장 빠른 성장을 보이고 있으며 세계 비즈니스 프로세스 아웃소싱 시장은 2011년까지 평균 8~9% 성장세를 보일 것으로 예상하고 있다.

>>> 5.2.2 왜 BPO인가?

BPO의 최근 시장 동향을 살펴보면, 미국의 경우, 빠른 속도로 대규모의 시장으로 변모하고 있다. 유럽의 경우, BPO 규모는 2002년 383억 달러에서 2005년 640억 달러로 증가하였다. 국내의 경우, BPO 시장 이전 단계인 아웃소싱 활성화 단계에 있으며 외국계 기업 및 외국인 경영 참여증가와 산업 전반에 걸쳐 활발하게 이뤄지는 구조조정이 이 같은 분위기를 더욱 강화시키고 있다.

비록 BPO 시장이 성숙되지 않았지만 지속적인 성장세를 보이는 이유는 비즈니스 효율성 증대와 성과 개선을 위해 비즈니스 활동, 프로세스, 기능적 영역에 대한 지속적인 운영 및 실행의 책임을 외부 서비스 제공자에게 위탁하고 있기 때문이다. 즉 기업은 핵심역량에 집중하고 비핵심 업무인 급여관리, 회계 전표관리기능 등의 비즈니스 프로세스를 외부 전문기관에 위탁하는 사례가 증가하고 있다.

>>> 5.2.3 BPO 서비스 영역

선진 BPO 시장의 영역을 업무기능별로 구분할 경우 총무, 재무 및 회계, 인사, 지불, 물류, 마케팅 관련 부문 등의 영역으로 구분된다. 이를 기반으로 BPO 범위를 정리하면 크게 두 가지로 분류할 수 있다. 트랜스포메이션 아웃소싱과 비즈니스 프로세스 아웃소싱이다. 전자의 BPO 영역은 주로 SCM, CRM 영역에 해당되며 후자의 아웃소싱 영역은 HR, 복지관리, 재무관리, 구매관리, 창고관리, Call Center 등이 이에 포함된다. 일반적으로 후자의 BPO를 도입하는 경향이 증가하는 추세이다.

Hyperdesk사의 경우, Desktop Management Service 업체로서 자동화된 관리시스템과 전문 운영인력을 기반으로 고객의 자산관리, PC 보안, PC 방역, 유지보수, helpdesk 등의 서비스를 제공하는 Desktop 아웃소싱 서비스 업체이다. 기업이 Desktop Management Service와 같은 BPO를 도입하는 배경은 확산되는 정보유출, 바이러스/웜 피해, 매년 강화되는 불법 소프트웨어 감사, 증가하는 Desktop 구매부담, 관리가 어려운 Desktop 자산정보, 불만족스러운 유지보수 및 장애처리 서비스 등의 문제를 안고 있었기 때문이다. 이를 개선하기 위해 구매에서 폐기에 걸친 Desktop 자산의 전체 Life Cycle Management Outsourcing을 의뢰한 것이다.

[표 6-18] BPO의 성공 요인

성공 요인	세부 내용
지식관점	- 프로세스 Knowledge 　사용자가 요구하는 수준 이상의 프로세스 Skill - 산업 분야 Knowledge 　수직적 산업 능력 및 프로세스와의 통합 능력
기술관점	- 기술 및 운용 능력 　컨설팅, SI, IT 아웃소싱 - 적절한 서비스 모델 　운영성과를 비즈니스 목표와 연계할 수 있는 능력
스킬 & 역량관점	- 가치 기반의 계약 Skill 　고객 사업의 성공과 실패에 대한 보상 - 제휴 Skill 　사업에 필요한 모든 자산과 스킬 셋을 다른 벤더나 고객과 제휴하여 확보 - 변화 관리 Skill - 검증된 수행 능력
마케팅관점	- 영업 전담 조직 　사전 컨설팅 필요, 효과적인 BPO 영업 전략 수립 - 시장 인지도, 명성 - BPO 사업 경험
재무관점	- IT, HW, SW, 인적 자산을 인수할 재정 능력

>>> 5.2.4 BPO 성공 요인

BPO 사업의 성공적인 수행을 위해서는 수준 높은 Knowledge, Technology, Skill & Ability, Marketing 그리고 Finance 요소들 간의 조화가 요구된다.

[표 6 – 18]은 각 영역별 요구되는 능력을 세부적으로 제시한 것이다.

>>> 5.2.5 BPO 발전추세

기업은 그동안 경쟁우위에 필요한 핵심 비즈니스 운영에 많은 관심을 가져 왔다. 반면, 비핵심 업무를 관리하는 데 크게 신경을 쓰지 못한 것도 사실이다. 그러나 기업이 사업 성과를 달성하기 위해서는 '모든 프로세스를 최적화'해야 한다. 즉 핵심업무, 비핵심업무 모든 프로세스가 전반적인 비즈니스 성과에 영향을 주기 때문이다. 오늘날, IT 기술요소는 더 이상 '갖추면 좋은 선택 사항'이 아니라 '반드시 갖춰야 하는 필수 요건'으로 자리 잡게 되었다.

5.3 Utility Computing

>>> 5.3.1 Utility Computing 개념

유틸리티 컴퓨팅은 사용한 만큼 비용을 지불하는 컴퓨팅 서비스 개념이다. 1970년 메인프레임 시대를 거쳐 클라이언트/서버 컴퓨팅환경 및 인터넷 컴퓨팅 시대에 접어들면서 많은 기업들이 컴퓨팅환경의 성능 안정성을 IT 서비스 관점에서 중요한 요소로 다루고 있다.

Utility Computing은 데이터센터 내의 Server, Storage, Network, Software 등의 IT 자원을 하나의 서비스 개념으로 보고, 추가적으로 자원을 구입 또는 자체개발 하지 않고 서비스 공급자와의 계약을 통하여 실제로 사용한 만큼의 요금을 부과하는 개념이다. 즉 Utility Computing＝Outsourcing＋Application Service Provider라는 공식으로 설명할 수 있으며 사용자가 필요할 때 필요한 장소에서 컴퓨팅 자원을 자유롭게 이용할 수 있는 아웃소싱 모델이다.

벤더의 서버에서 애플리케이션을 가동하면서 돈을 지불하는 개념이 아니라 사용한 만큼 돈을 지불한다는 가격체계이다. 예를 들어, 콜 센터를 유틸리티 컴퓨팅 개념으로 아웃소싱한다는 것은 몇 번의 Call을 받았느냐에 따라 비용을 지불하는 것이다. 기업 내부에서 운영하는 서버의 사용률은 전체 30~40% 이내로서 특정 시점이 아닌 상황에서는 70% 이상 사용하지 않는 경우가 많다. 따라서 서버를 유틸리티 컴퓨팅 개념으로 사용할 경우, 사용량만큼 금액을 부과하기 때문에 기업 입장에서는 비용 절감 및 자원활동의 효율화를 가져올 수 있다.

〉〉〉 5.3.2 Utility Computing 출현배경

Utility Computing이 최근 이슈가 되고 있는 배경은 기업 내 흩어져 있는 컴퓨터의 비효율적 활용 때문이다. Utility Computing의 등장배경은 급변하는 기업환경과 경영환경 불확실성 증가에서 찾을수 있다. 이를 경영환경 관점과 IT 환경 변화 측면에서 살펴보면 다음과 같다.

(1) 경영환경의 변화 요구
- 비즈니스 환경의 급변 및 불확실성 증대
- 동종, 이종 업계 간의 경쟁의 격화 및 경영 환경 변화에 탄력적인 대응 필요
- 핵심역량의 집중과 비핵심역량의 아웃소싱화
- 고정비용을 최대한 줄이고 가변적인 비용구조로의 변혁 필요

(2) IT 환경의 변화 요구
- 신규 비즈니스에 대한 서비스를 위한 대규모의 초기 투자비용
- Peak Time을 고려한 IT 인프라 구축 필요, 낮은 컴퓨팅 자원 활용도, 관리 및 운영 비용의 증가
- 급속도로 변화되는 정보기술에 대응하는 인력 및 역량 확보

>>> 5.3.3 Utility Computing 구성

(1) Utility Computing 대상

유틸리티 컴퓨팅 대상영역은 세 가지로 구분할 수 있다. 데이터 센터로서 물리적인, 가상화된 자원을 관리하는 인프라 영역, 응용 애플리케이션 영역 그리고 표준 오퍼레이팅 시스템(OS)과 시스템관리가 포함되는 SW 영역이 이에 해당된다.

- 인프라: PC, 서버, 디스크, 네트워크 등의 IT 기본인프라
- 애플리케이션: 그룹웨어, ERP 등의 응용프로그램
- 소프트웨어: 백신 소프트웨어 등

(2) Utility Computing 구성

상당수의 기업들이 '가상화' 또는 '통합화'라는 가면을 쓴 유틸리티 컴퓨팅을 도입하고 있다. 서버와 스토리지가 통합되면 작업부하를 더 효율적으로 관리할 수 있기 때문이다. [표 6-19]는 Utility Computing의 Architecture 영역 및 Technology 영역의 주요 역할을 설명한 것이다. 기술영역의 Utility Computing이 제공하는 잇점을 구체적으로 살펴보면 다음과 같다.

Network 가상화란 각종 플랫폼이 애플리케이션을 사용할 때 그 애플리케이션이 무엇인가를 파악할 필요가 거의 없으며, 시스템 역시 자유롭게 이동될 수 있고 로드밸런싱 기법을 적용하여도 클라이언트에는 아무런 영향이 없는 기술이다.

Storage 가상화란 서버에 상관없이 유연하게 공급할 수 있는 SAN과 NAS 기술로 이루어짐은 물론 시스템들이 스토리지의 물리적인 위치를 파악할 필요가 거의 없다.

Server 가상화란 애플리케이션과 데이터 액세스의 가상화에는 웹 서비스가 아주 효과적이며 웹 애플리케이션도 네트워크와 스토리지 연결이 가상화되어 있으면 서버를 요구에 따라 추가하고 제거할 수 있다.

관리서비스의 가상화란 모든 시스템의 서비스 수준, 액세스 규칙, 스토리지 정책을 IT가 관리하면서 자원 공급을 자동화하고, 용량을 사용량에 따라 재조정하고, 운영업무를 자동화하며, 뷰를 맞춤화하는 포털을 제공하는 개념이다.

구분	세부 내용
Utility Computing Architecture	− 물리적 자원: 실제 유틸리티 컴퓨팅을 제공하기 위한 기반요소로서 Server, Storage, Network, Software 등을 포함 − 자원 관리: 자동화, 최적화를 통하여 물리적 자원을 효율적으로 할당하고 제어 − 서비스의 관리: 유틸리티 제공자 측면에서 요구되는 각종 관리도구로서 요금의 부과, 서비스 수준의 관리, 오류분석 등을 의미
Utility Computing Technology	− 가상화: 다양한 고객들이 요구에 대하여 논리적으로 사용가능하도록 물리적 자원인 Server, Storage, Network, Software 등을 신속히 공급, 삭제, 변경 − 자동화: 기 운영 중인 물리적 자원의 추가 공급, 구성의 변경, 오류의 치료 및 복구 등에 대한 신속한 대응으로 고객이 요구하는 시스템 연속성(continuity)을 제공

>>> 5.3.4 Utility Computing 성공 요인

(1) 적용 시 고려사항

Utility Computing 적용 시 고려해야 할 사항은 기술적 관점과 정책적 관점으로 구분될 수 있다. 기술적 관점에서는 이기종 간의 통합, 개방형 표준지원, 가상화, 보안과 자원점유 문제 등을 해결할 수 있는 그리드 기법을 고려할 수 있다. 정책적 관점에서는 합리적인 가격산정 및 정액제 등을 고려한 가격정책 및 서비스 수준의 구체적 합의를 통해 유틸리티 컴퓨팅을 실현하는 SLA 등을 고려할 수 있다.

다음은 기술적 관점과 정책적 관점에서 고려할 주요 항목을 정리한 것이다.

가. 기술적 관점

- Service의 표준화 문제
- 일관성 있는 보안 정책, 백업 및 재해에 대한 대책
- 다양한 하드웨어와 OS기종에 대한 지원 및 최적화 문제
- Service에 대한 Network traffic의 발생가능성

나. 정책적 관점

- 기존 자산에 대한 소유권 여부, 고객원장에 대한 소유 여부, IT정보 및 고객 정보 보호의 문제
- 금융 비즈니스 모델 및 신상품에 대한 지적 소유권의 문제
- Service Level Agreement에 대한 평가지표
- 시스템 전반의 ID관리(ID와 업무와의 상관관계 등)의 정책 수립 여부

(2) 성공 요인

Utility Computing이 성공적으로 정착되고 현장에서 활용되기 위해서는 아래 요인
들이 고려되어야 한다.

- 비즈니스와 IT 측면을 병행하려는 노력이 필요
- 가격모델 정립 필요. 즉 고정비용과 서비스 비용을 조합하여 적용
- 단계적 이행단계 수립 필요
- 이기종 하드웨어 통합 및 가상화 구현

>>> 5.3.5 Utility Computing의 기대효과 및 도입사례

(1) Utility Computing 기대효과

유틸리티 컴퓨팅이 지향하는 바는 서비스 수준을 향상시키는 동시에 하드웨어와
소프트웨어 비용뿐만 아니라 운영관리에 필요한 노동비용까지 절감하는 데 있다.
그것의 핵심 목표는 민첩한 기업을 위해 비즈니스 프로세스들이 즉시 새로운 기회
에 대응할 수 있도록 하는 것이다. 이것은 싼 가격으로 유연성이 뛰어난 양직의
서비스를 제공하기 때문에 가능하다.

유틸리티 컴퓨팅의 장점은 천재지변에서도 데이터와 애플리케이션의 가용성을
유지한다는 것이다. 최적의 성능으로 운영되는 점, 그리고 하드웨어 자원의 효율적
관리 및 비즈니스 변화에 신속한 대응이 가능하다는 점을 들 수 있다. 좀더 구체
적으로 유틸리티 컴퓨팅에서 얻을 수 있는 기대효과는 아래와 같다.

- 시장변화와 비즈니스 요구에 신속한 대처가 가능
- 사용량 기반의 가격체계에 의한 예측 가능한 TCO 관리
- 비즈니스 요구 사항에 적합한 IT의 가용성 확인
- 서비스 수준 및 ROI 향상

(2) Utility Computing 도입 사례

기업은 Utility Computing을 통해 가용성 유지 및 최적의 성능 확보가 가능하다.
뿐만 아니라 자원의 효율적 관리가 적기에 이루어진다. 최근 Utility Computing 사
업에 대한 관심이 높아지면서 국내 SI 기업인 삼성 SDS, IBM, SK C&C에서도 유
틸리티 컴퓨팅 사업 모델을 준비하고 있다.

- SK C&C Utility Computing 모델, 과금체계 개발
- 삼성 SDS 계열사 위주 Utility Computing 서비스 제공(2007)
- 정부통합전산센터, Utility Computing 도입 로드맵 구상(2007. 11)
- 기타 Utility Computing 기술개발 현황

  유틸리티 컴퓨팅의 성능향상을 시키기 위해서 IBM은 On-Demand Computing 기술을, HP는 VSE(Virtual Server Environment) 솔루션 기술을 SK C&C는 인프라에 독립된 Utility Computing 기술을 개발하고 있다

〉〉〉 5.3.6 Utility Computing 발전방향

그동안 회사 내에 흩어져 있는 컴퓨터 대부분은 많은 시간을 그냥 빈둥거리고 있었다. 대형 하드웨어 벤더사들은 실제 유틸리티 컴퓨팅을 위한 물리적 인프라를 제공하고 있으나 기업이 실제 유틸리티 컴퓨팅을 준비하려면 상당한 노력이 필요하다. 그럼에도 불구하고 하드웨어 비용 하락이라는 최근 추세를 반영하여 유틸리티 컴퓨팅 도입은 증가할 것이다. 기업은 항상 IT 투자와 효과의 상관관계를 찾고 있기 때문이다.

실제 유틸리티 컴퓨팅은 원격지의 서버들을 중앙의 더 큰 서버에 의해 또는 더 작은 서버들로 구성된 클러스터나 블레이드 서버들에 의해 물리적으로 대처하거나 '그리드' 형태로 묶음으로써 가능하다. 이와 같은 서버들의 풀 안에서 사용한 자원을 파악하고, 자원의 사용량을 추적하여 과금을 지불하는 것이다.

최근 비즈니스 환경 변화에 따라 기업은 더욱 민첩성과 가시성을 요구받고 있다. 이러한 환경 변화에 적응하기 위해 컴퓨팅 환경도 유틸리티 컴퓨팅 환경으로 진화하고 있는 것이다. 리소스 가상화 및 공유, 인프라 관리 자동화, 신속한 변경 및 최적화 유지는 바로 데이터센터가 과거의 코스트 센터 개념에서 수익센터로 전환되고 있음을 나타낸다.

즉 기존 투자된 이기종 하드웨어 활용을 극대화하고 서비스 수준의 향상 및 비용 절감을 위해서는 데이터센터가 수익센터로 변해야 한다. 유틸리티 컴퓨팅이 정착되려면 문화적 변화가 핵심과제로 나타날 것이며 자원의 중앙집중화, 공유화가 강요될 것이다. 앞으로 컴퓨팅환경은 planetary scale computing, policy-based computing service 시대로

진화할 것이다.

5.4 SaaS(Software as a Service)

최근 소프트웨어 유통방식과 소프트웨어에 대한 접근방식에 있어 새로운 패러다임의 전환을 볼 수 있다. 패러다임 전환의 배경에는 많은 기업들이 더 적은 비용, 더 빠른 구현속도, 더 효율적인 유지보수 등을 요구하고 있기 때문이며 이에 대표적인 서비스 일환으로 SaaS가 거론되고 있다. 가트너는 "2011년 무렵에는 새로운 비즈니스 소프트웨어 가운데 25%가 하나의 서비스로 제공될 것"이라고 전망하고 있다.

기업은 SaaS를 통해 CRM, ERP, 유지보수와 같은 핵심프로세스의 효율성을 높인다는 전략이다. 즉 고객은 애플리케이션 처리를 위해 필요한 ERP 서버, 백업시스템, 기타장비 등의 필요성을 더 이상 강요받지 않아도 된다. SaaS를 통해 이와 같은 지원이 가능하기 때문이다.

>>> 5.4.1 SaaS 출현배경

SaaS의 주요 등장배경은 기존의 ASP의 단점에서부터 찾을 수 있다. 즉 기존 ASP, xSP 등의 사업모델의 위험성을 제거할 수 있는 Utility Computing, On Demand 등 다양한 ITO 모델이 등장하면서 SaaS의 필요성이 높아졌다. 또한 기업은 SOA 기반의 유연한 통합의 중요성을 느끼고 있으며 기업의 IT 자원에 대한 TCO(Total Cost of Owenrshihp) 최소화 및 ROI 최대화를 추구하고 있는 점도 대표적인 출현 배경이다.

>>> 5.4.2 SaaS 개념

SaaS란 Software와 Service를 Network을 통해 제공하는 Software 판매 모델이다. 즉

Infra와 Service를 모두 제공하는 ITO의 한 형태로, 하나 이상의 공급업체가 원격지에서 보유, 제공, 관리하는 SW를 말한다. 공급업체는 하나의 플랫폼을 이용해 다수의 고객에게 SW 서비스를 제공한다. 사용자는 이용한 만큼 돈을 지불한다는 개념이다.

[표 6-20]은 SaaS의 개념을 크게 협의적 개념과 광의적 개념으로 구분하여 제시한 것이다. 이를 근간으로 볼 때 SaaS는 기존 ASP와 Web기반 서버와 애플리케이션이 통합된 서비스 개념이며, ASP와 공통점은 인터넷을 통해 애플리케이션을 제공하며 고객은 사용한 만큼 요금을 지불한다. 따라서 인프라투자와 관리비용 절감 및 어려움을 해결할 수 있다.

[표 6-20] SaaS의 개념

Software as a Service	
Hosted Application Management (ASP)	Software On Demand
- 단순히 애플리케이션을 온라인으로 대체 - 사용자 요구에 따른 커스터마이징	- 단일한 플랫폼을 통해 동일 애플리케이션 공급 - 사용자가 직접설정(one to many 서비스)

SaaS는 초창기에 Private Infra를 활용한 one-to-one 서비스를 제공하던 형태에서 Public Infra를 활용한 one-to-many 서비스를 제공하는 형태로 진화하였다.

- 협의 개념: 전통적인 네트워크 기반 ASP 시장
- 광의 개념: 기존 ASP 시장을 포함한 SOA, Web Service 기술기반
- SaaS = 기존 ASP + Web 기반 Application + Web Services

다음 표는 아웃소싱 모델인 SaaS와 Utility Computing의 특징을 비교한 표이다.

[표 6-21] SaaS와 Utility Computing 비교

구분	SaaS	Utility Computing
주요 대상	Service, Application	Network, Server, Storage, Software
기반기술	Web Services, ASP	Grid, Provisioning, 가상화
주체	Software	Hardware

[참조]: 시로타마코토, 클라우드의 충격, 2009.

(1) SaaS 서비스 형태

SaaS는 말 그대로 소프트웨어를 서비스 방식으로 제공하는 것이다. 기존 제품 패키지처럼 판매, 구축, 유지보수의 제공형태가 아닌 웹·인터넷을 통해 사용하고자 하는 SW를 서비스 형태로 제공받는 것을 말한다. 기존의 솔루션(패키지)방식은 공급자가 모든 서비스를 제공하는 형태이었으나, SaaS의 서비스 형태는 사용자 관점으로 중심축이 이동한 것으로 볼 수 있다.

SaaS가 제공하는 서비스는 Net-Native, Web-Native, Software on Demand 세 가지 형태가 존재한다. 1990년대에 등장한 ASP는 SaaS의 초기모델 형태라 볼 수 있지만 불특정 다수를 대상으로 서비스를 제공할 수 있는 확장성과 커스터마이징에 많은 비용투자로 한계를 가지고 있었다. 이에 대한 대안으로 주문형(On-Demand) 서비스로 알려진 SaaS가 등장하였으며 최근에는 웹 서비스와 오픈 API를 토대로 보다 효과적인 SaaS 모델인 PaaS(Platform as a Service) 모델 서비스가 제공되고 있다. 다음 표는 세 가지 유형의 서비스에 대한 주요 특징을 제시한 표이다.

[표 6-22] SaaS 형태

형태	내용
Net-Native	- 전용 Application을 직접 개발 - Network을 통해 다중 사용자에게 서비스 - ASP 사업 형태 　예) 특정 기업용 ERP의 ITO 사업
Web-Native	- 순수 Web 기반 Application 개발 - Web Services 또는 Web Application 형태로 제공 　예) Google Map
Software on demand	- 상업용 Software의 인터넷을 통한 Service 기반 판매 　예) MS-Office를 이용한 ASP 사업

(2) SaaS 주요 대상 서비스

기업이 SW 서비스로 활용할 수 있는 것 중에서 SaaS 형태에 적합한 것은 다음과 같다.

- System Infra 관련 Software
- System 관리, 보안, Network 관리, Storage 관리
- 기업용 Software 연계 Service
- ERP, SCM, CRM 등과 Trading, Auction 연계
- Web기반 Native Service: eBay 등과 같은 전용 서비스, Web Services
- 기반 모듈제공 서비스

(3) SaaS 도입 시 고려사항

경영의 툴로서 IT가 활용되고, SaaS 또는 IT 서비스의 한 형태이므로, 비즈니스의 위험요소들이 관리될 수 있도록 아래와 같은 사항이 도입 시에 고려되어야 한다.

- 안정성: 서비스 제공업자의 기업 영속성, 기술적 안정성 고려
- SLA 기반 계약: Service Level Agreement 기반의 서비스 계약 필요
- 확장성: 기업 내 Business 확장에 따른 서비스의 유연한 확장성 고려
- 보안: 기업 내 정보 유출, 불법 Access 등의 철저한 방지

SaaS를 서비스하는 공급업체가 성공적인 서비스를 제공하기 위해서는 NW, Platform, Application, 서비스운영 등 여러 계층의 기술요소와 기업정보 유출에 대한 보안문제, 정보보호 관리체계, 신뢰성 등이 장애요인으로 남아 있다. 따라서 이와 같은 취약점을 파악하고 보완하려는 노력이 필요하다.

>>> 5.4.4 SaaS 시장 트렌드

시장 조사기관에 의하면 SaaS는 20% 웃도는 성장률을 보일 것이라고 낙관한다. 국내에서는 SaaS와 비슷한 개념인 ASP 서비스가 더 활성화되었다. 일부 업계에서는 ASP 시장을 SaaS 시장에 포함시켜야 한다, 또는 분리해야 한다는 의견이 분분하지만, SaaS가 ASP 단점을 보완하고 고객의 요구사항을 수용함으로써 TCO, ROI 측면에서 성장세를 보일 것이다.

향후, SaaS를 기반으로 하여 CRM, ERP 시스템 운영, 유지보수, 업데이트가 보다 효율적으로 제공될 것이다. 다시 말해 복잡한 하드웨어와 유지보수 인프라 없이도 ERP 또는 CRM의 혜택을 누린다는 의미이다. 이것은 중견기업에게 매우 큰 비용으로 작용

하는 ERP서버, 백업시스템, 기타 장비들이 필요하지 않다는 뜻이 될 것이다. 결과적으로 복잡한 시스템, 데이터 통합 문제를 싫어하는 기업에게 가장 큰 ROI를 가져다줄 수 있다고 가트너는 지적하고 있다. 미래는 HW 중심에서 벗어나 SW가 부가가치를 창출하는 시대로 더욱 발전할 것이며 SaaS와 같은 서비스 개념이 보편화되어 사용자는 부담 없이 필요하고 사용한 만큼 비용을 지불하는 시대가 될 것이다.

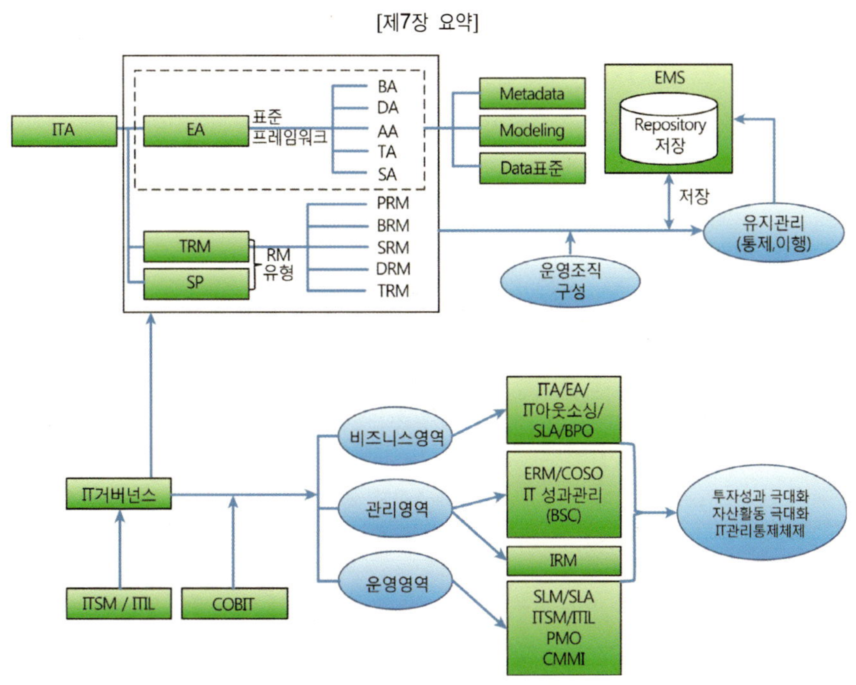

1990년대 이후 IT의 역할은 과거와는 차원이 달라졌다. IT 기술 발전과 시스템의 복잡도 증가, IT 투자의 비중증가는 기업으로 하여금 IT가 비즈니스 가치창출에 무슨 역할을 제공하는가를 묻고 있다. 즉 "IT가 비즈니스 전략 및 목표와 연계되어 투자성과 관리가 되고 있는가?", "더불어 기업 성과관리로서 BSC 관점에서 운영되는가?"에 초점을 두고 있다.

그러나 IT 투자에 대한 효과는 기대에 미치지 못하였다. 이에 대표적인 원인은 IT의 통합성 결여, 중복자료 처리, 정보공유가 원활하지 못함, 시스템에 대한 평가 체계 및 진화에 대한 피드백 과정 미흡 등에서 찾을 수 있다. 이제 기업에서 IT는 조직의 생산성 향상, 업무의 효율성 및 효과성 제고를 위한 필수 도구로 인식되고 있다. 심화되고 있는 비즈니스 환경 변화는 IT 의존성을 더욱 증대시키고 있으며 이런 관점에서 기업은 효과적인 IT 도입을 위해 IT－거버넌스를 만드는 데 관심을 두고 있다.

이와 같이, IT 투자, 운영 및 IT 효율성제고 등에 따른 문제를 해결하기 위해서는 두 가지 접근방법이 필요하다. 첫째, IT 표준 및 지침을 제시하고 IT 계획, 개발 및 관리 측면에서 의사결정 수단으로 사용되고 있는 전사아키텍처의 정의와 개발이 필요하다. 둘째, IT 투자에 대한 제어 및 관리가 요구되고 있다. 즉 IT 투자 성과측정을 통한 통제 및 IT 자원과 프로세스를 모니터링하고 비즈니스와 연계하여 위험을 관리하는 역할이 중요시되고 있다. 따라서 최근의 IT 관리 역량은 IT 거버넌스 개념하에서 IT 투자의 합리적인 의사결정 및 효율성을 높이는 데 있다.

본 장에서는 IT와 비즈니스와 연계된 성과관리를 위해 최근 전사적으로 도입하고 있는 IT 거버넌스, EA를 소개하고 IT 성과측정을 위해 BSC 관점에서 IT 성과관리 방법을 살펴본다. 더불어 IT의 위험 및 통제관리를 가능하게 하는 ISACA에서 제시한 COBIT의 프레임워크 및 IT 프로세스를 제시하고자 한다.

1.1 ISP 개요

ISP(Information Strategic Planning)는 IT 컨설팅을 통해 ISP 방법론을 기반으로 진행되며 기업의 경영전략과 연결시켜 기업의 경쟁력을 극대화할 수 있는 효율적인 정보시스템의 중·장기적 추진전략과 구조적 프레임워크를 만들어가는 경영활동이다. 즉 해당 기업의 정확한 문제를 분석한 후 이를 해결하기 위해 대안이 될 수 있는 근간을 제시하는 것이다.

ISP의 궁극적인 목적은 정보기술의 효과적인 활용을 통해 기업의 비전을 달성하고 경영전략의 실행을 지원하는 정보시스템의 구조적 틀을 제시하는 데 있다. ISP는 경영전략에 기초한 IT 전략을 수립하고 새로운 정보기술을 가장 잘 이용할 수 있는 IT 전략을 확립한 다음 이를 토대로 기업의 정보화 청사진을 설계한다.

따라서 ISP는 경영전략과 정보화전략 간의 통합을 중점과제로 보고 있다. 정보화 전략계획수립(ISP)은 경영전략과 환경 변화에 대응하기 위해 기업의 사업방향을 정의한 후, 기업현황을 분석하여 문제점을 도출하고 이들 사이의 차이극복을 위해 실질적인 정보화 이행계획을 수립하는 과정이다. 이것은 기업 또는 기관의 경영계획과 목표를 지원하기 위한 정보시스템의 비전을 수립하는 계획이라고도 말할 수 있다.

1.2 ISP 구축 과정

ISP 구축 단계는 크게 환경 분석, 현행분석, To-Be설계, 실행계획 수립 등 네 단계로 구분되며 정보전략을 중심으로 업무 프로세스(Process), IT 솔루션 관점에서 ISP가 추진된다. 먼저 4단계 구축 과정을 시작하기 전, ISP 프로젝트를 준비 및 계획하는 과정을 거치는데 이때 정보전략계획(ISP)추진조직을 구성하고 ISP 목표, 목적, 작업범위, 산출물을 정의하며 구성원별 역할 및 책임(R/R)과 추진방법, 일정 등을 수립한다.

(1) 환경 분석

거시적인 측면에서 중·장기를 내다봐야 하는 정보전략계획이 수립되려면 체계적인 방법론을 통한 환경 분석이 선행되어야 한다. 이를 경영환경 분석이라고 한다. 경영환경 분석의 목적은 외부환경 요소(기회, 위협)와 내부역량 요소(강점, 약점)를 결합시켜 바람직한 기업의 전략안을 도출하는 데 있다. 즉 내부환경 요인은 자체적으로 통제가 가능하지만 외부환경 요인에는 통제 불가능 요소가 존재한다.

이러한 요소들은 기업활동에 영향을 미쳐 초기 목표달성을 어렵게 하기 때문에 이를 객관적으로 분석하여 기업활동의 영향도를 최소화해야 한다. 경영환경 분석 후 주요 결과물은 정보화 전략계획 수립에서 주목해야 할 성공 요인를 확인하고 이를 달성하기 위해 성과지표 선정 및 실행을 위한 정보요구 사항을 도출한다. 이 단계의 주요 분석기법으로는 5Forces(경쟁사환경), 7S(내부조직), SWOT 분석(내부환경) CSF(성공요인) 분석방법 등이 사용된다.

기업의 환경 분석을 위해 기존의 경영계획수집 자료, 실사분석 자료 등을 준비하고 임직원 및 경영층과 함께 작업하는 것이 효과적이다.

[그림 7-1] 환경 분석 절차도

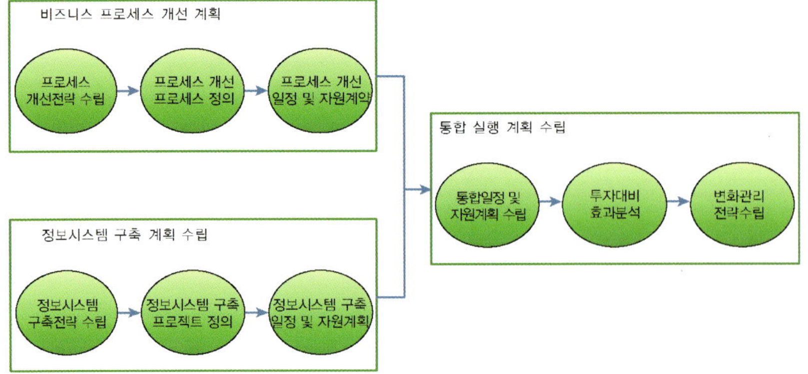

(가) 경영환경 분석

경제동향 분석을 통한 기업의 대외·대내 환경 여건 파악 및 동종 업계에 대한 분석자료를 바탕으로 경쟁환경과 내부역량을 분석하고 경영전략 및 정보화 전략 수립을 위한 기초자료를 작성한다.

(나) 정보환경 분석

최신 정보기술의 동향 및 추세를 파악하여 기업의 필요 정보요구에 적합한 주요 요소 기술의 적용성을 분석한다.

(2) 현 환경 분석

현행 환경 분석(As-Is 분석)은 업무영역 내의 정보요구와 업무규칙 등을 분석하여 업무모델을 구축하는 데 그 목적이 있다. 사용자 요구분석, 현행시스템 분석, 프로세스 모델링 및 인프라 분석 등을 통해 기업 내부의 이슈를 그룹핑한 후, 이들의 문제를 해결하기 위해 [그림 7-2]에서 제시한 바와 같이 개선과제를 도출하고 개선방향을 수립한다. 현행 환경 분석은 매우 중요한 작업이다. 그 이유는 As-Is 분석 결과가 To-Be(향후 구축될 프로세스 정의) 설계에 기초가 되기 때문이다.

잘못된 As-Is 분석은 미래 비즈니스 설계, 시스템 구축에 영향을 미칠 뿐 아니라 IT 투자비용에도 예상치 않은 부담을 주게 된다. 현행환경 분석의 핵심 성공요소(Key Success Factor)는 경영전략 분석, 내·외부환경 분석 및 경영진 인터뷰 등을 통해 파악할 수 있으며 현재 내포하고 있는 프로세스 이슈라 할지라도 회사의 전략적 방향과 크게 연관이 없으면 과감하게 해당 문제점 및 개선과제를 제외시킨다.

비즈니스 프로세스와 정보시스템 현황분석을 위해 고려해야 할 사항은 다음과 같다. 업무조사 분석을 위해 각팀에 '업무조사서'를 배포하고 동일한 기준으로 조사해야 한다. 이것은 단순하고 이해하기 쉬워야 하고 작성방법과 샘플을 첨부하여 배포하는 것이 효과적이다. 현 정보시스템 분석은 핵심정보시스템 영역과 프로젝트에 필요한 부문에 국한하여 조사하는 것이 정확한 문제점과 개선점 도출에 효과적이다.

[그림 7-2] As-Is 분석 절차도

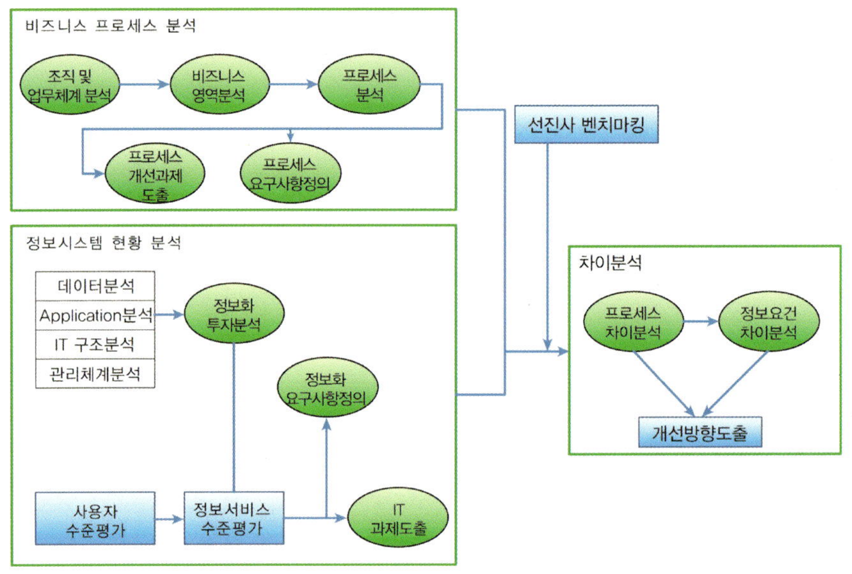

(3) To-Be 설계

To-Be 설계단계에서는 IT 비전 및 개선과제를 구현하기 위한 업무 프로세스 및 정보화 기술의 To-Be 모델을 정립한다. 즉 [그림 7-3]과 같이 정보관리 체계 미래 모습은 기업의 정보전략, 현행 정보시스템 구조, 그리고 To-Be 프로세스를 토대로 정립된다.

(가) 정보화 전략 수립 절차

정보시스템의 목적, 역할, 임무를 설정하고 정보 시스템 구축 원칙과 정보시스템에 적용할 기술 요건 및 정보 관리 전략을 수립한다.

(나) 신비즈니스 프로세스 정의

미래 업무 프로세스의 목적/목표를 기준으로 경쟁우위를 달성할 수 있는 미래의 바람직한 To-Be 프로세스를 정의한다.

(다) 정보시스템 구조 정의

경영환경 분석과 정보시스템 현황 및 요구분석이 완료되면 새로운 정보시스템 구조를 정의한다. 즉, 정보화 전략의 구체적인 실현을 위한 애플리케이션, 데이터, 기술 측면의 구조를 정의하고 이를 기반으로 향후 통합 정보시스템 구축을 위한 구조를 도출한다.

[그림 7-3] To-Be 분석 절차도

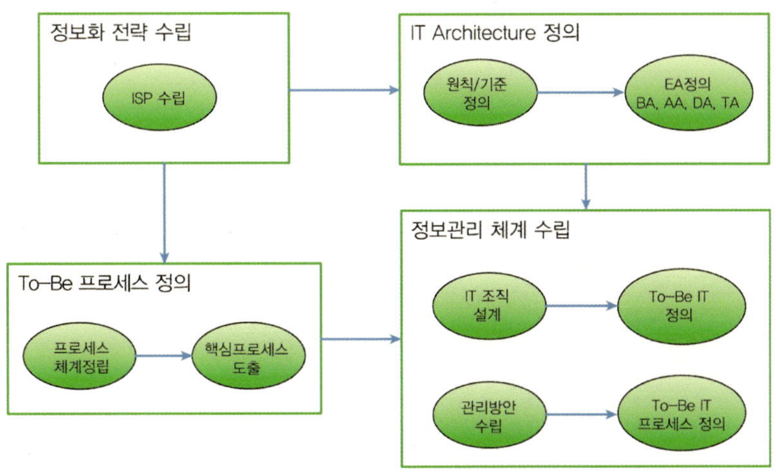

(라) 정보관리 체계 수립

정보자원의 효율적 운영을 위한 IT 조직구조와 IT 직무 및 IT 프로세스, 그리고 관리체계를 수립한다. 앞에서 도출한 새로운 프로세스에 필요한 새로운 정보시스템을 구축, 운영하기 위해 필요한 조직의 기능, 직무 등을 정의하고 관리방안을 수립한다.

(4) 실행계획 수립

실행계획수립 단계는 ISP 1단계에서부터 3단계 과정에서 만들어진 각종 산출물과 모델을 토대로 미래의 정보시스템의 전략, 즉 실행계획을 도출하는 단계이다. 이때 실행계획은 기업의 목표, 비전, 경영전략 그리고 성공 요인에 기반해야 한다. 실행계획 수립 단계에서는 정립된 미래모형 구축을 위하여 추진과제들에 대한 통합실행계획 및 기대효과 분석을 수행한다. 즉 비즈니스 개선계획과 정보시스템 구축 계획을 토대로 IT 투자대비 효과를 분석한다.

(가) 실행계획 수립 절차

기업의 미래 프로세스 모형에 기초한 비즈니스 프로세스와 전략적 정보 시스템 모형을 구축하기 위한 실행전략을 수립하고, 추진 체제 및 일정, 정보화 투자 내역을 정의한다.

(나) 비즈니스 프로세스 개선계획 수립

개선 대상 프로세스별 목표 수준을 정의하고 이를 달성하기 위한 구체적인 개선

[그림 7-4] 실행계획 수립 절차도

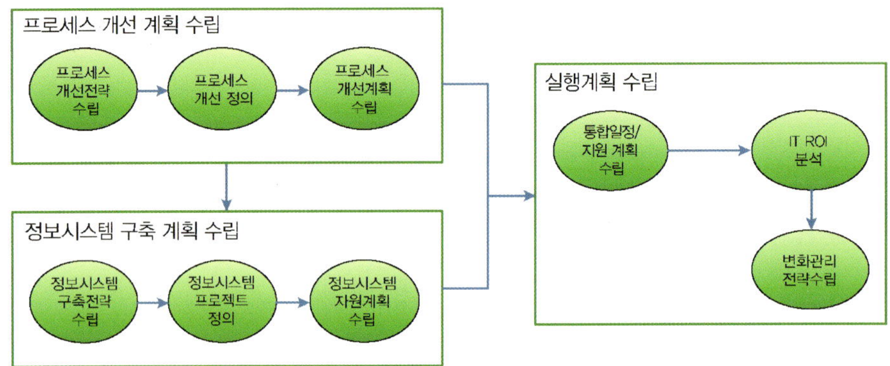

계획을 수립한다.

(다) 정보시스템 구축계획 수립

새로운 시스템의 목표와 목적을 정의하고 달성을 위한 구체적 정보시스템 구축 전략과 세부적인 단위시스템 개발 및 기존시스템 전환방법, 단계적 일정계획, 자원 계획 등을 수립한다.

(라) 통합 실행계획 수행

선행 작업을 통하여 분석 및 정립된 각종 전략 자료를 기반으로 중·장기 통합 실행 일정, 비용 및 투자계획을 수립한다. 이때 실행한 범위가 경영목표 달성을 위 해 필요한 업무인가, 구축시 원가는 적정한가, 구축완료 시기는 적정한가, 각 대안 의 위험 요인은 어느 정도인가 등을 심도 있게 고려하여 실행계획을 수립하고 그 결과에 대한 공감대 형성을 위해 변화관리를 실시한다.

1.3 ISP의 구축 단계별 산출물

ISP 구축 시 단계별로 작성해야 하는 산출물은 [표 7-1]과 같다. 단계별로 작성 될 산출물은 프로젝트의 성격과 고객이 얻고자 하는 결과에 따라 작성되어야 한다.

[표 7-1] ISP 단계별 주요 산출물

단계	단계별 산출물
프로젝트 준비	프로젝트 추진계획서 추진 조직도 WBS(일정, 자원 계획서), 작업계획서
경영전략 분석	IT 동향 분석서, 선진 사례 분석서 경영 전략 및 사업 계획서 경영환경 분석서, 내부환경 분석서 SWOT 분석서
현행 업무 및 조직, IT 현황 분석	As-Is 프로세스 및 IT 현황 분석서 이슈 분석서 개선기회 정의서
To-Be 설계	To-Be 업무 프로세스 기술서 To-Be 응용시스템 아키텍처 기술서 Infrastructure 구조 정의 기술서 프로젝트 우선순위 기술서
실행계획 수립	프로젝트 정의서 프로젝트 일정 자원 계획 기술서 프로젝트 비용 분석서

1.4 ISP 도입효과

ISP가 기업에 도입되면 경영층, 부서 관리자, 정보시스템 관리자 측면에서 여러 가지 혜택이 제공될 수 있다. 이것은 정보전략계획 수행에 따라 '기술적 절차 수행'이 아닌 '관리적 절차 수행'으로 정보전략계획을 수행할 수 있도록 지원한다. 3그룹이 얻을 수 있는 효과를 정리하면 다음과 같다.

(1) 기업의 경영층에 주는 효과

- 경쟁 우위 확보를 지원하는 자원으로 정보기술이 주는 기회를 경영층이 인식할 수 있다.
- 기업 전략 계획에 최신의 정보 기술 적용을 고려할 수 있다.
- 기업의 주요 성공 요인을 체계적으로 평가할 수 있다.
- 업무 관점에서 경영의 현 당면 과제를 해결하는 데 도움을 줄 수 있다.
- 업무관련 우선 순위를 근거로 계획된 향후 정보시스템의 의미를 파악할 수 있다.

- 현재의 조직 체계나 업무 체계를 변화시킬 수 있는 자료를 확보할 수 있다.

(2) 기업의 부서 관리자에게 주는 효과

- 각 부서별로 주요 성공 요인을 체계적으로 평가하게 한다.
- 각 부서별 목적과 문제점을 부서 관리자가 체계적으로 파악할 수 있다.
- 최고 경영층이 조직 전체의 목적과 방향을 수립하는데 부서 관리자의 의견이 반영될 수 있는 기회를 준다.
- 모든 사용자가 필요로 하고 사용할 데이터를 체계적으로 분류해 준다.
- 전산실 위주의 정보시스템보다는 관리자나 최종 사용자(End User) 위주의 정보시스템 구축을 가능하게 한다.

(3) 정보시스템 관리자에게 주는 효과

- 최고 경영층과 효과적인 의사전달을 할 수 있다.
- 정보시스템 관리자가 최종 사용자의 의견을 효과적으로 전달받을 수 있다.
- 정보시스템 개발과 업무활동의 관련성을 정확히 인식할 수 있다.
- 최고 경영층으로부터 정보시스템에 대한 이해와 지원을 받을 수 있다.
- 각 계층, 부서로부터 시스템개발의 우선 순위 합의를 도출할 수 있다.

1.5 ISP 트렌드

ISP의 효과를 얻기 위해서는 IT 시스템 운영이 별도로 진행되는 현실을 개선하여 일원화되도록 결과를 도출해야 한다. 즉 단순한 보고서 작성 수준에 머무르지 않고 향후 도입될 시스템에 대한 현실적인 마스터플랜을 수립하여 경영정보화에 대한 합리적인 대안을 제시하고 정량적으로 분석이 가능한 기법, 현실 가능한 일정을 제시해야 한다. 이러한 ISP는 기업 내에 존재하는 정보의 질적인 향상을 도모하여 의사결정에 활용 가능한 고급정보로 변환이 가능하며 정보시스템의 유지보수에 대한 비용절감, 정보시스템 도입에 대한 전사 비전 수립을 가능하게 한다.

과거의 정보화전략계획은 사업부 또는 부문단위로 도입됨에 따라 경영전략과 제대로 연계된 정보시스템을 구축하기 어려웠다. 뿐만 아니라 정보전략계획은 조직의 전체적인 관점보다는 사업부 또는 부문단위 응용시스템 개발 프로젝트 계획에 더 많은 초점을 두었다. 기존 ISP 구축의 국내실정을 살펴보면 아래와 같다.

- 주로 SI 업체 등 외부에 의뢰하여 수행
- 향후 개발/도입할 application의 파악에 주력
- 유용성 측면에서 결과물에 대한 의문/보고서가 유일한 결과물
- 경영 및 기술 환경 변화에 따라 결과물 효용성 급감

과거의 ISP 결과는 계획 위주의 활동, 문서화된 산출물 위주, 정적인 형태, 장기적인 프로세스 설계 및 구현 중심이었다. 즉 경영전략과 연계된 정보화 청사진을 제시하지 못한 것이다. 때문에 최근 경영환경 변화에 따른 신속한 적용이 어렵다는 한계점을 내포하고 있다.

최근의 ISP는 전사관점에서 추진되며, 경영층의 전폭적인 관심하에 기업의 인프라 구축을 전제로 진행되는 추세이다. 프로세스 개선을 선행하며, 이를 효율적으로 운영하기 위해 최신기술 및 솔루션을 도입하여 기업의 정보화 전략을 수립하는 모습으로 변화되고 있다. 아래 표는 과거의 ISP와 현재의 ISP의 특징을 비교할 것이다.

[표 7-2] ISP 구축에 대한 관점 변화

과거 초점	현재/미래 초점
전술적	전략적
프로젝트 선정 정보화	인프라 구축 프로젝트
정보화 인프라 구축	고위 경영진의 정보화 마인드

일부에서는 ISP와 PI 개념을 혼동하는 사례도 있다. ISP, PI 모두 프로세스 개선 이후 정보시스템 인프라, 구축을 실행하는 것은 유사하나 주로 대기업에서는 PI를 기반으로 ERP, 기타 솔루션을 도입하여 통합정보시스템을 구축하는 경향이 있으며 중견기업 및 스몰 기업에서는 ISP를 기반으로 통합정보시스템을 구축하는 경향이 있다.

② 전사적 아키텍처(EA)

2.1 EA도입 배경

지금까지 IT는 특정 기능의 효율성이나 효과성 개선을 위한 수직적 기능통합을 목표로 구축되어 왔다. 이와 같은 방법은 업무의 기능과 기능을 연계하는 부분의 효율성이 낮을 뿐 아니라 기능 간 수평적 통합을 이루는 데도 어려움이 따르곤 하였다. 일례로, CEO 또는 CFO 입장에서는 정보화 추진을 위해 CIO 또는 특정 IT 담당자에게 자금과 권한 및 책임을 부여한다. 그러나, 이들은 기술주도형 프로젝트 수행으로 인해 프로젝트 완료 이후 IT운영과 관리적 관점에서 차이가 발생하고 현업담당자는 IT성과에 대해 경영층에 보고조차 하지 못하는 경우를 빈번히 경험하였다.

이러한 현상들의 근본원인은 조직의 전략과 목표에 부합하도록 IT 자원 및 이를 통제, 관리하는 프로세스 체계가 갖추어지지 못한 점을 들 수 있다. 현실적으로 IT에 대한 의사결정에 있어 경영진과 현업의 참여가 낮기 때문에 IT를 통한 가치창출은 좀처럼 이루어지지 못하는 실정이다. 이것은 IT 부서만으로 이루어지는 IT 관리는 더 이상 비즈니스 가치 창출에 한계가 존재하고 있다는 것을 입증한 것이다.

좀더 구체적인 사례를 살펴보면, 그동안 상당기업들은 정보체계 수립을 위해 ISP를 추진해왔다. 그러나 기존의 ISP는 기업의 전략을 토대로 수행되지 못했으며, 부분 효율 측면에서 접근하다 보니 구조적, 체계적 그리고 통합적이지 못한 정보화 추진계획이라는 결과를 만들곤 하였다. 그 결과, 실무자 입장에서는 상호운용성의 문제가 발생하고 경영자 입장에서는 정보투자 효율성과 효과성에 대해 의문을 갖게 되었다. 이와 같은 현실적인 문제점을 개선하고자 1990년대 후반부터 미국을 비롯하여 국내에서도 정보시스템 투자에 대한 효율성을 극대화하려는 차원에서 EA(Enterprise Architecture) 도입을 추진해오고 있다.

>>> 2.1.1 정보기술 적용의 문제점

정보기술은 기업통합을 위한 효과적인 수단으로서의 기업의 전략적인 도구이며 자산으로 활용되어야 한다. 뿐만 아니라 언제, 어디서나 고객이 필요한 정보를 필요한 형식으로 사용할 수 있도록 제공되어야 하며 업무 환경변화에 따라 일관성을 제공할 수 있는 통합과 상호운용성이 유지되도록 지원하여야 한다.

그러나 대부분 기업은 Architecting Process 체계가 미흡한 이유로 3~5년의 비즈니스 변화시점마다 주기적으로 시스템을 재구축하는 사례가 빈번하다. 아래 [표 7-3]은 기업의 정보기반 구조를 확립하는 관점에서 나타나는 문제점을 정보체계 관점, 정보시스템 구축 관점 그리고 정보기술관리 관점에서 제시한 것이다.

[표 7-3] 정보기술 영역별 주요 문제점

구분	주요 문제점
정보체계	- 정보가 Right Time, Right Place, Right Person, Right Format으로 제공되지 못함 - 정보체계는 통합되지 않고 개별적으로 산재해 있음 - 정보체계는 업무변화를 수용할 수 없음 - 정보체계가 시장기술 환경에 따라 진화할 수 없음
정보 시스템	- 독립 프로젝트 별, 벤더(SI업체) 중심 추진으로 통합 어려움 - 전사통합 기준과 상호운용성 표준 참조모델, 프레임워크 등이 없는 정보시스템의 구축/운영이 어려움 - 비즈니스 아키텍처 반영에 대한 실질적인 방법, 도구 지원이 미흡함
정보기술 관리	- 정보시스템과 비용 등에 대한 통제 및 관리기능이 미흡함 - 시스템의 평가체제 및 Feedback이 미흡함

위에서 제시된 문제점을 요약해보면, 그간 기업은 기업의 전략과 목적에 맞는 제대로 된 정보기반 구조를 확립하지 못하고 그저 열심히 정보체계를 수립하여 왔다. 즉, 우리는 올바르지 못한 방법과 체계적인 정보기술 도입 방법론 없이, IT 해당 담당자 또는 벤더 중심의 정보기반 체계를 도입한 것에 익숙하였던 것이다. 상당수 기업들이 비즈니스의 목표, 원칙 및 구조 등을 고려치 않은 채 정보기술 청사진을 작성하고 운영하였으며 정보시스템의 평가와 성과측정 및 표준 프레임워크가 미흡한 상태에서 투자를 집행하는 문제점을 반복적으로 일으켜왔다.

>>> 2.1.2 EA 도입목적

　정보화 시대의 정보기술은 조직의 경쟁력 우위를 달성하는 전략적 자산인 동시에 전략적 도구이다. 전략적인 무기를 만들기 위해서는 정보기술을 통합관리하고 조직의 업무, 정보 및 이를 지원하는 정보기술을 구조적으로 정리할 수 있어야 한다. 즉, 새로운 IT 방향 및 역할을 정립하고 비즈니스 변화와 기술변화에 능동적 대처가 가능한 정보시스템 청사진 구축이 요구되며 비즈니스와 IT 간의 효율적인 연계를 유지 및 발전시킬 수 있는 체계가 필요한 것이다.

　따라서 EA는 다음과 같은 목적으로 도입되어야 한다.

- 전사적으로 통일된 정보기술 원칙 및 요소별 표준화된 기술기반 구축
- 급변하는 경영변화에 신속하고 유연한 대응할 수 있는 IT 기반 구축
- 정보화 정책 및 투자 결정을 위한 기준 설정
- 정보화 효과 증대를 위한 통합 관리 모델의 구성
- 전사적 EA를 통한시스템 간의 상호운용성, 확장성 및 가용성 확보
- 정보기술 자산관 및 능력향상을 위해 IT 부분 투자 및 비용 최적화

　최근 IT체계와 관리는 비즈니스 전략과 연계되면서 공동의 목표로 나가고 있다. EA 도입은 정보기술의 성과관리를 위하여 정보화 성과관리 체계의 도입이 요구되고 있으며 정보기술의 목표와 목적이 조직의 목표와 목적을 연결할 수 있는 정보기술관리의 전략수립으로 이루어져야 할 것이다.

2.2 EA 역사

>>> 2.2.1 미국의 EA 발전과정

미국은 초기 IT체계 현황과 문제점을 해결하는 대안으로 ITA를 도입하였다. 1987년 IBM에서 Zachman Framework 발표 이후, ITMRA(The Information Technology Management Reform Act)에서는 1990년대 초부터 '정보기술 아키텍처에 대한 연구'를 추진하면서 정보기술관리 혁신법을 제정하였다. 1997년 각 부처의 ITA 도입을 의무화한 이후, 개별조직 단위에서는 기대한 수준의 도입효과를 얻게 된다. 그러나 범정부차원에서는 문제가 있음이 제기되면서 이러한 문제를 해결하기 위해 OMB(Office of Management and Budget) 산하 FEA PMO에서 범정부차원의 전사적 아키텍처의 참조모델인 'FEA참조모델'을 개발하고 2002년 FEA를 이용하여 각 과제의 아키텍처를 구성하기 시작한다.

ITA 용어는 1997년 ITMRA의 정보관리혁신 법에서 처음 사용하였다. 이후 2000년 OMB-A130(정보자원관리법)에서 EA 용어로 변경하면서 정보기술 도입과 정보화 투자의 평가를 통한 전자정부 구축을 촉진하고 정보기술 아키텍처의 도입과 적용을 법제화하고 있다. 국내에서도 ITA와 EA를 혼용하여 사용하고 있으며 이를 반영하여 2006년 ITA/EA을 합성화하여 EA를 법령화하였다. 초기 ITA는 정보기술 문제의 대안으로서 IT적인 요소가 강조되었다. 반면, EA는 비즈니스적인 요소가 강조되는 특징을 담고 있다.

[표 7-4] 미국 EA 발전과정

1990년대	2000년 이후	1999년	2000년 이후
최초 EAF 발표	미국방성 AF발표	미연방정부 AF발표	미 재무부 AF발표
- Zachman EA 프레임워크 발표 - 93년 Spewak EAP	- 개정후, DoDAF 발전 - 미국방성 AF 발표	- 미연방정부 CIO협회 FEAF V1.1 발표	- 97년 미재무부 TISAF 발표 - Zachman기반의 FEAF와 DoDaF 결합

FEA(Federal Enterprise Architecture: 연방차원 전사적 아키텍처 이하 FEA).

국내의 경우, EA 도입은 초기 주로 금융권, 공공기관 및 대기업을 중심으로 진행되어왔다. 금융권에서는 국민은행, 한국은행, 하나은행, 대구/부산은행, 농협이며 공공기관에서는 서울시, 우정국, 행자부, 일반기업은 SK텔레콤, KT 등에서 정보기술 아키텍처 도입을 위해 경영전략 차원에서 중점적으로 추진하고 있다. 2005년 행자부 및 정통부의 ITA/EA 시범 구축사업 시작과 2006년 행정기관의 ITA 도입이 법 제화되면서 구축이 본격화되고 있는 추세이다. 특히 공공기관을 중심으로 2006년 ITA/EA법이 제정되면서 통합(Integration)과 끊김없는(Seamless) 행정서비스를 제공하는 협업형(Collaborative) 전자정부가 실현되고 있다.

다음은 국내 EA가 제도화되었던 역사를 정리한 내용이다.

* 행정기관 정보화책임관(CIO) 제도의 도입('98. 10.)
 − "정보화촉진기본법" 개정안에 CIO 근거 확보(동법 제9조의 2)
 − "행정기관의 CIO 지정, 운영에 관한 지침"(대통령 훈령 제73호)
* 정보화 표준화의 본격 추진
 − 정보기술의 활용을 위한 정보화 표준화의 필요성 부각
 − 정보화 사업 또는 정보공동활용의 표준화 필요성 증가
 − 전산망 표준화 연구('93 − '98) 종료 및 정보화 표준화 연구('99 − '2001) 추진

[표 7 − 5]는 국내 EA 제도를 도입한 기업들을 연도별로 정리한 표이다.

[표 7 − 5] 국내 EA 발전과정

1990년대	2000~2002년	2003~2005년	2006년~
ITA/EA 개념 도입	ITA/EA 서비스 정의	ITA/EA 도입기획 및 시범적용	적용 본격화
국내 개념 소개	공공기관, 민간기관 IT 사업에 개념 적용 시작	전자정부로드맵 31대 과제로 'ITA' 과제선정 ITA/EA 개발, 적용 금융기관 적용 시작	ITA법 제정(05.10) 행정기관 ITA 시범사업 실시/확대 ITA 도입운영 지원기관 'NIA' 지정
도입 기관	행자부 전자문서유통 ITA/EA 구축	한국은행, 서울시청 주택공사 구축	행정자치부/정통부, 환경부, 해양수산부 등 시범사업

2.3 EA(Enterprise Architecture) 개념

전사(Enterprise)란 일반적으로 기업 또는 기관을 지칭한다. 즉, 비즈니스의 변화원인을 확인하고 전략을 정의할 수 있는 조직 단위이며, 비즈니스 활동 정보를 공유하는 조직이다. 좀더 구체적으로 정의하면, "공동의 목표를 추구하기 위해 고객과 상품 또는 서비스가 존재하고 이를 지원하기 위한 조직, 자원 및 기술을 보유하며 필요한 업무 프로세스를 수행하는 조직의 집합체"라고 볼 수 있다.

아키텍처란 고대그리스의 Archi라는 출발과 Techton이라는 벽돌 쌓는 사람(석공)의 합성어이다. 즉, "구성요소의 아키텍처이고, 그것들의 상호 관계이며, 또한 구성요소들의 설계 및 진화를 관리할 수 있는 원칙과 지침"이다. 이것은 복잡한 시스템을 구성하기 위한 설계도면 또는 청사진이라고 말할 수 있다.

IT 아키텍처는 일종의 도시계획과 같다. 도시계획을 수립하는 것처럼, IT 아키텍처도 먼저 조직의 비전과 목표를 명확히 하고 이를 실현하기 위해 'IT를 어떻게 이용할 것인가'를 정의한다. 이것은 목적하는 건축물을 완성하기 위한 일종의 가이드라인이며 목적에 맞는 정보체계를 수립하는 과정이라고 볼 수 있다. 본 가이드라인은 IT 하부구조를 구축하고 보수하기 위해 관련자들에게 조직의 비전 및 목표와 연계된 정확한 지침을 제공하는 데 중점을 두고 있다.

위에서 언급한 아치텍처와 IT 아키텍처의 개념을 토대로 EA의 개념을 재정리해보자. EA 개념은 현재 비즈니스와 정보기술 간의 갭을 최소화할 수 있는 유일한 대안으로 떠오르는 정보기술의 신개념이다. 조직의 업무와 관리절차, 정보기술간의 현재와 미래의 추진되어야 할 관계에 대해 정확히 정의하고 있는 IT의 조감도라고 정의할 수 있다.

EA에서 말하는 아키텍처는 3가지 관점에서 바라보아야 한다.

- 상호운용이나 일관성의 유지를 위하여 준수하여야 하는 원칙을 수립하고 그 원칙이 적용되는 것을 보장하는 규칙(Rule) 관점
- 향후의 변경을 고려한 절차나 기법을 표준화한 모델(Model) 관점
- 전사아키텍처의 이행 전략과 이행 계획을 의미하는 계획(Plan) 관점

전사아키텍처는 기업의 목표와 요구사항을 잘 지원하기 위해 IT 인프라의 각 부분들이 어떻게 구성되고 동작되어야 하는가를 체계적으로 기술한 문서이자 시스템이다. 따라서 위와 같이 EA의 3가지 관점을 반영하기 위해서는 조직 및 업무활동, 그리고 정보기술간의 상호관계에 대해 현재의 모습과 향후 추진해야 할 모습을 미리 규정하고 이를 전사적으로 이끌어갈 원칙이 존재해야 한다. 그리고 정해진 원칙에 따라 이행할 수 있는 체계가 요구된다. 즉, 원칙, 모델, 이를 기반으로 작성된 이행계획은 바로 성공적인 EA 구축의 필수 요소이며 전제조건이다.

2.4 EA 프레임워크

>>> 2.4.1 EA 프레임워크란?

프레임워크는 만들려고 하는 최종 구조물을 예측하고 정의한 구조물의 골격 또는 뼈대이다. 이는 아키텍처 구성요소들이 상호 연계를 통해 비즈니스 목표를 완성할 수 있는 메커니즘을 제공한다. 프레임워크 사상을 기반으로 볼 때, 전사적 아키텍처 프레임워크는 전사적 아키텍처의 개발, 유지, 유용한 의사결정관리를 위한 조직화된 메커니즘이라고 정의할 수 있다. 뿐만 아니라 조직화된 정보자원과 전사적 아키텍처 활동들을 설명하고 관리하기 위한 구조, 모델 및 도구 등을 제공한다.

EA를 수립하는 첫 단계는 프레임워크를 정립하는 것이다. EA 프레임워크는 엔터프라이즈 지식을 종합적으로 체계화하는 도구로서 EA의 정립과 운영을 위한 기초 모델을 제공하며, 아키텍처 일관성을 유지하는 역할을 담당한다. 즉, EA 구축에 대한 조직의 방법 및 방침을 정하고 참조모델을 통해 조직의 특성에 맞는 아키텍처 프레임워크를 수립하는 개념이다.

• 방법과 지침

조직의 비전, 미션, 목표를 정의하고 목표와 관련된 이행과제, 정보화 사업을 도출. 각각의 아키텍처 원칙 및 지침을 정의하고 상호 간의 관계를 정의한다. 이것은 조직의 비전 및 미션, 정보기술아키텍처 정의서라는 산출물 안에서 포함되어 있다.

- 참조모델

업무 참조모델(BRM), 데이터 참조모델(DRM), 성과 참조모델(PRM), 서비스 참조모델(SRM), 기술 참조모델(TRM) 등으로 구성된다.

〉〉〉 2.4.2 EA 프레임워크 구성

아래 [그림 7-5]에 제시된 바와 같이 전사적 아키텍처 프레임워크는 정보 기술과의 상호연계성을 극대화하고 체계적인 정보기술 기반구축을 용이하게 이해할 수 있도록 비즈니스 목표에 적합한 전사적 아키텍처의 논리적인 구조를 포함하고 있다. 전사적 아키텍처를 구성하는 요소는 기업의 비전을 담는 전략영역, 아키텍처, 참조모델, 표준과 지침, 그리고 유지관리 체계 등이 포함된 거버넌스로 이루어진다. EA 프레임워크 중 아키텍처 부분은 비즈니스 기능, 데이터, 애플리케이션, 기술영역으로 구성되며 최근 보안 아키텍처(SA: Security Architecture)도 EA 프레임워크 구성요소로 포함되고 있다.

[그림 7-5] EA 프레임워크

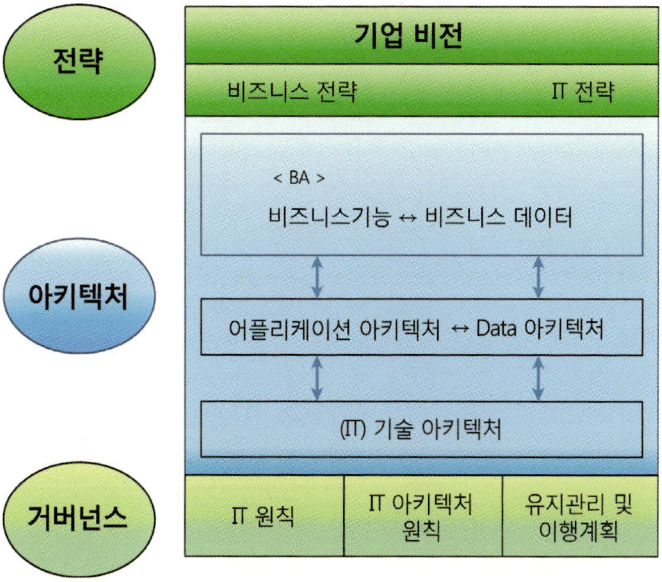

(1) 전략

- 기업의 비전과 경영 목표와의 연계
- 기업의 비즈니스 전략과 정보 기술 전략에 의한 전사적 아키텍처 방향과 정책을 수립

(2) 아키텍처

- 아키텍처는 BA, AA, DA, TA로 구성되며 As‒Is를 통해 To‒Be를 구축함
- 비즈니스 흐름과 프로세스 및 기능을 정의하고 이해할 수 있도록 함
- 적용 업무의 흐름과 모델을 구성하고 참조할 수 있도록 함
- 비즈니스에 필요한 데이터의 위치와 역할 및 구성 정보를 참조할 수 있도록 함
- 기술 기반의 제반 참조 모델과 표준 및 운영모델을 정의하여 신속, 유연한 기술 기반 환경을 제공함

(3) 거버넌스

- 비즈니스 목표와 IT 목표를 달성하기 위한 공통된 정보기술헌장
- 아키텍처의 기본원칙과 아키텍처 활동 프로세스를 정의하고 관리 통제 및 유지 관리하기 위한 공통 규칙과 가이드라인을 제공하여 조직구성원이 EA 정보를 효과적으로 활용하기 위한 표준
- 정보 기술의 효율적인 의사결정을 위한 평가체제와 유지 관리를 위한 이행 계획임

〉〉〉 2.4.3 아키텍처 분류

전사적인 아키텍처는 비즈니스 체계, 데이터, 애플리케이션, 기술 하부 구조 및 IT 관리체계 등에 대해 전사적인 관점에서 체계적인 모델을 수립하는 개념이다. 즉, 각 모델별 원칙, 표준, 모델의 구성요소 간의 유기적인 연관 관계를 구조화하는 것을 말한다. 각 아키텍처별 주요 내용은 다음과 같으며 각 분류별로 참조모델 카테고리와 일치하는 것을 볼 수 있다.

[표 7-6] 아키텍처 분류

아키텍처 분류	설명	참조모델
비즈니스 아키텍처	업무를 발생시키는 이벤트, 업무를 수행하는 사람과 프로세스, 필요한 정보를 체계적으로 모델링하고 상호 연관성을 규명함	BRM
데이터 아키텍처	업무 기능을 지원하는 전사적 관점의 논리적 데이터 모델과 표준을 수립함	DRM
애플리케이션 아키텍처	운용, 개발원칙을 제정, 업무 기능과 데이터 관점에서 전사 범위의 논리적 애플리케이션을 구성하며 애플리케이션 간 연관성을 규정함	ARM
기술 아키텍처	애플리케이션을 지원하고 IT 자원의 전략적 자산화를 위한 IT 기술의 체계적 참조모델을 수립함	TRM[17]+SP[18]

[표 7-7]은 전사적 아키텍처를 구축 과정에서 각각의 아키텍처별로 생성되는 산출물과 필요한 표준항목들을 정리한 내용이다. 아키텍처 원칙과 표준지침 등에 기반하여 생성된 산출물은 관련된 조직의 구성원들에게 공유되고 활용된다. 또한 아래 산출물은 정보기술 및 서비스 도입시에 의사소통 도구가 되며 신규생성 및 변경에 따른 기준원칙을 제공할 것이다.

[표 7-7] 아키텍처별 산출물

분류	산출물	표준
비즈니스 아키텍처	비즈니스 엑티비티 비즈니스 이벤트 비즈니스 역할 및 위치 전사적 정보 모델 CRUD 매트릭스	비즈니스 표준
애플리케이션 아키텍처	애플리케이션 개요다이어그램 애플리케이션 기능 모델 애플리케이션 프로세스 모델	애플리케이션 개발/운영/평가 표준 개발 방법론 애플리케이션 운영 가이드라인 애플리케이션 인터페이스 표준
데이터 아키텍처	데이터 흐름 다이어 그램 데이터 주체 영역 정의서 데이터 개체 관계도 개념적, 논리적, 물리적모델 포함	데이터 도메인 표준 데이터 명명 규칙 데이터 인터페이스 표준
기술 아키텍처	운영 모델 - 기능 다이어그램 - 논리적 시스템 구성도 - 물리적 시스템 구성도 기술 참조 모델	정보 기술 표준 프로파일 적용 기술 체계

---

17) TRM(Technical Reference Model): 사용자 요구사항에 맞는 시스템 규격에 대한 개념적 모델을 추상화한 개념.
18) SP(Standard Profile): TRM에서 다루는 정보 간의 인터페이스를 다루는 표준집합.

전사적 아키텍처는 이용자의 관점을 고려하여 [표 7 − 8]처럼 각 아키텍처별로 결과물을 정의한다. 이것을 이용하는 그룹은 EA 추진대상인 정책결정자를 포함하여 4가지 관점 별로 구분되며, 이에 관련된 산출물은 [표 7 − 8]에서 제시한 바와 같다. EA 프레임워크가 구축되면, 상위그룹 담당자는 개념적 관점에서 아키텍처의 모델에 접근하여 EA를 이해하고 활용할 수 있다. 반면, 하위그룹인 실무자 그룹으로 내려갈수록 물리적 관점에서 아키텍처별 산출물에 접근할 수 있다. 최근 정보보안의 중요성이 강조되면서 SA는 아키텍처 분류에 포함되는 경우도 있다.

아래 [표 7 − 8]에서 제시한 아키텍처 산출물 정의시 고려할 사항은 조직 내의 모든 계층의 구성원이 동일한 기준으로 산출물을 활용하기 위해 산출물의 범위와 목적이 적합하게 정의되어야 하고 각 아키텍처 도메인은 상호 연계성을 가져야 하며 전사차원에서 통합적인 아키텍처가 이루어지도록 구축, 운영되어야 한다. 또한 실제 시스템과 아키텍처 개발 표준에 대한 준수성을 높이고 조직별로 통일된 접근이 가능하도록 정의할 필요가 있다.

[표 7 − 8] 사용자 관점별 아키텍처에 필요한 산출물

관점	BA	AA	DA	TA	SA
의사 결정 담당자	조직구성도/조직정의서 업무구성도/정의서	응용시스템 구성도/ 정의서	데이터구성도/ 정의서	표준프로파일 기반구조 구성도	보안정책 보안구성도/정의서
관리 책임자	업무관계도/기술서 업무기능분할도/ 기술서	응용시스템관계도 응용시스템기능 분할도	개념데이터 관계도/ 기술서데이터 교환기술서	기술자원목록 기반구조관계도/기술서	보안관계도/ 기술서
실무 책임자	업무절차도/설계서	응용기능설계도/ 설계서	논리데이터모델 데이터교환설계서	기반구조설계도/ 설계서	보안설계서 보안이행 설계서
실무 수행자	업무매뉴얼	응용프로그램	물리데이터모델	제품목록	보안매뉴얼

*BA: Business Architecture, AA: Application Architecture, DA: Data Architecture, TA: Technical Architecture, SA: Security Architecture.

2.5 EA 표준 프레임워크

한 기업의 프레임워크를 정의할 경우, 선진사례와 다양한 EA 모델을 검토하여 기업
의 비전과 목적에 부합되는 EA 추진방향과 그에 따른 표준 프레임워크를 정의한다.
EA 프레임워크는 크게 형태적 분류와 범위적 분류로 구분된다. 형태적 분류는 절차적
프레임워크와 설명적 프레임워크로 구분되며 범위적 분류는 협의와 광의의 프레임워크
로 구분할 수 있다. 이때 사용되는 대표적인 표준모델은 Zachman Framework이다. 본
서에서는 Zachman Framework와 TEAF 그리고 TOGAF 프레임워크에 대해 알아보고자
한다.

[표 7-9] EA 프레임워크의 분류

종류	구분	특성	해당 프레임워크
형태적 분류	절차적	EA 구축방법론으로 표현됨	TOGAF, IBM EA F/W
	설명적 F/W	개발절차는 고려하지 않고 EA 산출물을 분류하기 위해 VIEW, Perspective로 구분함	Zackman F/W, TEAF,FEAF
범위적 분류	협의의 F/W	EA 산출물을 식별하고 분석하기 위한 F/W	TOGAF00이하, ZachmanF/W, IBM EA F/W
	광의의 F/W	EA 산출물개발 및 지속적인 운영관리를 위한 모든 체계를 포함함	TEAF, FEAF,TOGAF 8.00이상

* F/W: Framework

>>> 2.5.1 Zachman Framework

Zachman Framework 모델은 1987년 IBM Zachman 의해 처음 소개되었다. 이 모
델의 주요 특징은 각 셀은 초점과 관점으로 접목되는 부분으로 제시되고, 전사관점
에서 표현할 수 있는 것을 제공한다. Zachman Framework은 정보기술아키텍처 체계
수립의 초기 프레임워크로 형태적 분류에 속하며 조직의 아키텍처 프레임워크 개발
을 위해 표준으로 채택되어 사용되고 있다. 본 프레임워크는 기업운영의 모든 측면
을 6하 원칙에 따라 논리적으로 구분하고 사용자의 관점을 5단계의 틀로 구성한다.

[그림 7-6] Zachman Framework

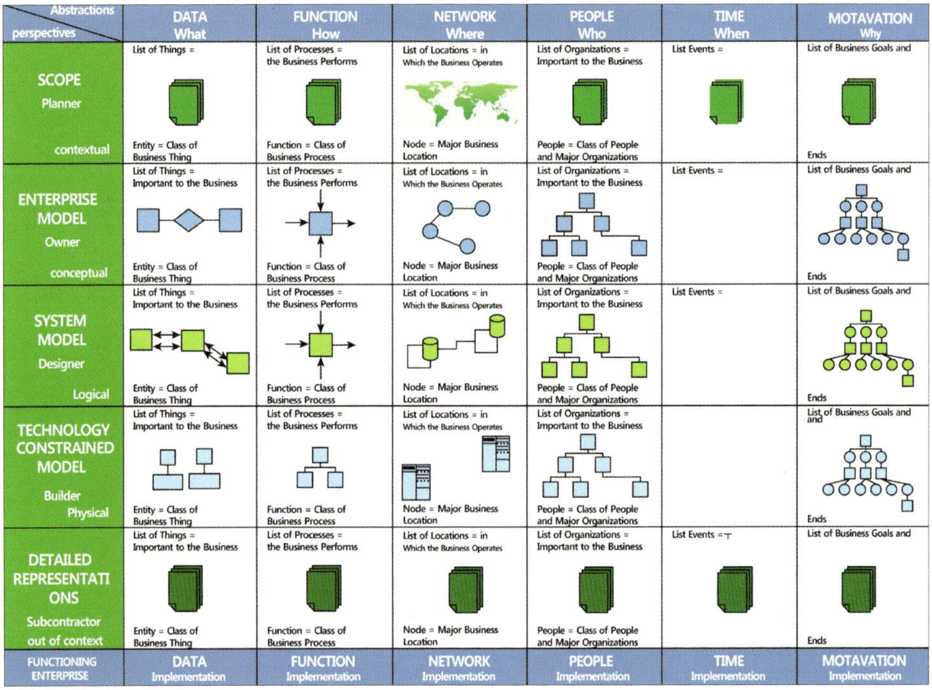

Abstractions / perspectives	DATA What	FUNCTION How	NETWORK Where	PEOPLE Who	TIME When	MOTAVATION Why
SCOPE Planner contextual	List of Things = Entity = Class of Business Thing	List of Processes = the Business Performs Function = Class of Business Process	List of Locations = in Which the Business Operates Node = Major Business Location	List of Organizations = Important to the Business People = Class of People and Major Organizations	List Events = 	List of Business Goals and Ends
ENTERPRISE MODEL Owner conceptual	List of Things = Important to the Business Entity = Class of Business Thing	List of Processes = the Business Performs Function = Class of Business Process	List of Locations = in Which the Business Operates Node = Major Business Location	List of Organizations = Important to the Business People = Class of People and Major Organizations	List Events = 	List of Business Goals and Ends
SYSTEM MODEL Designer Logical	List of Things = Important to the Business Entity = Class of Business Thing	List of Processes = the Business Performs Function = Class of Business Process	List of Locations = in Which the Business Operates Node = Major Business Location	List of Organizations = Important to the Business People = Class of People and Major Organizations	List Events = 	List of Business Goals and Ends
TECHNOLOGY CONSTRAINED MODEL Builder Physical	List of Things = Important to the Business Entity = Class of Business Thing	List of Processes = the Business Performs Function = Class of Business Process	List of Locations = in Which the Business Operates Node = Major Business Location	List of Organizations = Important to the Business People = Class of People and Major Organizations		List of Business Goals and and Ends
DETAILED REPRESENTATIONS Subcontractor out of context	List of Things = Important to the Business Entity = Class of Business Thing	List of Processes = the Business Performs Function = Class of Business Process	List of Locations = in Which the Business Operates Node = Major Business Location	List of Organizations = Important to the Business People = Class of People and Major Organizations	List Events = 	List of Business Goals and Ends
FUNCTIONING ENTERPRISE	DATA Implementation	FUNCTION Implementation	NETWORK Implementation	PEOPLE Implementation	TIME Implementation	MOTAVATION Implementation

[출처]: JohnA.Zachman, Zachman International.

즉, Planner, Owner, Designer, Builder, Subcontractor 등 5가지 관점에 따라 Data, Function, N/W, People, Time, Motivation 등 6가지 묘사방법을 제시하고 있다. 설명적 프레임워크로서 EA 산출물을 식별하고 이들간의 관계를 분석하기 위한 틀이며 열은 업무를 보는 시각으로 계획자, 설계자, 구축자, 벤더 관점에서 조직 구성원들의 역할에 대한 입장을 표현하고 있다. 반면, 행은 초점, 생산물 등의 개념을 나타낸다. Zachman Framework가 가진 장점은 사용자의 관점에 따라 기업활동 관심영역을 구체적으로 표현한 점이며, 단점은 모델링 표현이 지나쳐 실제 아키텍처 활동계획 및 기반정의가 미흡한 점을 들 수 있다.

>>> 2.5.2 TOGAF(The Open Group Architecture Framework)

TOGAF는 Open Group에서 기업 간 상호운용성에 초점을 맞추어 개발한 개방형 프레

임워크이다. 1995년 최초의 TOGAF버전 1.0은 미국방성에서 개발한 정보관리의 기술아
키텍처 프레임워크(TAFIM)에 기초하여 만들어졌다. 본 프레임워크는 XML 기반의 아키
텍처 기술언어로 개발한 표준 레파지토리를 온라인으로 제공하며 각종 참조모델의 활용
을 잘 정의하고 있다. TOGAF의 특징은 다른 EA 프레이워크와 비교해 볼 때, EA 도입
과정을 상세히 기술하고 있다. 그러나 TRM 중심의 프레임워크로서 비즈니스, 데이터, 애
플리케이션 아키텍처 영역의 개발 등이 미진한 상태이다. 본 프레임워크에서는 TOGAF
Architecture, 개발방법론, ADM(Architecture Development Method)을 제공한다. 본 방법
론은 EA 산출물의 사례를 보여주지만, 구체적인 산출물의 집합을 제공하지 않는다.

〉〉〉 2.5.3 FEAF(Federal Enterprise Architecture Framework)

미국의 정보CIO는 IT 아키텍처 개발, 유지 그리고 확산 등의 책임을 가지고 있
다. 이는 정보기술관리 개혁법에서 제시되어 온 개념이다. FEAF는 CIO Council에
의해 Zachman, Spewak 등의 도움으로 1998년 개발된 프레임워크이다. 본 프레임
워크는 8개의 구성요소와 4단계에 걸친 점진적 진행의 특징을 가지고 있으며 마지
막 단계에서는 Zachman 프레임워크 모델의 모든 영역을 관리한다.

[그림 7-7] FEAF Level Ⅲ 구조

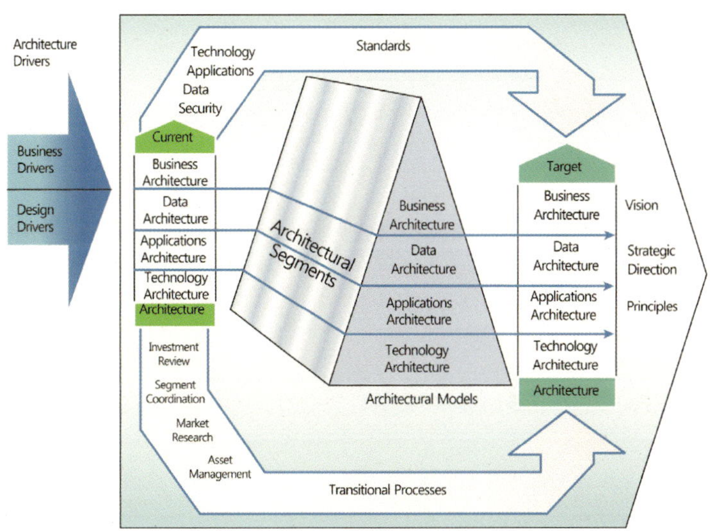

특히, Zachman Framework에 준거하여 상호 관계를 형성하고 있는 BRM, PRM, DRM, SRM(SRM: Service Component Reference Model), TRM 등 다섯 가지 참조 모델을 규정하고 있으며 일본의 EA 프레임워크도 이를 기반으로 이루어졌다. 구성요소는 각 세그먼트별 접근법과 As-Is, To-Be의 갭 분석을 통한 이행계획 및 프로세스를 포함한다. 본 프레임워크를 적용하면 모델링 관점뿐 아니라 이행계획까지 참조가 가능하며 BRM, DRM, SRM, TRM, PRM 등 다양한 참조모델을 활용할 수 있다.

2.6 EA 참조모델

〉〉〉 2.6.1 참조모델 종류

참조모델은 정보기술 아키텍처를 구성하는데 필요한 공통의 기준을 정의한 것으로, 정보기술 아키텍처의 일관성 및 통일성, 상호운용성을 확보하기 위한 도구이다. 정보기술 아키텍처를 수립하는 담당자는 참조모델을 이용하여 정보기술 아키텍처를 정의할 수 있다. 정보기술아키텍처 참조모델은 정보기술아키텍처의 각 계층을 지원하기 위하여 5개 참조모델로 구성된다. 일반적으로 조직의 참조모형은 선진 참조모형을 분석하여 자사의 참조모델을 정의하는데 성과참조, 업무참조, 서비스참조, 데이터 참조 및 기술참조모형 등이 만들어진다. [그림 7-8]은 각 참조모델의 개념을 설명하였으며, 업무와 IT 영역을 구분하여 표시하였다.

[그림 7-8] EA 참조모델 종류

비즈니스 지향적	PRM(성과참조 모델)	업무영역	
	BRM(업무참조 모델)		
↑	SRM(서비스 컴포넌트 참조모델)	IT 영역	↓
	DRM(데이터 참조모델)		기술 지향적
	TRM(기술 참조모델)		

- PRM(Performance Reference Model): 조직의 성과 측정
- BRM(Business Reference Model): 조직의 업무를 분류, 정의, 체계화한 업무참조 모델
- SRM(Service Component Reference Model): 업무를 지원하는 응용 서비스 컴포넌트를 정의한 서비스컴포넌트참조모델
- DRM(Data Reference Model): 업무와 서비스컴포넌트를 지원하는 데이터를 정의한 데이터참조모델
- TRM(Technical Reference Model): 서비스 컴포넌트 구현을 위한 기술과 표준을 정의한 기술참조모델

각각의 참조모델을 활용하여 얻을 수 있는 효과는 다음과 같다. BRM은 업무개선 대상이 되는 관련업무를 참조하여 각 조직간의 업무흐름을 촉진하고 프로세스 혁신을 통한 생산성 제고가 가능하다. SRM은 개선 대상이 되는 애플리케이션을 SRM에 참조하여 파악함으로써 시스템 간 상호운용성 및 품질향상이 가능하다. DRM은 데이터 표준화 정의가 가능하며, TRM은 시스템 간 상호운용성뿐 아니라 이식성, 확장성, 독립성 및 리소스 공유를 가능하게 도와준다.

〉〉〉 2.6.2 TRM(Technical Reference Model)

TRM은 ITA의 구성요소로서 기술참조모델이라고 부른다. 기술참조모델은 비즈니스 활동에 필요한 정보서비스를 식별하고 설명한 것으로 엔터프라이즈 아키텍처의 모든 부문에서 고려될 수 있다. 아래 그림과 같이 개념을 추상화한 구조를 제공하며 구성요소 간의 내·외부 인터페이스를 정의한다. 이것은 비즈니스 활동에 필요한 정보서비스를 표현한 기본 틀로써, 시스템 구성요소와 이들간의 인터페이스를 표현한 것이다.

때문에 TRM은 사용자의 요구사항을 만족시킬 수 있도록 시스템 규격에 대한 개념적 모델을 추상화한다고 볼 수 있다. 기업은 TRM 적용을 통해 전사관점에서 통합구매와 국제 및 산업 표준 적용이 용이하며, 투자비용 및 정보시스템 구현시간 등을 절약할 수 있는 기회를 얻을 수 있다. 이러한 효과는 서로 다른 시스템 간의 통합

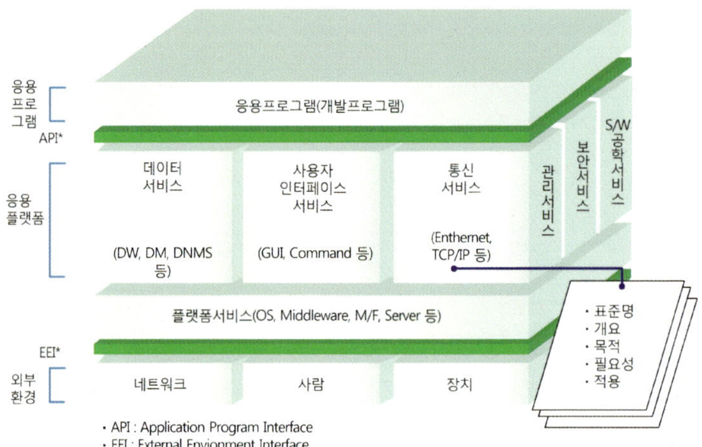

[그림 7-9] 기술참조모델의 개념

[출처]: 기술참조모델 표준 프로파일, ITA개념, 2002.

가능성을 높여주기 때문에 궁극적으로 시스템에 대한 신뢰성과 상호운영성을 향상시킨다.

TRM은 개방형 시스템환경을 기본으로 한 플랫폼으로 인터페이스와 정보서비스의 분류체계로 구성된다. 기술참조모델은 개방적이어야 하고, 조직의 요구사항을 만족시켜야 하며 미래 유지보수와 기술통합을 위해 경영자에게 위임되어야 한다. TRM의 요소기술은 응용 애플리케이션의 레이어별 역할을 수행할 수 있어야 하며 인터페이스와 통합영역은 다른 정보시스템이나 내부 시스템 간 연계를 위한 인터페이스 기술과 통합 기술이 요구된다.

TRM 특징을 3가지 측면에서 정리하면 다음과 같다.

(1) 개방형 환경

이기종 플랫폼, 이기종 운영체제, 이기종 인터페이스, 이기종 네트워크상에서 실행, 접근이 가능한 응용

(2) 공통 플랫폼의 구성

구성요소들 간 접속 및 관계명시, 참조모델 내 구성요소 기술 합의 등

(3) 정보서비스 분류

현재 조직상태 및 목적과 부합된 기술부문으로 분류

>>> 2.6.3 SP(Standard Profile)

SP는 ITA 구성요소 중 하나로 TRM에서 파생된 개념이다. 목적에 맞는 요구사항을 지원하기 위해 필요한 업무기능을 구체적으로 설명한 표준집합이다. 표준프로파일은 TRM에서 제시한 정보 서비스들 간의 인터페이스를 다루는 표준 참고자료로서 운영체제, 네트워크, 데이터 교환과 같은 서비스를 가능하게 하는 표준기술에 대한 상세규격을 담고 있다.

표준 프로파일(Standard Profile)은 분산환경에서 상호운용성, 이식성, 통합성과 재사용을 용이하게 하고 그 결과 비용, 시간 절감 및 정보기술의 중복투자를 방지하게 하여 통합정보 관리체계 구축을 위한 기반을 제공한다.

(1) SP를 수립하는 이유는

- 특정업무 기능에 제공되는 기술지원을 위해
- 구매/시험/개발 등 표준의 동일한 해석, 선택보장
- 상호운용성 보장을 위해서이다.

(2) SP에서 고려할 사항은

- 표준을 구현하기 위한 구체적인 제품을 지정하고

[표 7-10] 정보서비스별 SP 표준기술

정보서비스	표준 적용기술명
사용자 인터페이스	-HTTP v1.1 이상 -rtf txt jpg png gif -dHTML .swf
데이터	-EUC-KR RFC 1557 -XML v1.0 이상, XML DTD, XML Schema -HTML v3.2, xHTML v1.0 -MPEG-4, MP3
통신	-SMTP (IETF RFC 2821) -FTP (IETF RFC 959) -HTTP v1.1 (IETF RFC 2621) -TCP (IETF RFC 793)
플랫폼	-미들웨어 (SYNC/ASYNC, XA+) -WAS (SOAP v1.2, WDSL v1.1)
관리	-CMM -SPICE
SW 공학	-UML

- 표준 선정 시 개방형, 국제표준을 고려한다. 즉, 상호운용성과 이식성의 기반 마련이 필요하다.

[표 7 – 11]은 6개 정보서비스 영역에서 적용하는 SP 표준기술의 예를 제시한 내용이다.

2.7 EA 구축

>>> 2.7.1 EA 생명주기

전사적인 아키텍처의 생명주기는 계획, 개발, 적용 및 유지 보수와 통제 감독을 위한 일련의 프로세스로 구성된다. 즉, Plan – Do – Check – Act라는 PDCA를 토대로 EA를 구축, 유지하며 IT투자 관점에서 성과관리가 이루어진다. 성과관리는 전사적 아키텍처의 연속성을 유지할 수 있도록 지속적인 개선 프로그램을 통해 실현된다. [표 7 – 11]에서는 EA 생명주기에 따른 각 단계의 주요 활동을 정의하였다.

[표 7-11] EA 생명주기 단계별 주요 활동

생명주기	주요 활동
계획	전사적 아키텍처의 관련 조직화 프레임워크와 산출물을 정의
개발	목표 아키텍처의 개발과 현행 아키텍처와의 GAP 정보의 수집 현행의 목표 아키텍처 구축 비즈니스 아키텍처 개발
적용	우선 순위에 의한 아키텍처의 적용 투자 프로세스 및 개발 프로세스와의 통합화 목표 아키텍처로의 단계적 구현
유지관리	환경의 변화에 따른 아키텍처 변화 요인 조사 아키텍처 진화를 위한 개정. 제안 수행
통제	전체적인 진행과 관리 통제 및 성과를 측정 정기적인 아키텍처의 심사 아키텍처 프로그램 개선

EA 추진절차는 초기 정보기술체계 계획을 수립하고 이를 개발하여 현장에서 적용하는 과정으로 진행된다. 이 과정은 원칙과 기준을 준수하도록 통제하며, 기술변화와 환경변화에 대응할 수 있는 개선점을 지속적으로 찾아 이행하는 나선형 모델을 그린다. 그렇다면 왜 EA 유지관리가 중요한가? 아무리 좋은 프로세스, 원칙, 아키텍처가 정의되었다고 할지라도 현장에서 활용하지 못하거나 비즈니스 정책, IT환경에 따른 원칙, 그리고 아키텍처 모델들의 변경사항이 EA 가이드라인에 반영되지 못한다면, EA 구축에 따른 기대효과는 얻기 어렵다. 따라서 EA구현과 동시에 유지관리 체계는 반드시 필요하다.

EA 유지관리 범위는 아래 4가지 사항을 포함하고 있다.

- EA 정책, 체계를 운영할 수 있는 조직 즉, 이사회를 구성
- EA정책, 조직, 프로세스, 시스템 도입 등을 심의, 공유
- 비즈니스 전략에 입각한 IT관리 체계유지 활동 전개
- EA 정보관리, 자원관리, 표준관리, 프로젝트 관리, 프로그램 관리 등이 이에 속한다.

EA는 전사관점에서 구축, 유지, 관리되어야 하므로 CEO의 스폰서십과 각 영역별 오너십이 필요하다. 따라서 EA정책을 운영할 조직이 요구되고 새로운 프로세스 도입 또는 변경을 객관적으로 처리할 수 있는 조직적 제도가 필요하다. 여기서 조직은 필요에 따라 만들어질 수 있으며 가상조직도 이와 같은 역할 수행이 제대로 이루어진다면 EA 실현은 가능할 것이다.

>>> 2.7.2 EAP 구축방법론

EAP(Enterprise Architecture Planning)는 Steven Spewak에 의해 제안된 개념으로 전사적 아키텍처를 구현하기 위한 설계와 시행을 위한 방법론이다. EAP는 비즈니스 프로세스, 정보흐름, 애플리케이션, 데이터 정의, 기술기반 구조 등의 전사적인 구조를 정의하고 향후 정보시스템의 도입기준이 되는 비즈니스와 IT 원칙, 미션 그리고 참조모델 등을 정의하는 과정이다. 이것은 아키텍처를 도입하는 방법 중의 하나라고 볼 수 있다. 전사적 아키텍처 프레임워크를 정의하기 위해서는 먼저 아키텍처 모델로 사용되는

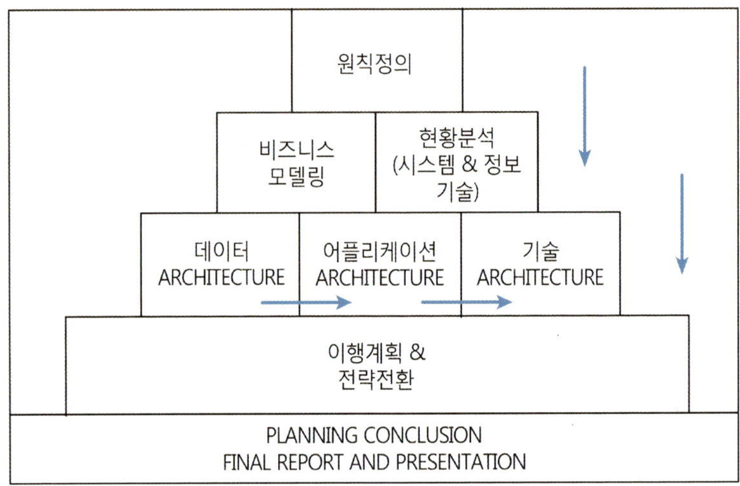

[그림 7-10] EA 구축 접근 절차

[출처]: Enterprise Architecture 세미나 2002, 한국 ITA협의회.

FEAF, Zachman Framwork 등의 참조모델을 이용한다. Spewak's EA Planning에서 제시한 아키텍처수립 과정의 주요활동을 살펴보면 다음과 같다.

첫째, 정보관리 원칙을 설정하는 단계이다.

이 단계는 목표 아키텍처를 구축하기 위해 전략적 방향 및 기준을 설정한다. 뿐만 아니라 정보관리 관련 의사결정 시 참조할 기본 원칙(principles)을 설정하고, 실행위원회로부터 승인을 득한다. 정보관리 원칙에 영향을 미치는 요소는 조직의 비전, 강/약점, 요구사항이 포함된 현행 IT 상황, 산업의 트렌드 등을 포함한다.

둘째, 현행 정보기술 및 시스템 분석을 수행한다.

이 단계는 우선적으로 현재 또는 구현 중인 응용시스템 및 정보기술 구조를 파악한다. 이것을 현행 환경분석이라고 하는데 주로 시스템 기능 개요, 담당자, 필요 자료 획득처 및 제공처, 보유 자료의 영역, 시스템 및 자료규모, 사용빈도, 그리고 사용자 등에 관련된 정보와 자료가 제공된다.

셋째, 비즈니스 모델을 정의한다.

조직에 의해 수행되는 모든 활동을 정의하는 단계로 활동 수행 주체, 방법, 시점, 장소 등은 독립적으로 파악하는 것이 중요하다. 비즈니스 모델은 자료, 애플리케이션, 기술적 요구사항 분석 과정에서 기초자료로 사용된다.

넷째, 데이터 아키텍처를 정의한다.

비즈니스 모델에서 정의한 활동에 필요한 자료를 파악한 후 이를 데이터 엔티티로 인식한다. 더불어 엔티티의 성격, 다른 엔티티 간의 관계(relationship) 및 Activities - to - Entities Matrix 등을 작성한다.

다섯째, 애플리케이션 아키텍처를 정의한다.

활동 수행과 필요한 자료 제공에 필요한 애플리케이션을 파악하고 해당 애플리케이션에 포함해야 할 기능을 정의한다.

여섯째, 기술 아키텍처를 정의한다.

활동, 데이터, 애플리케이션 구조지원에 필요한 정보기술 인프라 구조를 정의한다. 본 정의서에는 기술 아키텍처 활용도, HW, SW, Connectivity, Service 등이 포함된다.

일곱째, 이행계획서를 작성한다.

앞에서 작성된 Technology Deployment Plan을 기초로 예산, 일정, 그리고 요구되는 자원 등을 상세히 작성하여 이행일정, 및 소요비용 등을 포함한 이행계획서를 작성한다.

이상과 같이 아키텍처별 세부 구현계획을 수립하면 이를 근간으로 이행하며 새로운 목표아키텍처의 성공을 위해 이행과정을 모니터링하고 통제 및 확인하는 전반적인 과정을 기술하여 관리한다.

>>> 2.7.3 EAP 구축과정

EAP는 설계가 아닌 비즈니스 관점에서 EA의 프레임워크를 정의하고 개발하는 과정이다. EAP는 비즈니스 지원을 위한 정보의 아키텍처들을 정의하는 과정이며 아키텍처들을 구현하기 위한 계획이다. EA 구축 과정은 착수, As - Is 현행분석, To - Be 설계, 개발, 평가 및 유지보수 단계를 포함하며, 전체 생애주기가 반복되는 나선형 구조를 형성하고 있다. 여기에서는 Spewak's EA Planning을 기반으로 EA 구축과정을 설명하고자 한다.

착수단계는 엔터프라이즈 아키텍처 개발을 위한 계획단계로써 EA전략을 수립한다. As - Is 현황분석은 현재 기업의 상태를 분석하여 개선사항을 도출하고 이행과제를

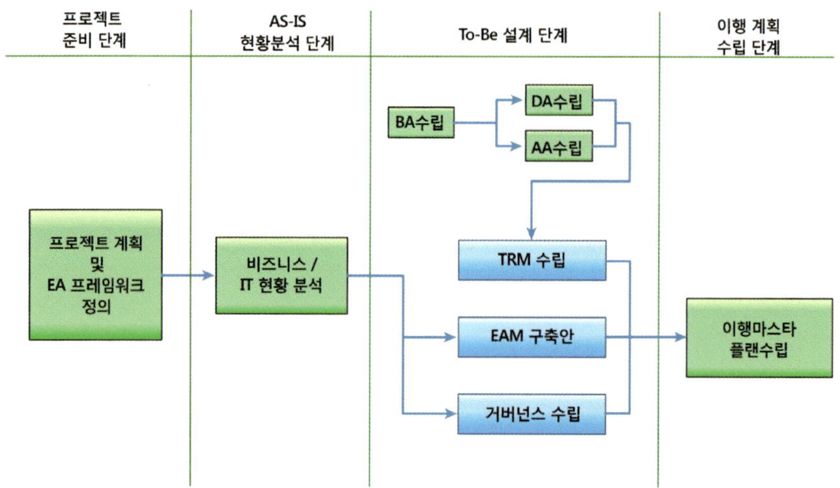

[그림 7-11] EAP구축 과정

정의하는 단계이다. 현행분석의 결과를 바탕으로 비즈니스 및 기술 변화요인과 요구
사항을 분석하여 목표로 하는 To-Be 설계단계를 거친다. [그림 7-11]에서 제시한
To-Be 설계단계의 주요 활동은 각각의 아키텍처를 수립하고 이를 통제, 관리할 수
있는 거버넌스 원칙 및 EA관리 방안 등을 들 수 있다. 개발 단계는 전환계획을 비롯
한 실제 목표아키텍처를 개발하며 이를 효과적으로 이행하기 위해 EA 유지관리 정책
을 수립한다. 각각의 아키텍처 개발이 종료될 때마다 평가가 이루어지며 그 평가는
거버넌스 기준에 따라 측정된다. 평가 후 유지보수 단계가 실행된다.

2.8 ISP와 EA비교

>>> 2.8.1 전통적 ISP 문제점

ISP는 조직의 전략방향과 업무를 총괄적으로 분석하고 정보흐름을 파악하여 조
직에 적합한 정보인프라를 도출하는 정보기반 체계를 수립하는 마스터플랜이다.
Lederer & Sethi(1988)는 ISP 추진의 문제점을 다음과 같이 지적하고 있다.

- TOP의 계획 및 실행에 대한 동의 미흡

- 적절한 ISP 팀의 리더 부족

- TOP의 확신 미흡   .

- 계획 및 실행을 위한 추가적인 분석이 요구됨

- 실행에 필요한 구체적 활동 지침 미비

- 모호한 ISP 방법론

 전통적인 ISP는 정보시스템 마스터플랜을 만드는 계획활동에 치중하였으며 문서화된 산출물 위주의 작업과 계획 자체가 장기적으로 구현되는 비현실적인 문제가 발생하곤 하였다. 이러한 문제는 ISP를 도입하고 있는 국내 기업에서도 경험할 수 있었으며 대표적인 문제점은 다음과 같다.

- 고객중심이 아닌 주로 외부업체에 의뢰하여 수행

- 향후 개발하고 도입하게 될 애플리케이션 파악에 주력함

- 기업전략과 연계된 성과물이 아님, 단순한 보고서가 유일한 결과물임

- 경영 및 기술 환경 변화에 따라 결과물 효용성 급감

 앞의 문제점을 요약하면, 기존의 ISP추진은 기업의 경영전략과 연계하여 정보화계획을 체계적으로 수행하지 못한 한계점을 발견할 수 있다. 위와 같은 한계점을 극복하고자 공공기관, 대기업을 중심으로 EA 도입이 활발하게 이루어지고 있으며 기업전략과 연계된 ISP의 근본사상을 토대로 EA가 추진되는 사례도 찾을 수 있다.

>>> 2.8.2 EAP와 ISP 비교

 EAP는 전사적 아키텍처에 대해 더 많은 이해를 제공하며 ISP보다 기술기반 구조를 중점적으로 다루고 있다. ISP 방법론은 정보화의 비전과 그에 따른 경영방향 및 정보시스템 구축 방향을 제시하는 반면, EAP 방법론은 정보화의 구조와 체계 수립에 강점이 있다. 따라서 EAP는 구축범위를 명확히 하고 있으며, 조직 전체의 정보자원관리 및 정보화 추진을 위해 수립되어야 한다. ISP는 분야별, 사업부별 정보화 추진을 위해서 수행된다. 그러므로 EAP와 ISP가 서로 상충되어서는 안 된다. 즉, 두 영역 모두 시너지효과를 만들어낼 수 있는 방향으로 접근해야 한다는 의미

이다.

[표 7 - 12]는 정보공학 접근단계별로 EAP와 ISP를 비교한 내용이다.

[표 7 - 12] EAP와 ISP 비교

단계	EAP	ISP
전략/정책	- 조직의 비즈니스 모델에 근거한 정보기술 아키텍처 구축(장기 경영전략) - 프로젝트선정, 개발, 유지보수 등 IT관리에 초점 - SOWT분석을 통해 조직 비전과 차이점을 파악하고 목표를 수정	- 경영전략에 근거한 조직 정보화 계획 수립(단기 경영전략) - 외부환경, IT기술 변화를 반영한 계획 - 업무 재설계와 핵심 역량분석을 통한 미래방향을 분석. 이에 따른 비전 제시
As - Is 분석	- 정보화 대상 업무와 이를 지원하는 정보자원 현상 파악(프로세스, 데이터, 응용, 기술) - 미래 비즈니스 목표와의 갭 도출, 개선사항 정의	- BA, AA, DA, TA 영역의 현상을 분석함 - 기업의 전략달성을 위해 현재 비즈니스와 정보 시스템 간의 갭도출, 개선기회 정의
To - Be 설계	- BA, DA, AA, TA를 순으로 설계 - 정보기술 자원을 정리하고 조직의 핵심 프로세스를 분류하여 체계적인 자원관리 요소가 강함 - 아키텍처 중심 - 각각의 아키텍처 구성요소, 관계, 가이드라인 등 세 요소가 명백함	- 업무재설계(BPR) 후, 나갈 방향에 맞춰 현재와 미래를 분석해 To - Be를 설계함 - 시스템 식별 후 데이터 식별 - 벤더 아키텍처 중심 - 모델 수준임, 구성요소의 표현수준임
실행 계획 수립	- EMS 도구에 레파지토리화 - 전사 적용을 위한 변화관리 수행	- 보고서 형태 - 실행과 직접적인 연결성 부족

[표 7 - 12]에서 비교한 내용을 기반으로 볼 때, EAP는 장기적 관점에서 단기적 수익, 사용자 소유의 표준 오픈아키텍처에 기반을 두며 프로젝트 중심의 산출물을 만들어낸다. 또한 분기별로 지속적인 변경과 개선이 뒷받침되어야 한다. 반면, ISP는 장기적 관점에서 장기적 수익, 벤더가 제공하는 독점적 벤더 아키텍처를 기반으로 하여 문서중심의 정적인 산출물을 생성한다. 외부 컨설턴트에 의존하기 때문에 IT담당자 위주의 작업이 이루어지고 주로 응용 아키텍처에 치중하는 경향이 있다. 그러므로 조직, 기술변화에 따른 유연한 대응이 어려운 경우가 발생할 수 있다. 전체적인 정보화 추진균형, 상호호환성 확보 및 정보연계 등을 고려할 때, EAP 적용은 이제 필수적으로 다가오고 있다.

ISP를 추진할 경우, EA 프레임워크 기반의 ISP를 추진한다면 ISP 추진 4단계 즉, IT전략, EA, IT - 거버넌스영역 등이 포함될 수 있다. 특히 BA, DA, AA, TA 등은 EA 구성요소로서 ISP 현행환경 분석 및 To - Be 설계 단계에서 적용될 수 있으며, 미래의 청사진을 EA 프레임워크 그릇 안에 담을 수 있다. 이 과정을 EAP로 설명할 수 있다.

EAP는 설계서를 만드는 과정이 아니라, EA 프레임워크를 정의하고 개발함으로써 유지관리하는 원칙을 정의하는 과정이다. 따라서 ISP와 EAP를 별개로 작업하는 것보다는 [그림 7 - 12]처럼 상호 보완하여 작업한다면, 보다 효율적인 전사적 정보화 계획수립이 가능하다. 예를들어 EAP의 보완영역은 IT전략과 정책수립 부분으로 이것은 ISP의 내·외부 환경분석과 핵심현안 도출을 통해 확보가 가능하다. 즉, 조직의 전략과 목표를 연계한 IT전략을 수립하는 것이다. 이것은 향후 목표아키텍처인 To - Be 아키텍처 수립의 전제사항이자 기준이 된다

[그림 7 - 12] **EAP**와 **ISP** 연계방안

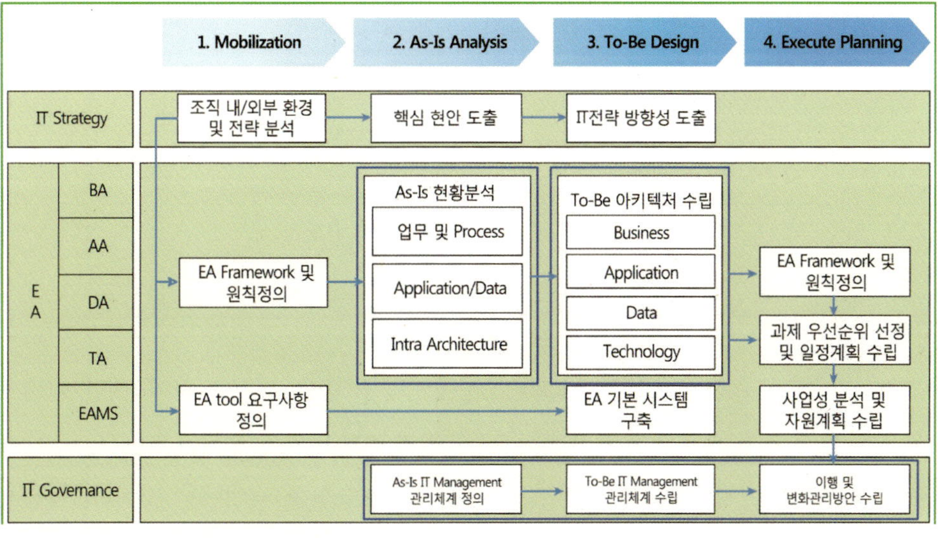

[출처]: 구본재외 2인, IT거버넌스, p.58, 2006.

>>> 2.8.4 EA 구축 기대효과

EA 구축 이후, 단기간 내 커다란 성과를 기대하는 것은 무리가 있으며 중·장기적인 관점에서 효과를 바라보아야 한다. 이미 선진 기업들은 오래 전에 EA를 구축하고 있으며 현재는 그 활용도를 고도화하는 단계에 와 있다. 이들 기업의 EA는 IT기획, 개발 및 운영단계의 의사결정 절차에 충분한 정보를 제공하고 있다. 이는 EA를 통해 과거의 단위 과제가 단위 의사결정에서 전사의 가치와 성능을 지향하는 의사결정으로 변하고 있다는 의미이다.

EA의 성공적 구축은 단순히 IT관리 및 IT투자 효율화뿐 아니라 비즈니스 변화에 신속한 대응을 가능하게 한다. 기업전략과 연계된 EA를 구축한다면, 비즈니스와 IT간의 갭을 최소화할 수 있기 때문에 업무의 효율화를 기대할 수 있다. EA 구축에 따른 기대효과를 세부적으로 정리하면 아래와 같다.

[표 7-13] **EA** 기대효과

구분	효과 유형	기대효과
비즈니스 영역	비즈니스변화 대응	- 비즈니스와 IT간 갭 최소화 - 비즈니스 레퍼런스 모델정립에 따른 업무효율화
	비즈니스 효율화	- 비즈니스 상호협력 및 이해력 증진 - 비즈니스 모델관리 효율성 증대
IT 영역	IT 투자효율화	- 기존투자 자원활용, 신규투자 원칙 및 기준설정 - 신기술 도입의 합리성 제고 - 중복투자 요인 제거
	IT 기술변화 신속대응	- 신기술 수용, 정보기술 환경변화에 신속 대응 - 정보기술 의사결정 표준정립으로 일관성 증대
	IT 업무효율성 증다	- IT 관리체계 정립에 따른 관리 효율화 - 정보시스템 자원파악 용이 - IT프로세스와 EA시스템 결합을 통한 업무효율성 증대

EA 도입효과는 단위시스템 수준의 성과에서 시스템과 시스템 사이의 연계 평가에 의한 상호운용성에 보다 무게를 두고 평가가 이루어져야 한다. 또한, 인프라 스트럭처의 군살을 제거함으로써 업무 프로세스의 효율화를 극대화할 것이다. 따라서 기업의 CIO는 표준화와 혁신과제의 운영이 손쉬워지는 효과를 얻게 될 것이다. 즉, IT투자에 대한 당위성, 효율성 및 성과관리 등을 가능하게 한다.

③ IT 거버넌스(IT - Governance)

3.1 IT-거버넌스 개요

IT-거버넌스는 1990년 후반 Brown & Zmud가 'IS 거버넌스 F/W' 개념을 언급하면서 관심이 고조되기 시작하였다. 2000년 초반을 기점으로 군비경쟁과도 같았던 IT 투자는 주춤하였지만, 10년 전과 비교해 볼 때 기업경영에 있어 IT의 위상은 놀라울 만큼 성장하였다. 그러나 10년 전만 해도 IT는 소수영역에서 활용되는 도구에 불과하였다. 비즈니스 처리과정에서 IT 의존도가 낮았기 때문에 IT투자는 작은 비중을 차지한 셈이다. 따라서 그 당시 경영진 역시 IT 이해도에 대해 관심을 크게 가질 필요가 없었다.

그러나 오늘날 IT 지출은 총투자비용 중 70% 이상이 유지보수에서 발생되고 있다. 문제는 사업 단위별로 IT를 결정하다 보니 전사관점에서 비용낭비가 심하고 시너지 효과 역시 미흡한 것이 우리의 현실이다. 2000년 이후 IT 환경은 더욱 복잡해지고 IT 리스크는 더욱 증가하고 있으며 이것은 곧 기업의 리스크로 나타나고 있다.

따라서 IT Compliance[19])에 이은 IT 거버넌스 필요성이 증가하는 이유가 여기에 존재한다. 이러한 현상은 경영환경의 IT의존도가 높아지고 있음을 입증한 사례이다. IT 거버넌스는 기업 전략과 목표를 달성하기 위해 비즈니스와 IT의 연계를 강화하고 비즈니스 가치를 증대하기 위한 개념으로서 IT 투자, 위험관리, 효율적인 IT 자원관리 및 IT 성과관리 등을 목표로 하는 프로세스 또는 메커니즘이다.

IT 거버넌스는 기업의 비즈니스 비전 달성을 위해 IT 투자 활동의 효과성, 투명성, 그리고 책임성 관점에서 제대로 이루어지고 있는가를 통제, 관리하는 역할을 담

---

19) IT Compliance는 각종 규제에 대한 법안 및 권고 등을 제시한 기업의 정보시스템과 업무프로세스를 재정비하는 개념임. 외국의 경우 컴플라이언스 규정을 준수하지 않아 CIO가 구속, 벌금을 내는 사례가 적지 않음. 국내기업 경우 아직 이 부분이 잘 준수되고 있지 않지만 바젤 II 대응, 리스크관리(재해복구시스템), 국제회계기준(IFRS), 샤베인옥슬리법 등을 구축하고 있다.

당한다. 즉 IT 조직의 명확한 역할수행과 IT 자원의 효율적 활용을 위한 'IT 관리통제 체계'이다.

- 효과성: 거버넌스 대상 활동이 비즈니스 목표에 부합되는가
- 투명성: 활동이 원칙과 기준에 따라 투명하게 이루어지는가
- 책임성: 활동 결과가 책임을 묻기 위한 조직구조, 프로세스를 갖추고 있는가

[표 7-14] IT 거버넌스의 역할

역 할	역할 주요 내용
전략적인 역할	-IT 전략을 가이드, 개발, 모니터링
통제의 역할	-CIO선정, IT 성과 모니터링, CIO의 분석내용을 리뷰
서비스 역할	-IT 자원을 통제, 의사결정체제 구축

궁극적으로 IT 거버넌스 목적은 비즈니스와 연계된 IT 운영관리를 위해 존재하며 이에 관련된 자원관리, 위험관리 등을 정의, 수행하고 이를 지속적으로 모니터링함으로써 고객에게 투자효과 및 자산활용 극대화 같은 비즈니스 가치를 제공하려는 데 있다.

최근 기업의 정보시스템 의존도는 지속적으로 증가하고 있다. 이에 따라 HW, SW, N/W, Storage, OS 등에 IT 투자비용 역시 증가하고 있는 추세이다. IT 조직과 업무프로세스는 급격히 변화하고 있다. 더불어 경영층의 기대수준도 과거와 달리 품질 향상, 비용 절감 및 비즈니스 성과지원 측면 등에서 IT 투자가 높아지고 있는 것이 현실이다. 그러나 IT가 기업성공에 중요한 도구임에도 불구하고 '투자의 사결정 문제, 감사, IT통제'를 위한 기준은 여전히 미흡한 실정이다.

IT 거버넌스 체제를 갖추기 위해서는 IT 조직구조 정립, IT 프로세스 재정립, IT 투자 의사결정 체계 수립 등이 구축되고 이행되어야 한다. 또한 IT에 대한 의사결정과 실행을 투명하게 하고 업무 효율성 확보를 위한 적절한 통제가 필요하다. 적절한 통제는 기업의 체질을 강화하게 하고 성숙도 수준을 점진적으로 향상시키는 수단이다.

3.2 IT-거버넌스 프레임워크

일반적으로 IT-거버넌스 프레임워크는 비즈니스 영역, 관리영역, 운영영역 등 3개 영역으로 구분한다. 비즈니스 영역은 Strategy Alignment, IT Value Proposition이 있으며 관리영역은 Risk Management, IT Performance Management, IT Organizational Structure 등이 해당된다. 마지막 운영영역에는 Value Delivery가 포함된다. 아래 [표 7-15]는 IT 거버넌스 적용범위별 세부내용을 정리한 것이며 각각의 적용범위별로 주요 IT 서비스 및 요소기술 등을 표시하고 있다.

[표 7-15] IT-거버넌스 적용범위

적용 범위	세부 내용	IT 서비스 및 요소기술
(1) Strategy Alignment	-비즈니스 전략과 전술을 IT 전략에 연계시킴 -기업전략과 목표달성에 부합된 IT 투자를 통해 비즈니스 가치 제고 (비즈니스와 IT 연계를 위한 EA 관점의 EAP 수립)	EA, EAP EA 기반의 ISP 수립
(2) IT Value Proposition	-아웃소싱이 아닌 IT 전략과 연계된 형태로의 IT 아웃소싱 -해당조직 IT 기획력, 실행능력, 자원관리에 대한 역량보유를 측정 (IT 투자, 아웃소싱, 시스템에 대한 효율성제고, 개선방안 수립)	BPO, IT 아웃소싱 IT Portfolio 분석
(3) IT Resource Allocation	-IT 자원의 효율적 관리와 낭비제거를 위해 IT 투자에 대한 성과관리 제안 -IT 투자관리 프로세스 정립, 투자의사결정 항목을 정의, 예산규모 산정, 적정예산안 도출, 비용항목별 추이현황을 분석함	IT비용모델 수립 (TCO, Chargeback) SLA
(4) Risk Management	-기업경영에서 발생하는 리스크를 식별하고 평가, 대응, 모니터링함 -바젤 II, SOX 등 각종 규제와 법안에 대응하는 위험관리에 해당됨	ERM(Enterprise Risk Management) COSO 프레임워크
(5) IT Performance Mgmt	-전략이행, 프로젝트 완수, 비용확인, 프로세스 성과, 서비스전달, 품질 등을 추적하고 감독함. IT가 기여하는 정도를 측정하고 문제점을 개선 (성과목표설정, 측정, 평가프로세스 정의, 성가평가방법론 구축)	IT BSC 재무적 성과평가(ROI)
(6) IT 조직구조	-장기 IT 조직의 변화방향 설정, 가치 수행을 위한 조직구조, R&R -효과적인 의사결정 및 IT 운영을 위한 역할 수행	
(7) Value Delivery	-SI, SM 영역에서 비즈니스에 필요한 IT 산출물, 결함 등을 체계적으로 개발, 검사하고 최소의 비용으로 적기에 서비스를 제공하기 위한 관리임 -전략적인 비즈니스 목표달성을 위한 개별 비즈니스 프로세스 최적화	PMO운영, CMMI, SLM/SLA, ITSM/ITIL ERP, MIS, CRM, SCM BPM

[참조]: 구본재 외 3인, 경영혁신을 위한 IT거버넌스, 2006.

3.3 IT-거버넌스의 요건

Harvard Business School Press에서 제시된 Peter Weill의 'IT 거버넌스'에 따르면 효과적인 IT-거버넌스를 설계하거나 운영하고자 할 때 다음과 같은 기본 사항이 전제되어야 한다. 즉 통제를 위한 의사결정 주체에 대한 명확화 및 의사결정 방식과 그 결정에 대한 근거의 중요성을 언급하고 있다. 즉, 경영층과 조직원의 참여 속에서 IT-거버넌스는 체계화된다고 볼 수 있다.

- 의사결정 항목: 어떤 의사결정이 필요한가?
- 의사결정 주체: 누가 의사결정을 해야 하는가?
- 모니터링 방안: 어떻게 의사결정이 이루어지고, 모니터링되는가?
- 이해: IT-거버넌스에 대한 이해가 전제되어야 한다.

IT 거버넌스가 실행되기 위해서는 의사결정 위원회, 절차, 프로세스 및 모니터링을 위한 메커니즘 설계와 구현이 필요하다. 즉 프로세스 중심의 원칙과 통제가 조직, 프로세스 그리고 시스템 등 세 영역에서 통합되어 운영되었을 때 진정한 IT 거버넌스 목적을 달성할 수 있다. 이를 효과적으로 지원하기 위해 조직원 내부의 커뮤니케이션을 통한 변화관리 활동은 반드시 필요하다. IT 거버넌스에서 이루어지는 주요한 의사결정 요소는 [표 7-16]과 같다.

[표 7-16] IT 거버넌스 주요 의사결정 항목

의사결정 요소	세부 내용
IT 원칙	- 비즈니스에 있어 IT가 어떻게 활용될 것인가에 대한 High-Level Description
IT Architecture	- 바람직한 비즈니스적, 기술적 표준화 및 통합을 달성하기 위한, Data, Application, Infrastructure의 구성 로직(정책, 관계, 기술적 대안으로 표현됨)
IT Infrastructure	- 기업의 IT Capability에 있어 기초가 되는 서비스를 어떻게 제공할 것인가?
Business Application needs	- 구입하거나, 내부적으로 개발해야 할 IT Applications에 대해 비즈니스 요구사항을 어떻게 기술할 것인가?
IT Investment and Prioritization:	- 어떤 IT과제에 얼마나 많은 투자를 할 것인가에 대한 의사결정 (과제에 대한 승인 및 Justification 기술을 포함함)

의사결정 주체는 6개의 의사결정 그룹으로 구분할 수 있다. 최고 경영진부터 여러 개의 사업단위를 가지고 있는 기업 상황에 적합한 의사결정 주체가 그것이다.

- Business monarchy: 최고 경영진
- IT monarchy: IT 전문가 그룹
- Feudal: 각각의 사업단위에서 독립적인 의사결정을 함
- Federal: 기업 중앙 부서와 사업단위 책임자의 연합
- IT duopoly: IT 그룹과 비즈니스 그룹(예: 최고 경영진 또는 BU 리더)
- Anarchy: 개인 또는 소규모의 의사결정 그룹

또한 효과적인 모니터링을 위해서 의사결정 기구, 절차, 프로세스 및 모니터링을 위한 메커니즘이 필요하다. 즉 거버넌스 메커니즘의 설계와 구현을 위해 위원회, 역할, 공식 절차 등이 필요하다. 대표적인 거버넌스 메커니즘으로서는 Business/IT relationship managers, IT councils, Service-level agreements, Charge-back arrangements, Organizational structure 등이 있다.

3.4 COBIT(Control Objectives for Information related Technology)

IT 거버넌스를 구축하는 방법론에는 COBIT, COSO 모델,[20] ITIL(ITSM), PMBOK 등 여러 가지 표준도구 또는 모델이 존재한다. 이들은 IT 거버넌스 개념이 나타나기 이전 이미 기존의 IT 통제, 서비스관리, 품질관리, 및 성과관리 등에서 사용해 왔던 프레임워크이다. 그중 COBIT은 상대적으로 널리 알려지고 있으며 실제로 이용되는 틀, 즉 프레임워크로 위치를 굳건히 갖추고 있다.

COBIT은 1990년도 이후 회계감사와 더불어 IT 서비스 수준 진단 및 감사의 도구로 활용되었다. 그 사상은 일련의 업무프로세스로 분할하여 IT 자원을 효율적으

---

20) COSO 모델(Committee of Sponsoring Organizations of Treadway Commission): 기업 자체에서 구현한 모든 통제를 포괄적으로 표현한 내부통제 모형임.

로 관리하는 데 있다. 최근 버전의 COBIT은 IT 거버넌스 실행을 가능하게 하는 프레임워크로 사용되며, COBIT의 프로세스는 ITIL과 연계되어 적용할 수 있다. 그 결과, 각 통제목적에 영향을 받는 정보와 IT 자원에 대해 경영층에서 요구되는 사항을 제공한다. COBIT의 기본 출발점은 경영자가 정보와 IT를 기업의 주요자산으로 인정하는 데 있다. 따라서 다음과 같은 두 가지를 만족시켜야 할 것이다.

- IT 자원의 최적활용: 경영진은 정보를 생산/저장/처리하는 IT 자원이 최적으로 활용되도록 해야 한다.
- 정보에 대한 경영상의 요구사항 충족: IT를 통해 생산되는 정보가 보유하고 있어야 할 기준을 갖추도록 해야 한다.

>>> 3.4.1 COBIT 진화과정

COBIT은 시스템 감사통제협회인 국제정보시스템 감사통제협회(ISACA)에서 1992년 초판 출간한 IT 관리양식 기준서이다. 이후, 2000년에는 IT 거버넌스 협회를 통해 발간되었으며 최근 버전인 4.0은 IT 도입, 운영 및 관리상의 통제목적으로 사용되는 참조모델이다. 다시 말해 IT 계획 및 조직, 도입 및 구축, 운영 및 지원, 모니터링을 지원하는 IT 거버넌스 프레임워크이다. 아래 [표 7-17]은 COBIT이 초기 감사도구에서 IT 경영진이 사용하는 IT 거버넌스 프레임워크로 진화하는 과정을 제시하고 있다.

[표 7-17] COBIT 발전 현황

1996	1998	2000	2005
COBIT1(V1.0)	COBIT1(V2.0)	COBIT1(V3.0)	COBIT1(V4.0)
감사	통제	관리	거버넌스

COBIT(v4.0)은 ITIL, CMMI, COSO, PMBOK, ISO17799 등 표준을 정의하는 기본 개념으로 활용되고 있으며 IT 거버넌스를 위해 프로세스에 대한 상위 수준의 설명을 담고 있다. 이는 경영목표를 IT와 매핑하여 측정하기 위한 구체적인 가이드이며 회사

내에서 경영층과 의사소통을 가능하게 하는 도구이다. 2000년대 들어, COBIT은 IT 감사도구에서 통제도구로서 2005년까지 변화를 계속하게 되며 지금은 진화하여 IT 거버넌스의 구축틀이 되었다.

COBIT은 1996년 COBIT 탄생에서 지금 버전 4.0이르기까지 시대적 요구사항을 반영하면서 진화하고 있다. 4.0에서는 IT 거버넌스와의 연계, 기타 표준이 채택한 언어, 정의, 개념과 일치시키기 위한 매칭 등 IT 거버넌스 구현을 위한 세부내용을 담았다. 또한 프로세스내의 주요 활동, 프로세스의 Input/Output를 정의하여 이행 방안을 구체화해 놓았으며 책임을 부여하기 위해 KPI도 정의하여 가이드하고 있다. 마지막으로 성숙도 개념을 도입하여 해당 기업의 통제수준에 대한 레벨 평가가 가능하도록 구성되어 있다.

>>> 3.4.2 COBIT의 특징

COBIT은 복잡한 IT 투자에 대한 최적화 및 사후 ROI 분석을 위해 감사기준을 제공하며 감사인 위주의 통제기법을 경영자 관점에서 이해가 용이하도록 제공하고 있다. COBIT의 구성요소는 경영자를 위한 요약, 프레임워크, 통제목적, 감사 가이드라인 및 구현모음집 등으로 구성되었다. 다음은 COBIT이 담고 있는 특징을 세 가지 관점에서 설명하고 있다.

(1) COBIT의 내용은 비즈니스 지향적이다.

COBIT은 조직의 목적달성을 위해 업무 프로세스 책임자(사용자, 감사), 서비스 제공자, 경영진을 위한 지침을 제공한다. 또한 COBIT의 IT 프로세스는 계획, 도입, 구축, 운영/지원, 모니터링에 대한 통제목적을 제시하고 있다.

(2) IT 관리에 대한 지침을 제공한다.

IT 관리는 프로세스, IT 자원 및 정보를 조직의 전략과 목적에 연계시킬 수 있는 구조를 제공하며 IT 관리를 통해 정보의 최대한 활용을 실현하고, 경영진에게 통제 시스템을 개선할 수 있는 방안 제시를 하는 '감사지침서'가 제공된다.

(3) 감사 지침서에는 통제에 관한 성숙모델을 제시한다.

COBIT은 IT를 통제하는 과정에서 경영진이 고려할 핵심 성공 요인, 핵심 수행

지표를 정의하고 있다. 또한 IT 거버넌스를 실행하고 현재 수주를 진단함으로써 IT 통제를 개선하는 목적으로 사용되는 국제적으로 수용되는 IT 거버넌스 프레임워크이다. 따라서 COBIT과 IT 거버넌스의 목적은 비즈니스 목적 달성에 있으며 성공을 위해 통제기반의 프로세스를 수행하고 측정하여 보고하는 지속적인 피드백 활동이다.

>>> 3.4.3 COBIT 프레임워크

3.4.3.1 COBIT 구성

COBIT은 경영자를 위한 요약지침부터 관리지침까지 크게 다섯 가지 영역으로 구성되어 있다. [표 7-18]은 COBIT이 구성하고 있는 5개의 영역을 설명해 놓은 것이다. 경영자에 대한 이해부터 구현 도구집에 이르기까지 분류해 두었기 때문에 이해당사자별로 참조가 가능하다.

[표 7-18] COBIT의 구성요소

구 분	설명
경영자를 위한 요약	개요: 고위 경영진의 COBIT 주요 개념과 원칙 이해 목적 프레임워크: 고위 경영진의 COBIT 세부적 이해, COBIT의 네 가지 업무 영역과 관련된 34개의 IT 프로세스를 소개
프레임워크	상위 34개 IT 통제목적에 대해서 자세하게 설명 각 통제목적에 의해서 영향을 받는 정보 및 IT 자원에 대한 경영상의 요구사항들을 제시한다.
통제 목적	34개의 IT 프로세스 전반에 적용되는 302개의 세부적이고, 구체적인 통제목적을 제시 통제절차를 통해 실현하려는 목표 및 바람직한 결과 설명
감사 가이드라인	34개의 상위 통제목적별로 감사 시 수행해야 할 작업 단계를 제시
구현 도구집	COBIT를 자신들의 업무 환경에 신속하고 성공적으로 적용한 기업들로부터 얻은 교훈들 제공 경영진 인식도 진단; IT 통제 진단. 이 외에도 COBIT를 어떻게 성공적으로 구현했는지를 보여주는 몇 가지 사례가 포함 COBIT에 대해서 흔히 궁금해하는 25개의 질문에 대한 대답과 발표용 자료 수록

3.4.3.2 COBIT 프레임워크

COBIT의 프레임워크는 비즈니스 요구사항과 연계를 통해 성과의 투명성을 확보

[그림 7-13] COBIT 프레임워크

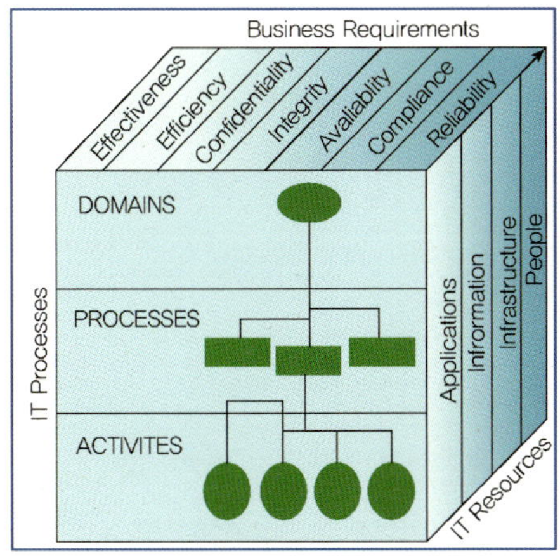

[출처]: Korean Brand, Harry Boonen, COBIT 큐브.

하고 일련의 활동들을 프로세스 모델로 구성하여 활용할 자원을 식별하도록 제공한다. 또한, 고려해야 할 관리 통제목적을 정의하고 있다. COBIT의 구성요소는 크게 비즈니스 기반, 프로세스 기반, 통제 및 측정요소를 담고 있다.

COBIT 프레임워크는 [그림 7-14]와 같이 비즈니스 요구, 프로세스 IT 자원의 3면체로 구성되어 비즈니스 요구사항이 어떤 프로세스로 지원되며 어떤 자원이 투입되어야 하는지를 효과적으로 제시하고 있다.

[그림 7-14] COBIT 프레임워크의 내용

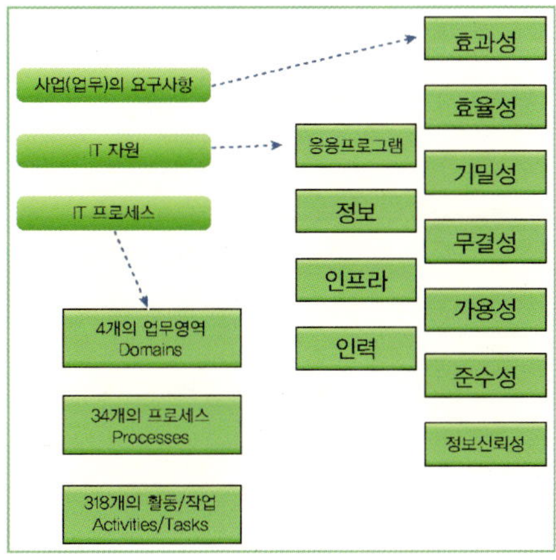

[그림 7-15]를 보면 IT 프로세스는 4개의 업무영역과 34개의 프로세스 318개의 액티비티로 구성되어 있으며 이를 실행하는 IT 자원은 응용프로그램, 정보, 인프라, 그리고 인력으로 구성된 것을 알 수 있다. 위의 프로세스와 자원은 비즈니스의 요구사항을 효과성, 효율성, 기밀성 등을 준용하며 지원되어야 한다. 또한 각각의 34개 프로세스에 대해서는 Maturity Model, CSF, KPI, KGI를 제공하여 목표에 기반을 둔 관리가 가능하도록 구성되었다.

(1) Maturity Model: 0∼5단계의 성숙 level

(2) CSF(Critical Success Factor): 프로세스의 목표/성과 달성 중요 사항

(3) KPI(Key Performance Indicator): IT 프로세스의 수행 정도(How)

(4) KGI (Key Goal Indicator): IT 프로세스의 목표 달성도(What)

이러한 COBIT의 효과적 활용을 위해 [그림 7-15]과 같이 정보기준 확립, 계획/조직, 도입/구축, 운영 지원 및 모니터링의 다섯 단계 순환구조로 시스템화한다.

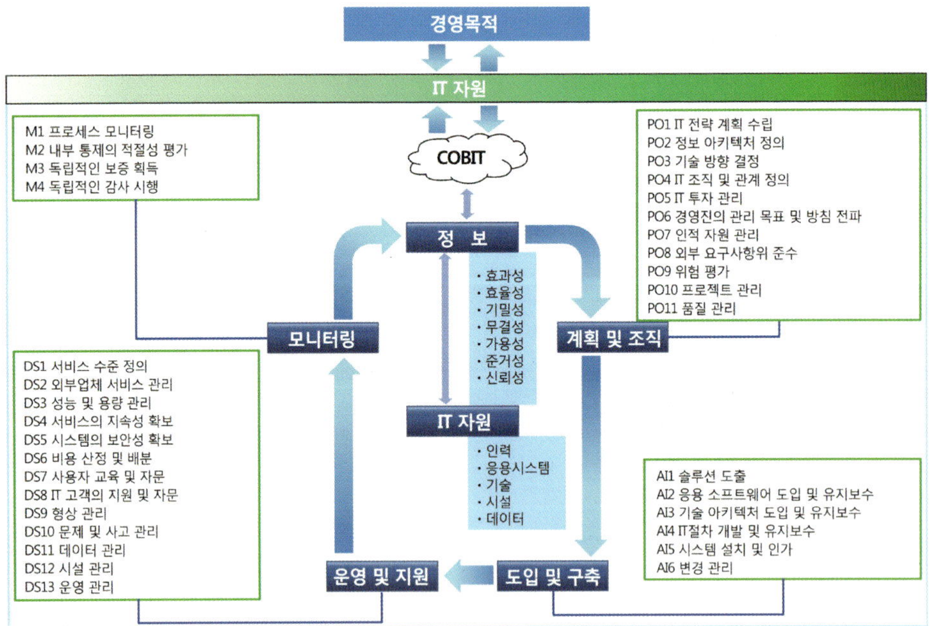

[그림 7-15] COBIT Lifecycle

[출처]: 경영자를 위한 COBIT, 한국정보시스템 감사통제협회, 2002.

COBIT은 IT 프로세스에서 어떤 정보기준이 가장 중요한가를 파악하고, 어떤 자원을 이용할 것인가를 알려주며, IT 프로세스를 통제하는 데 가장 중요한 방법을 각 프로세스의 상위 목적으로 구성되었다. COBIT은 경영전략 관점에서 IT 투자에 대한 적정성 평가와 사후감사의 기준을 제공함으로써 효율적 IT 자원의 통제 및 최적화를 유도한다. 또한. BPR과 연계할 수 있도록 기업 내 프로세스 최적화 및 모니터링에 대한 기준 등을 제시한다. 즉, COBIT이 IT 기능에서 모든 활동과 프로세스를 포함하는 하나의 모델과 그 목적을 제공하기 때문에 IT 관리자에게는 프로세스를 활용해 IT 활동을 조직하고 관리할 수 있도록 해주며 현업관리자들에게는 이해를 제공할 수 있는 공통 참조모델을 제시하는 장점을 가지고 있다.

3.4.3.3 COBIT의 성숙모델

COBIT의 성숙도모델은 미국의 SEI가 작성한 CMMI 모델 기반으로 작성되었다. 이 모델은 조직의 현재위치, 업계의 현황파악 등을 가능하게 하며 하위단계 모든 조건이 충족된 후, 다음단계로 진입할 수 있도록 가이드하고 있다. 다시 말해 COBIT의 성숙도모델은 성과에 초점된 것이 아니라 역량에 초점을 둔 모델이다.

[표 7-19] COBIT의 성숙모델

단계	성숙모델 단계 설명
부재단계(0)	- 인식할 만한 프로세스가 전혀 없음 - 이슈에 대한 의사소통이 전혀 이루어지지 않음
초기단계(1)	- 조직이 IT 관리를 인식하나 표준화된 프로세스는 존재하지 않음 - 문제접근 방식이 일관성이 없이 전파됨
직관단계(2)	- 개인의 임기응변식의 문제해결 접근(책임은 개인에게 있음) - 조직 차원에서 통제, 모니터링되고, IT 관리지표가 식별되고 있지 않음
정의단계(3)	- IT 관리 문제에 대해 필요성을 인식, IT 관리 지표가 개발되고 문서화되며 - 전략과 운영계획 및 모니터링 프로세스에 통합되어 있음 - 절차가 표준화되고 문서화되고 실행됨: 조직 내에서 공식화도구로 사용함
관리단계(4) SLA운영	- IT 관련된 문제를 모든 수준에서 완전하게 이해하고 있음 - 서비스 수준 협정을 통해 책임이 정의되고 모니터링됨 - IT 프로세스는 정량적 이해를 기반으로 지표를 준수, 측정, 모니터링, 평가 - 프로세스가 비정상적인 경우, 한계를 정의하고 근본원인 분석이 표준화됨
최적단계(5) 지속적 개선	- 최신의 프랙틱스를 지원하는 프로세스임 - IT 관리 요구사항을 완벽하게 지원할 수 있는 조직, 인력, 프로세스를 갖춤

COBIT의 특징은 성숙모델이 올라갈수록 인식, 정책, 표준, 절차, 도구 자동화, 스킬 전문성, 수행책임, 목표설정 및 측정 원칙들이 포함되어 있으며 그 결과 정량적인 관리가 가능하다는 것이다. 이 점은 CMMI의 연속적 성숙모델과 유사한 개념으로 IT관리 측면에서 발생된 문제의 근본원인을 분석하도록 도움을 준다.

[표 7 - 19]에서 제시하고 있는 COBIT의 성숙모델은 성숙도 수준에 따른 사업도구 및 실행 측면을 나타내고 있으며 IT 경영 및 보안 통제와 관련 있는 기업의 '측정치'로서 적용될 수 있다. COBIT 성숙도 모델의 초점은 '역량'이지 성과는 아니다. COBIT이 제공하는 성과측정은 각 IT 프로세스의 실질적인 성과가 무엇인가를 파악하기 위한 것이다. 여기서의 측정치는 경영 목표 달성 가능성의 선행지표로서 역량, 실무수행 방식, 스킬 등을 나타내는 지표가 될 수 있다.

3.5 IT - 거버넌스 성공 요인

IT - 거버넌스가 성공적으로 도입되기 위해서는 우선 기업문화와 조화를 이루면서 민주적인 방법으로 추진되어야 한다. 권위를 직능과 일치시키고 이에 따른 역할과 책임을 명확히 정의해야 한다. 수행결과에 대해 모니터링을 하고 IT 거버넌스 효과를 측정한다. IT 거버넌스는 초기에는 통제로 시작하지만 점진적으로 비즈니스 가치를 실현하는 방향으로 전환되어야 한다. 그리고 기업의 비전과 전략이 변함에 따라 IT 거버넌스도 발전해야 한다.

IT는 IT 부서만의 과제가 아니다. IT의 빠른 변화와 발전은 우리에게 위험 요인이자, 기회가 되고 있다. 기회는 IT Stakeholders가 효과적으로 일하도록 자극을 주는 것이다. 이를 위해서는 최고경영진의 적극적인 참여, 목표와 원칙의 명확화, 대상영역의 지표화 관리, 의사결정 프로세스의 정립, 기업특성에 맞는 접근방식을 수립하여 지속적인 변화관리가 이루어져야 한다.

IT - 거버넌스로부터 기업은 아래와 같은 효과를 얻을 수 있다.

(1) 효과적인 의사결정과 이를 지원하는 강력한 업무프로세스 확립.

(2) 비즈니스 우선순위와 연계된 IT 프로젝트 및 시스템 성과분석이 가능.

(3) 효과적이고 효율적인 IT 관리가능.

(4) 자원들의 생산성 향상을 위한 능동적인 의사결정 가능.

(5) 고객만족도 제고.

(6) 서비스 및 평가지표에 대한 완전한 검증 능력제고.

3.6 IT 거버넌스와 유관 기술

IT 거버넌스는 일회성 유행이 아니라, 앞으로 지속적으로 개선 및 발전시켜야 할 대상이다. 선택이 아닌 필수라는 뜻이다. COBIT 기반하에 프로세스 구축과 책임과 역할의 정의를 통해 IT 거버넌스가 추진되고 있는 추세이다. 결국 IT 거버넌스는 통제목적과 통제절차 구축이 핵심이 된다. IT 거버넌스는 EA를 토대로 구현될 수 있다. [표 7 - 20]에서 IT 거버넌스와 EA의 비교를 통해 알 수 있듯이 IT 거버넌스가 EA보다 선행되어야 한다.

IT 거버넌스의 주요 특징은 의사결정을 누가, 어떻게, 어떤 방법으로 내리는가에 초점을 맞추고 있다. 뿐만 아니라 전체 IT 자원관리를 담당한다. EA는 아키텍처에 관한 내용을 담고 있다. 그러므로 지속적인 IT변화와 비즈니스 변화에 맞춰 진화 및 유지관리해야 하며 IT 운영 향상이 아닌 비즈니스 전략과 연계되어야 비로소 기업이 원하는 기대효과를 얻을 수 있을 것이다.

[표 7 - 20] IT 거버넌스와 EA

구분	EA	IT 거버넌스
대상	IT 부서와 이해관계자인 현업을 대상으로 함	IT 부서, 현업, 경영진, 이사회 포함
목표	기존 IT 부서 중심에서 현업 중심의 아키텍처 구축	전사적 관점에서 IT 관련 의사결정 활동
상하관계	EA는 IT 거버넌스의 하위개념임	IT 거버넌스 안에 EA를 포함함

최근 IT - 거버넌스 구현은 COBIT 기반의 프로세스를 구축하고 책임과 역할을

정의하여 추진하는 경우가 많다. COBIT은 1996년 ISACA에 의해 발표된 프레임워크로서 IT에 초점을 맞추면서 동시에 경영목표와 밀접하게 연관을 가지고 제반 문제를 해결하는 데 실무지침을 제공한다. IT - 거버넌스에 COBIT을 도구로 적용하는 이유는 IT 거버넌스가 통제목적과 통제의 절차라는 핵심을 담고 있기 때문이다. 따라서 아웃소싱 및 외부개발 등의 경우 더욱 명확한 지배구조를 확립할 수 있다. [표 7-21]은 IT 거버넌스와 연관된 표준 또는 모델 등을 제시한 표이다.

[표 7 - 21] IT 거버넌스와 연관된 표준(De - facto 표준 포함)

국제 표준	주요 설명
COBIT	- IT 서비스의 전체 자원 및 프로세스에 대한 기업의 거버넌스를 구현하기 위한 참조모델
EA/EA	- 비즈니스 전략과 목표에 부합한 기업의 아키텍처 구축을 위한 접근방법
CMMI/SPICE	- 조직의 IT 프로세스를 평가 및 개선하기 위해 개발된 국제표준 모델
ITIL	- IT 서비스 제공자와 서비스 이용 주체 간의 서비스 수준관리 - IT 조직이 제공하는 IT 서비스 성과를 측정하기 위한 목표치로서 서비스 제공자와 사용자 간의 서비스수준 계약서(SLA)
BSC	- 유 · 무형의 기업정보화 성과를 재무, 고객, 프로세스 및 학습과 성장관점에서 균형 잡힌 시각으로 평가하기 위한 성과평가방법론

3.7 COBIT의 발전 방향

Stephan Kats, CityBank 보안 관리자에 따르면, 통제는 비즈니스에 제동을 거는 것이 아니라고 한다. 즉 통제요인을 많이 채택한 조직일수록 높은 실적을 달성한다는 의미로 적절한 통제는 높은 성과를 얻을 수 있다는 뜻이 된다. COBIT이 담고 있는 사상을 기업 성과관리와 연계하려면 COBIT의 성숙모델에 따라 IT 자원관리와 통제가 적절히 이루어져야 하며 비즈니스 목표와 IT 목표가 연계되어 측정될 수 있는 성과지표를 설정하여 지속적으로 모니터링하고 개선할 수 있는 기업문화 형성이 필요하다. 향후 COBIT은 정보와 IT를 관리하는 작업으로 새로운 혁신관리 도구로 정착될 것이며 기업경영진은 IT 보안 및 통제수준을 크게 향상하기 위해 COBIT을 활용할 것이다. 즉 프로세스, 품질, IT 거버넌스 분야의 산업표준 프레임워크가 될 것이다.

④ IT 성과관리(IT - BSC)

4.1 IT 성과관리 개요

IT는 기업의 경쟁력 향상에 중추적인 역할을 담당하는 핵심 부분으로 비즈니스 변화와 더불어 그만큼 IT 의존도는 증가하고 있다. 최근 들어 많은 경영자들이 기업의 IT 관리와 관련하여 그 생산성과 성과를 측정하고 평가하는 것을 중요하게 인식하고 있다. 경영자들이 이러한 문제에 많은 관심을 가지게 된 배경은 IT에 대한 투자규모가 지속적으로 증가하고 있으며 IT가 조직의 목표와 전략을 달성하는 데 있어서 결정적인 역할을 수행하기 때문이다.

IDC 조사기관에 따르면, 2006년 전 세계적으로 IT 투자 비중은 총매출액에 6%, 한국의 경우 5.1%의 성장률을 보였으며 2008년 한국의 경우 4.6% 성장률을 기대하고 있다. 그 가운데 하드웨어보다 소프트웨어 및 IT 운영관련 서비스 성장세가 보다 높게 나타나고 있다. 반면, 정보화 프로젝트 성공률은 25~30%에 그치고 있는 실정이다. 이처럼 대다수 기업들은 정보화에 많은 투자는 하고 있으나 정확한 투자성과 측정은 못 하고 있는 것이 우리의 현실이다. 경영자는 IT 투자금액이 어디에, 어떻게 사용되는지, 기업에 어떤 가치를 주는가에 관심을 가지고 있다. 즉, IT투자 및 투자성과에 집중되어 있고 CIO의 관심 역시 투자와 이를 효율적으로 집행하기 위한 프로젝트 관리에 집중되어 있음을 보여 준다.

1990년 중반 이후, 기업들은 사전적 투자효과 분석을 통해 프로젝트의 타당성을 검토하는 데 많은 관심을 가져왔다. 그러나 투자 이후 효과분석은 객관적이고 체계적이지 못하였다. 성공적인 IT ROI 분석을 위해서는 투자성과 평가의 필요성을 정확히 이해하고 단순 정보시스템뿐 아니라 IT와 관련된 활동, 조직, 비용, 효과 등을 대상으로 기술적 관점의 분석 아닌 경영자나 관리자 관점에서 분석되어야 한다. 이제 IT는 기업의 이익 극대화를 위해 궁극적으로 비즈니스 가치 창출자로서 그 역할을 정립할 때이다. 즉 단순 재무적인 효과 측정에서 벗어나 종합적인 비즈니스 가치창출을 평가하고 정보화 가치를 입증할 수 있는 타당성 있는 효과를 분석할 시점이다.

4.2 IT 성과관리에 대한 이해

>>> 4.2.1 IT 성과관리 문제점

정보시스템 도입의 무형적 효과를 정량화하고 이를 화폐가치로 환산하는 것은 결코 쉬운 일이 아니다. 이는 IT가 무형성, 복잡성, 비가시성 등의 특성을 가지고 있기 때문에 투자되는 시점부터 운영단계에 이르기까지 품질, 원가 등을 적절하게 관리하는 것이 어렵기 때문이다. 설사 성과측정을 한다 할지라도 재무관점에서 이루어지다 보니 현실적인 평가와 갭이 발생하기도 한다. 이러한 문제점에 대한 근본 원인은 IT 성과관리를 위해 체계적인 방법론이 정착되지 못하였기 때문이며, IT 투자 성과관리에 적합한 인력이 미흡하였기 때문에 실질적인 원가관리가 어려웠다는 데 있다.

- 예산편성 시 다단계 승인과정, 승인 이후 관리 방치
- 기업 전략보다는 관행에 집중
- 시스템 구축 후 효과분석, 원가절감은 뒷전

따라서 이러한 문제점을 개선하고 제대로 된 IT 성과관리가 되기 위해서는 업무 프로세스 지체현상을 제거하고 IT 투자계획과 그에 따른 실적에 대한 차이성 감소 및 지속적인 개선을 해야 한다. 즉 사전평가, 사후평가를 통한 GAP 분석, 문제점과 원인분석을 통한 지속적인 성과개선이 이루어져야 하는 것과 같은 맥락이다. 여기서 사전평가는 IT 투자에 대한 의사결정, 투자 우선순위 결정 또는 정보시스템 구축의 타당성 사전 검토를 위해 소요비용과 향후 기대효과를 정략적으로 분석하는 작업이다. 반면, 사후평가는 기 구축되어 활용되고 있는 정보시스템이 기업에 제공한 효과를 정량적으로 분석하는 작업이다.

[그림 7-16] IT 투자관리의 개념

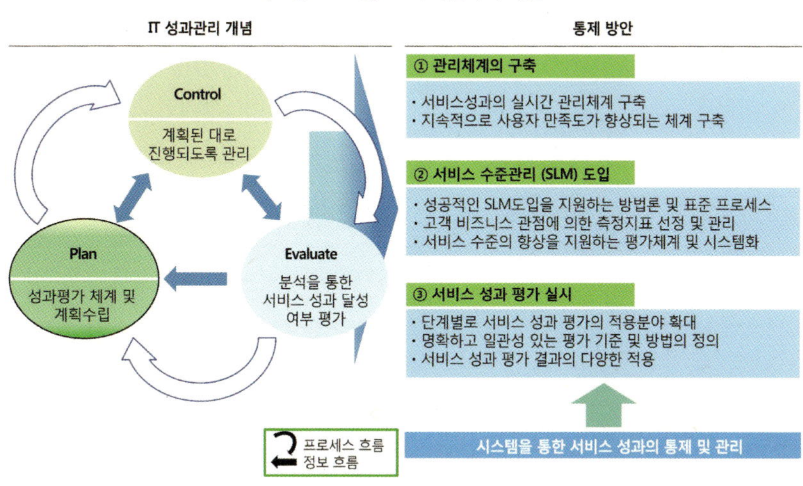

[출처]: Evaluating Information Technology Investment, United States OMB 자료 참조.

서비스성과 관리는 IT 서비스가 기업 또는 조직의 목표 달성에 얼마나 기여하고 있는가를 평가하고 그 결과를 피드백하는 지속적이고 체계적인 활동이다. 이것은 서비스성과관리 체계의 구축, SLM의 도입 등 성과평가 수행을 통해 가능하며 고객은 서비스성과에 대한 통제를 할 수 있다. [그림 7-16]에서는 IT 성과관리 개념을 Plan, Control, Evaluate 등 3가지 관점에서 정의하였으며 계획, 통제, 평가 프로세스 순환을 통해 IT 성과관리가 이루어지는 것을 나타내고 있다.

4.3 IT 성과평가 범위 및 유형

>>> 4.3.1 IT 성과평가 범위

IT 성과측정 범위는 효과성과 효율성 관점으로 구분하며 각 관점별로 측정지표를 정의하고 평가한다. 효율성은 투입된 자원대비 얼마나 생산적으로 일을 하고 있는가를 판단하는 지표범위를 말하며 효과성은 실제 조직과 프로젝트에 직접적으로 기여하고 있는 결과를 의미한다. 주로 재무관점에서 성과를 의미한다.

효율성 지표가 IT 성과관리에 적용되는 이유는 프로젝트는 기간, 투입예산 등이 사전에 정의되어 있다. 주어진 기간과 자원을 사용하여 최대한의 IT 성과를 도출하기 위해서는 자금, 인력 및 기타 변동비 투입이 많을수록 비효율적인 프로젝트가 될 수 있다. 이를 사전에 예방하기 위해 효율성 관점의 관리지표를 설정하여 작업의 생산성과 비용절감 등을 모니터링한다. 효과성 지표는 IT 투자를 통해 직접적인 기여보다는 간접적인 기여를 의미한다. 즉, 조직이 달성하려는 원래 목적을 IT 도입 또는 투자를 통해 기여하는가를 측정하는 것이다. 대표적인 지표는 조직의 역량향상 및 수익창출에 간접적인 기여부분을 들 수 있다.

[표 7－22]는 IT 성과의 효율성과 효과성에 관련 한 측정대상 및 측정지표를 제시하였다.

[표 7－22] IT 성과 효율성과 효과성 지표의미 비교

구분	효율성	효과성
개념	－ 시스템개발, 프로젝트관리 측면의 생산성, 품질에 직접적인 기여도 － IT 서비스 지원. 관리가 적시에 지원되고 있는가	－ 업무 프로세스를 효과적으로 지원함으로써 BSC 성과를 통해 간접적 기여 － 비즈니스와 IT 상호간의 연관성 분석 필요
측정 대상	－ IT 프로젝트관리, IT 인프라 아키텍처, 효율적 모니터링	－ ERP, MES, SCM, DW, IT 지원 인프라 등
측정 지표	－ 비용 절감, 개발 리드타임, 일정준수율 등 － 생산성과 성과관점의 지표	－ 응답시간, 시스템 가용성, 유지보수 비용

>>> 4.3.2 IT 성과평가 유형

IT 투자평가의 요소는 크게 유형과 무형의 평가로 구분할 수 있다. 유형적인 평가요소는 정량적인 평가가 가능한 IT 영역으로 주로 SW 구입비, 교육 훈련비, 인력감소 등 비용 측면을 다룬다. 반면, 무형적 평가요소는 정성적인 평가방법으로 IT 도입 후 고객만족도 향상 및 기업의 경쟁력 향상 등 효과적 측면을 다룬다. [표 7－23]은 IT 평가방법을 유형별로 정리한 내용이다.

[표 7-23] 성과평가 유형

평가 유형	내용
재무평가	- IT와 관련된 지표와 위험평가를 연계하여 재무평가 실시 - 투자수익률: ROI(Return of Investment) - 순 현재가치: NPV(Net Present Value) - 내부수익률(IRR:Internal Rate of Return) - 투자회수기간(Payback Period)
정성적 평가	- IO(Information Orientation), IPH(IT Portfolio Management)
다중적 접근 방식	- BSC, IT BSC, IT Scorecard
확률적 방식	- ROV(Real Option Valuation), AIE(Applied Information Economics)

재무적 평가방식은 정량적 측정을 통해 화폐가치로 나타낸 후, 그것을 현재가치로 환산한 기법이다. IT 투자 효과분석에서 전사의 인프라 비용 및 IT 간접비용 부분까지 포함된 종합적인 분석을 실시할 경우 재무평가 지표를 이용하면 정교하게 IT ROI 산출이 가능하다.

한편 정성적 평가방식은 단위시스템 분석이 어려운 재무적 지표의 단점을 보완하여 IT를 금융자산 측면에서 투자로 인식하고 기존 IT 자원을 고려한다. 확률적 방식은 확률적이론 기반으로 실물옵션 가치로 평가가 이루어지는 특징이 있다. 과거에는 재무적 측정지표만으로 IT 성과측정이 이루어졌으나, 이는 IT 가치 및 성과를 제대로 평가할 수 없다는 한계점을 내포하고 있다. 따라서 최근에는 균형성과표(BSC)를 활용하여 IT 부문의 투자 및 성과평가를 균형 있게 접근하고 있다.

4.4 IT 투자성과 추진방법

우선 바람직한 IT 성과측정을 위해서는 무형적 요소를 파악하여 정량화하는 방법, 조직전략과 연계된 평가지표 설정, 비용과 효익은 물론 유연성과 위험 요인 정의, 계량화가 포함되어야 한다. IT 성과 평가에서 고려할 사항은 측정지표 조합과 측정지표 간의 연계성을 들 수 있다. 평가의 범위는 개별투자 또는 IT 자원과 연계하고 측정지표로서 정량적, 정성적, 재무적 지표가 조합하여 구성된다면 보다 균형적인 평가가

[그림 7-17] IT 성과측정 방안

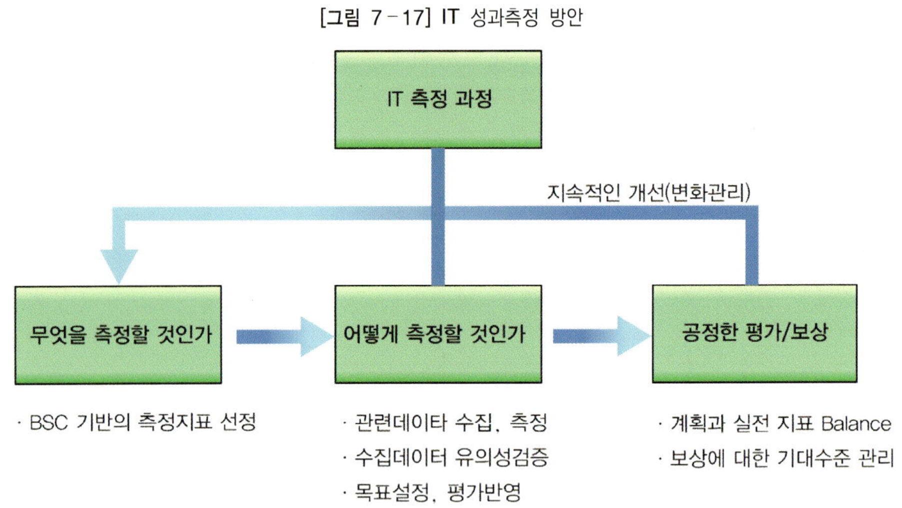

가능할 것이다.

IT 투자성과 추진 단계는 크게 세 단계로 구성된다.

첫째, 투자효과 분석방법론 도입, 자사에 맞는 방법론 개발 및 시범적용

둘째, IT 성과평가 체계 구축, 평가방법론 기반의 성과평가 시스템 구축

셋째, 전사 확산 적용, 평가요원 양성, 프로젝트팀 교육, 지표 POOL 구축

[그림 7-17]은 IT 투자성과 측정과정을 제시한 그림이다. 먼저 '성과측정 대상'을 선정한다. BSC 네 가지 관점에서 지표를 선정한 이후, 선정된 지표를 '어떻게 측정'할 것인가 하는 방법을 구체화한 다음 평가결과 목표치와 비교 분석할 수 있는 '공정한 평가와 보상'을 실시한다. 또한 평가 이후 부족한 영역에 대해서 지속적인 개선작업을 수행해야 하며 흔히 이 과정을 변화관리 활동이라고 말하기도 한다.

4.5 BSC 기반의 IT 성과측정

최근까지 기업은 IT 투자평가를 위해 재무평가 지표를 주로 사용해 왔다. 하지만 IT 투자는 기업의 일반적인 투자 프로젝트와는 달리 효과를 계량화하기 어려운

부분으로 재무 측정만으로 IT 가치를 제대로 측정하기 어렵다. 이러한 문제점을 해결하기 위해 최근 BSC를 IT 투자에 적용하려는 시도가 증가하고 있다.

BSC는 기업의 성과를 재무, 고객, 프로세스 및 학습/역량 등 네 가지 관점에서 균형적으로 측정한다. 네 가지 관점에 포함된 측정지표들은 현재의 기업가치뿐 아니라 미래 기업가치를 결정 짓고 기업의 전략과 목표를 달성할 수 있도록 도와준다. BSC 기본개념을 IT 성과평가에서 적용하면 아래 [그림 7-18]과 같이 BSC의 네 가지 관점의 장점을 그대로 수용할 수 있다. 즉 재무적 관점은 기업공헌도로 매핑하고 고객관점은 사용자관점 시각에서 지표를 도출하며 내부프로세스는 IT 운영 및 개발 프로세스 효율화 관점에서 접근하면 용이하게 IT 평가가 체계적으로 이루어질 수 있다.

결국, 기업의 비전과 전략 및 목표달성을 위해, IT 전략을 수립하고 이를 달성하기 위해 Top-Down식의 IT 공헌도, 사용자 관점, 운영프로세스 관점, 미래지향점 관점의 주요과제를 도출하게 한다. 그리고 Bottom-Up으로 조직원의 역량향상을 위한 KPI, IT 서비스 프로세스에 효율화를 지향하는 KPI를 선정하고, 이들을 통해 고객입장에서 만족도를 평가할 수 있는 KPI를 선정한 후, 조직학습 및 역량, 운영 프로세스, 그리고 사용자 관점 등 세 가지 관점을 모으면 결과적으로 기업공헌도 관점의 수치가 만들어진다.

[그림 7-18] BSC개념의 IT 성과 측정

관점	비즈니스 관점의 BSC		관점	IT관점의 BSC
재무적 관점	주주에게 중장기적 가치제고 (ROI, 시장점유율, CashFlow)		IT ROI 관점	IT 투자를 통한 기업가치를 재무적으로 측정
고객관점	고객에게 최고 가치 제공 (신제품 비율, 고객만족도)		사용자 관점	사용자 만족도, 활용도 수준 측정
내부 프로세스	제품과 서비스 효율적 생산, 공급 (단위당 원가, 주문처리 시간)		운영 프로세스 관점	프로세스 효율화 측정 작업 생산성 증가
학습 및 성장	혁신과 변화를 위한 능력 (신제품 개발 기간, 기술리더십)		역량 관점	IT 인력 역량 측정 (자격, 신기술 자원)

[참조]: 류현, "BSC를 활용한 IT의 성과 평가", LG주간경제, 2002.

BSC를 활용하여 IT 성과를 측정하기 위해서는 우선 측정지표 간 인과관계가 명확해야 하며 산출된 측정지표(결과)와 성과동인(선행업무) 간의 연계성을 고려하여 모든 측정지표를 재무성과와 연계시켜야 한다. 즉 평가된 결과가 어떠한 원인으로 인해 야기된 것인가를 알아야 의사결정자는 해당 관점에 대한 개선 포인트를 잡을 수 있기 때문이다. 측정지표 간 연관관계 의미는 IT 역량이 높으면, IT 서비스 제공 품질이 우수하며, 그 결과 사용자 만족도가 올라간다는 뜻이다. 즉 기업의 비전과 전략달성 가능성을 포함하고 있다.

BSC 기반의 IT 성과측정을 위해서 우선 IT가 기업의 전략적 목표달성에 기여할 수 있도록 계획·관리되어야 한다. 또한 IT 그룹과 현업 사이의 정기적인 운영위원회 개최 또는 전략적 파트너십 구축을 통해 IT 투자로부터 기업가치를 획득할 수 있는 노력이 필요하다. [표 7-24]는 기업의 미션을 BSC의 네 가지 영역으로 매핑시켜 목표와 측정지표를 산정해 낸 예제이다.

[표 7-24] BSC를 활용한 측정지표 산출 예제

관점	기업공헌도 관점	사용자 관점	운영프로세스 관점	미래지향적 관점
미션	효과적인 IT 적용을 통해 기업전략 달성	파트너십을 통한 정보 시스템 공급자	효과적인IT 서비스 제공	미래 사업기회를 위한 내부역량 개발
목표	IT 프로젝트 사업가치 창출, IT 투자관리	고객과 파트너십 구축 서비스 수준 개선	신속한 대응 효과적인 백로그 관리	서비스 역량 제고 EA 개발
측정 지표	전략적 프로젝트 완수 예산 대비 실제 비용	고객만족도 점수 계획된 개발기간 준수 등	프로세스 성숙도 평가 시스템 적시공급 시스템 실패 건수 보안문제 건수	전문가개발 인력비율 EA 기술, 표준준수

[출처]: Vam Gremergem, W, and · Saull, R., "Informanfion Technology Governance through the Balanced Scorecard", 2001.

⑤ 국제회계기준(IFRS)

5.1 국제회계기준

2008년도부터 시작된 IT 컴플라이언스 이슈는 단기적인 이슈라기보다 2~3년에 걸쳐 꾸준히 해결해야 할 성격의 것들이다. 글로벌 경쟁 심화 및 시장 확대로 규제관련 법규가 완화됨에 따라 무한경쟁 시대에 접어들고 있다. 이에 상응하는 주요 이슈는 첫째, 국제회계기준의 준수를 위한 IFRS 적용, 둘째, 자금 세탁방지법에 따른 AML(Anti Money Laundering) 셋째, 고객의 권익보호를 위한 불완전 판매방지 등이라고 할 수 있다. 따라서 국제적인 동향 또는 국내상황에 따라 경영관리의 변화 및 시스템의 통합은 이제 중요한 과제가 되고 있다.

5.2 IFRS 이해

>>> 5.2.1 IFRS의 의미

우리나라는 외환위기 경험을 거친 이후 지속적으로 사업의 투명성을 제고하기 위하여 일련의 회계제도 개혁을 추진해 왔다. 그 결과, 국제회계기준(International Financial Reporting Standards: IFRS)과 거의 유사한 회계기준을 갖게 되었다. 국제회계기준을 채택하는 것은 경제의 글로벌화를 반영한 세계적인 현상으로서 국제거래가 활발해지고 다국적기업이 늘어나는 등 기업의 경제활동이 국경을 초월하고 있기 때문이다. 이런 상황에서 기업이 경제활동을 원활히 하려면 각국의 회계원칙 및 감사기준을 정리하여 그 차이를 최소화하고 표준화된 회계기준을 적용해야 한다.

IFRS는 세계 각국의 회계원칙과 감사기준의 내용을 정리하여 국제회계기준위원회(IASB)에서 표준화한 국제회계기준으로 기업의 회계처리와 재무제표에 대한 국제적 통일성을 높이기 위해 국제회계기준 위원회에서 마련하여 공표한 국제회계기준이다. 즉 회계처리 및 재무제표에 대한 국제적 통일성을 높이기 위해 마련한 국제재무보고 기준이라고 할 수 있다. IFRS 도입 필요성을 정리하면, 회계정보의 신뢰제고, 글로벌 기업의 이중장부 작성 경감, 그리고 국제회계기준의 글로벌스탠더드화의 요구라 할 수 있다.

IFRS의 주요 특징은 연결 및 공시범위의 확대, 공정가치 평가 적용 등을 들 수 있다. 재무제표의 개별공시가 연결 제표로 변경되면서 금융자산의 분류기준 변경, 재무제표 표시방법 변경, 유효이자율법에 의한 이자수익 보정기준 변경, 부실채권 이자수익 인식 및 신용카드 포인트 회계처리변경(CLP) 등으로 금융자산/부채의 공정가치공시 및 위험공시 등이 대표적으로 변화된 내용이다.

[그림 7 - 19]는 기존의 K - GAPP와 IFRS를 비교 설명한 내용이다. K - GAPP는 개별재무제표를 기준으로 기업회계를 제공하고 규정과 감독 측면에서 강조한 회계기준이라면 IFRS는 연결 재무제표를 통해 공시범위와 책임소재를 확대시킨 원칙중심의 공정가치평가 회계기준이다. 기존 회계와 달리 IFRS는 큰 원칙만 제시하고 있기 때문에 기업간 직접적인 비교가 어려워진다. 반면, 중요한 정보는 감사보고서의 '주석'에 담도록 하였다.

[그림 7 - 19] 회계기준 간 비교

구분	IFRS	KGAAP	US GAAP
재무제표 기간	연결재무제표 (분/반기 : 45일) (기말 : 90일 이내)	개별재무제표 (분/반기 : 45일) (기말 : 90일 이내)	연별재무제표 (기말 : 6개월 이내)
특징	원칙중심 일부항목의 경우 폭넓은 회계처리 인정	규정중심 선택적 회계처리 불인정	규정중심 선택적 회계처리 불인정
공시범위	SPC 연결범위 포함 공시범위 / 책임확대	SPC의 연결 범위 미포함	SPC 연결 범위 포함
처리방식	IFRS 기준 적용한 회계시스템에 의한 결산	시스템 결산	KGAAP 기반하는 컨버전 방식

IFRS 회계제도의 세가지 원칙은 ① 연결재무제표 사용 ② 공정 가치평가 도입 ③ 경제적 실질에 따른 회계처리 등이다. K-GAPP의 '규칙회계 기준'과의 차이점은 연결재무 제표를 주 재무제표로 사용한다는 점이다. 즉, 자회사를 포함한 연결 재무제포를 공시하도록 하고 있다. 재무제표에 기록되는 유·무형 자산가치가 실질가치(=공정가치)로 표시되는 점도 차이점이다.

>>> 5.2.2 IFRS 도입현황

자본시장의 자유무역협정(FTA)으로 불리는 IFRS 도입이 2011년부터 의무화하고 있다. 전 세계 110여 개국이 현재 국제회계기준을 시행하고 있거나 도입을 준비하고 있으며 OECD가입국 중 80%가 실행 및 도입을 검토 중이다. 우리나라도 IFRS를 기반으로 한국형 회계기준 'K-IFRS'를 마련하고 2011년에는 모든 상장기업에 이르기까지 이 기준을 적용토록 하였다. 의무기간까지 완료하기 위해서는 2010년까지 준비를 마무리해야 하며 더불어 IFRS 기반의 회계시스템 준비가 필수적으로 요구되고 있다.

현재 국내에서는 금융권 및 대기업을 중심으로 IFRS 프로젝트가 활발히 진행되고 있으며 이를 통해 IFRS 기반의 회계프로세스 정립, 즉 PI가 병행되고 있어 업무프로세스, 정보시스템 그리고 기업조직 등 경영활동 전반에 걸쳐 중요한 영향을 미칠 것으로 예상된다. 때문에 IFRS 도입은 단순 회계기준 개정에 그치는 것이 아니라 근본적인 사고방식의 변화를 요구하게 될 것이다.

우리나라는 한국회계기준원을 설립하여 2007년 3월 국제회계기준서를 제정하였다.

[표 7-25] Korea IFRS 추진 로드맵

구분	연도	주요 일정
도입 준비기	2007년~2008년	국제회계기준 본문 도입을 위한 도입 제정절차를 완료하고 국제회계기준 실무지침 등 마련, 관련 법령 개정 추진, 회계감독 및 감리정책 방향 검토, 국제회계기준 교육을 실시
선택 적용기	2009년~2010년	희망기업 국제회계기준 적용 허용, 비상장회사 회계기준 제정, 개별기업 국제회계기준 차이 내역공시, 국제회계기준 교육실시
도입 의무화기	2011년~2013년	모든 상장회사 국제기준 적용, 비상장회사 비상장기준 적용, 자산 2조 이상 상장기업의 연결 공시체계전환, 국제회계기준 적용사례 및 적용 유의성 분석 등을 실시

모든 상장기업은 2011년부터 의무적용하며 은행권 및 현대차, 삼성전자, LG 등 대기업 중심으로 전개된다. IFRS 추진은 세 단계로 진행되며 2009년은 선택 및 적용 시기이다. [표 7 - 25]에서 제시한 바와 같이 2011년 후 IFRS 적용은 의무화될 것이다.

5.3 IFRS 도입의 영향

IFRS 의무적용은 기업가치를 구성하고 있는 재무, 회계기준뿐만 아니라 전략, 인사 및 시스템 등 경영환경 전반에 영향을 미칠 것이다. 각 영역에 영향을 미치는 사항을 기업가치, 재무·회계 측면, 프로세스와 시스템 관점에서 구체적으로 살펴보면, 아래와 같다.

[표 7 - 26] IFRS 도입에 따른 긍정적인 영향

영향 구분	영향도
기업가치	주가에 영향을 미치고 기업 성과 투명성 및 비교가능성을 제공하며 투자자들의 빠른 실적공개 요구에 대해 부응가능. 따라서 양질의 IF 정보 제공을 통한 신뢰성 증진
재무/회계	IFRS 기준에 의한 재무제표 수치의 변화가 있으며 재무데이터의 품질 향상 및 관리회계 흡수의 일치화가 가능
프로세스/ 시스템	단일회계 측정기준 부여를 통해 관리 효율성 증대 그룹차원의 To - Be 프로세스 도출 및 표준화, 재무시스템 개선

IFRS를 성공적으로 도입하기 위해서는 도입에 따른 장단점, 기존 K - GAPP 기준과 IFRS 요구 기준의 차이점 등에 대한 영향도를 분석해야 할 것이다. IFRS 도입이 2011년으로 도래됨에 따라 짧은 기간 내 IFRS 체계를 확립하는 것은 어려움을 동반할 수 있다. 전문인재 확보가 시급하고 공정가치 공식 수립 및 검증 역량 발휘의 어려움이 발생할 수 있다. 그 이유는 IFRS 기준이 지속적으로 변화하고 도입 후 변화에 대한 예측이 어렵기 때문이다. 반대로 국가 간 비교가능성 증대, 고시정보의 증대로 투명성이 높아지는 기회가 될 수 있다.

다음은 IFRS 도입 시의 일반적인 장단점이다.

(1) 도입의 장점

 - 재무제표의 국제적 비교가능으로 국내 기업의 국제적 신뢰성 제고

 - 외국인 투자자에 대한 정보 유용성이 높아져 해외 자본 유치가 용이

 - 국내기업의 외국증시에 상장 시 비용 절감

(2) 도입의 단점

 - 국내 경제환경의 변화 및 긴급한 상황에 신속한 대응의 어려움

 - 도입 초기의 수용에 따른 회계시스템 또는 ERP 시스템 개선 등으로 비용 발생

 - 중소기업의 경우, 비용 또는 전문성 측면에서 적용의 어려움

5.4 IFRS 시스템 구현방안

2010년 3월 1일부터 비교재무제표 작성이 의무화됨에 따라 IFRS 기준을 담는 신회계시스템 구축 또는 변경은 필수가 되고 있다. 2008년 1월 SW 산업동향 보고 자료에 의하면 91% 기업이 준비가 안 된 상태이다. 따라서 회계기준 전환에 충분한 시간이 필요한 것으로 분석하고 있다. IFRS 신회계시스템에는 아래와 같은 변경된 기준이 반영될 수 있는 시스템이 구현되어야 한다.

- 상장사 의무공시
- 그룹사 연결결산 의무화
- 비교재무제표 의무화
- 대출채권/차입부채의 유효이자율 산정
- 유가증권/파생상품 공정가치 산출
- 연결주석공시 및 영업부문공시 의무화

>>> 5.4.1 구축전략

IFRS를 도입하려면, 기존 낙후된 회계시스템의 업무프로세스를 우선 개선하고

신회계 IFRS 시스템을 구축하여 재무정보를 바탕으로 하는 신속한 의사결정 체계가 요구된다. IFRS 구축을 효율적으로 추진하기 위해서는 유관사업 업체 성공사례를 활용하고 국제통합회계시스템 모델 참조가 필요하다. 프로젝트의 사전 리스크를 관리하고 위험 요인을 줄이기 위해서는 유관사업 경험에서 나타난 주요 이슈분석 및 교훈 등을 도출하여 시스템 구축에 적용하는 것도 하나의 대안이 될 수 있다. 무엇보다 검증된 베스트프로세스 제시 및 적용이 성공적인 IFRS 시스템 구현의 핵심이 될 수 있을 것이다.

즉 최적화된 프로세스를 제시하고 이를 수용할 수 있는 그릇인 시스템 아키텍처, 회계업무전문가 투입, 회계전담 팀 구성이 필요하다. 물론 IFRS 시스템 프로젝트를 PI 기반의 시스템으로 구현할 때 체계적인 프로젝트 관리 및 원활한 의사소통이 전제가 되어야 한다.

>>> 5.4.2 시스템 구축방안

IFRS 구축방안은 익스프레스 방식과 임베디드 시스템 방식으로 구분된다. 표현 그대로 익스프레스 방식은 신속한 구축이 될 것이고 임베디드 방식은 점진적인 구축이 될 것이다. 두 가지 방식은 기업의 신회계시스템 추진전략에 따라 선택방식이 달라질 수 있다.

이들 방식의 장점과 단점 비교는 [표 7 - 27]과 같다.

[표 7 - 27] 익스프레스 방식과 임베디드 시스템 방식 비교

구분	익스프레스 방식	임베디드 시스템 방식
장점	- 시스템 수정이 거의 없음 - 수작업 또는 일부 자동화 부분 개발 - 비용 절감, 구축기간 짧음 - IFRS 기반의 재무제표 기준 및 내용	- 장기적인 재무전략으로 가장 권고 - 신속한 결산체계 확립 - 오류 보고의 가능성 낮음 - 내부 통제 및 시스템 간 Data 통합 보장
단점	- 대부분 수작업으로 관리 불편 - 그룹사 연결결산 소요시간이 길어짐	- 구축비용 높음 - 기간이 늘어남 - 많은 자원 및 인력투입 필요 - 프로젝트 난이도가 높음

IFRS기준의 신회계시스템 구축은 기존의 회계시스템 구축 단계와 유사한 세 단계로 구성될 수 있다. 먼저 분석 및 설계단계는 IFRS 적용에 따른 기존 시스템의 영향도 분석이 요구되고 회계기준의 차이점을 파악해야 한다. 구현단계에서는 분석/설계단계에서 수행한 시스템, 회계프로세스 및 회계기준 차이 분석서를 토대로 통합 COA(Chart Of Accounts) 체계를 설계하고 기업의 IFRS 정책을 바탕으로 개발 또는 커스터마이징을 수행한다. 마지막 단계에서는 구축된 시스템을 사용자가 최종 확인하는 과정을 거쳐 시스템을 오픈한다. 아래 그림은 IFRS 시스템 구축 단계별 주요작업 및 산출물을 제시한 것이다.

[그림 7-20] IFRS 구축 단계

구분	분석 및 설계 단계	구축 단계	안정화 단계
주요 수행 업무	GAAP 차이분석 IFRS 영향도 분석 추진과제 도출 추진계획 수립(IFRS 정책) Pilot 시스템 구축	COA 설계 IFRS 정책기반의 대안도출	IFRS 기준 재무제표 산출 IFRS 교육(운영프로세스 정립) 최종검수 및 종료
IT 관련 산출물	IT 영향도 분석서 프로세스 영향도 분석서 공시사항 점검표 회계기준 차이 분석 IT Architecture	COA 안과 COA와 매핑표 재무결산 테스트 결과서 보안체계 구축	주석사항 도출 IFRS 비교식 F/S

*COA: Chart Of Accounts.

5.5 IFRS 성공적인 도입을 위한 과제

IFRS 시스템 구축은 기존 시스템 구축형태의 기능 중심의 시스템 구현방법과는 차이가 있다. 기업의 회계기준, 프로세스 변경 및 법제도 기준 등이 시스템 속에

스며들어야 하기 때문에 단순 개발자만의 참여만으로는 프로젝트가 성공적으로 구현되기 어렵다. 따라서 발주사와 수주사의 긴밀한 협조체계가 필요하며 각사의 주어진 역할수행이 요구된다.

발주사는 회계부문의 실무담당자 및 IT 담당자 그리고 수주사의 전문인력으로 구성된 신정보시스템구축 협의회(가칭)를 운영하여 본 프로젝트의 상세 업무지침 수립 지원과 개발관련 의사결정, 개발진행 모니터링을 담당하여 시행착오 없는 프로젝트를 수행하도록 해야 한다. 컨설팅업체는 K – GAAP와 IFRS 간의 GAP 분석 및 영향도 분석, IFRS 도입에 의한 정보시스템 변경요건 및 영향도 분석, 감독 당국의 요구사항 분석 및 대응방안 등의 역할을 수행하며, 발주사는 일반회계팀, 관리회계, 연결 및 공시팀 등이 참여하여 관련분야 To – Be 설계 및 테스트에 참여해야 한다. 결국, 현업의 참여 및 시스템 변화에 대한 공감대형성이 성공의 핵심이 될 수 있다.

IFRS의 성공적인 도입을 위해서는 무엇보다 IFRS 기준을 완벽히 이해해야 하며, 이와 관련된 조직 내부역량 파악 및 필요한 역량을 확보해야 한다. 또한 사전 회계시스템의 영향도 분석 및 선경험자의 조언과 교훈을 벤치마킹할 필요가 있으며 마지막으로 Go – Live 이후 변화관리가 무엇보다 중요한 점을 인지해야 할 것이다.

참고 문헌

< ㄱ >

구본재 외 2인, IT 거버넌스, 2006.

금융감독원, "국제회계기준 동향 (IFRS)", WP 제28호, 2009.1.

김광희, 21세기 IT가 세계를 지배한다, 가람 M&B 출판, 2001.

김남규, "RTE를 위한 BPM 구현전략", 핸디소프트, 2006.

김남훈·차혁, "IT투자 동향 및 IT서비스업 전망", 하나금융연구소, 2009.

김대욱, "정보화전략계획 수립을 위한 요구사항 분석 방안에 관한 연구", 2001.

김명식 옮김, 성공적인 IT 아웃소싱 관리, 도서출판 아진, 2006.

김세중, 경영학 원론, 무역경영사, 2007.

김재문, e-비즈니스 모델에 맞는 e-CRM, 거름, 2001

김종옥 외 2인, "이제미디컴의 e-마켓플레이스를 통한 의료전자상거래 시스템 사례연구",
    2007.

김태현·문성암 공역, 물류 및 공급체인관리, McGrawHill Korea, 2004.

김홍식, "CRM에서 데이터 품질관리", 2003.

김행열, "비즈니스 프로세스 통합", 한국오라클 매거진, 2005, 여름호.

김행진, "Enterprise Edition 버전8 : TOGAF", 2006

< ㄴ >

나정옥, "실시간 기업을 위한 데이터 통합", 오라클 매거진, 2006.

남명수, 21세기 초우량 기업의 조건 ABM 전략, ㈜유나이트컨설팅그룹, 1993.

노재범·이필훈·이승현, 서비스 이노베이션 엔진 6시그마, 섬성경제연구소, 2005.

< ㄹ >

류해숙, "국내 SW시장 2009년 회고와 2010년 전망", SW Insight, 2009.12.

류현, "BSC를 이용한 IT 성과평가", LG주간경제, 2002.1.

< ㅁ >

마거릿 쿨파·켄트존슨, CMMI의 이해, 피어슨에듀케이션코리아, 2006.

마이클포터, 경쟁론, 세종연구원, 2001.

매일경제, "눈앞에 다가온 IFRS 쇼크", 종합, 2010.4.1

매일경제 지식프로제트 팀, 지식혁명 보고서, 매일경제신문사, 1998

무역정보통신, "글로벌 SCM 트렌드, 물류와 RFID 추적성", 2004.3.

문지원 외 4인, "글로벌 기업의 7대 이슈", SERI, 2009

밀란 쿠버/한종극·정태연 옮김, 컨설턴트 선정과 활용, 새로운제안, 2002

< ㅂ >

박봉권·신헌철, 2010다보스 리포트, 매일경제신문사, 2010.

박세정, CRM을 넘어 PRM으로, 새로운 제안, 2007.

박명섭 외 3인, "핵심성과지표 결정요인", 우정정보, 2004, 겨울호.

배영일, "6시그마의 이해와 실천", SERI, CEO 349호, 2003.

비즈니스병법연구회, 손자병법 경영학, 3mecca, 2008.

비즈피어, "품질경영혁신 프로세스의 효과적인 접근법-6시그마와의 연계-", 2003.

박승환, "SOA 기반의 정보화추진 전략", 한국정보산업연합회, 2005.8.

< ㅅ >

삼성경제연구소, "한국기업의 CRM 성공전략", 2008.

서현주·양희동, "ERP 커스터마이징이 사용자의 ERP 활용성과에 미치는 영향", 경영정
        보학회, 춘계학술대회, 2005.

삼성경제연구소, "2008년 국내 10대 트렌드", 삼성경제연구소, CEO 636호, 2008.

삼일회계법인, "신경영 기법을 통한 기업가치 극대화방안", 2001.

서강대학교 경영대학원, "공급체인관리와 e-비즈니스", MBA과정, 2000.

설중호·조민호, 컨설팅 프랙티스, 새로운제안, 2002.

시로타 마코트, 클라우드의 충격, 제이펌, 2009.

송옥경·이석주, "SW프로세스 개선에 대한 CMMI와 6시그마의 접목에 관한 연구", 2005.

신석규, "SW 품질현황 및 경쟁력 제고 방안", TTA, 2008.3.

신형원 외 3인, "한국기업의 CRM 성공전략", 삼성경제연구소, 2008, 제647호

스기우라 츠카사, IT 경영전략, 이미지북, 2002.

< ㅇ >

아리콜스㈜, "IT 아웃소싱 경기 및 기술전망", 2007.

아오키미키하루, 도요타 혁신 시스템, 일송미디어, 2008.

안중호·서한준, IT 포트폴리오 매니지먼트, NemoBooks, 2008.

엑센츄어 컨설팅사, "ERP와 PI 성공을 위한 제안 -L사 사례중심-", 2002.

오라클, e-비즈니스를 위한 ERP, 대청, 1998.

오라클코리아 매거진, "실질적인 SOA로 가는 길", Vol. 52, 2008.

오범용, "정보화전략계획, 평가수립체계 개발에 관한 연구", 2001.

유영만, 지식경영과 지식관리시스템, 한언, 1999.

윤종수 외 3인, "조직성숙도에 따른 BPR의 주요 성공 요인과 성과간의 관련성 연구", 경영정보학회연구, 제7권, 2호, 1997.9.

이광욱, "Post ERP 시대의 핵심리더 BAM", 오라클매거진, 2006 Summer.

이광회 외 3인, "정성적 지표 평가방안", KIPA연구보고서, 2007.7.

이동길 외 3인, e-비즈니스와 확장형 ERP, MIT 경영과 정보기술, 2000.

이소연 역, 프로젝트는 왜 실패하는가?, 성안당, 2005.

이유정 외 3인, "RFID 도입에 영향을 미치는 요인에 관한 연구-국내기업 도입사례 중심으로-", 2007.

이팔순 외3인, "경영혁신, 불황탈출", SERI, 2004.

이정미, "비즈니스 통합에 기반한 On-Demand 실현", IBM포럼, 2005.

이토시게미츠/심기보 옮김, ERP 프로젝트 이렇게 하면 성공한다, 대청, 2005.

임세헌 외 3인, RFID의 전략적 구현과 ROI, 한올출판사, 2007.

< ㅈ >

장수용, 경영혁신을 통한 기업경쟁력강화 실천기법, 전략기업컨설팅 , 2006

장세진, 글로벌 경쟁시대의 경영전략, 박영사, 2000.

전성훈·최현희, e-CRM 실무지침, 삼각형 프레스, 2007.

전자상거래협회, "비즈니스 프로세스(BPM) 도입전략 및 효과", 2004.

정영일, "BSC를 이용한 ERP 시스템 성과측정 모델에 관한 연구", 전남대학교대학원 경영학과, 박사학위논문, 2003.

정태수, "불황을 위기로 바꾸는 3가지 원칙", SERICEO, 2007.

정희연, "엔터프라이즈 내재화 방안", 전자신문, 2007.1.16.

정희연, "RFID 기반의 물류혁신 사례연구", 한일기술사 심포지엄, 2009.10.

정희연, ERP 프로젝트 성공가이드라인, 한국학술정보(주), 2007.

조문제·정윤, "CRM 성과에 영향을 미치는 요인에 관한 실증적 연구", 경영정보학연구, 제16권 제4호, 2006.

조선일보, "디지털 비즈니스: IT업계 M&A", 2009.10.23.

조제희·박성진, 데이터 웨어하우징과 OLAP, 대청, 1998.

주종철, "테마특강", 전자신문, 2001.11.

< ㅊ >

추경호, "프로세스 품질모델", 지아이에스 강의교재, 2007.

전략기업컨설팅 편, "한국 초우량 기업의 경영혁신 사례", 전략기업컨설팅, 2004.

< ㅋ >

카네기멜론 SW공학연구소, CMM 역량 성숙도 모델, 피어슨에듀케이션코리아, 2003.
컴퓨터월드, "2008년 국내 ERP 시장 규모", IT Daily, 2009.2.

< ㅍ >

파이낸셜타임즈/손현덕 · 박봉권 역, 핵심경영전략 40가지, 매일경제신문사, 1998.
포스데이타, "경영환경분석 및 정보환경분석", 2002.
포스코 PI 프로젝트 추진팀, 디지털 포스코, 21세기북스, 2001.
포스코 프로세스 표준화실, 포스코 쉼없는 도전, 포스코, 2005.
투이컨설팅 ITPR팀, CMM 적용지침, 투이컨설팅사, 2003.
피터 드러커, 위대한 혁신, 한국경제신문, 2006

< ㅎ >

하나금융연구소, "IT투자 동향과 IT서비스업 전망", 산업연구시리즈, 제9호, 2009.5.
한국마이크로 소프트웨어, "COBIT 프레임워크", MS 매거진, 2010, 2월호.
한국전산원, "RFID 정부구현방안", 2005.3.
한국정보산업연합회, "SOA 전문가 과정 교재", 2006.
한국표준협회 한국시스시그마연구회, "지속성장을 위한 혁신활동", 2009.
한국IBM, "ITSM 프로세스 구축을 위한 제안서", 2006.
한국IBM서비스사업부, "ITSM & ITIL 소개", 2007.
한국SI연구조합, "Enterprise Architecture 특별 세민", 한국ITA협의회, 2002.
한국썬마이크로시스템즈(주) 교육부, "B2B e-Biz 컨설턴트 양성과장", 2002.
한국오라클, "비즈니스 서비스와 프로세스 중심의 통합", 오라클 매거진, 2005, 겨울호.
한국오라클, "SOA 전략", 오라클 매거진, 2007.
한국오라클, "효율적인 IFRS전환을 위해 해결해야 할 과제", 2008, 여름호.
한창수 외 4인, "경영위기 진단 및 대응방안", 삼성경제연구소, 2008.
한창용, "비즈니스와 IT연계", IBM포럼, 2005.
현대차 정보화정책팀, 현대차 아산 RFID 사업계획서, 2008.12.
황경태 외 9인 옮김, 6시그마와 IT 서비스, ㈜ITMG, 2009.
황인성, "2010년 세계경제 및 국내경기 전망", SERI, 2009.
후쿠시마 요시아키, SCM 경영혁명, 21세기북스, 1999.

< A-Z >

Accenture, "PI와 경영혁신", 2005.
CIO 매거진, "국내 SW 품질현황", 2002.
COBIT 운영회 및 IT관리연구소, "경영자를 위한 요약", 2002.

Cooper, R., R. S. Kaplan, L. Maisel, E. Morrissey, and R. Oehm, "Implementing Activity-Based Cost Management", Montvale, N. J.:Institue of management Accountants, 1993.

ERP협의회, "e-ERP 구축전략", 한국소프트산업협회, 2002.

IT 서비스학회, "새로운 패러다임, IT 서비스 2.0", 뉴스레터, 2009.10.

ITGI, COBIT 4.0, 2005.

ITSMF NL/서한준 옮김, ITIL 기반의 IT서비스관리 ITSM, NemoBooks, 2006.

KIPA, "IT 서비스 비즈니스 모델 변화와 이에 따른 대응전략", SW산업동향, 2008.

LG 마이크론 IT 팀, "IT Framework", 2004.

Nikkei Computer, "EA 완벽가이드", 제582호, 2003.

OpenTide, "연결회계와 IFRS 시스템 소개", 2007.11

RFID Journal, "GM 대우, RFID 기반 u-SCM 구축 돌입", 2008.10.

Steven H. Spewak, Ph.D., "Enterprise Architecture Planning", AWiley-QEDPublication.

SW 산업동향, "IFRS 시장동향분석", 2008.6.

Teltumbde, M., "a Framework for Evaluating ERP Project", International Journal of Production Research", Vol.38, No.17, 2000, pp.4507-4520.

TQMS, "CMMI High Maturity", 2008.

Van Bon, Jan, "6시그마와 IT서비스", (주)ITMG, 2009.

Wang Jicheng et el, 1999, "WebMining: Knowledge Discovery on the Web", IEEE 0-7803-5731-0199

Zachman J.A., "A Framework for Information Systems Architeture", IBM Systems Journal. Vol.26, no3, 1987.

< 웹 사이트 >

www.ceoreport.co.kr, "삼성 성공의 원동력 이건희 회장의 리더십", 2003.

www.isaca.org, COBIT Framework for IT Governance.

www.sei.cmu.edu, Software Engineering Institute.

약어집

CAR: Causal Analysis and Resolution
CM: Configuration Management
DAR: Decision Analysis and Resolution
IPM: Integrated Project Management +IPPD
MA: Measurement and Analysis
OID: Organizational Innovation and Deployment
OPD: Organizational Process Definition +IPPD
OPF: Organizational Process Focus
OPP: Organizational Process Performance
OT: Organizational Training
PI: Product Integration
PMC: Project Monitoring and Control
PP: Project Planning
PPQA: Process and Product Quality Assurance
QPM: Quantitative Project Management
RD: Requirements Development
RM: Requirements Management
RM: Risk Management
SAM: Supplier Agreement Management
TS: Technical Solution
VAL: Validation
VER: Verification

■ 감사의 글

이 책을 출판하기까지 필자는 지난 10여 년 동안 기업 또는 대학에서 강의한 교재를 통해 본서를 만들 수 있었다. 먼저 그동안 여러 기관에서 강의를 요청해 주신 많은 분에게 깊은 감사를 드린다. 본서 출판에 대한 영감은 IT 서비스 수준향상을 요구하는 고객과 정보처리기술사, 기술사 자격을 준비하는 IT 전문가들로부터 가능하였다.

이 책이 제 모습을 갖추어 나오기까지 도와주신 모든 분들에게 감사드린다. 한동안 집필을 놓고 있을 때, 함께 책을 마무리하는데 적극적인 지원과 아이디어를 준 후배 기술사 김유석 님에게 깊은 감사와 고마움을 전한다. 그는 현재 오토에버 시스템즈㈜에 근무하고 있으며 항상 나의 곁에서 든든한 지원자이자 IT전문가로서 조언을 아끼지 않았다. 그는 이 책이 완성될 때까지 책의 내용을 한 단계 올리는 데 있어 통찰력과 창의력을 발휘해 주었고, 본문 내용 중 웹 서비스 기술의 초안을 준비해 주었다. 또한 100여 개의 그림 작성에 신선한 아이디어를 제공하였으며 책이 완성되기 위해 꼼꼼한 교정과 각 장의 논리성을 유지하는 데 많은 노력과 관심을 보내주었다. 그의 지원이 없었다면 이 책은 출판되기 힘들었을 것이다. 그의 변함없는 도움에 다시 한 번 감사의 마음을 드린다.

이 책을 편집하는데 숨어서 도움을 주신 김영주 이사님께도 고마움을 전하고 싶다. 표지, 그림 등의 디자인을 고급화하기 위해 책의 가치를 높여주었으며 그래픽 편집을 위해 많은 고생을 한 부분에 깊은 감사를 드린다. 또한 본서의 내용을 많이 향상시켜준 이치호 이사님, 및 한국학술정보(주)의 박재규 님, 강태우 님께 고마움을 전한다. 그리고 이 책이 마무리되어 나올 수 있도록 뒤에서 묵묵히 나를 도와주고 용기를 심어준 남편에게 깊은 감사와 사랑을 전한다.

끝으로 본서가 기업현장에 근무하는 분들과 IT 전문가들, 대학생들에게 IT 가치를 이해하고 그 가치창출의 근간을 이해하는 데 도움이 되길 간절히 바라며 향후 출시될 저서는 최근 새롭게 등장하고 있는 신기술을 대상으로 보다 업그레이드된 내용이 담길 것을 약속드린다. 이곳에 일일이 거론하지 못한, 숨어서 도와주신 모든 분에게 감사를 드린다.

정희연

저자 정희연은 기업의 비즈니스와 IT를 효율적으로 접목하여 성과를 창출하는 프로세스혁신, ERP 컨설팅, SW품질 분야의 전문가로 알려졌다. 현재 오토에버시스템즈㈜에서 대표이사 직속 품질혁신팀의 팀장으로 재직 중이며 이전에는 SAP Korea, Oracle Korea, 포스데이타 시스템에서 ERP 컨설턴트로 재직한 바 있다. 숙명여자대학교에서 식품영양학을 전공하고 서강대학교 경영대학원 MBA로 석사학위를 취득하였으며, 한국외국어대학교 일반대학원에서 경영학박사 학위를 취득하였다. 25년간 IT 분야에 종사하면서 정보처리기술사, 국제기술사, 수석 감리원, 정보통신 특급기술사, SAP MM컨설턴트 자격증을 취득하였고 오토에버시스템즈에 재직하는 동안 제8회 기술사의 날에 교육과학기술부장관 표창, 제23회 정보인의 날 공로상 등을 수상하였다.

저자의 주요관심 분야는 프로세스 혁신, IT 도입 및 활용의 성과극대화, SCM과 ERP를 통한 경영혁신, 품질 및 프로젝트 관리 등이며 고객가치 창출을 위해 변화관리 전도사 역할에 관심을 두고 있다. 한국정보통신 기술사협회 부회장, IT전문가협회 이사, 세종대학교, 숭실대학교 정보과학대학원의 겸임교수 및 고려대학교 초빙교수, 생산성 본부의 프로세스혁신 및 프로젝트관리 분야의 자문교수 등을 지낸 바 있다. 현재 한국기술사협회의 한일기술사교류위원, 강남구청 정보화위원으로 활동 중이다.

그 외 경영과 컴퓨터 및 다수 정보지에 수년간 IT 관련 기고를 해왔으며 정보처리기술사 육성을 위해 10여 년 이상 IT 전문가 및 다수 기업체를 대상으로 최근 경영환경 및 IT 기술변화, 프로세스혁신 및 프로젝트관리 등의 강의를 해온 경험이 있다. 주요 저서는 ERP 성공가이드라인, 디지털경영정보 등이 있으며 논문은 'AHP 활용한 고객사와 컨설팅사의 ERP프로젝트 평가연구', 'ERP 구축단계별 평가모델 연구 – 고객사와 컨설팅사 상호 평가중심 – ', 'RFID 기반의 물류혁신 사례(현대/기아차 중심)'가 있다.

(이메일: hylotus@unitel.co.kr/ 홈페이지: www.hylotus.kr)

New Normal 시대의

비즈니스와

Business + IT = High Value

IT의 융합

지은이 | 정희연
펴낸이 | 채종준
기　획 | 강태우
편　집 | 박재규
마케팅 | 김봉환
표지디자인 | 이효정
아트디렉터 | 양은정

초 판 발 행 | 2010년 6월 12일
중　　쇄 | 2012년 12월 1일

펴낸곳 | 한국학술정보㈜
주　소 | 경기도 파주시 교하읍 문발리 파주출판문화정보산업단지 513-5
전　화 | 031) 908-3181(대표)
팩　스 | 031) 908-3189
홈 페 이 지 | http://ebook.kstudy.com
E-mail | 출판사업부　publish@kstudy.com
등 록 | 제일산-115호(2000. 6. 19)

ISBN　978-89-268-0952-5 13320 (Paper Book)
　　　978-89-268-0953-2 18320 (e-Book)